U0874018

# 陈嘉庚精神

## （职教版）

主　审　陶顺生
主　编　李昌彧　肖育发
副主编　汤明利　陈育辉

中国人民大学出版社
·北京·

# 本书编委会

# 陈嘉庚诞辰 140 周年
# 习近平回信弘扬“嘉庚精神”
# （代序）

在陈嘉庚先生诞辰 140 周年之际，中共中央总书记、国家主席、中央军委主席习近平给厦门市集美校友总会回信，希望广大华侨华人弘扬“嘉庚精神”，深怀爱国之情，坚守报国之志，同祖国人民一道不懈奋斗，共圆民族复兴之梦。

习近平总书记回信全文如下：

值此陈嘉庚先生诞辰 140 周年之际，我谨对陈嘉庚先生表示深切的怀念，向陈嘉庚先生的亲属致以诚挚的问候。

陈嘉庚先生是“华侨旗帜、民族光辉”。我曾长期在福建工作，对陈嘉庚先生为祖国特别是家乡福建作出的贡献有切身感受。他爱国兴学，投身救亡斗争，推动华侨团结，争取民族解放，是侨界的一代领袖和楷模。他艰苦创业、自强不息的精神，以国家为重、以民族为重的品格，关心祖国建设、倾心教育事业的诚心，永远值得学习。

实现中华民族伟大复兴，是海内外中华儿女的共同心愿，也是陈嘉庚先生等前辈先人的毕生追求。希望广大华侨华人弘扬嘉庚精神，深怀爱国之情，坚守报国之志，同祖国人民一道不懈奋斗，共圆民族复兴之梦。

习近平<br>2014 年 10 月 17 日

2014 年是陈嘉庚先生诞辰 140 周年。据悉，是年 9 月 5 日，厦门市集美校友总会、《集美校友》杂志社代表海内外集美校友、嘉庚学子致信习近平总书记，希望习近平总书记值此时机，向海内外华人、华侨、侨眷发出弘扬“嘉庚精神”的号召，以进一步凝聚侨心侨力，共同构筑中国梦。习近平总书记于 10 月 17 日回信。

10 月 21 日，在福建省、厦门市纪念陈嘉庚先生诞辰 140 周年座谈会上，福建省政协主席张昌平宣读了习近平总书记给厦门市集美校友总会的回信。第二天，《福建日报》就在头版头条以通栏的版位刊登了习总书记的回信。

福建省委书记尤权对学习贯彻习近平总书记给厦门市集美校友总会回信精神作出批示，要求认真学习、深刻领会、自觉贯彻习近平总书记的回信精神，继承和弘扬以爱国、诚毅、奉献、勤俭为核心的“嘉庚精神”，感召和团结全省人民以及广大海外侨胞，把智慧和力量凝聚到建设中国特色社会主义的伟大事业中来，投入到推进福建省科学发展跨越发展的进程中去，为实现中国梦而不懈奋斗。

随后，福建省委办公厅、省政府办公厅下发《关于认真学习贯彻习近平总书记给厦门市集美校友总会重要回信精神的通知》。该通知要求，一要进一步高扬爱国主义精神。热爱祖国是陈嘉庚先生一生恪守的信念和行为准则，是“嘉庚精神”最为重要的内涵。各级党委、政府要强化爱国主义理想信念教育，大力宣传“嘉庚精神”，在全社会大力培育和践行社会主义核心价值观，弘扬伟大的民族精神和时代精神，引导广大干部群众深怀爱国之情、坚守报国之志，始终把国家和民族的利益摆在首位，增强民族自信心和自豪感，为民族振兴和国家富强奉献更大力量。二要进一步推动教育改革发展。陈嘉庚先生毕生倾其所有发展教育事业，执着践行“教育为立国之本、兴学乃国民天职”的理念。各级党委、政府要切实把教育放在优先发展的战略位置，深化教育事业改革，增加教育发展投入，继续鼓励捐资办学，大力发展各类教育，形成全社会重教兴学的浓厚氛围，努力把我省教育事业提高到一个新水平。三要进一步加强新时期侨务工作。各级党委、政府特别是侨务工作部门要全面贯彻落实党的侨务工作方针政策，充分发挥我省侨乡优势，进一步凝聚侨心、汇集侨智、珍惜侨力、维护侨益，广泛团结一切可以团结的力量，充分调动一切可以调动的积极因素，共同致力推动两岸关系和平发展，积极参与祖国和家乡建设，为实现中华民族伟大复兴和福建科学发展跨越发展而团结奋斗。

# 目　录

# 第一篇　绪　论

## 专题欣赏一：陈嘉庚的精神力量

### ——纪念陈嘉庚诞辰一百二十周年

项　南

去年仲夏，我到印度尼西亚、新加坡和马来西亚访问。在我所接触到的华族、马来族和其他民族的朋友中了解到，虽然陈嘉庚离开我们已有三十多年，但他的影响仍然深深地留在我国和南洋各族人民的心中。

陈嘉庚（1874—1961）一生对中华民族和南洋各族作出的贡献，是巨大的，是跨越国界和跨越世纪的。一生勤奋的陈嘉庚，不仅积累了大量的物质财富，还积累了丰富的精神财富。

陈嘉庚倾注全部财力和精力用于提高民族素质的教育事业。早在本世纪初，他就建立了一整套从幼儿教育、基础教育到职业教育和高等教育的教育体系。他从1913年开始创建的集美学村，就包括幼儿园、小学、中学、水产学校、农林学校、航海学校、女子师范学校、幼儿师范学校和商专等。稍后，又建立了厦门大学。这些学校贯穿着一个精神，就是强调教育要和劳动生产相结合；教育要为经济发展、科技进步和社会发展服务。他还在南洋各地建了许多同样性质的学校。陈嘉庚是真正舍得在教育事业上下工夫的人，其办学规模之大，强调教育之早，堪称华侨第一人。

陈嘉庚虽然富甲东南，生活却十分俭朴。他同一些拜金主义者，越富越抠门的“大款”、大富豪是根本不同的，他们赚大钱、谋暴利，无非是为了及时行乐，给自己子孙留下一笔用之不尽的遗产。这些人认为，“我挣的钱就是我的，应该由我尽情享受”。对自己，是花天酒地，一掷千金，败坏社会风气也在所不惜。对他人，对社会，则是一毛不拔。什么扶贫济困，什么公益事业，一概不管，没有任何的社会责任心。而陈嘉庚认为，一切财富取之于社会，就应还诸社会。他一生勤俭简朴，粗茶淡饭，除倾家兴学，兴办公益事业之外，不给子孙留下任何遗产。他认为，让后人继承大量遗产，会使智者丧志，愚者更愚。世上拥有大量财产的人，鲜有超过第二代的。这些所谓合法的财产继承人，往往成为不事劳动、坐吃山空、挥霍浪费的败家子。可惜许多人至今不愿接受这个教训。

然而，我认为陈嘉庚最大的精神力量，还在于他不信鬼，不信邪，昂然挺立，不向任何黑暗势力低头。即使他的对手比他强很多倍，他也要为正义斗争到底。他对英帝国主义是如此，他对荷兰殖民主义者是如此，他对侵略中国的日本军阀是如此，他对当年消极抗日积极反共的国民党当局也是如此。

陈嘉庚对自己的朋友，对他当时梦寐神驰①的延安时代的共产党人，也只愿当诤友，而不肯盲目附和。他对中国共产党 50 年代在探索社会主义道路过程中的政策和若干重大决策，就不尽赞同，有些还坚决反对。他秉性耿直，从不隐瞒自己的观点。所以他就以对民族高度负责的精神，秉笔直书，痛陈利弊。当然，在那个极左年代，他的意见是不可能被采纳的。

经过数十年的实践的检验，证明陈嘉庚的意见是对的，这，已为后来社会主义建设所遭受的挫折所证实，也为共产党人自己所纠正了。只是老人早已离开人世，长眠于海滨鳌园。

当然，陈嘉庚是人，不是神，不是什么完美无缺的“圣人”。他一生中也有过缺点和失误。但瑕不掩瑜。陈嘉庚毕竟是个经历了清末、民国、抗战、避难、解放几个不同年代的伟大人物。经过长达近一个世纪的观察、历练和实践，逐渐形成了他自己独有的性格和价值观。从他身上迸发出来的这股伟大的精神力量，是我们民族取之不尽的精神财富。他受到国内外广大人民的无比崇敬，是当之无愧的。

一九九四年六月

回忆陈嘉庚. 北京：中共中央党校出版社，1994：1－3.

## 专题欣赏二：我所认识的陈嘉庚

卢嘉锡

行高于世，自有口碑。我从小就听到许多关于爱国华侨陈嘉庚先生的感人事迹，尤其是关于他的“倾资兴学”。我因而十分崇拜他，觉得他这个人很伟大。后来，我在先生创办的厦门大学学习并工作过多年，尤其是自 1937 年有幸第一次见到他老人家并在新中国建立前后和他有过多次接触后，我对先生的事业、思想和人品有了深刻的认识。

今天，当我们纪念陈嘉庚先生诞辰一百二十周年的时候，我想起毛泽东同志对他曾有过“华侨旗帜　民族光辉”的历史性评价，就我个人的感受而言，我觉得先生确实是当之无愧的，他是一位永远值得后世怀念和学习的典范人物。

① 陈嘉庚在其所著《南侨回忆录》弁言中说：“余久居南洋，对国内政治，虽屡有风闻而未知其事实究竟如何。时中共势力尚微，且受片面宣传，更难辨其黑白。及至回国慰劳，与各领袖长官、社会名人、报界记者接触，并至延安视察经过，耳闻目睹各事实，见其勤劳诚朴、忠勇奉公，务以利民福国为前提，并实行民主化，在收复区诸乡村，推广实施，与民众辛苦协作，同仇敌忾，奠胜利维新之基础。余观感之余，衷心无限兴奋，梦寐神驰，为我大中华民族庆祝也。”

## 一

陈嘉庚先生独立创办了十几所大中小学和多所专科学校。办学中，他深得其胞弟陈敬贤先生的鼎力协助，在集美学村和厦门大学，人们通常称陈嘉庚为“校主”，称陈敬贤为“二校主”，这种特殊的称呼很能说明陈家兄弟与兴办教育的渊源关系和人们对他们的崇高敬意。

陈嘉庚先生首先是在家乡集美陆续创办了各种类型的学校，包括男小、女小、男中、女中、男师范、幼师、水产、航海、商业、农林、国学专科学校等，此外还附设幼稚园、医院、图书馆、科学馆和教育推广部，统称集美学校，后来定名“集美学村”。其后，又在厦门创办了厦门大学。

集美学村中最有影响的当推航海学校，它是新中国建立前我国仅有的两所航海专科学校之一（另一所在上海的吴淞），是当时我国培养航海人才的重要基地，并形成了国内航海方面的两大学派之一。1949 年以前相当部分的船长、大副、二副等高级船员大都出自集美航海学校。

从今天来看，陈嘉庚先生当年创办集美学村确是一个很了不起的创举。办教育可以说是让人们摆脱精神方面的“贫困”，这同摆脱物质方面的贫困一样重要。联想到现在的某些“大款”们手里有钱以后，就吃喝玩乐，一掷千金，更显出了陈嘉庚先生的伟大和远见卓识。

厦门大学是我学习和长期工作过的母校，相对来说，我对陈嘉庚倾力创办和维持厦大的业绩更有切身的感受。我在厦大读书期间（1928—1934 年），就曾为自己的出生地厦门有这么好的一所高等学府而深感庆幸，要不然，像我这样一个“穷教书匠”的儿子，到外地上大学将是一个沉重的经济负担。私立时期的厦门大学较之旧时代国内其他大学有许多优越之处，就教授薪金定为三百块大洋这一项就为国内大多数大学所望尘莫及。可是后来我了解到，为办好厦大，校主在海外却承担着比我这样的学子更难以想象的巨大经济压力。

陈嘉庚在海外的经济事业曾有过辉煌的成功，但随着资本主义经济危机的加深，他的事业从 1926 年起开始走下坡；至 1928 年，整个资产损失过半；而后遇上世界经济大恐慌时期，在垄断资本集团的打击下，他的企业被迫改为股份有限公司，最终于 1934 年底收盘而宣告破产。但是众所周知，这一时期乃至尔后的三年里，厦门大学的经费仍然依靠陈嘉庚先生的支持。就创办和维持厦门大学整整十六年（即私立时期）这件事来看，他是竭尽全力、超负荷地坚持过来的。

爱国爱乡说起来是炎黄子孙的一种天性，古往今来亦不乏热心公益、捐资办学的实业家，然而像陈嘉庚先生那样倾“资”而“捐”者世所罕见。他一生为教育捐款的数额累计起来有几千万元，几乎相当于他“奔走海外，茹苦含辛数十年”积攒起来的全部财产。一个人在海外取得事业的成功本来就很不容易，成功之后把一切成果献给祖国、献给家乡、献给培养下一代的教育事业，这是何等博大的胸怀和献身精神！

## 二

我一直渴望着能够一睹校主的风采和亲聆教诲，这一愿望终于在我出国留学的途中得以实现。

1937 年秋，我考取中英庚款公费留学，从上海启程奔赴伦敦，我乘坐的邮轮抵达途中的新加坡后停靠了两天，由于张述同学（厦大时的同届校友，毕业后即赴新谋职）的引荐，我在第二天上午到“怡和轩”（陈嘉庚的办事处兼住所）拜访了心仪已久的校主。

张述事先已向他禀明我此行是赴英留学的，校主对此甚感欣慰，对我说了不少鼓励与鞭策的话。他希望我学成之后不要忘本，要回来好好报效祖国。我怀着崇敬的心情频频点头，并表示决不辜负校主的嘱托，请他老人家放心。

我至今记得那次见面的日期是 1937 年 8 月 26 日，当时距陈嘉庚和各地侨领筹划成立“南侨总会”为时已不远，他吃、住和工作都在“怡和轩”，可见是很忙的。在这种时候，年逾花甲、德高望重的著名华侨领袖陈嘉庚乐于接受我这样一个素昧平生的小青年的拜访，足见他毫无大人物的架子而对来自故国故乡的学子充满关切和期望。令我深为感激的是，许多年以后，校主有一次回国，到厦大后还关切地问道：“怎么不见卢先生?”同事们忙告诉他说我出差了。我和校主并无特殊的关系，在此之前也没有多少接触，他却能记住并如此关心一个从事教育工作的晚辈。

第一次见面还给我留下很深印象的是，他反复谈论着兴办教育、培养人才的重要，他是把“兴学育人”同民族振兴的事业紧紧地联系在一起的。这曾引起我长时期的思考：他为什么特别重视教育?

今天，当我们谈论“科教兴国”的时候，我们明白“教育”和“科技”都是“兴国”的重要支柱，因为除教育之外，科技在我国也已取得相当大的发展，特别是后者已成了“第一生产力”。可是在新中国成立以前，情形远非如此。由于中国在近代科学上的“空白”，逼得我们只能走出国门做西行取经的“唐僧”。像我这样在三十年代出国留学的大概属于第二代，第一、二代留学生的任务主要是把国外先进的科学技术搬回来，回国以后主要是当“教书匠”，把“搬”回来的东西传授给自己的学生，传给下一代。就我个人而言，是到六十年代以后才有条件专心致志地从事和组织科学研究的。用历史的眼光看，陈嘉庚当年强调教育，实际上也就包括强调学习先进的科技知识，他认为“教育不振则实业不兴，国民之生计日绌……自非急起力追，难逃天演之淘汰”。这显然代表了那一时代最富有远见的中国进步人士的先进思想。

## 三

新中国成立前后，我和校主有了较多的接触。

1949 年 5 月，他应邀回国参加中国人民政治协商会议筹备会议，当时已接近全国解放，可是偏踞东南一隅的厦门尚处在黎明前的黑暗之中。校主回国之前，我曾以厦大校友总会理事长的身份，致函邀请他老人家回国后顺便到厦门大学检查工作。此函后来刊登在当时的厦大校刊上，为此惹恼了当时的国民党厦门当局，以致把我列入了“黑名单”。

我记得陈老先生应邀抵厦时，厦门市刚刚解放（10 月 17 日）不久。那一天，他在“映雪楼”东膳厅为全校师生作了一场相当精彩的报告。当时汪德耀校长出国在外，主持报告会的是代理校长陈朝壁教授，他要我协助他做些工作，并要我一起上主席台。

翌年（1950 年），陈嘉庚即回国定居集美直到逝世，他把晚年的时间和精力都奉献给了两校的建设。这一时期担任厦大校长的是王亚南教授，校长和校主之间，自然有许多面晤的时候，特别是为扩建校舍的事。可是因为陈嘉庚不会讲普通话，而王亚南听不懂闽南话，于是王校长便拉我居中当个翻译。后来有好几次，王校长干脆让我代表他本人与陈老先生直接联系。

从这一时期（至 1958 年我奉调赴榕参加筹建福州大学为止）的接触以及耳闻目睹的大量事迹来看，陈嘉庚爱国之深切，兴学之诚毅，品格之高尚，确实无与伦比而感人至深!

他一生创办了那么多学校，捐建了那么多校舍，但在他生前，他不允许在这些学校，哪怕是一座大楼镌上自己或他胞弟陈敬贤的名字。厦大早期有一座楼原以“敬贤”命名，为的是纪念曾为厦大的建设和发展作出重要贡献而英年早逝的“二校主”，陈嘉庚知道后即予以制止，后来那楼名就改为“群贤”。在他看来，他兄弟二人的全部贡献，只是聊尽“国民一分子之天职”，不值得居功留名。今天我们在厦大见到的“敬贤楼”，乃是陈嘉庚逝世以后兴建和命名的……

陈嘉庚先生在社会上传为美谈的事迹很多，有一件事尤其令人难以忘怀：新中国成立后在陈嘉庚多次建议和奔走之下终于建成了鹰厦铁路，他应邀出席了在鹰潭举行的通车典礼。为了迎接陈嘉庚，当时的鹰潭市市长特地备了丰盛的宴席，可是在宴会上，陈老先生坐在那里一口也没吃。市长感到莫名其妙，不知道是什么地方“冒犯”了陈老先生，于是上前连连道歉。这时，熟悉陈嘉庚的人告诉市长：您要请陈老先生吃饭的话，最好就是给他上地瓜稀饭……这话听来令人难以置信，但陈老先生确实如此，他的生活一向十分简朴：居室很简单，陈设也很简陋；山珍海味似乎与他无缘，地瓜稀饭即是他一生的主食。他没有任何嗜好，烟茶酒从来不沾。他一生奉行的信条是：“该用的钱，千万百万也不要吝惜；不该用的钱，一分钱也不要浪费。”他请别人吃饭，也是极为简单。

爱祖国，重气节，倾资兴学，不图名利，自奉俭朴，一切以国家和民族的利益为根据、为依归……这一切并不带任何“新潮味”，却是臻于极境的懿德嘉行，是陈嘉庚留给下一代的极为宝贵的精神财富，它将永远垂范后世，永放光芒!

（作者为中国科学院院士、中国农工民主党主席、全国人大常委会副委员长）

回忆陈嘉庚. 北京：中共中央党校出版社，1994：4－11.

## 专题欣赏三：嘉庚风浩荡

任镜波

有位朋友跟我讲过，1946 年在香港曾经见过一种叫《嘉庚风》的刊物。“嘉庚风”这个说法我觉得是太有水平了，这是对陈嘉庚先生的社会贡献和社会需要陈嘉庚精神的最生动、最形象的概括。

风，本是空气流动的现象。《说文·风部》把风分为八种：“东方曰明庶风；东南曰清明风；南方曰景风；西南曰凉风；西方曰阊阖风；西北曰不周风；北方曰广莫风；东北曰融风。”“风”字引申出来的意义却远远不止八种，至少可以列出十几种。常见的有几种，一是作作风、风度讲，如《孟子·万章下》：“故闻柳下惠之风者，鄙夫宽，薄夫敦。”晋潘岳《秋兴赋》：“闻至人之休风兮，齐天地于一指。”《魏书·杜铨传》：“铨学涉有长者风。”一是作教化、教育、感化讲，如《古今韵会举要·东韵》：“风，王者之声教也。”

“风，上行下效谓之风。”《汉书·武帝纪》：“导民以礼，风之以乐。”唐李白《虞城县令李公去思颂碑》：“革其俗而风之，渔其人而涵之。”就以“风”字这两方面的意思来阐释，“嘉庚风”起码涵盖了这三层的含义：其一，嘉庚之风也，即嘉庚的精神和道德风貌；其二，嘉庚的道德、精神可风；其三，学习嘉庚精神蔚然成风。以寥寥三字概括这么多的内容，可以说是言简意赅，高明之至。

在陈嘉庚先生身上，确实有一股强大的“风”。这股风的内涵，主要的就是称赞陈嘉庚先生的“爱国的精神，重视教育的思想”，还有是他“轻金钱，重义务，诚信果毅，嫉恶好善”的高尚品德。

人们都称嘉庚先生为“爱国老人”。“爱国”可以说是溶入了他的血液。他一生都以自己独特的身份和方式，赤诚地爱着祖国，“为民族解放尽最大努力”。早年他就加入了同盟会，资助孙中山先生的革命事业。在攸关民族存亡的抗战中，他更是以“一介在野之身”奔走呼号，“为团结抗战受无限苦辛”。他亲自担任“星华筹赈会”“南侨总会”主席，第一次把南洋一千万侨胞发动起来，为支援抗战踊跃捐输。他还亲自率领“慰劳团”回国，亲临延安，指出“中国的希望在延安”。他那“敌未出国门，言和即汉奸”的“千古第一提案”和他避难印尼时，身怀氰化钾，发誓“何时不幸被俘虏，抵死无颜谄事敌”的崇高气节，尤为可歌可泣！

嘉庚先生还把爱国落实到倾资办学上。他认为“教育乃立国之本”，因而倾尽自己的资财和大半生的心血来办学，“宁使企业收盘，绝不停办学校”，在海内外一共兴办、资助了100多所学校。有人估计过，陈嘉庚先生一生倾资办学的费用，如果以八十年代黄金在国际市场的价格来计算，大约达一亿美元。这在中国教育史上，在中国近代教育史上，都是无与伦比的，可谓是“千古一人”。

嘉庚先生以“诚毅、俭朴”来训勉学生，也把它作为自己生活的信条。他经商赚钱，从来取之有道，去之有义，从不损人利己。他疾恶如仇，从善如流，敢做别人不敢做的事，敢说别人不敢说的话。当年访延安后，他抱着“身家可以牺牲，是非不可不明”的勇敢的态度，向国人宣布国共摩擦的真相，并“断定国民党蒋政府必败，延安共产党必胜”。对“知我者党也”的中国共产党，他也只当诤友。他自奉俭朴，回国定居后，仍居旧室，月薪300元，除自定每月15元伙食费外，余下的全交集美学校公用。他临终时，还把所有的遗产300多万元全部献给国家，而且念念不忘集美学校的发展和祖国的统一。

嘉庚之风的内涵实在是太丰富深刻了，拙笔难以尽述，仅是上述挂一漏万的简单勾勒，就足以令人感动不已了。江泽民同志称赞嘉庚精神“是我们的国粹”，认为“陈嘉庚先生报效祖国的赤子之心令人敬佩，他热心办教育令人称颂、敬仰，厦门人民、福建人民、全国人民都应该怀念他，学习他。”

嘉庚精神可风，学习嘉庚精神也渐已蔚然成风。在陈嘉庚先生的影响下，陈六使、李光前等一大批华侨不仅协助陈嘉庚办学，而且相继在海外兴办华侨教育和在家乡捐资兴学，开创了一代兴学新风。据不完全的统计，南洋各地侨校，在“抗战前夕达到2 000余所，男女学生40万人，教育和国语普及的程度超过国内”。1949年，福建省侨办的中学就有48所。据1950—1959年的不完全统计，福建省由华侨集资新办的中学有64所，文化补习学校38所，单独设立的文化补习班46处，补习小学967所。近十几年来，又有更多的华侨、华人抱着弘扬陈嘉庚精神的愿望回来捐资办学，各级、各类和各种形式侨办、侨助的学校犹如“雨后春笋”蓬勃发展。去年，福建省接受华侨、华人捐赠的总数为五亿多元，其中近一半是投入教育。就在我们集美校友中，也有创办培文师范、慈山学园、泉州黎明职业大学、福建社会音乐学院的。香港巨富李嘉诚先生创办汕头大学，他自己说也是受了陈嘉庚的影响，要学习陈嘉庚。

嘉庚风浩荡。嘉庚之风，已吹向神州大地，吹向海内外炎黄子孙的心坎，也正在吹向世界。陈嘉庚国际学会的成立和他们卓有成效的活动，以及即将挂牌的集美大学，这些都是很重要的标志。今天，我们国家正在建设有中国特色的社会主义，更需要让“嘉庚风”更加强劲地吹起。因为，在新的历史条件下，需要继承和发扬爱国主义传统，振奋民族精神，凝聚全民族力量；需要全社会“尊师重教”，把教育摆在优先发展的战略地位；需要各族人民坚持自力更生，艰苦创业的精神。而“嘉庚风”正是进行这些教育的瑰宝。

（作者系集美校友总会永远名誉会长）

任镜波：嘉庚风浩荡. 北京：中央社会主义学院学报，1995 (2).

## 专题欣赏四：聚财有道　舍财为民

到过厦门的人，没有不知道集美学村和厦门大学的。这不仅因为那里景色宜人，英才辈出，是当地著名的人文旅游景点，更主要的是，他们都跟一位爱国老人联系在一起，他，就是陈嘉庚。

陈嘉庚经历了清末、民国、抗日战争、解放战争和社会主义革命与建设几个不同年代，其童年是在国弱民穷、屡遭外侵的动荡时代度过的。时代造就英雄，动荡的年代、国民饱受欺凌的现实，深深地打击了少年时代的陈嘉庚。从那时起，他便在心里树立起救民于水火的信念和为国家分忧的高尚情操。

作为侨商子弟，陈嘉庚自 1890 年开始走上商业舞台，之后的几十年间，由于他独具经商天赋，勤奋刻苦，眼光独到，长袖善舞，因此在商业舞台上创造了巨大的奇迹，成为当时新加坡商界的翘楚，闻名海内外的大企业家。

1925 年实有财产 1 200 万元，合黄金 100 万两，超过当年一般的“百万富翁”十余倍。

如果说，陈嘉庚仅仅在实业上获得成功，那他充其量也就是个著名的大富翁。而使他彪炳史册、赢得后人敬仰的，是他在成为商业巨子时，并没有像那些资本家一样唯利是图，而是心系祖国，把个人的全部所得毫不吝啬地投入到利国利民的事业中去。

陈嘉庚谦称自己不懂政治，但其实他最懂政治，也最关心政治，关注民族兴亡，时刻把振兴中华、拯救苦难的中国人民作为己任。他反对清朝政府，资助民主革命，捐款救济灾民；他全力支持全国抗战，组织各国华侨投入到抗战救国的洪流中去，不惜耗尽所有的财力、物力。

他更是一位倾资兴学的教育家。辛亥革命后，他开始捐资兴学，一生为祖国的教育事业倾尽所有，以实际行动实践了报效祖国的诺言，受到人们的普遍赞扬，在中国历史上树起了一座不朽的丰碑。

他，一个紧跟时代潮流，站在时代发展前列的华夏儿子；他，一个赤手空拳在东南亚创造一个庞大企业集团的商界巨子；他，一个团结统一 800 万华侨抗日救国的华侨领袖；

他，一个跨越南洋和中国，践行教育立国、科学兴国理想的教育家……他，诚信果毅；他，忠心报国；他，疾恶好善；他，公直无私；他，勤勉俭约……从1874年到1961年的88年间，陈嘉庚，这位华夏历史上的传奇人物，以自己的高尚人格和不懈追求，在20世纪的中国，向人们展现了一个平凡而伟大的灵魂，像大山一样的脊梁，像大海一样的胸怀，不愧为“华侨旗帜　民族光辉”的称号。

王大伟. 陈嘉庚：100位为新中国成立作出突出贡献的英雄模范人物. 吉林文史，2011-04-01.

## 专题欣赏五：担时代责任　尽国民天职

陈嘉庚一生历经晚清、民国和中华人民共和国三个时期，又在海外经历了第一次世界大战和第二次世界大战。他是集政治、经济、社会、文化等方面的活动于一身的领袖人物，他“尤所服膺向往”的是“轻金钱重义务，诚信果毅，疾恶好善，爱乡爱国诸点”，倡导和终生践行的是“无私奉献、急公忘私、勤敏俭约、艰苦创业”。

陈嘉庚身上有一股强烈的“天职意识”。他很早就跳出了个人发家致富的小圈子，走上了一条为社会尽责、为国家尽忠的人生道路。

辛亥革命胜利后，陈嘉庚备受鼓舞，自问“政治有清明之望矣，而匹夫之责何如?”他“爱国意识猛醒勃发”，“思欲尽国民一分子之天职”。如何才能尽到“匹夫之责”和“国民天职”呢？陈嘉庚选择了倾资兴学，抱定“教育为立国之本，兴学乃国民天职”，以“办教育为职志”“立志一生所获财利，概办教育，为社会服务”。

陈嘉庚办学不同于一般有钱人的行善积德。他认为自己是国家的主人，所以国家、民族的事情就是自己的事情，忧国忧民是天经地义的，自己有责任和义务推动民族振兴。他从自己的亲身经历出发，深感缺乏文化的痛苦，深悟教育对于拯救祖国、建设祖国的重要性。所以他把兴学看作救亡图存、振兴中华的急迫任务，看作自己报效祖国唯一可行的途径。

陈嘉庚在《创办集美小学校》中写道：“民国光复后余热诚内向，思欲尽国民一分子之天职，愧无其他才能参加政务或公共事业，只有自量绵力，回到家乡集美社创办小学校。”在《个人企业追记》里写道：“余自冬间欧战息后，便思回国久住，以办教育为职志，聊尽国民一分子之义务。”在筹办同安教育会时说：“倘蒙不弃，弟当力负责任，以尽天职。”在《南洋商报》开幕宣言一文中，他写道：“……国家兴亡匹夫有责，自当急起直追以尽天职……”在1926年8月致集美学校校长叶渊的一封信中，他写道：“至希望发展我祖国，亦不外实业教育以尽天职。”在《陈嘉庚公司分行章程》的序言中，他写道：“庚十年心力，悉役于斯，耿耿寸衷，旦夕惕励，窃愿与诸君共勉，以尽国民一分子之天职焉。”1934年4月，他在《畏惧失败才是可耻》一文中写道：“我办学之动机，盖发自民国成立后。念欲尽国民一分子之天职，以一平凡侨商，自审除多少资财外，绝无何项才能可以牺牲。而捐资一道，窃谓莫善于教育，复以平昔服膺社会主义，欲为公众服务，亦以办学为宜。”

陈嘉庚曾多次谈到创办集美学校、厦门大学和新加坡南洋华侨中学的宗旨，他指出：“专制之积弊未除，共和之建设未备，国民之教育未遍，地方之实业未兴。此四者欲望其各臻完善，非有高等教育专门学识，不足以躐等而达……且门户洞开，强邻环伺，存亡绝续迫于眉睫，吾人若复袖手旁观，放弃责任，后患奚堪设想!”他认为“吾人欲竞存于世界而求免天演之淘汰，非兴教育与实业不为功。诚以救国既乏术，亦只有兴学之一方，纵未能立见成效，然保我国粹，扬我精神，以我四万万民族，亦或有重光之一日乎。”

陈嘉庚深知兴办教育是政府的责任，也是“国民天职”。当政府“不可期”或“力有不逮”时，“兴学责任讵有旁贷”。他当年“深感福建教育前途悲观，乃决定创立师范讲习班，寄望他日广树师资，以供闽南及南洋初等教育之需求，俾得发展数育，提高民智，改造社会也。”“因感于中等教育之不足培植专门人才，乃又办厦门大学。”他曾说：“欧美人民之捐资兴学者比比皆是，其数之巨极为可观，换言之，西洋捐资兴学已蔚成风气，是以余虽办有集美、厦大两校，不足资宣扬，实聊尽国民之天职而已。”至于为什么要把“赚的钱全拿出来”，是因为他想“设法援救”许多华侨“对于实业教育各问题置之不问”的冷漠态度，故以“身先作则，创办数事，以警醒之”。为此，他“改将所有家财尽出之，以办教育，并亲来中国经营，以冀将来事或成功，使其他华侨，有所感动也”。他说自己“之所以奔走海外，茹苦含辛数十年，身家性命之利害得失，举不足撄吾念虑，独于兴学一事，不惜牺牲金钱竭殚心力而为之，唯日孜孜无敢逸豫者，正为此耳”。

陈嘉庚自己时时“期尽国民天职”，也希望学生尽国民之责任。他在1919年9月12日集美学校举行的秋季始业式上殷切期望同学们“对于国家，当尽国民之责任，凡分所应尽者，务必有以报国家。对于学校，诸生在校希勿稍忽功课，努力向前。在校既能尽学生之职务，出校则能尽国民之职务是也”。他还曾语重心长地对学生说：“我培养你们，我并不想要你们替我做什么，我更不愿你们是国家的害虫、寄生虫；我希望于你们的只是要你们依照着‘诚毅’校训，努力地读书，好好地做人，好好地替国家民族做事。”

林飔. 担时代责任　尽国民天职. 集美大学报，2014-10-20.

## 延伸阅读一：诚信毅力陈嘉庚

古往今来，历代皆有名人出，但论及全面，少有如陈嘉庚者，涵盖政经文教各个层面，从国家大难到民族大义，从教育根本到文化传承，从白手起家到一代典范，名留历史，影响承袭至今。

陈嘉庚一生择善固执，诚以待人，毅以处事，历经动荡忧患，成就非凡一生。时隔50年，心怀景仰的后人成立马来陈嘉庚基金会，推办“陈嘉庚精神奖”，让断代的历史与精神重连接，重点宣扬其思想与核心价值——诚、毅。

从大格局看陈嘉庚，也是第一届精神奖的主题——从侨到桥，走向世界。

“侨”是“华侨”，“桥”是桥梁，“从侨到桥”，指的是陈嘉庚从华侨领袖，到成为连接、沟通世界各地华人的精神桥梁。

陈嘉庚纪念馆副主席陈松青强调，陈嘉庚为全世界所搭建的这座桥，是跨时代的、双向的桥。他由故里到南洋，而后将在南洋塑造的光辉和典范，回馈到中国。纵观当代民族资本家，多少人能像陈嘉庚一样，真正做到取之社会，用之社会，并且用得恰当?

“没有教条信仰的中国社会，心中没有制约与制衡的社会，尤其需要这样的精神，以把持社会道德价值观。陈嘉庚恰好作为一个诚信的商人，兼具大义的精神理念，带回中国，所以我们所谓的‘桥’，是一座往返两国、双向的精神桥梁。”

陈松青早前走了一趟厦门，亲眼见证陈嘉庚的深远影响，这位从中国到南洋，再从南洋贡献中国的华商，迄今在厦门市依然是无人不晓，甚至是“精神代表”。

厦门市政府对陈嘉庚的重视，厦门人对陈嘉庚的崇敬，不曾随着动荡环境和时代变迁而衰减，每年定期主办长达一个月的陈嘉庚纪念活动，通过学术方式、平面印刷甚至动漫形式，将陈嘉庚的事迹、生活点滴、标语等，传达到每一个角落。相比之下，马来西亚对陈嘉庚的认识和重视，反而呈式微甚至冷漠的景况。

陈嘉庚纪念馆理事梁家兴坦言，陈嘉庚不只是马来西亚的名人，和新加坡及中国也有重要的历史关系，时代间隔却导致年轻一代对这位伟人感觉陌生，仅视之为上一代的人物。

陈嘉庚逝世的1961年，仍是风雨飘摇的动荡年代，一生事迹太多，留下的却太少。和平安逸的年代，已是时隔50年，“陈嘉庚”变成陌生的名字，一再传颂的所谓情操和精神亦成“过时老调”，却是当前社会最欠缺的价值观。

梁家兴语重心长地说：“如果今天我们不记载，不宣扬，不传承给下一代，可能就在我们这里断了线，接下去我们的孩子就更加不知道谁是陈嘉庚，他的影响，他的精神，将渐行渐远，淡化淡漠及至遗失不见。”

于是，长期积极推动马中关系的华商及文教推手——马中友好协会秘书长陈凯希及隆雪华堂会长陈友信，先发起成立马来西亚陈嘉庚基金会，后设立纪念馆及文化中心，集合梁家兴、陈松青及钟启章等人之团队力量，重拾逐渐失落的珍贵情操与精神内涵，重塑为社会的典范及自律的精神信仰。

个人层面的陈嘉庚，有自己的一套公司文化，家教也很严格，待人以诚，处事以毅，凡事都倾尽全力，做到最好，不止对自己严谨，对孩子的家训也甚严。

陈松青说，陈嘉庚个人生活清淡，即使财富丰厚，依然粗茶淡饭，对孩子也同样严格，不要孩子成为二世祖，而他所出生的清朝末年，到南洋成家立业的大时代，也让人体会深刻，将国家与民族放在个人及家庭之上，也因此早期外界形容他“毁家”兴学，但陈松青认为更贴切的“倾家”，后来学界改为“倾资”。

家教严格的陈嘉庚，在商业上的待人处世，最突出的特质就是诚与毅，对商业伙伴及其他人，予以诚信，做每一件事则有毅力地完成，并且要做到最好。

“折射到今天的缺乏凝聚和素质的急功好利社会，以及好高骛远的新生代身上，正是适应时代之需。”

重塑一个人，就是让他受教育——这是陈嘉庚重视教育的价值观，也是不惜倾家兴学的原因。

这位白手兴家，却又倾家兴学的企业家，不仅折射到今时今日始终如一，华社对华教的坚持与支持，其中一个主因，就是源自当年的感召，承袭至今不动摇。

最先传承陈嘉庚精神的人，是其女婿李光前，除了接手及开拓庞大的经济王国，对教育也极尽慷慨。后来成立的李氏基金会，旗下两家最大金融机构华侨银行及大东方保险，迄今依然每年拨出一半的盈利，捐献华教。

梁家兴强调，从国家民族到教育，陈嘉庚精神的影响，是一脉相承的关系。

企业家陈嘉庚不止雄才大略，其领袖魅力堪比孙中山。振臂一呼，数以千计年轻人义无反顾，赴汤蹈火，开辟滇缅公路，运送军火，投身抗战，写下南侨机工舍身就义可歌可泣的事迹；登高一呼，各籍贯商人及民间团体慷慨解囊，抗战耗去 18 亿日元，南侨筹赈会贡献了其中的 15 亿日元。

“抗战之后，捐献教育，在马中两国开办及支撑了 100 多间学校，马来西亚用百年堆砌的华教基础和系统，成为世界各国海外华人眼中的奇葩，这样的奇葩并非与生俱来或凭空掉下的，而是有人启发，有个历史脉络，慢慢传承下来的，陈嘉庚就是那个启发者，奠基的典范。”

梁家兴是巴生中华总商会会长，从经济角度看陈嘉庚的创业精神；陈松青是隆雪华堂马来西亚第二次世界大战历史研究会秘书，强调陈嘉庚在第二次世界大战时期，是抗战中举足轻重的角色；陈凯希则以基金会和精神奖为平台，以人文为重点，宣扬陈嘉庚的大公大义与精神内涵。

三人同看——所谓典范，当如陈嘉庚。

2011 年，陈凯希及陈友信筹办马来西亚陈嘉庚基金会，历时 2 年，2013 年 4 月获社团注册局核准，正式成立，接着于同年 10 月 6 日成立马来西亚陈嘉庚纪念馆，2014 年 12 月 21 日，首办“陈嘉庚精神奖”颁奖礼。

基金会成立一周年，除了学术讲座、语录书法比赛、常识比赛，也曾办过四轮驱动长征，重走当年南侨机工开发滇缅公路、运送军火支援的路线，感念先辈的英勇和壮烈。

陈嘉庚精神奖筹委会主席钟启章推崇陈嘉庚的入世思想，认为他的人格情操“近乎完人”，怀抱“高山仰止，景行行止，虽不能至，心向往之”的态度。

他眼中的陈嘉庚，不自命清高或视钱财如粪土，相反的，他很重视金钱的累积，却不是守财奴，而是君子爱财，取之有道，然后取之社会，用之社会。

他强调，陈嘉庚基金会、纪念馆、精神奖，以及所有相关的活动，皆旨在唤醒人们缅怀一代伟人的丰功伟绩，进而学习其高尚情操，舍己为公的大公精神。

“今天要找一位像陈嘉庚这种择善固执、执着于倾资兴学，宁可变卖大厦，也要支持厦大精神的人，真的很不容易。”

这一点，陈松青也形容“今天要找像陈嘉庚这样的领袖，不是没有，但是却如凤毛麟角”。

然而，陈嘉庚在马来西亚遗留下来的东西少之又少。因此，纪念馆将持续不断地征集文物，以丰富馆藏，尤其陈嘉庚在马来西亚时期的遗物。

劳心劳力，所作一切，为的是让历史与现实紧密结合，还原有血有肉的陈嘉庚，宣扬和普及其思想和精神，“诚”与“毅”是两大重点。

凡泞的博客，2015-03-12.

## 延伸阅读二：“一代完人”陈嘉庚倾资办学琐谈

1961 年 9 月 10 日，新加坡中华总商会联合各界，举行有万人参加的追悼陈嘉庚大会。灵堂中陈嘉庚巨幅遗像上的横匾写有“万世流芳”四个大字，两旁悬挂一对挽联。右联是“前半生兴学，后半生纾难”；左联是“是一代正气，亦一代完人”。一个人能获得海内外炎黄子孙如此的敬重，实属古今罕见。

陈嘉庚，1874年出生于福建同安县的集美镇，那是与厦门隔海相望的僻静渔村，9岁[①]就读于南轩私塾。目睹旧式传统教育的弊病，萌发兴学育才的动机。

1889年，17岁的陈嘉庚赴新加坡在父亲开设的米店里学习经商，后来进入食品加工、航运、橡胶等行业，建立了一个庞大的多元化家族跨国企业集团，其业务遍布亚洲、欧洲、美洲的10多个国家和地区。50岁左右他的事业处于鼎盛时期，拥有资产1 200余万元，企业员工有3万人。19世纪，马来半岛的华侨，单个企业资产超过百万元的几乎没有。即使到了20世纪20年代，新加坡总商会领导层中，资产超过百万元的也只有8个人。陈嘉庚在当时来说，称得上是“富甲天下”了。但他后来把这些钱大部分用在了办学育人上。

近代华侨在家乡捐资办学，大约起源于晚清时期。陈嘉庚即属于其中的先驱人物。

早在1894年，陈即捐资在家乡办过一所私塾。1910年加入中国同盟会，并筹款资助革命。1913年起在故乡创办乡立集美两级小学校；1917年增办集美女子小学校，并先后办起师范、水产、航海、商业、农业、幼稚园和幼稚师范等学校，这些学校统称集美学校。1921年他又捐资创办了福建第一所大学——厦门大学。

从1921年起，陈嘉庚设立同安教育会和教育推广部，计划10年内在同安普及小学200所，两年间先后创办40余所。从1924年，还补助闽南等地两所中学和70余所小学。

陈嘉庚不仅热心在家乡办学校，而且在海外也热心侨胞的教育事业，资助建立发展爱国学校、崇福女子学校、中华女校、南洋女中、南洋华文中学、南洋大学等华侨学校。在经商亏损的情况下，宁可企业收盘，也绝不停办学校。

陈嘉庚一生为了办学究竟捐过多少钱，人们已经很难算得清了。与陈先生交往较深的洪丝丝先生在《陈嘉庚办学记》一书序言中说，陈一生对教育事业所捐献的钱，如果当时买了黄金，估计相当于现在的1亿美元左右。

“金钱如肥料，散播才有用。”这是陈嘉庚对金钱的见解。至1934年，陈经商30年获利1 900万元，仅资助厦门大学和集美学校就花去800万元，约占获利总额的42%。

陈嘉庚先生捐资办学并非为了沽名钓誉。1917年在着手筹办厦门大学时，他在一篇文章中写道：“久居南洋，心怀祖国，希图报效，已非一日。”又说：“民心未死，国脉尚存，四万万人民的中华民族决无甘心居人下之理。今日不达，尚有来日；及身不达，尚有子孙。”1919年，针对当时时局，他发表演说指出：“吾国今日处于危急存亡之秋，凡属财产家，宜捐其一部分振兴教育，以尽救国责任，国家存在，而后国民之幸福乃有可言。否则为犹太之富商，任人侮辱宰杀，生命且不可保，安从而娱乐耶?”他认为兴办教育是“欲立国于世界而求免天演淘汰”的唯一手段。一腔爱国热情，真是感人至深!

陈嘉庚人格伟大，除了乐于捐助、热心公益之外，还在抗日战争时期，担任南洋华侨筹赈祖国难民总会主席，被公认为海外华人领袖。他发动侨胞捐资输财，还到过延安，为民族独立做出过巨大贡献。然而这位手握巨资的富翁却过着异常艰苦的生活。据其亲属回忆，陈先生在新加坡时，每天早晨五点钟起床，早餐是一杯牛奶和三个半生半熟的鸡蛋。白天在公司工作，夜晚到怡和轩俱乐部处理社会事务，夜间12时才回家休息。晚餐常常是一碗番薯粥、一块红豆腐乳而已。他平时身上的现款不超过5元，从不在外头乱花一分钱，连怡和轩附近的菜馆、咖啡馆也从未光顾过。他一生只看过一部电影，那是一部为筹

---

① 本书中所述陈嘉庚年龄，均以虚岁计。

赈会义演的片子。陈嘉庚不仅自己生活简朴，而且要求家人也过同样的生活，他的夫人给已经上学的爱子陈国庆买了一条领带，被他看见了，斥为浪费，不许给用。陈国庆后来开始工作，才用自己的钱买了一条。

在办学思想上，陈嘉庚认为要振兴教育，一方面应培养师资，宜“多设初等师范以制造小学教师”，而初级师范教师必依赖高等师范来培养，所以“寻源反本，则高等师范决不能不先为计及”。另一方面要培养建设人才。认为“依吾国社会经济之状况，尤宜注重农工商等科”。在创办集美学校时，力主取消旧式分散塾馆，创办新式统一学校。尤其重视选择校长和培养师资，亲定“诚毅”校训。办学根据社会需要设立学科专业，并注重实用和研究。强调学生的爱国主义教育和全面发展，“知识、思想、能力、品格、实验、体育、园艺、音乐以及其他课外活动，均应注意与正课相辅成”。

陈嘉庚先生倾资办学，硕果累累。厦门大学创办 90 年来，毕业数万人，培养出很多颇有影响的专门人才。他们当中有物理学家谢希德、经济学家许涤新、化学家卢嘉锡、数学家陈景润、遗传学家方宗熙、水生物学家伍献文等。集美航海学校培养出的毕业生，当时仅在香港一地，具有远洋船长资格的就有 100 多人。

新中国成立后，陈嘉庚先生从新加坡应邀回国定居，参加政治协商会议筹备会，并担任过全国侨联主席等职，继续资助厦门大学和集美学校的基础建设和教学科研工作（学生主要来自法国、日本、泰国、菲律宾、印尼、朝鲜等国和我国港澳地区）。1961 年 6 月 23 日，陈嘉庚因病在北京逝世，终年 88 岁。是年 8 月 14 日，遗体入殓，各界人士 3 000 多人前往吊唁。8 月 15 日，首都 2 000 多人参加了公祭陈嘉庚大会，毛泽东送了花圈，并誉之为“华侨旗帜　民族光辉”。主祭人为周恩来，陪祭人有朱德、陈毅等 13 人。公祭结束后，由周恩来、朱德领先执绋，护送灵柩上灵车，然后用专列运至厦门。8 月 20 日，灵柩运至集美鳌园墓地，当时万人夹道，与这位爱国老人告别。

为中华民族振兴做出过贡献的人，后人是不会忘记的。为了纪念陈嘉庚对教育事业所做的贡献，经国际小行星命名委员会同意，中国科学院将中国紫金山天文台于 1964 年发现的一颗小行星命名为陈嘉庚星，并于 1991 年 1 月在厦门大学举行命名大会。1992 年 8 月 20 日，由杨振宁、丁肇中等 5 位世界华人发起的陈嘉庚国际学会在我国香港成立。

中国教育和科研计算机网，2011－08－29.

# 第二篇　陈嘉庚生平

## 专题欣赏：陈嘉庚先生的生平

陈嘉庚先生一生的经历十分丰富，我们把他丰富的人生经历分为四个时期，简略介绍如下。

第一个时期：1874年至1903年，即从出生到30岁，是他居家求学、助父经商时期。

1874年10月21日，陈嘉庚出生于福建东南部的集美渔村。当时，我们国家正处于逐渐衰落、外患频繁、民族危机深重的半殖民地半封建时期，与集美一水之隔的厦门，早已被英国侵略者的炮火轰开大门，成为“五口通商”口岸之一。日本悍然占领台湾，成为威胁中国存亡的敌人。

陈嘉庚的故乡集美，田地很少，帝国主义入侵以来，经济更趋凋敝。这一带和南洋的关系历史悠久，历年都有不少人被迫出洋谋生，陈嘉庚的祖辈便有多人定居新加坡等地。陈嘉庚的父亲陈杞柏，在陈嘉庚出生前，便离开新婚不久的妻子，单身前往新加坡。当时新加坡人口仅18万人，华人占三分之二。在华人中，福建闽南人又占三分之二。

陈嘉庚自幼与母亲相依为命，由母亲一手抚养长大。母亲是一位具有中华传统美德的贤惠妇女，对陈嘉庚既疼爱又管教严格。陈嘉庚从小养成了吃苦耐劳的习惯。

陈嘉庚的故乡还曾是明末民族英雄郑成功抗清驱荷、训练水军、驻扎军队的重要据点，在集美的海滨山丘之处还保留有“延平故垒”等遗迹。此外，他也常听大人讲到林则徐、陈化成等民族英雄的故事，这些都引起陈嘉庚内心的无限仰慕和向往。

陈嘉庚9岁进入私塾读书，读《三字经》和“四书”等，但塾师对课文不多讲解，只让背诵。直到他14岁时，私塾由一位有才气的老师主持，给学生讲解《四书集注》，才让陈嘉庚对课文内容有了初步的理解，从中吸收一些有益的教育。

1890年，17岁的陈嘉庚应父亲函召来到新加坡。当时，父亲在那里苦心经营，先后开设了“顺安”等三家米店，在当地扎了根，在华人社会中有一定的影响。两年后，陈嘉庚便接任“顺安”米店的经理，并管理财务。之后父亲又创办菠萝罐头厂、西谷米工厂，经营菠萝园、房地产，都较顺利，获利不少。

1893 年，陈嘉庚回乡结婚；1895 年又回到新加坡，他和父亲的事业逐步拓宽、发展。

1897 年冬，陈嘉庚的母亲去世。1898 年，陈嘉庚回国为母亲择地建墓。1899 年春，他又回到新加坡。不料几年后，父亲的生意遭到重大挫折，严重亏损且负债累累。1903 年，精疲力竭的父亲还乡，把希望寄托在陈嘉庚身上，授权他全权处理一切事务，全部担子都压在陈嘉庚身上。

第二个时期：1904 年至 1936 年，即从 31 岁到 63 岁，是他开拓实业、倾资兴学时期。

父亲家业的破败，给陈嘉庚打击很大。但他结束了对父亲的依赖，成为可以独立自主的人，他大刀阔斧地进行整顿，采取措施，稳住阵脚，几年内逐步还清了债务，还筹集了一点钱，从建造一家菠萝罐头厂开始，又重新一步一个脚印地建立起他的企业。这时，他的胞弟陈敬贤才 17 岁，也出洋来到新加坡，成为陈嘉庚得力的左右手。他们俩志同道合，心灵相通，合作默契。

1906 年，孙中山到新加坡访问，陈嘉庚与他见了面。1910 年，陈嘉庚、陈敬贤兄弟俩一起加入同盟会，剪去辫子，并积极筹款支持孙中山推翻清政府的革命斗争。

1913 年，陈嘉庚的罐头厂经营十分顺利，获利颇丰。

1914 年，第一次世界大战爆发。欧洲列强忙于战争，无暇东顾，东南亚民族经济得以在夹缝中获得进一步发展的机会。在大战期间，航运业几乎处于停顿状态。陈嘉庚决定从事新的部门——航运业，先租船运行数月，利润不少。他又在资本积累的基础上继续投资其他行业。从 1917 年起，他集中力量主要经营橡胶业，逐渐建立起他的“橡胶王国”，一直到 1923 年。这一时期成为陈嘉庚创业史上最有成就、最辉煌的时期。

1918 年，当财产积累有了相当规模的时候，陈嘉庚决定，不把财产用于个人，也不把财产留给子孙，而是以办学特别是办大学为志向。

1911 年辛亥革命胜利，陈嘉庚备受鼓舞，想到中国教育落后，十几岁的孩子成群结队光着屁股嬉戏玩耍的情景，便决心回国办学。1912 年，他回国召集社中各角房长会议，劝告停办各房私塾，联合筹办集美小学，1913 年便正式开学。接着又于 1918 年办了集美师范和集美中学，同时在南洋也积极筹办南洋华侨中学。

1919 年的“五四运动”，让陈嘉庚进一步看到国家的前途，决心回国筹办大学。他让弟弟接理各项事业后，便于这年 6 月回到集美。他认识到“中等学校师资的培养，各种专门人才的培养，都有赖于高等教育”。当时一千多万人口的福建省竟连一所高等学校也没有，他深知靠当时腐败的政府办学是不可能的，便开始为筹办大学奔忙，从选址、申请手续办理到办什么专业，都详细筹划考虑。

关于大学的地点，陈嘉庚通过全面考虑，定在厦门。他认为厦门的地理位置，便于和全国各地联系，也便于和东南亚各地联系，因而有利于大学今后的发展。经过反复勘察，陈嘉庚决定把大学的具体校址设在郑成功当年的演武场。他认为，厦门大学办在演武场，面海靠山，生态环境好，风光秀丽，空气清新，确是读书、做学问的好地方。他选定这个地址，还考虑到未来有大发展的广阔余地。他特别具有办好大学的战略眼光，不仅要力争办好今天的厦大，更要办好今后的厦大。

为了办好厦门大学，陈嘉庚先生在资金方面也早已做好了充分准备。早在 1919 年 7 月，他邀集地方人士在陈氏宗祠开会时，便宣布认捐开办费 100 万元，常年费 300 万元

(每年 25 万元，分 12 年交清)，而当时陈嘉庚积存的资产也仅 400 万元。从这年开始，新加坡华侨便众口皆碑颂扬陈嘉庚“毁家兴学”的精神，但他本人却不同意这种说法，说自己还没有到“毁家兴学”的地步。

1921 年 4 月 6 日，厦门大学在集美的新校舍即温楼开学。5 月 9 日，在演武场校舍正式奠基开工，陈嘉庚亲自主持奠基仪式。

在筹办厦门大学的同时，1920 年，集美学校又增设女子师范和商科，接着又创办水产、航海学校。

第三个时期：1937 年至 1949 年，即从他 64 岁到 76 岁，是他抗日救亡、迎接解放时期。

陈嘉庚为人诚信，事业成功，热心公益，倾资办学，在华侨社会中享有很高的声誉。因此，早在 1928 年“济南惨案”发生时，陈嘉庚便出面领导“山东惨祸筹赈会”。尽管 1926 年以后，他的经济实力已经走下坡，但是他的威望却日益提高。1929 年，陈嘉庚又被公举为福建会馆的主席。由于福建人在新加坡华侨中占多数，在华侨社会中起着举足轻重的作用，会馆成为一个有凝聚力、有战斗力的华侨大社团，由此也大大加强了陈嘉庚在华侨中的领导地位。

1937 年，在“卢沟桥事变”发生后的两个月里，新、马等地先后成立 207 个救亡团体，形势要求东南亚华侨抗日救亡运动有一个统一的最高领导机构来统一指挥。大家要他出面统一领导，他仍以财力缺乏竭力推辞，但大家却认为他的声望越来越高。因此，1938 年 10 月成立南洋华侨筹赈祖国难民总会（简称“南侨总会”）时，陈嘉庚被推举为主席，成为领导 1 000 万南洋华侨支持祖国抗战的领导人。

南侨总会的成立，开创了南洋华侨团结抗日的新纪元，实现了南洋华侨空前的大团结，出现了史无前例的统一拥戴的华侨领袖。华侨抗日救国运动在广度和深度方面远远超过以往的任何时期。

1940 年，陈嘉庚还亲自组织和率领南侨总会回国慰劳考察团一行 52 人，回国慰问抗战军民，在祖国各地进行慰劳活动，行程经过 16 个省，在各地与军政领导晤谈，并到处发表讲话。在此期间，陈嘉庚会见了蒋介石，赴国民参议会的茶话会，并表示“第八路军所在地延安，如能到达，余亦拟亲往视察，以明真相”。

之后，陈嘉庚接到毛泽东的邀请，于 5 月 31 日到达延安。在延安前后 8 天，陈嘉庚参观了延安城、抗日军政大学等，与各界人士接触交谈，见到许多从南洋各地来的学生，参加过多次欢迎会，与毛主席、朱总司令多次见面晤谈。他亲眼见到的是“田园民有、商店自由营业”“治安良好”“无失业游民”，男女“衣服均极朴素”，干部“忠勇奉公”“实行民主改革，社会政治清明”，说他自己为此“喜慰莫可言喻”“衷心无限兴奋”。他在一次欢迎会致答词中说：“这次访问延安，最感满意的是，真正看到中共方面坚持团结、坚持抗战到底的方针，立场坚定，态度诚恳，对延安各界艰苦奋斗的精神尤为感奋。”

离开延安后，陈嘉庚又到桂林和福建各地，也到了家乡集美。回到新加坡后，更进一步总结此次率南侨慰劳团回国考察对他思想转变的巨大作用，他对儿子说：“余此次劳军经延安所见，深感中国有希望了！”

这时，日本军国主义者发动的侵略战争不断向南推进，而东南亚华侨对于日军的南进侵略，在思想上及其他方面都有一定的准备。

日军南进，首当其冲的是马来亚和新加坡。在危急时刻，新加坡英殖民当局要求陈嘉庚出面组织和领导全体华侨包括英籍华人起来共同保卫新加坡。陈嘉庚接受这个请求，召集各界人士，成立“新加坡华侨抗敌后援会”，做好治安、防空救护等各方面的工作，还筹组华侨义勇军，准备经过训练便投入保卫新加坡的战斗。英殖民者虽号称有 10 万军队，但长期处于和平状态，成了少爷兵，根本不会打仗，已做好投降的准备。危急时，英殖民当局便下令解散这支华侨义勇军队伍。

1941 年 12 月 17 日，日本偷袭珍珠港，太平洋战争爆发。在新加坡即将沦陷前夕，1942 年 2 月 3 日，陈嘉庚离开新加坡，几经辗转到达印尼东爪哇的玛琅避难。这次避难，时达三年半，直至 1945 年 8 月 15 日，日本宣布无条件投降以后他才回新加坡。但在这三年半的时间里，陈嘉庚不是消极避难，而是积极工作，顽强地坚持战斗，还利用这三年半的避难时间，对他一生努力经营实业，积极参加华侨运动，以及后来领导华侨抗日救国运动的经历作了精心回顾、探索和总结，终于写出了辉煌巨著《南侨回忆录》。学术界评论认为《南侨回忆录》是研究近代南洋华侨政治、社会、经济的经典之作。

陈嘉庚先生领导南洋华侨从事抗日救国运动，早已成为日寇的眼中钉，在日寇侵占爪哇期间，陈嘉庚成为日寇追捕的头号人物。在三年半的时间里，陈嘉庚得以安全隐蔽下来，而且能安心写作，这实在是印尼华侨对反法西斯战争的一个重要贡献。

日本投降以后，陈嘉庚先生于 8 月 15 日回到新加坡，一路上受到热烈欢迎。中共中央南方局得到消息，各界人士在重庆发起召开“陈嘉庚安全庆祝大会”，500 多人参加，郭沫若、黄炎培、柳亚子、陶行知、沈钧儒都来了。毛主席送来“华侨旗帜　民族光辉”八个大字的条幅。

1945 年 10 月 10 日，国共签订了《双十协定》。但事实上，国民党没有诚意，还在不断进攻解放区。陈嘉庚仍不放心，他致电杜鲁门，劝告美国立即撤退驻华部队，停止对国民党的一切援助。接着，新加坡华侨工、商、学、政各团体 216 个单位代表集会，拥护陈嘉庚的通电，并成立促进祖国和平民主联合会，陈嘉庚被选为主席。为了斗争需要，陈嘉庚先生在胡愈之、张楚琨等人的支持下，创办《南侨日报》，为团结广大华侨、支持祖国的解放战争起了重要作用。

1948 年，解放军在东北辽沈等地相继发动几个大战役，捷报频传，蒋介石被迫引退。陈嘉庚接毛主席电，邀请他参加政治协商会议。1949 年 5 月，已 75 岁高龄的陈嘉庚先生很高兴地离开新加坡回国，先到北京，接着又到各地观光。9 月 21 日，陈嘉庚出席中国人民政治协商会议，作为主席团成员，在会上提出七项提案，并被选为中国人民政治协商会议第一届全国委员会常务委员，参加了 10 月 1 日的开国大典；又被选为华侨事务委员会委员。之后又到东北、华北、华南 14 个省的 40 多个城市参观考察。

第四个时期：从 1950 年到 1961 年，即从 77 岁到 88 岁，是陈先生回国定居、参政议政时期。

1950 年 2 月，陈嘉庚回新加坡，在停留的三个月期间里，他编印了《新中国观感集》一书，介绍新中国的新面貌、新气象、新成就。在此期间，他在各社团、乡亲们的欢迎会上，在接见记者访问时，都详细介绍了新中国的政治、经济、文化、教育、军事等各方面的情况和取得的成就，让更多的乡亲、海外华侨、华人进一步了解祖国、认识祖国。

1950 年 5 月 21 日，陈嘉庚离开居住时间前后长达 60 年的新加坡回国定居。他一辈子做了那么多事，但从不以功臣自居，不想当官，以自己是政治的门外汉、不会讲国语为由，当毛主席、周总理邀请他定居北京时，他都谢绝，坚决要求定居集美。

在集美定居以后，他已是77岁的高龄老人了，但是，从1950年到1957年，陈嘉庚先生除了参加全国政协、全国人大等各种会议，到各地视察、了解情况、对各方面建设提出意见外，还以实际行动满腔热情地支持各方面建设，做出了很大贡献。

1950年，他向亲友筹集资金用于建集美学校校舍和厦大的扩建，确定厦大建南大礼堂的位置并着手建设，还进行芙蓉楼宿舍和膳厅等设施的建设。

1951年，他已经78岁了，还经常在集美和厦门之间跑动，继续指挥建设。这一年，橡胶涨价，他的一些族亲、朋友大获利，他竭力动员、劝说他们捐款扩建厦门大学和集美学校。

1952年，又继续全力主持厦大和集美学校校舍的建筑工程，并筹备建设集美解放纪念碑。

1953年，他在集美与北京之间奔忙，先后参加全国政协会议、中央人民政府会议、集美学校建校40周年等重要会议。

1950年和1955年，陈嘉庚先后两次提出修建鹰厦铁路的提案，都受到中央政府的重视和支持。

1956年，他还发起创办位于厦门的华侨博物院，于1958年竣工。

1956年，国务院侨委筹备成立全国归国华侨联合会，酝酿由他担任主席，他坚辞不肯，经多方做工作，请他“以国家为重，以华侨的爱国热情为重”，他才答应下来，当选全国侨联第一届主席。

这一年，集美校舍建设基本完成，总面积由新中国建立时仅有的3.8万平方米，扩大至12万平方米，相当于新中国成立前校舍总面积的3倍多。

1957年，陈嘉庚又在全国人大二次会议上提出“应及早从漳平再伸一条支线到龙岩去”的建议，也得到中央政府的高度重视、采纳和执行。

为妥善安排华侨学生回国读书，陈嘉庚积极向中央政府建议创办华侨学生补习学校，政府采纳了他的建议。

此外，陈嘉庚对福州市木屋的改造，厦门杏林纺织厂的建厂，使杏林地区成为厦门的工业区都起了重要的作用。另外，如闽南地区的厕所改造等民生问题都引起他的关注。

1958年，已是85岁高龄的陈嘉庚先生，身体欠安，患鳞状上皮癌，经多次治疗，未见好转。1959年，身体略好转，又到北京出席全国政协和全国人大会议，为两会主席团成员，并当选全国人大常委和政协副主席。这年，还为华侨博物院剪彩。

1960年，陈老因发生脑血管痉挛伴点状眼出血，在北京住院治疗期间，又出现脑出血，此后病情反复，于1961年8月12日在北京逝世。

## 附文：陈嘉庚专传

### （一）

陈嘉庚，又名甲庚，字科次，集美人。生于清同治十三年九月十二日（1874年10月21日），卒于1961年8月12日，享年88岁。陈嘉庚为颍川陈氏一世祖陈之后裔。陈氏世居河南光州固始县。北宋末，因避战乱寄居吴兴，后迁居江西饶州万年县。传至25世时，分住福建同安县灌口草仔市市头。生子素轩，移居苎溪内上卢。素轩生子基，又名朴庵，娶嘉禾里（今厦门岛）林氏，因来往均需乘舟渡水，诸多不便，乃徙至集美社卜居于渡头。素轩为集美陈氏开基祖。素轩之后17世簪聚，又名集时，娶妻张氏，生三子，长名节，字缨忠；次名酌，字缨斟；三名杞柏，又名缨杞，字如松。杞柏少年南渡新加坡经商，开设顺安号米店，兼营地产，晚年返里家居。娶妻孙秀妹，勤俭持家，敬神信佛，好善乐施，深得乡人敬重。生二男，长即嘉庚，次名敬贤。嘉庚娶有四房妻室，育有九男八女。长房张宝果，生四子济民（厥福）、厥祥、博爱、博济；二房吴惜娘，生三子元凯、元济、元翼；三房叶却娘，生子国庆；四房周氏，生子国怀。

集美地处海滨，乡人以耕渔自给。嘉庚9岁入南轩私塾，习《三字经》和“四书”。塾师陈寅照本宣科，学童鹦鹉学舌，只知其音，不明其义，俗称“念书歌”。翌年，伯父缨忠自南洋返里办家塾，塾师龙某亦如前师，只教背诵，不作讲解。嘉庚就学多年，仍识字甚少。14岁时，塾师易为陈令闻，授课详加解说，读书始有一知半解。课余，嘉庚则帮母亲下地耕种，到滩涂淘海剖蚝，自小即养成劳动习惯。

集美曾为郑成功抗清驱荷之据点，村中留有延平古垒和“国姓井”旧址。嘉庚10余岁时，法军舰队炮击台湾基隆，突袭福州马尾，炸沉南洋水师军舰11艘，商船19艘。时逢大旱，瘟疫流行，乡人死亡相继，其亲族30余户100余人，存者仅半。嘉庚耳闻目睹，爱国爱乡、疾恶好善之心油然而生。

## （二）

清光绪十六年（1890年）秋，嘉庚应父函召，南渡新加坡，习商于顺安米店。越两年，时任米店经理和财务的族叔返里，嘉庚接任。20岁，返梓与板桥乡秀才张建壬之女张宝果完婚，复从塾师补习。22岁夏，二渡南洋，仍任职顺安米号。其间，顺安号规模扩大，又增办日新黄梨（菠萝）罐头厂，经营黄梨园数区，共数百英亩。光绪二十三年（1897年）冬，母逝，父以营业无人代理，未许奔丧。翌年秋回梓葬母，因地师言坟穴方向不合，厝柩于墓穴之侧。26岁春，携眷南下，仍服务于顺安米店。两三年间，顺安米店资本增至4万余元，黄梨厂及种植园6万余元，振安铁店1万余元，房地产除押款外30余万元，另加营金胜美九八店和庆成白灰店，共3万余元，除利息外，实有资产40余万元。27岁冬，携眷回梓葬母灵柩。适厦门大火，焚屋千余间，闻讯以万元购地可建店屋数十间，乃修书禀父，获准后以4.5万元向厦门官厅购地，兴工建筑。不意有台湾籍民倚势图占，诉讼经年方结案。30岁夏末，第四次南下。其时，因庶母赌博，螟子骄奢，家业已被挥霍一空。嘉庚接手整顿，各业停罢，清理欠款，尚欠款20余万元。翌年，其父携眷归里。

光绪三十年（1904年）春，嘉庚白手起家，筹资7 000元，盘下日新公司，并在新加坡城郊建新利川黄梨厂，仅三个月，两厂共获利近4万元。夏初再开米店，号曰“谦益”。又购地500英亩，栽种黄梨，名曰“福山园”，自立营业之首年即获实利6万余元。翌年，创办日春黄梨厂兼制冰糖，各业共获实利4.5万元。光绪三十二年（1906年），开始向橡胶业拓展，购树胶子18万粒，种于福山园，并与人合伙经营恒美熟米厂，年获利3万余元。翌年，各业除伙伴红利外，余实利13万元。因各业进展顺利，获利颇多，嘉庚决意代还父债，遭亲友反对。因按英国法律，父子债不相及，子不顶父债。嘉庚认为，诚以待人，信以处世，蒙恩当报，欠债当还，一日不还，无时得安。遂于是年秋，主动还清父债。宣统元年（1909 年），恒美米厂突遭火灾。遂将福山园抵押银行，贷款重建米厂。后出售福山园，获利 32 万元，至柔佛开垦祥山和福山二园，继续种植橡胶和黄梨，且在泰国开办谦泰黄梨罐头厂。至此，其已拥有橡胶园 2 座，黄梨罐头厂 4 座，米店和米厂各 1 座，存款达 45 万元。

1914 年，第一次世界大战爆发，海运受阻，市场萧条，各厂被迫停工。由此，嘉庚深感航运业之重要，乃先后租船 4 艘，计吨位 7 800 吨，当年即得利 45 万元。后因所租之船三艘到期，另一艘亦因租金提高不再租用，复投资 72 万元，自购轮船两艘，起名“东丰”和“谦泰”，可载货 6 750 吨，两年得利 80 余万元。1918 年，两轮航经地中海时被德机击沉，获保险赔款 120 万元，航运业由此终止。乃集中财力于橡胶业，投资 40 万元，在柔佛购橡胶园两处，共 3 000 英亩。铲除福山园间作之黄梨，专种橡胶，改恒美熟米厂和黄梨罐头厂为橡胶厂，改橡胶胶片厂为橡胶熟品制造厂。复与他人联办裕源、槟城、振盛丰三家橡胶公司。至此，其橡胶业已成为集橡胶种植、生胶加工、熟胶产品制造与销售为一体的联合企业，实存资产 430 余万元。

20 世纪 20 年代初，新加坡及马来亚胶价连连下跌，诸多小厂因亏损或停产，或半作。嘉庚分析橡胶生产形势，深感“日本小国尚有大小胶厂四百多所，以我国之广大竟无一相当树胶厂”，断定 20 世纪必为树胶之时代。遂于 1922 年改变经营方针，投资 30 余万元，果断收购马来西亚之麻坡、巴双、怡保、江沙、太平、霹雳、实吊远、峇株巴辖、峇株牙惹九家小树胶厂，并添置机器，扩大厂房，每月产胶布 3 万余担，远销欧美。1924 年，熟胶厂生产胶鞋、胶靴、轮胎、雨衣、医疗器具等产品，在中国和亚、欧、美、非及大洋洲的数十个国家和地区设立分行近百家，代理商 120 多家。与此同时，逐年扩大橡胶种植园。1925 年，胶园增至 1.5 万英亩，生产橡胶的工厂亦增至 13 座，另有饼干厂、黄梨厂、肥皂厂、制药厂、制革厂、皮鞋厂、火锯厂，设分行 80 余家，代理商 100 余家，分布于五大洲四十多个地区，共有职工 3.2 万余人，总资产达 1 200 余万元，为其一生中登峰造极、得利最多及资产最巨之时，成为东南亚地区的“橡胶大王”。

1926 年，世界经济危机开始蔓延。民国 18 年，胶价已由每担一百七八十元跌至七八元。连续三年，嘉庚所办胶业均无盈利，尚有亏损，仅赖米店、饼干厂及黄梨厂得利数万元，以维持家用和义捐。1928 年 5 月 3 日，日军在济南屠杀中国军民及外交官员，史称“五三惨案”。新加坡华侨发起抵制日货运动，嘉庚所办的《南洋商报》揭露某商家偷运日货。由此衔恨，树胶制造厂被人放火焚毁，损失近百万元。数年间各业均无盈利，至 1931 年已负债 400 万元。为维持集美、厦大两校经费，不得不出售橡胶园 6 000 英亩，并将所有资产折值为 200 余万元，将企业改组为有限公司，银行出董事数人，组成董事部，嘉庚仍任经理，银行代表任副经理。公司成立后，业务受外国资本钳制，嘉庚所提振兴之措施多无法实施。1933 年 8 月，英国汇丰银行一代表来新加坡，要求独家包揽公司之产品。嘉庚极力反对，拒签合约，诸董事竟代签约。鉴此情况，嘉庚于翌年二月决定全厂停闭，公司收盘。

## （三）

清光绪十九年（1893 年）冬，嘉庚返里完婚。忆及幼年读书甚少，出洋更觉不便，推及同辈，深感教育之重要，乃出资 2 000 银元在集美创办惕斋学塾。“惕斋”系取“惕厉其躬谦充其度，斋庄有敬宽裕有容”之意。此乃其捐资兴学之滥觞。

1912 年，嘉庚回乡创办罐头食品厂。是时，其自立营商已八年，米店、黄梨厂、黄梨园、冰糖厂、米厂、橡胶园次第开办，父债已还，存款已有 40 余万元。忆及在乡时，“常到诸乡村，见十余岁儿童成群游戏，多有裸体者，几将回复上古野蛮状态，触目惊心，弗能自已”，乃“思欲尽国民一份子之天职，愧无其他才能参加政务或公共事业”，遂自量绵力，创办集美小学。其召集社中各角房长开会，劝告停办各房私塾，联合筹办集美小学校。翌年 2 月，学校借陈氏祖祠开学，学生 135 人，聘校长、教员 7 人。又出资 2 000 元，购村外鱼池一口，移土填池作校址，施工建筑木质教室七间，中秋完竣，全校移入。由此，“填池建校”传为美谈。

1916 年 10 月，嘉庚鉴于闽南师资缺乏，欲扩大办学规模，必先解决师资困难，乃商遣胞弟敬贤回梓创办师范及中学。敬贤购地，兴建教室、礼堂、膳厅、宿舍、操场等，招师范生 3 班，中学生 2 班，共 196 人，于 1918 年 3 月 10 日开学。中学生只交膳费，学、宿费均免，师范生膳费亦免，各生不拘师、中，所需被席、蚊帐，概由学校供给。且规定，师范生按县分配名额，只招贫寒子弟，以防殷实子弟毕业后不肯服务教职。其间，嘉庚与敬贤共同制定集美学校校训“诚毅”，意为“诚以为国，毅以处事”。与此同时，委弟媳王碧莲筹办女子小学。1917 年 2 月，集美女子小学开学，学生 60 名。

1919 年 5 月，嘉庚回国前，请律师办理财产移交手续，将在南洋的所有不动产，包括橡胶园 7 000 英亩、货栈店屋地皮 150 多万平方英尺，全部捐作集美学校永久基金。并在宴请同业时宣布：“此后本人生意及产业逐年所得之利，除花红以外，或留一部分添入资本，其余所剩之额，虽至数百万元，亦决尽数寄归祖国，以充教育费用。”

1920 年 2 月，嘉庚以福建海岸线较长，渔利关系甚大之故，遂开办水产科（后发展为水产航海学校），修业期 4 年，学膳宿费全免。且向英国购买渔船机器，雇请船匠建造渔船 1 艘，载重 31 吨。后又从法国购入载重 274 吨拖网渔轮 1 艘，添置渔船 4 艘，供学生出海实习。同年 8 月，创办商科，初招学生 20 余名，授以商业必需的知识与技能，学生待遇与中学相同。翌年 1 月，冲破重男轻女的封建思想束缚，新办女子师范部，招收学生 100 余名，学生待遇同男师。

1923 年，时值军阀混战，闽军数千人驻扎集美学校，严重影响教学秩序。9 月 3 日，集美中学侨生李文华、李凤阁乘船赴厦门，遭闽军枪击，李文华死于医院。陈嘉庚致电闽、粤两军首领，要求驻军撤出集美村，同时函示集美学校校长叶渊，倡议南北军政当局定集美学校所在地为“永久和平学村”。10 月，孙中山批准此倡议，电令闽、粤两省省长及统兵长官对集美学校加以特殊保护，“集美学村”由此得名。同年，嘉庚致信叶渊，敦促其着手筹办集美农林学校，建筑校舍，开辟农林试验场和畜牧场。1925 年 8 月，集美学校开办高级师范选科，分设文、理、史、地、艺术、体育系，修业 3 年。次年春，农林学校开学，招收学生 130 余名。同年 9 月，又开办国学专门部，招收中学毕业生 44 人，高薪聘请江浙专家学者任教。

这段时间，乃嘉庚企业蒸蒸日上时期，在创办各类学校的同时，不惜财力兴建校舍和为教学服务的公共设施。1920—1925 年，先后创建集美学校医院、图书馆、科学馆、音乐室、军乐亭、植物园、网球场、浴沂室、大膳厅和储蓄银行等，增建尚忠、诵诗、文学、敦书、即温、明良、允恭、崇俭、养正、葆真、务本、瀹智、肃雍等多座大楼。至此，集美学校已形成由幼稚园、小学、中学、大专学校及各种专门职业学校组成，男学、女学兼备，教学和服务设施齐备的比较完整的教育体系。

创办厦门大学，乃嘉庚多年之夙愿。1919 年 7 月，其邀集各界人士 300 余人，在厦门浮屿举行特别大会，宣布创办厦门大学计划，当场认捐开办费 100 万元，经常费 300 万元，分作 12 年支出，每年 25 万元，并在会上发表长篇演讲，表示："财由我辛苦得来，亦当由我慷慨捐出。"热忱呼吁："众擎易举，众志成城，是所深望于海内外同胞也!"翌年 10 月，亲赴上海，邀请蔡元培等 10 人组成筹备委员会，聘请教育部参事邓萃英为校长(翌年 6 月改聘香港大学名誉博士林文庆)，主持筹备工作。自任永久董事长，敬贤为董事长。1921 年 4 月 6 日，厦门大学借集美学校即温楼正式开学。5 月 9 日，在厦门演武场举行厦大奠基典礼。为筹集办学经费，嘉庚三次向南洋富侨募捐，均告失败，乃竭尽一己之力，集中财力于校舍建设。至 1931 年，八楼（映雪、集美、群贤、同安、囊萤、兼爱、博学、笃行)、二院（理化院、生化院)、一厂（发电厂)、一附校（模范小学）及教工宿舍等 40 余座建筑相继竣工，总建筑面积 5 万余平方米，拥有图书 14.7 万余册，各种标本 1.8 万余件，并附设有动物博物院、植物院、气象台、生物材料处、物理机器厂、煤气厂、制革厂等，总计支出 100 余万元。

1926 年后，嘉庚各企业受世界经济危机影响，经营艰难，亏损日甚，仍极力维持集美、厦大二校日常之经费和厦大之建设费。有人劝之停办或缩小学校规模，以维持营业。其曰："余不忍放弃义务，毅力支持，盖两校如关门，自己误青年之罪小，影响社会之罪大。"至 1928 年，共欠银行 300 余万元，仍支付二校经费 220 万元。后外国银行集团以债权人资格，胁迫其停止支付校费，清偿债务，否则拍卖其不动产。嘉庚断然拒绝，谓："宁使企业收盘，决不停办学校!"公司收盘后，其变卖位于新加坡经禧律 42 号之私宅三幢，充做学校经费，被誉为"出卖大厦，维持厦大"。同时多方奔走，求助于亲友及相知者。侨胞曾江水、叶玉堆、李光前、陈文确、陈六使、黄奕柱、黄廷元、陈延谦、李俊承及新加坡群进公司均出手相助，支持两校经费。1937 年，为集中力量维持集美学校，嘉庚致信南京国民政府教育部长王世杰，称自己创办厦大，"虎头蛇尾，为义不忠，抱憾无涯""限于经济不能发展，弟千思万想，别无他策，唯有请政府收办，弟愿无条件将厦大产业奉送，不拘省立或国立，所有董权一概取消"。同年 7 月，厦大由教育部接收。斯时，全校设有 3 院（文学院、理学院、法商学院)、9 系（文学、历史社会学、教育学、数理、化学、生物学、法律、政治经济学、商业学)，教师 120 余人，其中拥有教授、副教授 40 余人，被誉为"南方之强"。

1937 年 10 月，日军侵占金门，集美各中等学校陆续内迁至安溪、大田、南安等县。嘉庚殚精竭虑维持学校经费，电告重庆参政会，委将每月 350 元参政员薪俸汇交集美学校，并发动南洋集美校友捐款支持母校。香港校友捐款 23 万元，嘉庚将其入股中国提炼药厂股份公司，以年息 6 厘作学校基金。族弟陈六使购公债 100 万元，以年息 6 万元充作学校基金。1942 年新加坡沦陷前，嘉庚预作安排，动员陈六使汇款 700 万元，女婿李光前汇款 100 万元，长子济民、次子厥祥汇款 55 万元，包括南侨师范、闽侨总会及自身存款 20 万元，总计 1 625 万元，分两批汇寄重庆转闽南救济会陈村牧、陈水萍收，充作集美学校经费。学校用此款开设集美实业股份有限公司和集友银行，以盈利充作集美学校经费。在嘉庚精神感召下，集美校友开展"校友养校"活动，仰光、上海、重庆、福州、广东等地校友捐献基金达 3 439 万元，同舟共济，帮助母校度过危难时期。

1950年9月，嘉庚回国定居后，在国家支持下，向李光前等亲友集资，致力于厦大和集美二校的修复、扩建和发展，分别成立建筑部，招用建筑工人高峰时达2 000余人。其亲自主持修建工作，规划、设计、施工、进度、经费使用事必躬亲，一一过问，每日巡集美学村1～2次，持杖步行数里，巡视各处工地。后因病重在北京治疗期间，还通过书信、电话指导施工。至其病逝，厦大修复和新建大楼31幢，6.26万平方米；集美学校修复和扩建学村建筑面积近16万平方米，比新中国成立前增加三倍。1951—1959年，集美学村建设共投资1 256万元，其中嘉庚筹资350万元，政府拨款706万元，集友银行股息和历年存款利息200万元。

嘉庚在国内的办学活动，不只限于创办集美学校和厦门大学，且致力于同安以致全省各地教育之普及与推广。1919年，其遍游同安各乡，调查乡村教育。目击乡村教育落后之状况，十分忧虑。乃发起组织同安教育会，以自己与敬贤之名义，认捐开办费1万元，经常费每年5 000元为倡，计划三年内创办学校20～30所。结果响应者寥寥，仅募得2万余元。愿望未达，又于翌年在集美学校设立同安县教育补助处，补助各乡设立小学校，按学生人数，高等生每人8元，初等生5元，另补贴设备桌椅校具费每人3元，并派出视察员赴各乡调查办学情况。当年，开办小学30余所。嗣后，又提倡同安全县十年普及教育，计划十年创办小学200所，由富侨自办50所，其余向华侨募捐。至1922年，仅募得2万余元，创办40余校，所缺之款唯有独资垫出。1924年，改同安教育补助处为集美学校教育推广部，继续拨款补助闽南各县中小学，并予以教学业务指导。1926年，出资在闽南各县设立公学15所，补助同安及安溪两县小学32所。至1934年，受补助者有同安等20县的73所中小学，补助银元19万余元。

嘉庚在国内办学的同时，亦重视侨居地的华人教育。其认为“若侨生失学，则难免外化。故应灌输其祖国文化……挽回其爱国观念也”。侨居海外近60年间，倡办或参办华文小学3所（道南、爱同、崇福）、中学2所（华侨中学、南侨女中）、中等专科学校2所（水产航海、南侨师范），资助的学校有英华中学、中华女校、南洋女中、星洲大学等。

嘉庚不仅重视学校教育，倾资办学，也十分注重社会教育。1916年，曾计划出资30万元，在厦门、上海、福州兴办图书馆，因胶价暴跌，公司亏损严重，未能实现。1953年，嘉庚着手在鳌园建筑集美解放纪念碑，碑座石阶上三下八，象征三年解放战争和八年全面抗战，四周绕以围墙，镶嵌内容为各类动植物、交通、水利、教育、卫生、体育、国防、民族、风俗等内容的浮雕700余块，供学生、乡民、游客游览参观，以增进博物知识，名曰“博物观”。1956年，其捐款10万元，发起倡议在厦门创办华侨博物院，筹得捐款27万元。其亲自选址，制定规划，监督施工，搜集和选购文物和陈列品，于是年9月开工，1959年5月，华侨历史、祖国历史和生物标本三个陈列室正式展出。

嘉庚一生倾资、倾心、倾力兴学，历史长达67年之久，创办、资助和支持发展的学校达118所，用于文化教育事业之资金，陈村牧估计总数在2亿美元以上（含筹募），在海内外教育史上创造了无与伦比之业绩。有人评价为：“在全部华人的教育史上，嘉庚先生是前无古人的。”“陈嘉庚倾家办学，为吾国第一人。”

## （四）

清宣统二年（1910年）春，嘉庚、敬贤剪去发辫，在新加坡晚晴园加入同盟会，与清政府决裂，此乃其参加政治活动之始。12月，嘉庚被选为新加坡中华总商会第六届委员会协理，乃其跨入华侨社会上层之标志。宣统三年10月10日，辛亥革命爆发。11月9日，福建省光复。嘉庚得悉，即召集闽侨开会，组织保安捐款委员会，被举为会长，负责筹款救济闽省同胞和维持治安。次日即汇款2万元，月余汇款20余万元。12月16日，孙中山途经新加坡，嘉庚赠路费1万元，许筹5万元以助，事后如数汇交。

1917年，天津水灾，新加坡华侨筹款救济，嘉庚被推举为主席，计募20余万元。1928年5月，山东发生“济南惨祸”。嘉庚义愤填膺，当即组织山东惨祸筹赈会，召开全侨大会，发表演说，揭露日军暴行。大会选举嘉庚为主席，组成14个大队，分赴各区募捐，两三月间募款134万元。

“九一八事变”后，嘉庚召开新加坡华人大会，抗议日本侵略罪行，致电日内瓦国际联盟和美国总统罗斯福，要求履行各种条约，迫使日本撤兵。会后，积极联络华侨抵制日货，开展反日宣传，并鼓动集美学校师生投入抗日救亡运动。集美学校成立抗日救国会和义勇队，联络闽南抗日团体，在集美学校礼堂召开大会，组织闽南抗日团体联合会，后改称闽南抗日总会。1931年12月8日，日军进攻上海，十九路军奋起抵抗。嘉庚深受鼓舞，向华侨筹募巨款，支持十九路军抗战。1935年，国内11省发生严重水灾，嘉庚出任华侨筹赈祖国水灾会会长，动员华侨募捐，救济灾民，并以福建会馆名义，汇募款8万余元。1936年秋，国民党发起“献机寿蒋”活动，分配马来亚华侨捐献飞机一架（10万元）。嘉庚以“献机救国”为宗旨，出任“购机寿蒋会”会长，发动华侨募捐，募得130余万元(法币，中华民国时期国民政府发行)，约可购飞机13架。

1937年，“七七事变”发生，全面抗战开始。8月15日，新加坡华侨召开侨民大会，成立马来亚新加坡华侨筹赈祖国伤兵难民大会委员会，委员32人，选举嘉庚为主席，简称“新加坡筹赈会”。嘉庚常月捐至战事终止，每月国币2 000元。叶玉堆、李光前各捐10万元，其他侨领各捐有若干。会后，在嘉庚领导下，除月捐、特别捐外，规定在大世界、新世界、快乐世界三大游艺场每两三个月举行一次义赈。此外，另有演戏、游艺、买五、卖花、游海、演讲设救济箱等募捐方式。翌年，菲律宾侨领李清泉、吧城庄西言等，深感有组织南洋筹赈总机关之必要，致函重庆中央政府。7月30日，中央政府行政院电请嘉庚出面组织。嘉庚即于8月初登报通告，定于10月10日召开南洋各属华侨筹赈祖国难民代表大会。是日，大会在新加坡南洋华侨中学召开，各属参加者有香港、菲律宾、爪哇、苏门答腊、西里伯斯、婆罗洲、安南、暹罗、缅甸、马来亚等地45个团体的代表168人。议决总会名称为“南洋华侨筹赈祖国难民总会”，简称“南侨总会”，推举陈嘉庚为主席，庄西言、李清泉为副主席，设办事处于新加坡。大会发表《宣言》，号召：“愿我八百万同胞自今日起，充大精诚，固大团结，宏大力量，以为我政府后盾，则抗战断无不胜，建国断无不成。”南侨总会乃南洋800万华侨首个统一组织，在嘉庚领导下，南洋“富商巨贾既不吝金钱，小贩劳工亦尽倾血汗”，踊跃捐输。逐月捐款约13 500元，存入银行作纸币基金，国内可发行四倍之纸币。据国民党军委会总参谋长何应钦报告，1939年，全年战费18亿元，华侨义捐可当三分之一。全面抗战开始五年间，南洋华侨共汇家费义捐法币50余亿元，且劝募救国公债1 500万元，募捐寒衣50万件，金鸡纳霜（奎宁）5 000万粒，发动汽车机工3 200余人回国服务。

1939年冬，嘉庚为使海外华侨了解祖国抗战形势，增强爱国热心，慰劳抗战将士和受难同胞，发起组织南洋华侨回国慰劳考察团。翌年3月26日，嘉庚偕南侨总会副主席庄西言等4人先期抵达重庆，先后与蒋介石等国民党及政府要员20余人会谈，并参观西南运输公司及多个工厂，深感国民党要员身居要职，但大都假公行私，贪污舞弊，生活奢华，非常失望，发出“中国的救星不知在哪里”之叹息。慰劳团一行45人，则于4月14日抵重庆。5月1日，分作三团，分赴各地开展慰问活动。5月31日，嘉庚偕侯西反、李铁民一行抵达延安，由朱德陪同参观，应毛泽东约谈数次。嘉庚此次回国慰问，历时10个月，途经15省近百个市县，发表演说百余次，发放慰问部队士兵、伤员慰劳费320万元。离境后，多次举行报告会，报告国内抗战情况，如实介绍在延安所见所闻，宣传延安精神，激励华侨支持抗战到底之决心。其在考察延安回至成都时，向慰问团团员发表观感：“我未往延安时，对中国前途甚为悲观，以为中国的救星尚未出现，或还在学校读书。其实此人已经四五十岁了，而且已经做了很多大事了。此人现在延安，他就是毛泽东。”回到新加坡后，兴奋地拉住黄奕欢的手说：“中国有希望了！”喜悦之情溢于言表。重庆、延安之行，两相比较，嘉庚改变了对国共两党的认识，乃其政治生活中的一次重大转折。自此，坚定站在中国共产党的抗日民族统一战线一边，逢会必大声疾呼：团结到底，抗战到底，组织华侨，运动华侨，敦促国民党枪口对外。

嘉庚离开延安后的言行，为蒋介石深恨见绝，指使人沿途监视、威胁，并企图阻止嘉庚入境新加坡。1941年3月，南侨总会召开会员代表大会，蒋介石指派海外部长吴铁城、驻新加坡总领事高凌百与会，干扰大会选举，嘉庚仍以151票（代表152名）蝉联会长一职。

同年12月8日，日机轰炸新加坡。嘉庚受坡督委托，召集华侨开会，成立新加坡华侨抗敌后援会，亲任会长，成立保卫团、宣传股和劳工服务团，开展抗日救亡活动。翌年2月3日，南侵日军兵临城下，嘉庚自度回国必为国民党要人所不容，乃乘小艇离开新加坡，经苏门答腊、巴东、万隆、雅加达，匿居梭罗之陈泽海树胶园。为躲避日军搜捕，先后迁匿于玛琅和附近荷兰人住宅，自题后者为“晦时园”，并作俚诗一首以见志：“领导南侨捐抗敌，会场鼓励必骂贼。报章频传海内外，敌人恨我最努力。和平傀儡甫萌芽，首予劝诫勿昧惑。卖国求荣甘遗臭，电提参政攻叛逆。强敌南侵星岛陷，一家四散畏虏逼。爪哇避匿已两年，潜踪难保长秘密。何时不幸被俘虏，抵死无颜谄事敌。回检平生公与私，尚无罪迹污清白。冥冥吉凶如有定，付之天命惧奚益？”匿居期间，嘉庚撰写了《南侨回忆录》《住屋与卫生》和《我国行的问题》。《南侨回忆录》一书后增补“战后补辑”“个人企业追记”两部分，于1946年3月出版，全书37万字。

1945年8月12日，日本无条件投降。嘉庚于10月1日启程，经泗水、吧城，两地均为之举行欢送会。6日抵新加坡后，以南侨总会名义发布通告，安排调查日军占领期间华侨之损失，以“为死者申冤，为生者谋救济”；组织回国卫生观察团，“以其襄助建设于万一”；广征日军在各地烧、杀、劫、奸之史料，着手编辑《大战与南侨》一书，将日军罪行记录在案。21日，新加坡五百社团联合举行欢迎大会。11月18日，旅渝福建同乡会、厦大集美校友会等团体发起，在重庆召开“陈嘉庚安全庆祝大会”，并向嘉庚发出致敬电。邵力子、郭沫若、黄炎培、柳亚子、陶行知、沈钧儒等莅会。

同年10月，国共两党在重庆签订《双十协定》。嘉庚一针见血地指出：“还政于民，谋皮于虎，蜀道崎岖，忧心为捣。”并撰文《民主非流血不易得》，称“若望国民党贪官污吏放下屠刀，还政于民，正无异与虎谋皮！”1946年7月，全国内战爆发。对美国出钱出枪，帮助蒋介石发动内战的行为，其致电美国总统杜鲁门等，“查蒋政府执政二十年，腐败专断，狡诈无信”，其所用官员“贪污营私，声名狼藉，以致民生痛苦，法纪荡然，为中外所咸知”。“本人曾经亲访延安中共辖地，民主政治已见实施，与国民党辖区有天渊之别。且中共获民众拥护，根深蒂固，不但国民党军队不能加以剿灭，即任何外来金钱武器压迫，亦不能使其软化”，劝告停止对国民党政府的一切援助；对蒋介石与美国签订丧权辱国的商约和航空条约，允许美国驻军，出卖国家主权，其斥之为：“较诸石敬瑭、秦桧、吴三桂、汪精卫，犹有过之!”同年 11 月 21 日，陈嘉庚创办的华文报纸——《南侨日报》面世，嘉庚任该报董事会主席，胡愈之任社长。《南侨日报》高举民主和平旗帜，反对独裁，宣传革命，号召海外侨胞与祖国人民团结一起，为实现中华民族的彻底解放而奋斗。1947 年 5 月 28 日，主持召开星洲华侨各界促进祖国和平民主联合会执行委员会，讨论国内学生运动。会后，致电南京国民参政会：“国民党当局假宪政之名，行独裁之实，使用贪污，滥发纸币，加以发动内战，更使民不聊生。京沪平津等地青年学子，迫于义愤，呼吁和平，竟遭惨杀，甚至以军法镇压学潮，封闭报馆，侨情激愤。”“唯有恢复言论自由，切实保障人权，方足以平民愤!”声援国内学生运动。是年，嘉庚在怡和轩三楼大厅悬挂毛泽东画像。1948 年 3 月 15 日，发表《从未来世界大战形势论美国不敢以军事援蒋》一文，断言：“中共终必胜利，美国终必失败。”3 月 31 日，发表《蒋介石的“最大错误”》一文，指出“蒋氏一生奸诈独断，专横腐化，祸国之惨，害民之众，史无共匹。今则天怒人怨，众叛亲离，行见身败名裂，遗臭万年。乃复不知悔悟，竟诿为容共抗战之失计，其自欺欺人，恬不知耻，竟至于斯极!”5 月 1 日，发布南侨总会第 16 号通告，否认国大所选举的总统，不承认蒋政府之各项卖国条件。5 月 4 日，出席中国民主同盟等新加坡进步团体召开的代表会议，会议致电毛泽东主席，表示不承认蒋介石政府，赞同中共中央“五一号召”(即迅速召开新的政治协商会议，成立民主联合政府)。6 月 2 日，为缅甸《新仰光日报》创刊三周年题词：“天下兴亡，匹夫有责；身家可以牺牲，是非不可不明。”7 月 17 日，发表《中国内战何日告终》一文，指出国民党军队抵抗解放军，“则无异螳臂之挡车”，“中国内战告终之期可以想见矣”，对中国革命的胜利充满信心和期望。

1949 年 5 月 5 日，嘉庚应毛泽东电邀启程回国，经香港、天津，于 6 月 4 日抵北平，林伯渠、董必武、叶剑英等到火车站迎接。7 日，由周恩来导往西山会见毛泽东，刘少奇在座。15 日赴中南海参加中国人民政治协商会议筹备会议。6 月 22 日至 8 月 30 日，先后到天津、沈阳、抚顺、本溪、哈尔滨、齐齐哈尔、乌兰浩特、长春、大连、旅顺参观考察。9 月 21 日，以华侨首席代表身份，出席全国政协第一届全体会议，当选政协第一届全国委员会常务委员。10 月 1 日，参加中华人民共和国中央人民政府成立典礼。其间，当选中央人民政府委员会委员、全国华侨事务委员会委员。10 月 30 日离京，先后参观济南、徐州、开封、郑州、汉口、长沙、湘潭、南昌、福州、泉州等城市，于 12 月 27 日回到集美。在视察集美学校和厦门大学后，拟订重建集美学村计划，详述建设厦门和厦大之设想。1950 年 1 月 24 日，离开集美，经漳州、龙岩、广州、香港，于 2 月 15 日回到新加坡。

回国期间，嘉庚耳闻目睹全国各地蓬勃建设的新气象，对新中国充满信心，决意回国定居。1950 年 5 月 21 日启程，6 月 10 日到北京参加政协一届二次会议，会后先后到张家口、归绥、包头、石家庄、大同、青岛、济南、南京、上海、福州等地参观考察，9 月 5

日定居家乡集美。1953年1月18日，被任命为华东行政委员会副主席。1954年9月27日，当选第一届全国人民代表大会常务委员会委员，同年12月25日当选人民政协第二届全国委员会副主席。1956年10月12日当选中华全国归国华侨联合会第一届委员会主席。1959年4月，当选第二届全国人大常委会委员、人民政协第三届全国委员会副主席。

嘉庚定居集美后，在集中精力于集美学校和厦门大学恢复和发展的同时，通过会议提案、会议发言、给中央领导写信、答记者问、发表文章和谈话等方式，积极参政议政，拥护土地改革、镇压反革命、抗美援朝、党的民族政策和华侨政策；批判浮夸风和官僚主义，反对全民办厂、大炼钢铁、大办食堂；谴责印度尼西亚掀起排华事件，谴责印度支持西藏分裂主义分子叛乱和侵占我国领土的侵略行径；热情接待回国华侨，鼓励华侨回国投资，参加国家建设；提议修建鹰厦铁路、高集海堤、集杏海堤，开发龙岩矿区等。因病住院期间，仍念念不忘集美学校、厦门大学、台湾回归祖国……鞠躬尽瘁，直至生命最后一息。

## （五）

嘉庚身材适中，面貌清癯，生性严谨，不苟言笑。其为国大公，为人至诚，为事坚毅，在南洋，称之为“嘉庚风”。

1924年，嘉庚得知集美学校师生和校友为纪念自己50岁生日（此处为周岁），发起募捐，建造介眉亭。即于3月25日致信叶渊：“闻之殊深诧异……无论兴工与否，弟决不愿受。”认为此种张扬名声，炫耀一己之事绝不可为，并将全部款项退还捐募者，改亭名为军乐亭。

1938年10月，汉口、广州失陷后，国民党副总裁汪精卫公然发表对日“和平谈话”。嘉庚以南侨总会主席名义，五次致电汪精卫，劝其“严杜妥协之门”，后知其无法挽回，则指其“秦桧卖国求荣”。并以国民参政员身份，发电第一届参政会，提出“在敌寇未退出国土以前，公务人员任何人谈和平条件者，当以汉奸国贼论”之提案。会议修改为“敌未出国土前，言和即汉奸”，获一致通过。邹韬奋《抗战以来》一书誉之为“内容极简而意义极大”，“这寥寥十一个字，却是几万字的提案所不及其分毫，是古今中外最伟大的一个提案”。汪逃至安南（今越南）后，嘉庚复致电中央政府请宣布汪卖国罪状，革职通缉。汪系嘉庚老友，厦大筹办时拟聘为校长，私谊颇厚。时值民族危难紧急时刻，嘉庚大义凛然，公忠体国、除恶务尽之心跃然纸端。嗣后，又接华北汉奸江朝宗、池尚同（前集美校长）、王大贞等联名鼓吹对日谈和电，当即复电怒斥其“卖国求荣，谄媚无耻，沐猴而冠，终必楚囚对泣，贻子孙万代臭名”。

1940年，嘉庚率团回国慰问考察期间，在福建逗留50余日，足迹遍及八闽大地，沿途耳闻目睹省政府主席陈仪苛政祸民之劣迹，甚为不快，三次函电陈仪，恳求撤销统运，革除弊政；四电蒋介石，祈求过问闽事，救闽人于水火，均被束之高阁。遂沿途召开闽人与闽侨救乡会，印刷传单，历数陈祸闽之十六条罪状，发动闽人攻陈。回到新加坡后，置蒋介石警告于不顾，不计利害，于1941年4月1日召开闽侨大会，发表大会宣言，电呈蒋介石及国民政府主席林森，要求陈仪下台。4月21日，日军攻陷福州，陈仪不战而逃，此事遂寝。其爱国爱民之心、疾恶如仇之性格于此可见一斑，如其自云：“余自前年因西南异动而攻击陈济棠，以提倡和平卖国攻击汪精卫，以阻碍军运攻击宋子良，以舞弊国帑攻击孔祥熙，以腐朽误国攻击吴铁城、蒋鼎文、高凌百，以野心祸闽攻击陈仪、徐学禹，以教育党化攻击陈立夫。呜呼，此岂余之好事哉？……不过激浊扬清，属余代表南侨职责，疾恶好善，出余爱国天性。”

嘉庚于国忠诚坚毅，于民赤诚如子，于己则简朴持身。嘉庚20余岁时，在新加坡见友人珍藏一药书，名曰《验方新编》，友人言其方颇有应效。即念“吾闽乡村常乏医生，若每村有此书一本，裨益不少”。乃出资印制，共印六七千本。后复在天津、北平、汉口、南京、杭州、上海、福州、厦门、香港、广州等地及南洋各埠登报广求良方，中外惠寄者千余方。编辑后，及《验方新编》交上海世界书局定印2万本，除分送赠方者及国内诸分行外，约存1万本，以其半数在闽省分送，半数寄南洋。此乃其心系民瘼之肇始。

嘉庚自奉甚俭。旅居新加坡数十年，怡和轩附近酒店林立，从未光顾。所居一顶蚊帐、一把雨伞、一只皮箱，一用数十年。身上衣着，除外出两三套较好外，其余均处处补丁。避难印尼时，请一校友修补破袜，并嘱以五拼三即可。校友送新袜数双，其坚辞不收。1950年回国定居后，自定每月伙食费15元，来客每餐加招待费5角。其喜食地瓜粥，以豆豉、小鱼、海蛎、花生米佐之。不嗜烟酒，不喝咖啡。故居在抗战期间被日军飞机炸毁，定居集美后寄居校董会办公楼。亲友劝之修复，其执意不行，直待校舍和民居全部修复后，方用余料修之。人问，陈公捐资兴学逾亿，兴建校舍过百，何以如此锱铢必较，苛求自己？其答曰：“盖以个人少费一文，即为吾家多储一文，亦即为吾国多储一文，积少成多，以之兴学，此余之本意，亦即本校之性质也。”

嘉庚对子女亦十分严格。其曰：“父之爱子，实出天性，人谁不爱其子，惟必以道德之爱，非多遗金钱方谓之爱。且贤而多财则损其志，愚而多财则益其过，实乃害之，非爱之也。”故规定家人生活费每月25元，孙儿回国求学，每月补贴学费30元；子孙不可免试进入自办大中学校。其子国庆在校时佩戴领带，被斥之为浪费，不许结戴；次子厥祥就读道南小学，距家十五六里，不准用车接送；一侄儿结婚，送礼30元，并嘱不要请客；某子要求取得饼干厂在某地的代理权，答以“父之财产为集美学校所有，不得更动”。早在民国8年，即将在南洋之全部不动产捐给集美学校作永远基金。嘉庚去世后，集美校委会遵其生前意愿，捐款50万元建设北京华侨历史博物馆，50万元充作集美福利基金，其余全部用于集美校舍建设，未留只钱遗子孙。

1958年1月，嘉庚因患鳞状上皮癌，先后赴上海和北京治疗，1961年8月12日零时十五分逝世于北京肿瘤医院。嘉庚逝世后，中央成立以周恩来为主任委员的治丧委员会。8月14日，周恩来总理等领导人参加遗体入殓仪式，毛泽东、朱德、宋庆龄、董必武等党和国家领导人送来花圈，首都各界3 000余人及外国使馆官员前往吊唁。15日，首都各界人士2 000余人举行公祭大会，周恩来主祭，朱德委员长、陈毅副总理等13人陪祭，华侨事务委员会主任廖承志致悼词。祭毕，周恩来、朱德领先执绋，护送灵柩上车，以专车载往厦门集美。沿途天津、济南、南京、上海、杭州、鹰潭、永安党政和侨联负责人到车站敬献花圈致祭。20日下午3时，车抵集美，万人夹道，与嘉庚泣别。6时，灵柩安葬于鳌园。21日，全省各界代表1 000余人在厦门工人文化宫举行追悼大会。其后，北京、上海、广州、福州、南宁、武汉、长沙、开封、西安等20余座城市的归侨、侨眷和各界代表也分别集会追悼。在海外，新加坡、印度尼西亚、缅甸等地亦先后举行追悼大会。9月10日，新加坡中华总商会联合各界举行追悼大会，会场嘉庚遗像上方横匾书“万世流芳”四个大字，两旁挽联为“团结华侨八百万，复兴中华一条心”“前半生兴学，后半生纾难；

是一代正气，亦一代完人”。1990 年 3 月 31 日，国际小行星中心将第 2 963 号小行星正式命名为“陈嘉庚星”。

一代人杰，千古流芳。早在 1945 年 11 月重庆庆祝陈嘉庚安全大会上，毛泽东、周恩来等即对陈嘉庚做出高度评价。周恩来、王若飞发表祝词：“为民族解放尽最大努力，为团结抗战受无限苦辛，诽言不能伤，威武不能屈，庆安全健在，再为民请命。”邵力子与黄炎培先后发言，赞颂嘉庚：“兴事业，办教育，勤劳国事，言人之所不敢言，为人之所不敢为。”“发了财的人，而肯全拿出来的，只有陈先生。”毛泽东从延安发来的贺电，则将嘉庚一生精辟地概括为“华侨旗帜　民族光辉”。

摘自集美政府网

## 附一

### 陈嘉庚 1938 年 10 月 26 日发给汪精卫和重庆某日报的电文

精卫先生勋鉴，有电计达。顷接国内可靠消息，先生主和甚力，事虽绝不能成，难免发生摩擦，淆乱观听。今日国难愈深，民气愈盛，宁为玉碎，不为瓦全，继续抗战，终必胜利，中途妥协，实等自杀，孰利孰害，彰彰明甚。若言和平，试问谁肯服从？势必各省分裂，无法统摄，不特和平莫得实现，而外侮内乱，将更不堪设想，坐享渔利，唯有敌人。呜呼！秦桧阴谋，张昭降计，岂不各有理由，其如事实何哉？先生长参政会，犹记通过拥护最高领袖抗战到底之议决案否？态度骤变，信用何在；二次之会，又何必开？海外全侨，除汉奸外，不但无人同意中途和平谈判，抑且闻讯痛极而怒，料国内群情，亦必如是。万乞俯顺众意，宣布拥护抗战到底，拒绝中途妥协，以保令誉，而免后悔，不胜迫切待命之至。

南洋华侨筹赈祖国难民总会主席陈嘉庚叩宥

## 附二

### 陈嘉庚 1940 年 4 月 13 日吁请严惩汪精卫的电文

中央党部、军事委员会、国民参政会钧鉴：汪精卫叛国求和，罪恶重大，实古来奸贼所未有。丁兹抗战救亡，胜负未决，暴敌狡计，利在以华制华。汪与党羽暗中通敌，因中央宽假，得脱身离境，乃复发出艳电，冀摇人心，全国上下莫不痛恨。咸谓中央必能严令通缉，以正典型，不意仅革党籍，未及国法，而汪又无悔祸意，非但不肯出洋，敛迹思过，尚广布爪牙，巧肆簧舌；外则加紧勾结敌人，内则阴图颠覆政府，此而不诛，何以励众。若曰汪有前功，卖国便可无罪，汪为党之副总裁，应特别包涵，虽中央宽大为怀，欲留余地，然此于法于理，皆属失当！盖汪既不忠于总理，出卖民族，则为党之罪人，国之奸贼，过去任何高功，亦不容赦。现汪虽逃外境，以避国法，而中央为正内外视听，国法仍不可不行。至所谓宽大为怀，亦须待抗战胜利以后。今我前方将士浴血挥戈，后方民众卧薪尝胆，战区受难同胞无虑数千万，蒋委座复锐意推动精神总动员，而独容汪贼与其党羽逍遥法外，实南洋八百万侨胞众所莫解。谨布区区，尚祈对汪贼严加惩处，不胜迫切待命之至！

南洋华侨筹赈祖国难民总会主席陈嘉庚叩元

## 附三

### 南洋华侨筹赈祖国难民总会会员代表大会宣言（摘录）

总会成立不久，汪兆铭竟妄发和平妥协主张，继之以公然叛国降敌，又继之以组织南京伪政府，身受国父知遇，位居党政要职，丧心病狂，乃至如此！罪浮秦桧，奸甚刘豫，为革命留一污点，为民族留一耻辱。总会陈主席嘉庚首警告而揭发之，于是全国上下，一致共弃。大会同人鉴于国贼稽诛，妖言未息，大义所在，不与两立，用决议通电声讨，并请政府严令全国官民不得与此丑及其伪组织信使往还，违者以通敌论罪。

总会陈主席嘉庚，公忠谋国，一生如一日。其在教育上贡献，古之所无。其以人民地位协助政府抗战，今日仅见，而识足以辨奸，才足以服众，德望足为群伦钦式，徒因守正不阿，刚毅质直，每当有事之时，辄招无根之谤。大会同人最近闻陈主席忽萌退志，骇异之余，深悉其苦衷，而考虑之余，又深以为不可。值此抗战期间，南洋华侨不能无筹赈总会之组织，则不能无陈主席之领导，同人深信南洋绝大多数侨胞需要陈主席，爱戴陈主席；国内绝大多数同胞，亦需要陈主席，爱戴陈主席。用决议致电政府表示同人公意，并慰留陈主席。

中华民国三十年三月三十一日

# 第三篇　嘉庚精神

## 专题欣赏一：陈嘉庚先生的宝贵精神

**【导读】**陈嘉庚（1874—1961）是著名的爱国华侨领袖、企业家、教育家、慈善家、社会活动家，泉州府同安县集美社（现厦门市集美区）人，厦门大学、集美学村、翔安一中、翔安同民医院等，均由陈嘉庚创办。他在特定的社会环境下，经历了长期复杂的历史阶段，集政治、思想、社会、经济、文教诸项成就之大成，形成了“嘉庚精神”。

陈嘉庚先生的一生，是伟大的一生，他为我们留下极为宝贵的精神财富。

### （一）诚信果毅开拓实业

陈嘉庚的故乡集美，田地很少，居民大多靠捕鱼和海涂养殖为生。历史上有不少人到南洋群岛谋生，陈嘉庚的父亲陈杞柏是其中之一。他在陈嘉庚出生前就到新加坡，逐渐成为一个中等华商，在当地有一定影响力。

陈嘉庚从小就参加劳动，平日里常与小伙伴们背个小鱼篓，一起到海滩上抓虾、摸蟹、捡螺、拾贝，养成了热爱劳动、勤奋苦干、刻苦耐劳、不畏艰险的性格，并对家乡、对人民怀有深挚的感情。

陈嘉庚从 9 岁至 16 岁在私塾读书，虽然大多只是背诵，对古文和报刊文字只“略有一知半解”，但却从此养成勤奋苦读的习惯，长大后热爱书籍，手不释卷。《三国演义》《古文精义》以及文天祥的《正气歌》等作品他特别喜爱，“天下兴亡，匹夫有责”“先天下之忧而忧，后天下之乐而乐”等先贤富含哲理的格言逐渐成为他毕生奉行的人生准则。老一辈讲述的关于郑成功、林则徐、陈化成等民族英雄抗击外族侵略的爱国主义故事，也引起陈嘉庚的仰慕与向往。中华民族的传统文化、传统美德在少年陈嘉庚的心里深深扎下根来。

17 岁时，陈嘉庚奉父之命来到新加坡。当时华人已占总人口的三分之二，因此，新加坡的开发和发展，主要依靠华人。他们大多具有发奋图强、拼搏创业的精神。而在华人中，福建人拥有很强的经济实力，具有相当好的社会影响力，而且大多数热心社会福利事业，许多公共福利事业是福建人特别是闽南人捐钱创办的。

初出茅庐的陈嘉庚，被父亲安排在“顺安”米号，学习商业活动和经营管理，由于他有进取心、事业心，勤奋扎实，喜欢动脑，工作出色，深得父亲的器重。两年后，陈嘉庚便接替了父亲的部分职务。父亲又创办了“日新”菠萝罐头厂等新实业，两三年间，父亲经营的产业获利不少，一切顺利。1899 年，陈嘉庚回国处理为母亲择地建墓事之后再回新加坡时，万万没有料到父亲的生意遭到重大挫折，一蹶不振，查究原因竟是父亲在新加坡续娶的妾苏氏好赌成性，大量输钱，加上苏氏的养子骄奢淫逸、挥霍无度，两人把陈家的老本全花光了不说，还负债 20 多万元无法偿还。父亲应对乏力，陈嘉庚也遭受到人生第一次大的打击。这个惨痛的教训，让陈嘉庚牢记“勤俭兴家，奢靡败家”的道理。父亲也把希望寄托在年轻有为、锐意进取的陈嘉庚身上，授权让他接掌负债累累的企业。

陈嘉庚临危受命，对外不声张，店铺照样开，先稳住阵脚不使混乱，接着采取果断措施，大刀阔斧进行整顿，同时厉行节约，只许庶母每月支用家费 200 元，不得多取。经过陈嘉庚的运筹、调控，漏洞堵住了，声誉保住了，陈家企业度过了最危险的时刻，基本被挽救过来。最后便剩下被庶母苏氏以业产抵押借入的巨款 20 万元暂时未还清，这笔债款依然挂在父亲陈杞柏名下。父亲已回集美去了，这笔 20 万元的债款怎么办呢？按照英国的法律，父亲破产或亡故，儿子不必承担债务。因此，无论依法依理，这笔债款与陈嘉庚都没有关系。但是，一向为人诚信、讲究信誉、讲究孝道的陈嘉庚却认为以诚待人、以信处世乃我民族固有之美德，于是他毅然召集债权人宣布：“立志不计久暂，力能作到者，决定替还，以免遗憾也。”

从此，陈嘉庚结束依赖父亲的历史。这时他年过三十，却双手空空，怎么办？他想尽办法筹集了 7 000 元资金，因陋就简，决定从建设一家黄梨罐头厂做起，一步一个脚印地重新建立起他自己的企业。这时，陈嘉庚的胞弟才 17 岁，便出洋来到新加坡，成为陈嘉庚的得力助手。

陈嘉庚独立创业后，年年都在认真盘算着如何挣钱来代还父债，经过在商场四年的奋斗，陈嘉庚终于有了十几万元的家当，他认为偿还父债的时机到了。债主们本来对这笔陈杞柏的债款偿还已不抱希望，没想到在 1907 年秋天的一天，忽然接到欠债人的儿子代还父债的函件，大喜过望，最后按协议折扣还 9 万元结清债款。这事着实惊动了新加坡社会，在人们的心目中，这确是一件了不起的诚信义举，一般人根本做不到。人们都惊叹和赞扬陈嘉庚轻财重义的高贵品质、崇高情操，在华人社会中赢得极高赞誉。可人们不知道的是，这是陈嘉庚多年来刻苦节俭、苦心积累下来的血汗钱啊。正如陈嘉庚自己所说，在那几年里，“无论在洋回梓，均不私蓄一文钱，家里也不许有金饰”！又说：“自南来及返梓三年，未尝枉费一分钱，亦无私带一文钱回梓。”

陈嘉庚在商场拼搏，从不墨守成规。他有战略眼光，看准某项实业，便果断决定做，而且竭尽努力，一定要做得比别人好。他勤于掌握市场信息，紧紧抓住每一个有利商机。1913 年，陈嘉庚的菠萝罐头厂和一些实业便开始获利。这一年他又顶入两家罐头厂，使他在新加坡罐头业中跃居首位，所产罐头占全新加坡同类产品出口量的一半。

1914 年，第一次世界大战爆发。大战期间，许多商船在东印度洋上遇到德国战舰的袭击，航运业几乎处于瘫痪停顿状态，陈嘉庚的出口商品都囤积在码头仓库里，陷入困境。但陈嘉庚却独具慧眼，在困境中看到商机，他当机立断，决定从事新的部门航运业。他第一步是先租船，租了两艘。果然不出他所料，运行几个月后，利润颇丰。他又决定多租两艘。他的航运业务有两个方面：一是为自己运米，并兼运其他货物。二是为英国殖民政府运枋木往波斯湾。因为他的运输业和英殖民政府战时的战略需求挂起钩来，大大有利于他航运业的发展，得到英殖民政府的支持，给他提供便利，货源有保证，艘艘船满载，利润很高。仅 1915 年，他的运输业就净赚了 20 多万元，超过他当年各业总利润的一半。船的租期满时，他又果断决定，出资购船，进一步发展航运业，于 1916 年至 1917 年，先后购买两艘船。1918 年第一次世界大战的末年，两艘船在地中海先后被德国军舰击沉。但是，陈嘉庚收到保险赔偿 120 万元，不仅补偿了损失，还赚取了一笔巨款，继续投入其他经济实业。

从 1917 年起，陈嘉庚转向主要经营橡胶业，这又是他果断做出的一个极为重要的决策，他逐步在橡胶业建立起“橡胶王国”，成为著名的“橡胶大王”。

橡胶原产于拉丁美洲的巴西，19 世纪 70 年代才被人引种到马来西亚。1906 年，陈嘉庚便感悟到橡胶对国防、工业经济发展的影响很大，绝对是一项大有作为的事业，立即向人买下 18 万粒橡胶种子，在他的菠萝园里进行套种。两年后的 1908 年，他将橡胶种植面积由 500 英亩扩大为 1 500 英亩。到第一次世界大战后期的 1916 年至 1917 年，陈嘉庚更断然采取他经商史上划时代的举措，集中全力经营橡胶业。陈嘉庚创业史上最有成就、最辉煌的正是经营橡胶业时期。

第一次世界大战后，世界面临一场橡胶业的激烈商战。一些华侨商人不敢面对这种难以预测的胶业竞争的严峻形势所产生的风险，只得知难而退。而陈嘉庚与众不同，他站得高望得远，再三运筹帷幄，果断决策。他看到橡胶用途极广，虽然一时因同业竞争而减利，但其前景不可限量。他为此还发表署名文章《树胶之命运》，预测橡胶业的发展前景，并毅然决定扩大自己公司的规模，增强实力，以期在商战中立于不败之地。陈嘉庚之所以全力以赴，大办橡胶业，是有其多方面考虑的。

首先，他是为祖国争得利益，要和敌国日本进行竞争。他认为，日本小国尚有大小橡胶厂 400 多家，而我泱泱大国竟没有一个相当规模的厂家，实在不应该。为此，他决定，非办好橡胶厂与之对抗不可。他在给朋友的信中说：“日本岛国耳，技工数万众，设厂数百家，吾国此业不仅幼稚，且一工之技尚未成材。”尽管竞争过程遇到极大困难，陈嘉庚仍不退缩。

其次，陈嘉庚建立“橡胶王国”，是为了获得利润支持集美学校和厦门大学的办学经费。他在《陈嘉庚公司分行章程・序》中便明确说明：“盖厦、集两校，经费浩大，必有基金为后盾，校业方有强健之基。而经济充实，教育乃无中辍之虑。两校命运之亨屯，系于本公司营业之隆替。”

最后，陈嘉庚大办橡胶业，建立“橡胶之国”的另一个重要目的是通过经营橡胶业来培养技术人才。他在新加坡、马来西亚一带所创办的橡胶园，被当作“如师范学校之训练学生，俾将来回国可以发展胶业”。

由于陈嘉庚办实业的目的十分明确，因此在经营中碰到各种困难，特别是日本的“经济南侵”，在东南亚以低价倾销橡胶制品的方式着意打击反日的陈嘉庚，他仍以顽强的毅力坚持了下来，着实令人敬佩！

陈嘉庚在商场拼搏几十年，除了顽强果敢，毅力坚韧之外，还在企业中建立了严格的管理制度，诚信经营，及时检查，发现问题，及时解决。他天天都要进行成本核算，以求在商战中立于不败之地。我们从他亲自制定的《陈嘉庚公司分行章程》和他亲自厘定的作为公司有关职员行为规范的《眉头警语》中的一些条文警语可见一斑。

《陈嘉庚公司分行章程》的总则第一条便是"本公司以发展营业、流通经济、利益民生为目的"。第九条是"分行任何人，应守下列禁例：甲、不准以分行名义，代人作保暨拖欠债项。乙、不准兼营他业。丙、不准侵欠公款。丁、不准放贷于兄弟、亲戚。戊、不准在行内赌博及违禁之事。己、对于有嫖赌之公馆及俱乐部等，不可加入"。他为公司厘定的《眉头警语》条文更多，更为具体细致，简单摘录几条，便可以看出陈嘉庚十分注重诚信的商业道德。如"战士以干戈卫国，商人以国货救国""店员不推销国货，犹如战士遇敌不奋勇""能自爱方能爱人，能爱家方能爱国""不为教育奋斗非国民，不为公司奋斗非店员""货真价实，免费口舌；货假价贱，招人不悦""法律济道德之穷，规章做办事之镜""以术愚人，利在一时；及被揭破，害归自己""待人勿欺诈，欺诈必取败；对客勿怠慢，怠慢必招尤""顾客遗物，还之惟谨；非义勿取，人格可敬""货物不合，听人换取；我无损失，人必欢喜""视公司货物，要如自己货物；待入门顾客，要如自己亲戚""招待顾客要诚实，招待妇女要温和""知识生于勤奋，昏愚出于懒惰"……

这些条文和警语，字字句句，发自陈嘉庚先生的肺腑。陈嘉庚从爱国、守法、诚信、敬业、勤奋等各方面对店员提出要求，这正是陈嘉庚开创企业几十年积累下来的经验之谈和实践的积淀。陈嘉庚先生本人正是严格管理、诚信经营的典范。

## （二）爱国爱乡倾资兴学

陈嘉庚的爱国主义精神集中体现在他一生教育救国、倾资兴学的坚强理念和具体实践中。他从小对家乡、对人民就有深厚的感情，长大后到新加坡不久，1895 年《马关条约》的签订，腐朽的清政府把台湾割让给日本，这件事刺激了陈嘉庚，唤醒了他的民族意识。1900 年 6 月和 1906 年 2 月，孙中山先生先后两次到新加坡活动，并建立同盟会新加坡分会。年轻的陈嘉庚深受影响，特别是 1909 年，经友人介绍，陈嘉庚认识了孙中山，参加了孙中山主持的一次同盟会秘密聚会，更为孙中山的深刻见解所折服。1910 年春天，陈嘉庚、陈敬贤兄弟俩一起剪去辫发，加入同盟会，决心支持推翻封建专制的清朝政府的革命斗争。辛亥革命后，更积极多次筹款支持孙中山的革命事业，并发动华侨踊跃捐款。

辛亥革命推翻封建专制的清朝政府，使中国人民见到了光明，也给广大华侨莫大鼓舞，陈嘉庚更是兴高采烈，热血沸腾。辛亥革命让陈嘉庚的思想境界有了一个飞跃。原来，他是一个热爱家乡的人，有强烈的民族意识和深厚的乡土感情，但爱国观念并不强。他自己说过："民国未光复之前，尚不明爱国真理。"辛亥革命后，他的政治视线从一乡一族一社，转向全省全国，把自己的命运同祖国的命运联系在一起，希望祖国走向独立、民主、自由、富强。1912 年 1 月，南京政府成立，孙中山就任临时大总统，陈嘉庚对祖国的前途抱以热切希望。想到"天下兴亡，匹夫有责"的古训，便想着如何为复兴祖国贡献自己的一份力量。他回忆当时的心情，写道："民国光复后，余热诚内向，思欲尽国民一分子之天职。"但陈嘉庚是一位务实谦逊的人，他认为自己非政治家，自谦"乃一庸愚侨商"

“愧无其他才能参加政务或其他公共事业，只有自量绵力，回到家乡集美社创办小学校及经营海产罐头蚝厂”，决定通过兴办教育来报效祖国。

1912年秋天，陈嘉庚回到家乡集美，“常到诸乡村，见十余岁儿童成群游戏，多有裸体者，几将恢复上古野蛮状态，触目惊心，弗能自已！”。其时，集美社虽然还办着私塾，六七房共办六七所私塾，女孩不得入学，陈嘉庚觉得这种状态不能再继续下去了。他奔走各房，劝告各房长将私塾停办，全乡一致合作，创办集美小学。1913年春，集美小学在大祠堂和各房祠堂开学，共四个班级，学生180人。接着，购买村西面积数十亩的大鱼池，填掉后开工建设教室七间及其他附属房屋。当时教师较为紧缺，他便“默念待力能办到，当先办师范学校，使闽南贫寒子弟才志相当者加以训练，以挽救本省教育之颓风”。

1917年，陈嘉庚开始筹办集美师范学校和中学，更集中精力办好师范。他认为“师范是教育的基本”“没有好教师，就没有好学校”，把师范学校摆在发展教育的头等位置。他还特意对师范的招生制度加以改革，认为师范学校的宗旨既为普及教育与培养合格师资，则学生必须有服务教育的志愿。一方面，农村小学教师月薪仅二三十元，定非富家子弟所愿为，唯有招收贫寒子弟，加以训练，才能胜任。另一方面，普及教育的关键在于穷乡僻壤，一般人不愿意到那里任教，故招生范围也应力求普遍，以便回原地工作。因此，他发函给闽南三十余县劝学所长，要求每一大县代为招选贫寒学生五六人，每小县三四人，共招120人，所选学生须有志于教职。为了奖励师范生，他特地规定，除和中学生一样免收学生住宿费和由学校供应被席蚊帐外，还豁免膳费。1918年3月10日，集美师范、中学两校在新校舍正式开学。

早在陈嘉庚购置轮船经营海运之时，就深感中国航权丧失，渔利废弃，“我国公私船舶，即在国境犹若晨星，况在国外各属殖民地，何从查其踪影！”“所有船舶之数尚不足与最少之国比拟……其耻辱何如?”而且，他认为我国海岸线长，航运和水产大有发展前途。为此，他决心创办航海及水产学校，以振兴航业，开发水产资源。

第一次世界大战结束时，陈嘉庚由于各种事业在战时发展顺利，已成为拥有400万资产的大产业家了。这时国内军阀混战，外侮日深，陈嘉庚痛心疾首。1918年，他写了《致集美学校诸生书》，大声疾呼：“吾国今处列强肘腋之下，成败存亡千钧一发，自非急起直追，难逃天演之淘汰。”他希望学生“上以谋国家之福利，下以造桑梓之庥祯”。他认为中国事事落后，宰割由人，为欲发奋图强，一洗国耻，振兴教育是唯一有效良方。不论启迪民智，还是提倡生产，改革政治，以至抵抗外国侵略，都有赖于教育。为此必须再接再厉、百折不挠，“不惜牺牲金钱，竭殚心力而为之”。大战结束后，他认为实践自己理想的机会已经到来，决定让弟弟陈敬贤来接管实业，自己启程回国，扩充集美学校和筹办厦门大学。行前，他把在新加坡的不动产橡胶园房产等，捐作集美学校的永远基金，并发表演讲，陈述自己的志愿：“此后本人生意及产业逐年所得之利，除花红之外，我留一部分添入资本，其余所剩之额，虽至数百万元，亦尽数寄归祖国，以充教育之用，是乃余之大愿也。”为了实现救国救乡的志愿，他决计倾资兴学，当各界人士称赞他为“毁家兴学”时，他多次向友人指出这个提法不妥。

陈嘉庚回国之日，正是“五四运动”席卷全国、中华民族出现新的警醒之时。“五四运动”的蓬勃发展，给中国带来光明和希望，“民主”和“科学”口号的提出，也给陈嘉庚的办学活动以巨大的推动力。他信心百倍，亲自撰写《通告》阐明筹办厦门大学的动机和目的：“专制之积弊未除，共和之建设未备，国民之教育未遍，地方之实业未兴，此四者欲望之各臻完善，非有高等教育专门知识，不足以躐等而达。吾闽僻处海隅，地脊民贫，莘莘学子，难造高深者……长此以往，吾民岂有自由幸福之日耶。且户口洞开，强邻环伺，存亡绝续，迫于眉睫，吾人若复袖手旁观，放弃责任，后患何堪设想？鄙人久客南洋，志怀祖国，希图报效，已非一日，不揣冒昧，拟创办大学校并附设高等师范于厦门。”接着，他在召集筹办厦门大学发起人会议上，慷慨陈词，谈到要改变国家落后、受人欺侮的状况时说：“野心家得陇望蜀，俟隙而动，吾人若不早自猛省，后悔何及！诚能抱定宗旨，毅力进行，彼野心家能剜我之肉，而不能伤我之心，能断我之臂，而不能得我之心，民心不死，国脉尚存，以四万万之民族，决无甘居人下之理。今日不达，尚有子孙，如精卫之填海，愚公之移山，终有贯彻目的之一日。”把兴办大学和国家民族的前途命运紧紧联系在一起，情真意切地表达他办好教育、振兴国家的强烈愿望。

关于大学的选址，陈嘉庚经过深思熟虑，多方勘察，反复比较才选中厦门。他认为，厦门“若合浙江广东而言，则堪称为最中心的地位”“又若大而言之，合南洋祖国，则更为中心的中心”，这样的地理位置，便于和全国各地联系，也便于和东南亚各地联系，有利于厦大今后的发展。经过实地察看，他终于选定五老峰下的演武场一带。演武场是明末民族英雄郑成功的练兵之所，凝聚着反侵略斗争的民族精神，有爱国主义传统。而且，从长远看，它西起五老峰下，东迄胡里山炮台，面积两千多亩，未来有大发展的广阔余地。他为此满怀信心地说：“教育事业原无止境，以吾闽及南洋华侨人民之众，将来发展无量，百年树人，基本伟大，更不待言，故校界之划定须费远虑。”他还预言“面积数千亩的校园，可容纳自全国各省东南亚各地的学生数万人，而操场越大越好，本校或本省开运动会时，可容纳数万观众”。可见陈嘉庚先生的眼光远大，设计深谋远虑。

为办好厦大，陈嘉庚还特地到上海邀集筹备委员开会，包括蔡元培等名人参加。陈嘉庚又坦陈不惜倾尽家产办大学的动机：“国家之富强，全在乎国民；国民之发展，全在乎教育。”他还批评一些人不关心教育，说自己“惟有以身作则，创办数事，以警醒之。兹出家财之半，恐不能动其心，故将所有家财尽出之，使其他华侨有所感动也”。

1921 年 4 月 6 日，厦门大学在集美新校舍即温楼开学。5 月 9 日，在演武场校舍正式奠基开工，陈嘉庚先生亲自主持奠基仪式。为什么选择在 5 月 9 日？因为那是 1915 年袁世凯与日本签订“二十一条”卖国条约的日子，是中国人民不该忘记的国耻日，这样的选择是为了使厦大师生“勿忘国耻，发愤图强”，一切都说明陈嘉庚苦心孤诣，把爱国情怀注入其中。

陈嘉庚深知要办好大学，关键要选择有气魄善于领导和管理大学的好校长和高水平的教师队伍，认为这是应该慎之又慎的大事。为此他花费了大量心血和精力。同时，他还亲自修改美国技师设计的校舍建筑图案，把第一批校舍五栋楼改为一字形，群贤楼居中，映雪、集美、同安、囊萤分列左右。当时的校址内，怪石参错，陈嘉庚亲自指挥工人开采石条，就地作为校舍地基和筑墙材料，一切又都渗透着他的心血。

陈嘉庚回国创办集美学校和厦门大学期间，他的海外实业受了部分挫折，地价、胶价大跌。1922 年，陈敬贤因病住院治疗，陈嘉庚又回新加坡主持营业，继续经营橡胶加工和制造业，集美学校和厦门大学的经费多依赖这两方面的经营所得。但自 1926 年，陈嘉庚的企业遇到大困难，开始走下坡路。接着又恰遇到 1929 年至 1933 年世界经济大危机的冲击，陈嘉庚的企业濒临破产，不少亲友力劝陈嘉庚知难而退，垄断集团也对他施压，要他停止提供给厦大经费，甚至儿子也劝他减少两校经费。但是，陈嘉庚内心十分明确和坚定，他曾多次说过："金钱如肥料，散布才有用。""财由我辛苦得来，亦当由我慷慨捐出。"在这一重大抉择前，他毅然决定，宁可放弃企业利益，也不让学校停办。他担心"学校一经停课关门，则恢复难望"。如此则"自己误青年之罪小，影响社会之罪大，在企业尚可经营之际，何可遽行停止"。在巨大的压力下，他发出掷地有声的誓言："不！企业可以收盘，学校绝不能停办！""宁可变卖大厦，也要支持厦大！"他说到做到，把在经济鼎盛时期购买的新加坡豪华大厦变卖了，作为维持厦大的经费，这充分显示陈嘉庚先生把国家利益、民族利益摆在至高无上地位的崇高精神。

1931 年日本发动"九一八"事变以后几年，新、马华侨失业者日众，陈嘉庚面临破产，公司开始收盘。加上 1936 年，陈嘉庚的得力助手、胞弟陈敬贤不幸病逝，他确已无力支撑厦大经费了。怎么办？陈嘉庚决定把厦大无条件地献给政府去办。他在写给教育部长和省政府的信中说："千思万虑，别无他法，唯有请政府收办，愿无条件将厦大产业奉送，不拘省立或国立均可，所有董权一律取消。"陈嘉庚倾资办学，呕心沥血，千辛万苦，独立维持厦大 16 年。

在厦大内迁长汀时期，福建当局密谋要把厦大改名为"福建大学"，并已说动了教育部，当时的校长萨本栋立即把情况报告给当时在新加坡的陈嘉庚。陈先生对此甚为不满，1940 年 3 月，陈嘉庚率领南侨总会组织的华侨回国慰劳团回国，在重庆时公开谴责福建省当局和教育部的改名图谋。到长汀时，又向全校师生作了反对改名的动人演说，令人兴奋不已，终于迫使当时的教育部立即派人向陈嘉庚保证：永远不议论改名之事。

陈嘉庚先生爱国爱乡、倾资办学的可贵精神，教育、影响着一代又一代人，特别是陈嘉庚的族亲、晚辈和广大海外侨胞。

新中国成立后，厦大要扩建、发展，但国家的财力有限，投入于教育事业的经费不足。陈嘉庚先生除了自己继续努力外，还寄望于他在新加坡的大女婿李光前和他的家族的支持和帮助。果然，李光前及其家族出色地继承陈嘉庚精神，出色地担当起陈先生扩建、发展厦大事业的责任。厦大稍后新建的一系列楼群的投资，都得到李光前及其家族的支持。直至今日，李光前家族仍在支持着厦门大学的建设和发展。

愿陈嘉庚先生爱国爱乡、倾资办学的精神代代相传，发扬光大！

## （三）领导华侨团结抗敌

在抗战期间的救亡斗争中，陈嘉庚被海外华侨一致拥戴为华侨领袖，这是历史上从来没有过的。

陈嘉庚先生之所以能成为公认的华侨领袖，除了他的诚信果毅、开拓实业、爱国爱乡、倾资办学的精神和取得的成就之外，还和华文教育、华文报刊、华侨社团这三个华侨社会的支持有密切关系。而这三者都是在陈嘉庚先生努力创办、扶持，并在他的领导下逐步发展、壮大起来的。

陈嘉庚的兴学活动，最早是从侨居地新加坡开始的。他曾说过："侨居国外的华人学习中国文化比在国内更为重要。因为在国内，一个小孩没有接受中国教育，长大后仍是中国人。而生长在海外的中国孩子，不学习中文，他将被外国文化所同化，最后丧失自己民族的特征。"1906 年，陈嘉庚便热心创办道南小学，1912 年和 1915 年又兴办爱同学校和崇福女子学校。在他的影响下，南洋各地纷纷创办华文中学。

华文报刊为华侨社会提供了不可缺少的精神食粮，它影响着华侨的民族心理，对华侨社会起着重要的导向作用。1923 年，陈嘉庚就创办了《南洋商报》，宣传教育与经济、政治的关系，呼吁支持教育，还宣传抵制日货，在华侨社会产生很大影响。

陈嘉庚确立在华侨社会的领导地位还和怡和轩、福建会馆这两个社团密切相关，两者是他从事社会活动的重要根基。

1923 年陈嘉庚担任怡和轩主席后，便特意在里面设立图书馆，自己带头苦读，并逐渐把各地侨领名流凝聚于怡和轩内，怡和轩逐渐成为跨国跨界的南洋华侨开展社会和政治活动的重要团体，陈嘉庚也成为各种活动的核心人物。福建会馆历史悠久，1929 年，陈嘉庚被公举为会馆主席，也加强了他在华侨中的领导地位。

1928 年"济南惨案"发生，陈嘉庚出于民族义愤，毅然出面领导"山东筹赈会"，这既是陈嘉庚政治生活也是新马华侨政治史上的关键节点。陈嘉庚在筹赈大会上充满民族自信地严正指出："今我国势虽弱，然人心未死，公理犹存……吾民族若能群策群力，坚持抵制，定能驯服其野性也。""以我民族之众，知识日开，定有雪耻之日。"这是陈嘉庚第一次公开站出来反对日本军国主义的最主要政治表现。

1937 年 7 月 7 日，日本侵略者悍然发动侵华的"卢沟桥事变"。海外华侨为祖国的抗日救亡而团结起来，抗日救亡社团如雨后春笋般出现。形势要求东南亚抗日救亡运动要由最高领导机构、最高领导人来统一指挥。1938 年 12 月 10 日，南洋各属华侨筹赈祖国难民代表大会召开，参加大会的有 87 个团体单位、168 人，除新加坡外，分布于中国香港、马来亚、泰国、印尼、缅甸、越南、柬埔寨、菲律宾、荷属爪哇、苏门答腊等南洋群岛的国家、地区都有代表参加。"南洋华侨筹赈祖国难民总会"（简称"南侨总会"）宣告成立，选举陈嘉庚为主席，菲律宾侨领、菲律宾华侨援助抗敌委员会主席李清泉、荷属东印度（今印尼）巴达维亚（今雅加达）侨领庄西言为副主席。大会发表宣言宣称："中国之抗战，实为御侮而战，实为自卫而战，实为维护国际盟约而战，实为保障世界和平而战。"号召全体同胞"今后宜各尽所能，各竭所有，自策自鞭，自励自勉，踊跃慷慨，贡献于国家"。南侨总会成为以南洋华侨为主的海外华侨的抗日救亡民族统一战线组织。南侨总会的成立实现了爱国华侨的大团结，陈嘉庚史无前例地成为海外华侨一致拥戴的领袖。

在南侨总会领导下，海外华侨筹募巨款援助祖国抗战。据国民政府财政部统计，整个抗战期间，海外华侨捐款共 1 322 592 652 元法币，其中南洋华侨捐款占 70%多。华侨汇款增强了抗战的实力，成为支持祖国抗战的重要经济保证之一。

华侨还为祖国捐献了飞机、坦克、车辆、服装、药品等大量物资，其中大量药品更为前线军民所急需。

南侨总会还组织南洋华侨回国参加战时服务，前后组织 15 批 3 192 名技工回国，有许多人在日机轰炸中牺牲，死于山洪或塌方中。还有不少华侨青年抛开温暖的家庭，直接参加了八路军、新四军，其中不少人为此牺牲了宝贵的生命，留下许多可歌可泣的动人事迹。

陈嘉庚

1938 年秋，当广州、武汉相继沦陷后，国民党副总裁汪精卫公然发表对日和平谈话。投降派妥协求和的论调一时甚嚣尘上，出现了抗日民族统一战线中的最大危险。陈嘉庚以参议员身份向参议会提出“敌未出国门前，谈和即汉奸”的提案，获大会一致通过，给投降派以沉重的打击。邹韬奋称此寥寥十一个字是“古今中外最伟大的一个提案”，这给海内外民众的抗日热情以极大的鼓舞。

从 1940 年 3 月 26 日开始，陈嘉庚组织、率领南侨总会回国慰劳团，在祖国各地 16 个省开展慰劳活动，深情表示：“离开祖国十八九年，这颗心随时惦念祖国！”“对牺牲辛苦的抗战将士表示敬意，考察祖国在军事、政治、建设、教育诸方面的进步情形。”他在会见蒋介石，赴国民参政会的茶话会时，听到一些攻击共产党的话。在此期间，叶剑英、林伯渠、董必武等也来访。他表示要调解国共关系，在出席中共办事处举行的茶话会时说：“万望两党关系人，以救亡为前提，勿添油助火，则国家幸甚！民族幸甚！”“共产党革命的目的，辛辛苦苦，流血牺牲，为的是为改造社会。我这些年来挣一些钱，都拿出来办学校，所谓取自社会，用诸社会，我的希望也不过是要社会好，这一点初心，我想我和你们共产党人改革社会的动机原是一样的。”叶剑英致答词说：“我们欢迎的不是资本家的陈嘉庚，而是革命者的陈嘉庚。”陈先生十分高兴。

5 月 31 日，陈嘉庚先生到延安访问，前后 8 天时间，到单位参观考察，与各界人士晤谈，与毛主席、朱总司令多次见面。离开延安后又到全国各地慰问考察，于 12 月 9 日离境。在国内各地参观考察，前后八个多月。

陈嘉庚先生此次率南侨总会慰劳团回国慰问，特别是到延安的慰问，确实成为他一生思想认识的一个大转折。12 月 15 日，他在仰光华侨欢迎会上作了长达三小时的报告，详述回国访问的经过、最近抗战的形势以及必胜的道理，并以极其乐观的语气向与会侨胞提出：“中国的希望在延安！”

在陈嘉庚于东爪哇玛琅避难期写成的《南侨回忆录》有更多的叙述，如“余在重庆时，常闻陕北延安等处，人民如何苦惨，生活如何穷困”“男女混杂人伦不讲，种种不堪入耳之言”。“及到延安时注意前所闻数事”，看到实际情况是“人人夜行，绝无关碍”“男女同坐，无人敢戏言妄语，都能安分”。并写道：“设共产党若握着东南富庶市场，区域广大，不知能如此廉洁，兴利除弊，为人民造福如延安精神否?”又赞扬道：“耳闻目睹各事实，见其勤劳诚朴，忠勇奉公，务以利民福国为前提，并实行民主化，在收复诸乡村推广实施，与民众辛苦协作，同仇敌忾，奠胜利维新之基础。余观感之余，衷心无限兴奋，梦寐神驰，为我大中华民族庆祝也。”《南侨回忆录》还以不少篇幅写到重庆与延安的根本区别，而且关于两党的关系也有了明确的看法，“余亲见两党不洽者五次，皆由国民党构造”，强烈呼吁国内团结一致，争取抗日的最后胜利。

1945 年 8 月 15 日，日本宣布无条件投降，中国抗日战争胜利，人民希望国共和谈。但陈嘉庚根据他 1940 年回国慰问时与两党接触的实际经历断言：国共不可能妥协，蒋介石没有诚意，内战是不可避免的。事实果然不出陈嘉庚所料，尽管曾签订过《双十协定》，蒋介石的中央军还是到处“劫收”，并在美国政府的支持下，不断向解放区进攻，向八路军开火，不断挑起战端。1945 年 12 月 20 日，美国派特使马歇尔来华“调停”，1946 年 1 月 10 日，双方下达停战令。但 1946 年 6 月底，蒋介石自认为内战已准备就绪，于是出动大量兵力，发动全面内战。

内战爆发后，由于陈嘉庚很早就敏锐地辨别出两党的是非，而且随着时局的发展，也看出美国在插手中国的内战，于是，1946 年 9 月 7 日，他以南侨总会主席的名义，致电美国总统杜鲁门，美国两院议长、驻华特使马歇尔和驻华大使司徒雷登，要求美国停止对蒋介石政府的一切援助。电文明确指出：“本人代表一千万华侨，特向贵国呼吁，请顾全国际信誉，以日本为前车之鉴……迅速改变对华政策，撤回驻华海陆空军及一切武器，不再援助政府，以使中国内战得以终止，人民痛苦可以减少。”陈嘉庚还在胡愈之等新闻界人士支持下创办了《南侨日报》，他在创刊号上写了《告读者》：“我海外华侨本爱国真诚，求和平建设，兹故与各帮侨领，创立《南侨日报》，其目的在团结华侨，促进祖国之和平民主，俾使内战早日停止，政治早日修明，国民幸福早日实现，以达到国父建国之主旨。”

陈嘉庚在支持祖国的抗日救亡斗争和反对国民党打内战的同时，还在时刻关注印尼、马来亚等地华侨的命运。

中国抗日战争胜利，太平洋战争结束，陈嘉庚离开印尼回到新加坡，但他对印尼、对印尼华侨仍充满着感激之情，时刻关注着印尼的局势。

印尼从 16 世纪末以来，长期遭受荷兰的殖民主义统治。日本投降后，荷兰殖民者卷土重来，妄图恢复殖民主义统治，印尼掀起轰轰烈烈的民族独立解放运动。陈嘉庚旗帜鲜明地坚决反对殖民主义统治，号召华侨团结起来，和荷兰殖民者进行针锋相对的斗争。

1948 年 2 月，前马来亚英军总司令白思华中将在伦敦发表马来亚战役报告书，歪曲、抹杀当地华侨在保卫新加坡、马来亚战斗中的贡献，诬蔑亚洲人“站在强有力方面”，为自己率领 8 万英军向日军投降的劣迹进行掩饰。这件事激起华侨社会的极大愤怒。陈嘉庚忍无可忍，即向英国陆军部提出备忘录，列举华侨组织抗敌动员会、华侨义勇军和游击队英勇抗日的事实，对白思华歪曲事实的报告书提出严重抗议，要求他道歉。新加坡、马来亚的华侨团体一致起来支持陈嘉庚。在陈嘉庚的严正抗议和华侨舆论的一致谴责下，白思华被迫发表书面谈话，承认“华侨领袖所提出抗议……毫无疑问许多地方是正确的”。陈嘉庚有力地恢复华侨在新、马抗日斗争中的真相，对诬蔑华侨和殖民地人民的英帝国主义分子是一个沉重的打击，大长了华侨的志气和威风。

陈嘉庚团结领导南洋华侨，在国内的抗日战争和殖民地人民反法西斯侵略战争中的光辉业绩，将永载史册。

## （四）丹心赤忱鞠躬尽瘁

新中国成立前夕，1949 年 1 月 20 日，毛泽东主席电邀陈嘉庚先生回国参政，参加中国人民政治协商会议，共商国是。6 月 4 日，陈嘉庚抵达北平，党中央和各界人士推举他为华侨首席代表，先后参加了中国人民政治协商会议筹备委员会和第一届全体会议。他充分表达了华侨和他个人兴奋、激动的心情。他在会上一下子提出在全国各中学普设科学馆，在沿海各重要地区设立水产、航海学校，设立各地华侨教育领导机构等七项建议，全被采纳。之后分别从 6 月至 8 月，10 月至 1950 年 2 月，陈嘉庚不辞劳苦、马不停蹄地先后到东北、华东、华南等 14 个省的 40 多个城市参观考察。1950 年 2 月回到新加坡，在停留的三个月时间里，他印行了《新中国观感集》一书，介绍新中国的新面貌、新气象、新成就，并在各种场合发表演说，让更多的乡亲、海外华侨了解祖国、认识祖国。

回到家乡集美定居以后，陈嘉庚已经是 77 岁的老人了。但他始终保持着爱国者的本色，竭心尽力，继续为振兴中华做出杰出贡献，主要有以下四个方面。

第一，政治上参政议政，敢讲真话，坚持真理，作党的诤友，始终与党肝胆相照、荣辱与共。对党正确的方针政策，他坚决拥护，对一些偏差、错误的东西，他坦陈自己的观点，绝不隐瞒。

中央政府重视华侨工作，在《共同纲领》和新宪法里，都规定“保护国外华侨的正当权利和利益”。陈嘉庚热情拥护，热情号召海外华侨多做贡献。周总理关于“华侨多寄侨汇，帮助祖国社会主义建设”的号召，陈嘉庚坚决贯彻落实，亲自出面，为国家争取大量侨汇。1950 年，在全国政协会议上还建议国内组建华侨投资公司，有计划地利用侨资发展地方工业。

1954 年 9 月 2 日，陈嘉庚对《光明日报》记者发表谈话：“台湾是中国的领土，解放台湾，是我们的内政问题，任何人都不能否认这铁一般的事实……全中国人民都关心台湾的解放，闽南人尤其关心台湾的解放，因为台湾同胞中，很多是他们的血亲。”

1955 年万隆会议期间，中国和印尼解决了双重国籍问题。陈嘉庚发表讲话，坚决拥护和支持这一政策，鼓励海外华侨华人积极参加当地人民争取独立解放、民主自由和维护国家主权的斗争，积极参加当地国家的现代化建设。他的讲话产生了广泛的影响。

1959 年 9 月 14 日，陈嘉庚就中印边界问题对新华社记者发表谈话：“我代表广大华侨完全拥护政府处理边界问题的立场、态度和方针，决不容许任何国家侵犯中国的领土和主权……西藏是中国领土不可分割的一部分，任何人要把它加以破坏，中国人民不会答应，华侨也决不会答应。”

从 1957 年 6 月反右斗争开始，极左思潮盛行，许多人明哲保身，不说真话，但陈嘉庚一身正气，绝不讲假话。1957 年 7 月 2 日，他在第一届全国人民代表大会上作《从治标治本两方面克服官僚主义》的发言，明显与反右斗争已开展近一个月的政治气氛不合拍。但陈先生不顾老朋友的劝阻仍上台发言，开头还特意这样说：“毛主席号召帮助党整风，人民可以尽量发言，凡不平则鸣，不鸣则失去毛主席美意。”陈嘉庚发言时，全场愕然，出现奇异的寂静，没有人敢鼓掌。但陈嘉庚绝不看风使舵，明哲保身。他一生勇于改革，反对因循守旧，但也反对浮躁冒进。“大跃进”期间的“全民炼钢”，他听到家乡群众反映，有人把家里的铁锅、铁床破坏，拿去“炼铁”，他非常气愤，立即交代秘书去调查情况，并立即写信给中央反映意见。他还多次对朋友说：“我对‘大跃进’，大大不赞成，什么大炼钢铁，什么一亩地产 14 万斤稻谷，简直小孩子讲童话了。”“我不赞成反右，损失多少有用的人才和知识分子啊!”

第二，一如既往献身祖国教育事业。

在集美定居以后，陈嘉庚争分夺秒为集美学校，特别是为厦门大学的扩建和发展全力拼搏。自 1950 年 10 月起，在厦大扩建工程五年多的时间里，从筹措经费到校舍设计、备料施工，陈嘉庚都全面筹划、事必躬亲、精打细算、一丝不苟。他不辞劳苦，经常亲临工地。由于扩建工程大，便特地成立厦大建筑部。在建筑部的办公室里，有一个 10 平方米左右的小房间，里面摆着一张单人小木床，一张小办公桌和一把靠背椅，以及一些简陋的普通家具，这便是陈先生在厦大办公、休息的地方。

当时厦大和集美之间，交通不便，主要靠海上小客轮来往，有时风大浪急，船上人多，夏天汗臭难闻，老人家坐这种船是不好受的，但陈老从不计较。王亚南校长曾提议购置小游艇供他使用，但他坚决不同意。

从 1951 年到 1954 年，由陈嘉庚先生筹捐经费、设计、监督、施工的厦大建筑面积达 62 600 平方米，共 31 幢，特别是以建南大会堂为中心，东有物理馆、图书馆，西有化学馆、生物馆的五座建筑更是雄伟壮丽，堪称经典。建成后他对厦大党委书记说：“台湾统一后，将有万吨、十万吨的外国和本国轮船从东海进入厦门，让他们一进厦门就看到新建

的厦门大学，不，看到新中国的新气象!”教育事业的发展，让老人充满自豪之情。

第三，在关心国家建设的同时，关心家乡建设。

1955年8月，陈嘉庚作为人大一届二次会议主席团成员赴东北视察。9月8日至12月26日，在西北、西南、中南参观访问，北至哈萨克自治州首府伊宁，南至海南岛，共访问16个省、区，行程二万五千里。在这次的“祖国万里行”之后，他即着手将参观考察途中的零星记录整理成考察笔记，还写信给毛主席、周总理和全国人大常委会，报告参观考察的见闻观感，反映问题，并附上十五项提案建议，对海南岛的橡胶生产、延安毛主席故居的保护、黄帝陵轩辕氏庙的保护等提出意见，得到中央和有关部门的重视、采纳。他把自己的晚年和祖国的现代化建设事业紧紧联系在一起，丹心赤忱，不遗余力地贡献自己的力量。

陈嘉庚特别关心家乡的建设，对福建的建设提出许多意见。他认为福建要翻身、要致富，最迫切的就是要建一条铁路。早在1950年5月，陈嘉庚在全国政协一届二次会议上就提出修建福建铁路的提案，后来由于抗美援朝，一时未能实现。1955年，陈嘉庚又致函周总理，建议铁路应由杏林修一条海堤直通集美。1956年鹰厦铁路通车后，1957年，陈老又在全国人大提出建议：“龙岩专区不仅有优良的铁矿，也有丰富的煤矿和其他矿产。要使鹰厦铁路发挥更大作用，就应及早从漳平再伸一条支线到龙岩去。”总之，陈嘉庚的许多建议，对20世纪50年代福建经济的恢复和振兴做出重大贡献。

对于福建的城乡建设和工农业生产及环保工作，陈嘉庚都提出许多有价值、切实可行的建议。如对福州市的居住布局不合理，房屋多用木板，易起火灾，而且长期缺乏自来水设备，老百姓吃水难、用水难，市容、公共卫生以至消防工程都受影响，提出改进意见。之后，他还对福州市的自来水工程进行调查，制定兴建福州市自来水工程的方案，得到采纳实施，福州市民受惠无穷。1955年1月，蒋机轰炸福州市，烧毁店屋住宅四千余间，造成严重灾难。陈嘉庚闻讯后，次日即发电报给周总理要求改变福州市木板造屋的日子，“须由政府重新计划，留最新式街巷，建合理砖屋，可转祸为福也”。之后，他又建议进口棉花，以谋福建纱布自给。在他的积极建议推动下，1958年有相当规模的杏林纺织厂建立起来，解决了人民的穿衣用布，又安排了几千人就业，杏林地区从此成为厦门市的工业区。

此外，陈嘉庚还关注环境卫生工作。他给福建省长叶飞电报：“闽省乡村厕所林立，请严令乡政合作，废私厕立公厕。”他带头在集美动员全镇居民填平房前屋后、路头巷尾粪蛆成团、蚊蝇满坑的私厕，砌起76座卫生整洁的公厕，大大改善了环境卫生。

第四，继续发挥华侨领袖的作用。

陈嘉庚在抗日救亡斗争中，被海外华侨拥戴为华侨领袖，回国定居后，他依然是华侨领袖。在新政协第一次全国会议时，被定位为华侨的首席代表参政议政。1956年，中华全国归国华侨联合会成立，他又被推选为主席，保持着在华侨中的威望，并继续发挥在华侨中的引领作用，尽心竭力做了许多有益于归侨以及海外华人的事。

为了妥善安排华侨学生回国念书，陈嘉庚积极向中央政府建议创办侨生补习学校。中央采纳他的意见，先后在北京、广州创办了华侨学生补习学校。他自己于1953年负责筹建的集美侨校1959年全部建成，共26幢楼房，可容纳3 000多名侨生学习和生活，被侨胞誉为“侨生的摇篮”。

创办华侨博物院是陈嘉庚的又一重要贡献。陈先生很重视各类型的博物馆，认为博物馆教育面广，各阶层的人都可以接受，是社会教育的重要组成部分。设在厦门的华侨博物院，是陈嘉庚1956年开始创办的。在筹建过程中，从院址的选定、陈列大楼的建设形式、陈列橱的设计到陈列品的收集、购买、摆设等，陈先生无一不费尽心血。1956年9月，他撰写的《倡办华侨博物院缘起》重要文章，对创办华侨博物院的目的、意义、定名、规模等，都作了详细阐述。他还满腔热情地号召归侨或海外侨胞捐款、捐献有关公私纪念的有价值的文物。华侨博物院在陈嘉庚的努力下，1956年动工兴建，1958年竣工，规模宏大、内容丰富！

陈嘉庚先生一生为华侨、为社会、为祖国做出杰出的贡献，但他对自己的生活要求极为严格，克己奉公，且终生不渝。1950年回集美定居时，他提出首先修建各校校舍和村宅民房，有了余料再修复个人住宅。他说：“校舍未复，若先建住宅，难免违背先忧后乐之训。”在陈嘉庚的主持下，集美学校上百幢高楼拔地而起，却舍不得花点钱来重修他在抗战期间被日机炸坏的旧居。陈先生的居室，陈设简朴得令人难以置信，一切都是旧的、破的、补的。一张古老的床，半新不旧的写字桌，两只旧沙发，一口装水用的小水缸，一个普通用的小脸盆，一个掉了几块瓷的牙杯。两只从新加坡带回来的旧皮箱，一只盖皮已裂，另一只把手皮带已断，用麻绳代替。还有一些七拼八凑的凳子。他的衣服、裤子、鞋子、袜子都是旧的、补的。那时集美镇晚上9时统一停电熄灯，他晚上点蜡烛继续工作，蜡烛盘用一个破茶杯翻过来的底盘代替。这位往日新加坡的“橡胶大王”、著名社会活动家、倾资办学建设集美学村和创办厦门大学的校主，晚年过的却是这样的生活。因此，一点不起眼的陈嘉庚故居是强烈震撼人们心灵的一座纪念建筑，陈嘉庚故居的影响力，所体现的人格魅力，是一般名人故居难以比拟的。

陈嘉庚先生的日常生活也是粗茶淡饭。他爱吃地瓜稀饭，有时炒一点米粉，常常是花生米、油条、豆豉、海蛎、芋头等几项轮流食用，偶尔吃点海蛎煎、炸海蛎。逢年过节或有重要客人来，也从不讲排场，从来没有大鱼大肉、山珍海味，而是以诚待人，用有特色的家乡风味食品如海蛎煎、炒米粉、猪蹄芋头等招待海外宾客和陈毅、方毅、方方、蔡廷锴等重要客人。

陈嘉庚严于律己，自奉甚俭，对家人子女也一向严格要求。他常对后辈们说：“你们年轻人要以国家利益为重，不要单纯看重钱。我的钱是学校的钱，是国家的财富，我的钱不能留给子孙后代。”他绝不允许子女搞特殊化。他的一个孙子，留在他身边上学，陈老规定他在校读书期间，每月补贴学习费用 30 元，直到停学为止。其他子孙，一律照此办理。

1958 年，陈嘉庚患了鳞状上皮癌症。1960 年 10 月，陈老的病情趋于恶化，上北京治病，他在病床上依然关心着国家大事和集美学校、厦门大学的建设。1961 年 3 月起，他多次发生脑痉挛，并伴有点状出血。在病床上他回顾自己的历史和回国后的一切，对他的知心朋友说：“我看到新中国翻天覆地的变化，我能赶上这个时代，真高兴。”1961 年 6 月 19 日下午 2 时 30 分，陈老预感到自己时间不多了，在孙子和几位好友在场时，断断续续地口授遗嘱，表达对中国共产党的信任、热爱和实现祖国统一的愿望。他说：“最要紧的是国家的前途！……人总有一死，早死晚死不要紧，最要紧的是国家……我们应早解放台湾，台湾必须归中国！”并交代把国内银行存款三百多万元，全部献给国家，同时还对血亲子孙的安家费作了安排，最后说：“我现在很好，我的事情都交代了，我很安心。”这是爱国老人最后的重要遗言。

摘自厦门大学网

## 专题欣赏二：“独狼”陈嘉庚

**【导读】**在新加坡赚得的财富悉数回到了中国，来到战火袭扰、灾害频仍的闽南。橡胶产业为他带来了亿万财富，而支持中国的革命与教育事业，则成为他财富的归宿。

在描述近百年亚洲商业巨头的著作《亚洲教父》中，美国作家乔·史塔威尔称陈嘉庚是那个年代唯一没有以买办身份发家的企业家，他不走行贿路径，纯粹靠发展商业贸易胼手胝足搭建起自己的商业大厦。当时一位英国大臣考察新加坡工业后称陈嘉庚的公司是“亚洲最大的企业”。

今天，“橡胶大王”的辉煌早已没入历史烟尘，而陈嘉庚创办的厦门大学、集美大学、集美学校，仍在泽被后人，他作为一位慈善家不断被后人提及、缅怀。

“金钱如肥料，散播才有用。”这是陈嘉庚对金钱的见解。至 1934 年，陈嘉庚经商 30 年，获利 1 900 万元，仅资助厦门大学和集美学校就花去 800 万元，约占获利总额的 42%。

大教育家黄炎培评价陈嘉庚道：“发了财的人，而肯全拿出来的，只有陈先生一人。”

并称陈嘉庚“毁家兴学”。虽然陈嘉庚一直否认“毁家兴学”，但是他的一生却恰好证明了黄炎培所言不虚。

他是个工作狂人，却不迷恋钱财。他用钱财支持过孙中山的革命事业，后来又成为毛泽东革命的重要筹款人，延安革命经费的相当大一部分来自陈嘉庚的筹款。此外，他投入最巨的，是家乡福建的教育事业。

从拖着辫子、穿着长袍马褂，到梳着短发、穿着洗得发白的西装，陈嘉庚带着满面的风霜穿梭在福建和新加坡之间，就像一架不知停歇的机器，在新加坡就是橡胶业、航运业的运营、管理，在福建则是小学、中学、大学的兴办管理和事无巨细的统筹，那些在新加坡赚得的财富悉数漂洋过海来到了中国，来到战火袭扰、灾害频仍的闽南。他的所有产品都用钟做商标，钟声象征着中国人民的觉醒。

新加坡的欢乐场灯红酒绿、纸醉金迷，陈嘉庚却从来不是富豪大亨圈子中的一员，他滴酒不沾，无任何不良嗜好，一生也从未卷入任何关于女性或赌债的丑闻。在那个极其腐败的年代里，他的理想、他的鲜明的亲共立场使他与逐利的商人们和族人们格格不入，他与亲国民党的“万金油”大王胡文虎势同水火。

当地的华裔商人往往将融入当地政治圈子以谋取商业利益视为最大成功法门。陈嘉庚却自我例外。他不以商人自奉，还多次向人表白，他也是一个知识分子，并一手创办了《南侨日报》。

陈嘉庚对教育事业的首次发愿是为胞弟所刺痛。有一次，刚刚新婚的青年陈嘉庚回乡省亲时，看到自己的胞弟整天无所事事，赤裸着身体四处疯玩，他很是气愤，把胞弟绑在树上，拿起鞭子痛打了一顿。

之后陈嘉庚痛定思痛，除了留下部分家用外，他拿出全部积蓄 2 000 银元，在村里创办了惕斋学塾。然后这位倾尽身家的年轻人不得不离开新婚燕尔的妻子，回到新加坡为父亲打工。就在那时，他心生大愿，“立志一生所获财利，概办教育，为社会服务”。因为“启迪民智，有助于革命，有助于救国，其理甚明。教育是千秋万代的事业，是提高国民文化水平的根本措施，不管什么时候都需要”。

## “橡胶大王”

陈嘉庚 1874 年生于福建同安县的集美社（今集美镇）——一个与厦门隔海相望的偏僻渔村。他的父亲陈杞柏在新加坡发展事业，仅仅是时而汇款回家。他由母亲孙氏独力养大。母亲乐善好施，笃信佛教，除自己的孩子外，一生还收养了 6 个孩子，在村民中享有盛誉，她还曾拿出全部家当——400 枚银元，抚恤乡民，平息了一场建屋械斗。

陈嘉庚 9 岁入村里私塾念书，旧式教育只知照本宣科，陈嘉庚虽然十分用功，把读过的书都背得烂熟，但“数年间绝不知其意义”。这也令他后来决心兴办新式学校。成年后倾心革命、投身教育的陈嘉庚把读书作为一生最大的爱好，他在南洋和国内的报纸上撰文支持革命、呼吁支持教育，这些完全靠自学得来。

17 岁时，陈嘉庚远渡新加坡，他操着一口闽南语，根本不会说英语，在父亲的米店当学徒，兢兢业业一干 13 年。父亲是个干练的商人，从事多种投资，包括房地产、西米厂和菠萝罐头厂。但他更爱自己的庶子，和长子陈嘉庚没有什么感情。陈嘉庚因此养成了谨言慎行、勤奋工作的习惯。他工作出色，老成持重，很快升任经理，并给顺安米店赚了大钱。但父亲还是将公司权力移交给庶子，陈嘉庚以职业经理人自奉，并力持节俭。

母亲去世后，陈嘉庚回家乡守孝三年。等他回到新加坡时，发现倏忽之间父亲已经破产负债。他主动帮助父亲承担了所有的债务，也以此迎来了自己当家做主的年代。

当时菠萝罐头市场竞争激烈，陈嘉庚认为整个行业多不注意成本核算。他规定公司当日购进的菠萝必须当日制完，当夜即结算盈亏，以此作为次日采购议价的标准；生产中也尽量减少剖工的损耗。三个月后，公司收入即大增。

从绝境中拼杀出来的陈嘉庚终于清偿了父亲所欠债务，而他也明确提出诚信经营的原则："中国人要取信于世界！我们中国人一向讲究言必信，行必果！"众人慨叹之余，陈嘉庚也为自己的实业迎来了品牌价值和信誉，铸就了他的亿万富翁之路。

种植业兴起后，橡胶第一次从巴西被移植到马来西亚。从 20 世纪初开始，橡胶和咖啡等开始取代中国的茶叶，成为最炙手可热的"新商品"之一。商业嗅觉灵敏的陈嘉庚，只用 2 000 元就购买了一批种子，播种在菠萝园中，从几亩到几十亩再到几百亩、几千亩。

到 1925 年，陈嘉庚已拥有橡胶园 1.5 万英亩，成为侨商中最大橡胶种植者之一，被称为新加坡、马来西亚等东南亚国家橡胶产业的四大"开拓者"之一。他办橡胶制品厂，生产橡胶鞋、轮胎和日用品，先后在国内各城市、南洋和世界各国大埠设立分销店 100 多处。慢慢地，他还设法和美国橡胶业协会搭上关系，把广告做到了美国，把"谦益"橡胶厂的大半产品直接销售到美国，开创了在英国统治新加坡百年来华侨不通过洋行而与外国商家直接进行贸易的先例。

此外，陈嘉庚还经营米厂、木材厂、冰糖厂、饼干厂、皮鞋皮厂等，厂房达 30 多处。鼎盛时期，营业范围远及五大洲，雇用职工达 3 万余人，资产达 1 200 万元（约值黄金百万两）。

陈嘉庚首创橡胶制品大规模生产，开辟了橡胶制品和其他制品直接输出的国际市场，在侨商中第一个打破了英国资本的垄断局面。陈嘉庚既不是买办，也不是欧美工业的附庸，他在没有关税保护的情况下，能够与欧美公司一较高低。

## "毁家兴学"

辛亥革命之前，陈嘉庚就已剪去辫子，加入了同盟会，并和孙中山结识，成为革命在海外最大的支持力量之一。

辛亥革命后，陈嘉庚回到家乡，开始为集美学村垒起砖瓦。这次回国办学与惕斋学塾大不相同。出洋到新加坡独力拼搏的几十年，他直接接触到 20 世纪初期的西方文明和工业，后来又担任了新加坡道南学校的总经理，他不仅深感兴办教育乃国家富强之道，而且自己也有了一点办学经验。他的办校范围不再局限于乡里族人，而开始有了明确的目标——为了凋敝的中国能够有独立思考的国民。这样即使世界变化了，"我国固有之文化精神，万不能残缺"，才能从根本上逃脱天演的淘汰，因为"国家之富强，全在乎国民。国民之发展，全在乎教育"。

从这时开始，陈嘉庚念兹在兹的是兴国方能兴家，兴学即是兴国。

当时的集美社已经发展到二千多人口，分为七个房头，划地而居。七个房头又分成两大派，屡次械斗，结下了仇。陈嘉庚先对社里各房房长进行恳切劝说，晓以大义，使之明了同宗相亲的道理和兴办学校的好处；同时表示愿意负担学校的一切经费，取得了各房的支持。

在陈嘉庚的不懈努力之下，一所近代化的集美小学，1913 年春在福建东南海滨建成，初期聘有 7 名教员，设有 5 个班级，招有 135 名学生。陈嘉庚亲自制定了“为改进国家社会”的办学方针，提出“诚毅”二字为学校校训，诚以为国，实事求是，大公无私；毅以处事，百折不挠，努力奋斗。

集美小学的学生不断增加。全县及邻近一些地区受到启发也想办学。当地小学教育开始发展起来。而小学要发展，首先需要师资。

于是，1916 年，回到新加坡的陈嘉庚决定创办师范和中学。他派遣胞弟陈敬贤回到集美，建造规模宏大的校舍，聘请优秀校长和教师，招收贫寒学生，规定：“中学生只交膳费，学宿费均免。师范生膳费亦免。各生不拘师、中，所需被席蚊帐，概由校中供备，以资一律。”如此慷慨供养全体学生，不但在私立学校中所仅见，就是公立学校，也极少能办到。

1919 年，陈嘉庚又以愚公移山的气概开始兴建厦门大学。其“通告”宣称：“民心不死，国脉尚存，以四万万之民族，决无甘居人下之理，今日不达，尚有子孙，如精卫之填海，愚公之移山，终有贯彻目的之一日。”

他将商务全盘交给胞弟陈敬贤，行前把新加坡的所有不动产包括 7 000 英亩橡胶园和 150 万平方米的房产地皮，捐作“集美学校永远基金”。

他选定“国耻纪念日”为厦门大学校舍建筑奠基，校训为“止于至善”。他在演说中号召华侨：“吾国今日处于危急存亡之秋，凡属财产家，宜捐其一部分振兴教育，以尽救国责任，国家存在，而后国民之幸福乃有可言。否则为犹太之富商，任人侮辱宰杀，生命且不可保，安从而娱乐耶?”

当时的校址上，怪石林立，荒冢遍布。陈嘉庚亲自敦促工人清理坟墓，开采石条，就地选择校舍地基和筑墙的材料，节省不少建筑费。他亲自修改美国技师设计的图案，以降低造价。

1921 年，厦门大学落成。“嘉庚风格”的厦门大学成为全国最美的大学校园，闽南式大屋顶与西式外廊建筑巧妙融为一体。建南楼群，陈嘉庚倾注心血最多，五幢楼“一主四从”，排列成弧形，蔚然矗立在坡上，面朝大海，楼前利用落差辟为大运动场的弧形看台，恰似上弦月，称为“上弦场”。

嘉庚风格式建筑

厦门大学开学后，在厦门和南洋招收新生 136 名，设“师范”“商学”两部，举邓萃英为校长。开学时，校长邓萃英带来一块当时的大总统徐世昌题赠的匾额，陈嘉庚认为徐世昌是袁世凯的结拜兄弟，缺乏士人气节，最终没有悬挂他的匾额。

在陈嘉庚的坚持下，厦门大学除了教授“四书五经”，更多的是支持教育学习西方科学知识。

同时，陈嘉庚开始支持职业教育的发展，希望训练专门人才充实实业，他创办水产及航海学校，以振兴航业，开发水产资源，他知道未来的航运将成为各个国家的命脉。他一边培育教师，一边在厦门自建渔轮一艘，以供学生出海实习。集美学校奠定了中国航运业的基础。如今集美大学的特色仍然是水产和航运。

陈嘉庚在家乡逐步打造起的教育事业群，其运营所需经费，全部出自他的产业。在接下来几年的世界性经济危机中，美国汽车业减产，陈嘉庚的企业连年亏损，多年亏损达 1 000 万元，但是他还是以厂房、地产和货物向银行抵押贷款付给集美、厦大两校经费 378 万元。

虽然陈嘉庚再三呼吁华侨捐款，但是同时代的众多富豪不愿为陈嘉庚一手创办的厦门大学做嫁衣。陈嘉庚横下一条心，他相信凭借自己的力量也能办好一所大学，就像集美学校那样。这就需要快速扩张他的商业帝国，他不断地兼并、买入、创办企业，无数的商场、工厂、橡胶园、菠萝园拔地而起，内部流动资金不足，他就向各个银行借贷。

这些决定完全由他自己做出，整个集团的控制权被他牢牢地握在自己手里。虽然西方的经营管理方法他也学了一些，但是骨子里他是个狠劲拼搏的华商，这个企业也是典型的华人家族企业。

清盘时，陈嘉庚有限公司的债务高达 1 290 万余元，其中欠汇丰银行、纽约国民银行、渣打银行、有利银行、大英银行、华侨银行等 8 家债权银行贷款加利息 104 万余元。

他在福建为教育投入共约 800 万元，主要是集美学校和厦门大学，其中厦门大学 400 万，正好是他原来承诺的数额。他认为“教育慈善诸事业，本为吾人应尽之天职”。因为西方先进国家的教育有大量的个人社会捐资，而“欧美各国教育之所以发达，国家之所以富强，非由于政府，乃由于全体人民。中国欲发达，欲教育发达，何独不然”。

为了使集美学校能继续办下去，73 岁时陈嘉庚留下了伏笔，其效应一直持续至今。1947 年，他授命其次子陈厥祥集资 10 万港元在香港注册成立集友银行，以期从中获得股息与红利，使集美学校增加一个长期、稳定的经费来源。据统计，从 1991 年到 2005 年，香港集友银行付给集美学校的红利与股息已过 11.4 亿港币。自 2001 年 10 月 1 日起，集友银行成为中国银行（香港）有限公司的附属机构，集美大学每年都能分红至少 2 000 万元。

及至后来，下一代华商终于打破了门户之见，陆陆续续为厦门大学添砖加瓦，其中贡献最大的当属陈嘉庚的大女婿李光前，这位新一代橡胶大王更加默默无闻地为教育倾尽全力。

厦门大学的楼宇陆续镌刻上了这样的一些名字：中国香港的邵逸夫、桂华山、黄克立、钟宝玉、黄保欣，菲律宾的余明培、庄中坚、陈卿卿、许自钦、蔡清洁、邵建寅、洪文炳，中国台湾的张子露，泰国的丁政曾、蔡悦诗，印尼的林联兴、李文正，新加坡的吴定基。

## 苛刻的父亲与坚定的爱国者

一位美国记者对陈嘉庚的倾资办学行为感到很不可思议，问他：“陈先生，你信仰共产主义吗?”陈嘉庚回答：“我早在十月革命前就开始献出我的财产去办教育，让人们共我的产了。”

与多数侨商甚至多数华侨不问世事大不相同，陈嘉庚自从追随孙中山以来，就一直抱有鲜明的政治立场，在他那里没有中间地带。

在创办厦门大学期间，一位校长备选者是与陈嘉庚私交不错的汪精卫，两人在同盟会结识，陈非常倾心于汪的才华。后来在汪主张对日和谈时，陈以国民参政员身份，提出“敌未出国土前言和即汉奸!”的提案并获得通过，邹韬奋誉之为“古今中外最伟大的一个提案”。汪精卫叛逃后，他又立即发出通告，历数汪精卫的六大罪行，带头筹集缉拿汪贼的经费。陈嘉庚多次对媒体坦言：“生是华夏人，死是中国魂，倘若一息尚存，定为祖国驱除日寇尽力!”

抗战中，陈嘉庚率领“南侨慰问团”来到当时的“陪都”重庆慰问，在国民党高层最高规格、盛情接待的背后，陈嘉庚发现，这个当时所谓的“大后方”民不聊生，官绅大发国难财。奔赴延安之后，陈嘉庚在廉洁的延安找到了中国的希望，他自此成为坚定的亲共人士。新加坡沦陷期间，他因此被日寇认定为“南洋抗日之巨头”，宪兵队日夜出动到处搜捕他。陈嘉庚历经数月辗转颠簸，住地不断转移，姓名不断更改，仍然身陷重围。为此，陈嘉庚身上一直暗藏着一小包氯化钾，就是为了防备敌人强迫他做傀儡。避难爪哇期间，他凭借回忆，写下了《南侨回忆录》，很多的海外华侨就是通过这本书认识了共产党，了解了毛泽东、朱德、周恩来的。

1950 年，陈嘉庚回中国定居。此后，他把余生的大部分精力投入到集美学校和厦门大学的扩建上。从设计、绘图、备料到施工，陈嘉庚事必躬亲，一丝不苟。

将一生大爱奉献给国家、革命、教育事业的陈嘉庚，在家庭生活中，则以一个严苛的父亲形象出现。

他一回家，孩子们常常躲回自己的房间，一家人其乐融融、有说有笑的场面在陈家几乎见不到。五子陈国庆这样描述他父亲：父亲把时间都花在生意和社会工作上，“对待子女非常严厉”。陈国庆 15 岁在道南学校读书时，母亲给他买了一条领带，结果遭到父亲的严厉批评，直到他长大成人才戴上领带。陈嘉庚的第三子陈博爱于厦门大学毕业后，当时厦大校长林文庆建议让他出国留学，但陈嘉庚不允，他希望儿子能继承他的志愿，为厦大和集美两校谋利益。陈嘉庚对此的解释是：“父之爱子，实出天性，人谁不爱其子，唯别有道德之爱，非多遗金钱方谓之爱。且贤而多财则损其志，愚而多财则益其过，实乃害之，非爱之也。”

后来孩子们长大离开家，他更是很少与子女团聚，生日也不许大家庆祝，只许孩子们在大年初一来见面，结果连自己钟爱的孙女死去几个月都不知道消息。

陈嘉庚的个人生活，是出了名的节俭与简朴。虽然身家过亿，陈嘉庚的四房太太，子女九男八女的庞大家庭每年花费不过数千元。他本人出门时口袋里的钱从来没有超过 5 元。因为“个人少费一文，即为吾家多储一文，亦即为吾国多储一文，积少成多，以之兴学”。

回国后，陈嘉庚的身边没有妻妾，没有亲眷，过着甘地般的苦行僧式生活。

陈嘉庚最大的爱好就是读书和散步。年轻时，他确实吸过鸦片，抽过雪茄，但在20世纪20年代就都戒掉了，之后烟酒不沾。

1949年至1955年间，陈嘉庚先后进行过两次全国性的考察旅行，近百个城市，前后历时近一年，行程多达数万里。82岁高龄的他在考察之后，在政协会议提了七项提案。考察时，东北一位接待的工作人员热情地邀请他吸烟，那是特别为接待他而准备的香烟，陈嘉庚当时勃然大怒，拂袖而去。

陈嘉庚的胞弟陈敬贤因为办学积劳成疾去世，他更显孤独，办学失去了左膀右臂，孤单的背影经常出现在厦门大学、集美学村的工地上。

在“反右”中，陈嘉庚作为全国人大常委作大会发言，着重讲了十六条意见，半句不提“反右派”，而是尖锐批评党员干部的官僚主义、主观主义、骄傲自满、懈怠傲慢等弊端。有人劝陈嘉庚不要再“大鸣大放”了，陈嘉庚回答：“我一生实事求是，不平则鸣。做人要诚实，政治更应诚实，绝不能指鹿为马讲假话。”

1961年陈嘉庚在北京逝世。逝世前他喃喃叮嘱，国内银行还有300多万元，“全不留给子孙”，其中250多万元用作集美学校建筑和集美学村的福利基金，50万元捐为北京华侨博物馆建筑费。“归宿，不占集美极有限的土地”。他死后简葬于厦门集美自己的故乡。

他说：“财自我辛苦得来，亦当由我慷慨捐去。”他言行如一，赤条条来，赤条条去。

曲哲.“独狼”陈嘉庚.中国慈善家，2014-10-10.

## 专题欣赏三：山海情怀

**【导读】**成长于郑成功抗清复明故垒的陈嘉庚一生具有强烈的爱国情怀，为辛亥革命、民族教育、抗日战争、解放战争、新中国的建设做出了卓越的贡献。生前曾被毛泽东称誉为“华侨旗帜　民族光辉”。厦门大学、集美大学、集美学校师生都尊称其为“校主”。晚年的陈嘉庚，请人在鳌园刻录“台湾省全图”，念念不忘国家统一！

他，一个经历了清末、民国、抗日战争、解放战争和社会主义革命与建设几个不同年代，紧跟时代潮流、站在时代发展前列的华夏儿子；他，一个赤手空拳在东南亚创造一个庞大企业集团的商界巨子；他，一个团结统一800万华侨抗日救国的华侨领袖；他，一个跨越南洋和中国，践行教育立国、科学兴国理想的教育家……他，诚信果毅；他，忠心报国；他，疾恶好善；他，公直无私；他，勤勉俭约……从1874年到1961年的88年间，陈嘉庚，这位华夏历史上的传奇人物，以自己的高尚人格和不懈追求，在20世纪的中国，向人们展现了一个平凡而伟大的灵魂，像大山一样的脊梁，像大海一样的胸怀……

他本是个侨商子弟，独立创业后更成为当时闻名海内外的大企业家，1925年实有家财就已高达一千二百余万元，超过当年一般的“百万富翁”十余倍。当年的百万富翁，有谁不住豪华别墅？有谁不乘高级汽车？有谁不吃山珍海味？有谁不是奴婢满堂？又有谁不把产业留给子孙？

唯有他——陈嘉庚，一生俭朴，克己奉公，倾尽所有家财致力于祖国和家乡的建设。他用自己的实际行动，在全世界华人的心中书写下一个大写的“人”字。适逢嘉庚先生诞辰 130 周年，让我们一起走进集美，重游嘉庚故地，重温先生的伟大精神。

## 诚——永不毁诺的铮铮傲骨

对于轻金钱，重义务，诚信果毅，疾恶好善，爱乡爱国诸点，尤所服膺向往，而自愧未能达其一，深愿与国人共勉之也。

——陈嘉庚 1946 年《南侨回忆录·弁言》

做人最要紧的是诚实与正义，要明是非，要为社会做事。再多的钱可以花光，但诚实、正义却永远受人尊敬……有的人，伤天害理的事敢做，乌七八糟的钱敢挣，这样的富翁受人唾骂，遗臭万年。

——陈嘉庚归国后对身边工作人员的教诲

**[镜头 1]**

在集美穿街走巷，我们不时看到一些以“诚”命名的庭院或店铺，如诚园、谦诚书屋等，还有不少商家打出“诚实经营”“诚信是金”等标语。

“君子必诚其意”，嘉庚先生无论经商还是做其他事，历来铁骨铮铮，永不毁诺。1918 年，先生和胞弟陈敬贤亲自将“诚毅”二字定为集美学校的校训；如今，集美的不少商铺都在讲求诚信，集美的学堂也在讲授诚信，陈嘉庚先生一生崇尚的诚信美德，正在集美薪火相传、发扬光大。

在集美中学道南楼里，几名初中女生正在出一期关于纪念嘉庚诞辰 130 周年的黑板报。“知道陈嘉庚是什么人吗?”记者问道。“知道，老师上课说过。”女孩们回答。“知道他的哪些故事?”记者又问。一名女孩歪着头想了想，回答说：“我记得他替自己的爸爸把欠人的钱还了。”小女孩们或许还不能理解嘉庚先生爱国爱乡的伟大情怀，嘉庚先生的故事给她们留下的最直观的感受就是，做人要诚实，要信守诺言。

1904 年，陈嘉庚父亲所营企业破产，欠印度债主哈利 20 多万元巨款。按照新加坡的法律“父债子免还”，况且陈父当年便因破产而抑郁成疾不幸去世，但以信誉为重的陈嘉庚虽然经济拮据，却宣布“立志不计久暂，力能做到者，决代还清以免遗憾也”。白手创业的陈嘉庚艰苦奋斗了 4 年时间，终于有些盈利，他便不顾亲友反对，花了许多时间和精力找到债主，连本带利还清了父亲所欠的债务。当时曾有人说他“傻”，但他说：“中国人取信于世界，决不能把脸丢在外国人面前!”“我们中国人一向言必信，行必果。”陈嘉庚“一诺万金”的信誉迅速传遍了东南亚。此后，人们十分相信陈嘉庚的商业道德和信誉，都愿意与他做生意。可以说，陈嘉庚之所以能白手起家并且在不太长的时间内成为亿万富翁，与他“一诺万金”的诚信商誉有着密不可分的关系。1946 年 3 月，尼赫鲁访问新加坡，陈嘉庚在欢迎会上致词，题为《领袖与诚信》，指出无论商界政界，“诚信”都是无价之宝，是成功的保证。

先生回国定居后，也常常教诲身旁的人要诚实守信。采访中，嘉庚先生生前秘书张其华先生对两件小事印象深刻。一件发生在 1958 年，当时集美各校要筹办农场，但校区土地有限，学校有人建议，把几年前赠给农业厅的天马农场的大片土地收回一部分。张其华认为有道理，便请示先生，结果受到先生的严厉批评。先生说，已经赠送给别人的东西又要讨回，出尔反尔，是不诚实之举，并责怪张其华没有当场批评学校的这种错误主张，还要照搬来提什么建议。

另一件事则发生在同样长期追随在嘉庚先生身边的总务主任叶祖彬身上。1956 年 10 月，星马工商贸易考察团里的一些乡亲回到集美，嘉庚先生请他们第二天早上到家里一起吃地瓜稀饭，并叮嘱叶祖彬多做一些饭。结果叶祖彬忘了通知，让客人们饿了肚子。尽管事情不大，嘉庚先生却认为，叶祖彬在这件事上对他失了信，同时也让他失信于客人，因此，要求叶祖彬写出检讨，并给予停薪一个月的处罚。

## 毅——永不言败的坚强意念

畏惧失败，才是可耻。

——《陈嘉庚教育文集》

……非常事业要达成功，亦应受非常之辛苦，若乏相当之毅力，稍不如意，便生厌心，安能成事哉?!

——20 世纪 20 年代末陈嘉庚办学最艰难时期致集美学校校长陈村牧的信

**[镜头 2]**

到厦门，不可不看集美学村。而这大多是当年嘉庚先生带着工匠们一砖一瓦垒起来的。先生一生经历过不少挫折。然而，无论是校舍毁于战火，还是自己的企业遭受重创导致资金周转困难，他都没有动摇过倾资兴学的理想。没有资金，宁可“出卖大厦，维持厦大”；校舍被国民党炸毁，就再建起来。

如今，集美文教区建设正在如火如荼地进行着，集美人立志继承先生坚韧不拔、百折不挠的刚勇毅志，继续先生“教育兴国”的伟业。

穿过集美学村，我们来到位于海边的鳌园。鳌园内陈嘉庚墓围四周的青石浮雕，记录了先生一生中平凡却富有传奇色彩的经历：“海地探物”“扯取花生”“削取海蚝”“掘取地瓜”，是少年陈嘉庚勤劳生活的写照；“搭船出洋”“米商服务”“黄梨罐厂”“栽黄梨园”“栽树胶园”“熟米机厂”记录的是陈嘉庚在新加坡艰苦创业的往事；“办集美学校”“购三轮船”“办厦门大学”说的则是陈嘉庚倾资兴学的情况……先生的一生，是坚持理想、艰苦奋斗的一生，是从不放弃、永不言败的一生。

1929 年，资本主义经济危机爆发，世界市场一片混乱。在来势凶猛的经济危机大环境下，陈嘉庚企业连年大亏，到 1930 年初期，陈嘉庚有限公司的处境更是窘迫。有人劝嘉庚先生要考虑减少逐月汇给集美和厦大的经费，但他回答：“我吃稀粥，佐以花生仁就能过日，何必为我担心!”在陈嘉庚入不敷出、向外国银行举债数百万的艰难时期，垄断资本主义集团利用债权人的地位，企图强制他将产业改为股份公司，并提出以停止维持集美、厦大两校经费为条件。亲友中也有人好心劝他停止供应学校经费，以维持企业。但他认为：“两校如关门，自己误青年罪小，影响社会之罪大。”所以他断然说：“企业可以收盘，学校绝不能停办。”

就这样，陈嘉庚独力维持厦大 16 年，直至 1937 年春，他为了全力维持集美学校，才将厦大无条件献给政府，改私立为国立。

抗战期间和解放初期，集美学校先后遭到日寇炮轰和国民党飞机滥炸，校舍毁坏大半，满目疮痍。陈嘉庚先生没有被困难吓倒。1950 年 9 月，他回国定居后，立即着手集资修理、扩建集美学村。他不顾自己年事已高，所有大小工程的设计、施工、进度、经费调拨，都亲自指挥和精打细算安排；他不论风雨寒暑，每天都到集美工地巡视、指挥和解决工地上出现的问题，每个星期还一至两次乘坐普通的渡船到厦门大学建筑工地检查，并定期到各个石料厂和砖瓦厂现场解决问题……

在先生坚持不懈的努力下，集美、厦大一幢幢绿瓦飞檐、巍峨壮丽的学村建筑群拔地而起。在厦门大学，从1951年到1954年，建起了31幢大楼，共计62 600平方米，相当于新中国建立前的一倍；在集美，从1950年开始着手修复遭战争破坏的校舍，1955年起又扩建了新校舍以及科学馆、图书馆、体育馆、医院、电厂、自来水厂、电影院和集美解放纪念碑，总建筑面积近16万平方米，相当于新中国建立前的三倍多。

## 忠——永不动摇的爱国之心

天下兴亡，匹夫有责。身家可以牺牲，是非不可不明。

——1948年陈嘉庚为缅甸《新仰光日报》创刊三周年纪念题词

以四万万之民族，决无甘居人下之理，今日不达，尚有来日，及身不达，尚有子孙，如精卫填海，愚公移山，终有贯彻目的之一日。

——1919年陈嘉庚于厦门陈氏宗祠倡办厦门大学的演讲

**［镜头3］**

沿着龙舟池畔的花岗岩石板路前行，我们来到了归来堂。堂前的嘉庚铜像正翘首眺望远方，仿佛期盼着海外亲人的归来。集美上了年纪的乡亲告诉我们，陈嘉庚先生生前有个志愿，为了召唤海外亲人不忘故乡，热爱祖国，应该让他们归来时有个落脚的地方，因此，想在故居前面建一座“归来堂”，建筑费用不超过三万元。周恩来总理在陈嘉庚先生逝世后获悉这一情况，认为此事意义重大，指示要实现陈先生意愿并扩大建造规模，以为永久纪念。1962年，嘉庚先生逝世一周年纪念日之际，建筑面积4 000多平方米的“归来堂”落成。40多年来，已有不计其数的集美乡亲受先生那永不动摇的爱国之心感召，从海外归来。

1937年“七七”事变，全国震惊。侨居新加坡的陈嘉庚认为：日寇得寸进尺，步步进逼，这是祖国有史以来最严重的困难，中华民族已到了生死存亡的最后关头，国人必须奋起抗战。他为抗日奔走呼号，自己出资出力，同时也号召海外华侨共同行动起来。为此，日军曾一度视他为全南洋反日的“总头目”，对他加以追捕。期间，他随身携带一包毒药，随时准备以身殉国，绝不向日军屈服。

1940年，陈嘉庚率领“南侨慰问团”回国，经历各战场，访问国共两党，“为民族解

放尽最大努力，为团结抗战受无限辛苦”，在亲眼对比蒋介石政权的腐败无望和延安苏区的清明政治后，他心情激动地指出：“中国的希望在延安！”

1949年新中国诞生，陈嘉庚应毛泽东的邀请，回国参加中国人民政治协商会议，并当选为中央人民政府委员。看到伟大祖国一派欣欣向荣的景象，他内心充满喜悦与兴奋，报国的热情更高了。他把自己在新加坡的产业变为现款加上筹款共汇回1 000多万元（人民币），用于扩建集美学校和厦门大学。同时，他以年迈之躯，积极参政议政，甚至不辞辛劳地奔波于祖国各地，历时97天，行程25 000华里，亲历16个省55个城镇及其工厂企业，考察祖国建设情况并提出许多中肯的批评或建议。

先生的爱国情怀是永不动摇，有始有终的。张其华老人向记者介绍了这样一件感人的事。1961年春，嘉庚先生病危之际，记忆力已严重丧失，常常昏昏沉沉，甚至神志不清，唯独台湾回归一事，永不忘怀。他在弥留之际的遗言里也提到，要尽快解放台湾，台湾必须回归祖国。守候在他身边的人员无不为之感动落泪。他为维护国家主权的完整统一斗争了一生，可谓鞠躬尽瘁，死而后已。

嘉庚先生对祖国的忠诚，还集中体现在他为建设家乡集美所做的努力上。集美镇第一任镇长陈顺言告诉记者，校主倾资发展家乡教育自不用说，更难得的是他对普通群众的生计问题也十分关照。20世纪50年代，在极力主张填海修建厦门—集美海堤时，嘉庚先生细心地想到了当地渔民的生活出路问题。由于集美三面环海，当地群众多以捕鱼、养殖为生，而海堤的建设使得一些渔民收入受到影响，嘉庚先生便特意嘱咐陈顺言与厦门水产局局长陈春生联系，输送了一些人跟渔船到外海，培训外海捕捞；当年兴办学校征用大量土地，嘉庚先生就让失地村民参与学校建设，或到学校当校工维持生活，以工代赈，解决了他们的出路，这些人后来退休后大多都能领到丰厚的退休金。鹰厦铁路快完工时，先生想到3万多名建筑工人的出路，便向上级汇报，争取到一些工厂项目落户集美，其中包括能安置大量工人的纺织厂项目，大大解除了这些工人的后顾之忧。陈顺言到集美工作两年后，有一天嘉庚先生突然问他：“你来集美没有搞什么建设吧？”陈顺言赶紧向上级争取，由市委拨出专款在集美建了6个饮食店、2个市场、2个百货店，银行、邮电局、粮食局也建到了集美。此后，嘉庚先生还特地于1956年6月出席第一届全国人民代表大会第二次会议期间，把陈顺言带到北京，让他多看多学，回来把集美的建设搞得更好。

## 公——永无止境的奉献精神

人生在世，不要只为个人的生活打算，而要为国家民族奋斗。

——陈嘉庚

财自我辛苦得来，亦当由我慷慨捐出。

——陈嘉庚对钱财的看法

**[镜头 4]**

穿过归来堂，就是陈嘉庚故居了。当我们惊叹于集美学村建筑之宏伟壮观时，不能不对嘉庚先生生活条件的质朴简陋而感慨万千。破雨伞补了再用，断柄瓷杯翻过来当烛台，一件破棉背心从抗战时期穿到解放后……这一切，似乎很难让人和那位名冠南洋的富商联系在一起。先生倾尽一生所有兴办教育，留下了许多佳话。

在集美校委会，我们了解到，直到如今，嘉庚先生创办的集友银行，还在源源不断地为集美的教育事业提供资金。先生大公无私的奉献精神永无止境。

信步在嘉庚先生倾注了无限心血的集美土地上，我们静静地回味、感念，愈加为先生公而忘私的精神所感动。许多人和我们一样，不时会到这里凭吊嘉庚先生。

“什么是伟人？这就是伟人！是咱中国人的偶像，追星，就该追这样的人！”在集美陈嘉庚纪念胜地采访时，我们的耳畔突然响起这样一段慷慨激昂的话，旁边还有人也在激动地附和着。记者循声过去，发现说话的是三名中年妇女，一位走在前面的正在介绍嘉庚先生的事迹，另外两位频频发出赞叹之声。上前一问，原来她们是一家人，祖籍黑龙江，走在前头的谢女士早些年在厦门买了房子，这次特地带来厦游玩的妹妹和堂妹参观集美。“凡是到厦门的亲朋好友，我首先都会向他们介绍陈嘉庚，都要带他们到这里来看看。”谢女士说，“陈嘉庚的事迹太感人了。你想，刚刚解放的时候咱们国家多穷啊，陈嘉庚如果不回来，就能在国外舒舒服服过日子。但是，子不嫌母丑，他立志报效祖国，把自己的产业全部奉献给祖国的教育事业，不留给儿女一分钱，这是多么伟大的奉献精神啊。”谢女士的妹妹也说，陈嘉庚精神让人“从骨子里感动”，她告诉记者：“我们有学习他的义务，你们则有宣传他的义务，应该让大家都能深切地感受到嘉庚先生的高尚情操。”

许多慕名到集美参观的游人都和这三名女士有同样的感受，都被嘉庚先生大公无私的精神深深感动着。

正如著名教育家黄炎培所说的："发了财的人肯全拿出钱来办教育的，只有陈先生。"一个人要发财并不难，难的是发了财肯捐出来，而更难能可贵的是将全部钱财捐出。

据陈嘉庚研究会的理事陈少斌老人介绍，校主一生节俭，他为集美和厦大建造了许多高楼大厦，自己定居集美却住在一所简朴的二层楼房。物品只有一张古老的床，半新不旧的写字台，一副不对称的沙发，破旧的牙杯和脸盆，七拼八凑的凳子，两只破旧皮箱，一床用了十多年、补了好几个补丁的蚊帐，一件穿了十多年、棉絮已多处露出的棉背心。他每天粗茶淡饭，给自己定的伙食标准是一天五毛钱，大多是地瓜粥再佐以青菜、花生米、豆类、小鱼小虾等几样小菜。他很少吃鸡鸭鱼肉，也不抽烟喝酒，逢年过节也不过加几样小菜。即使来了贵宾，如陈毅、方方、蔡廷锴等人，也只用家乡风味比如蚝煎、炒米粉和猪蹄芋头等待客。

陈嘉庚曾说过："人生在世，不要只为个人的生活打算，而要为国家民族奋斗。""财自我辛苦得来，亦当由我慷慨捐去。"他身体力行的座右铭是："应该用的钱千万百万都不要吝惜；不该用的钱，一分也不能浪费。"他用钱的最重要原则，是处处为国家为社会着想，而不是为个人和子孙打算。据早年有关历史资料记载，陈嘉庚从1904年（30岁）①独立创业到1931年（57岁）企业临近收盘的28年间，其各种费用总支出1 331万元（叻币），其中捐资兴学支出837万元，为兴学而支付银行利息380万元，两项合计共1 217万元，占总支出的92%，捐赠其他公益事业、还债及佣金等合计74万元，占总支出的6%；家庭费用30万元，仅占总支出的2%。解放后，他依然尽己所能倾资兴学，并把所有的遗产留给家乡的教育事业。有人统计，陈嘉庚一生中花在办教育方面的钱超过一亿美元。时至今日，先生创办的集友银行还在源源不断地为家乡教育事业提供资金。

先生大公无私的奉献精神永无止境，也激励了许许多多的后来人。李光前、陈文确、陈六使、陈永和、李尚大、李陆大……无数的海外华侨受嘉庚精神影响，回到祖国斥资兴学，为集美乃至全国的教育事业做出了巨大的贡献。

张盛生，黄圣达. 山海情怀——纪念陈嘉庚先生诞辰130周年. 新华网福建频道，2004-10-20.

## 专题欣赏四：名人对陈嘉庚的题词与评价

### 20世纪三四十年代对陈嘉庚的题词与评价

1942年1月底，日寇侵占新加坡，长期积极抗日反帝的陈嘉庚先生为免遭日寇迫害，不得不匿居印尼爪哇，直到1945年日寇投降，才安全回来，受到当地侨胞和广大群众的热烈欢迎。同年11月18日，重庆市各界500多人联合举行"陈嘉庚安全庆祝大会"。邵力子主持大会，郭沫若、黄炎培、沈钧儒、柳亚子、陶行知等知名人士与会。许多人送来贺辞。

毛泽东送来条幅，题写"华侨旗帜　民族光辉"八个大字。

周恩来和王若飞祝辞："为民族解放尽最大努力，为团结抗战受无限苦辛，诽言不能

① 此文中陈嘉庚年龄以周岁计。

伤，威武不能屈，庆安全健在，再为民请命。”

冯玉祥贺诗：“陈先生，即嘉庚，对人好，谋国忠，一言一动皆大公，闻已返旧居，远道得讯喜难名。”

邵力子发言：“陈先生的一生就是：兴实业、办教育、勤劳国事，言人之所不敢言，为人之所不敢为。”

黄炎培发言：“发了财的人，而肯全拿出来的，只有陈先生。”

郭沫若发言：“陈先生是诚实公正的人，能为老百姓多说几句诚实公正的话。”

全国人大常委会副委员长何香凝题词：“华侨爱国爱乡，热心教育事业的楷模。”

## 20世纪五六十年代对陈嘉庚的题词与评价

国务院副总理陈毅吊唁谈话：“陈嘉庚先生是一个有骨气的中国人，从他的反美反蒋的言行可以看出。作为一个华侨来说，他是杰出的爱国主义者，追随革命，善始善终，这些是值得后人学习的。”

华侨事务委员会主任廖承志悼念文章：“嘉庚先生有高尚的品质，崇高的民族气节。他持正不阿，明辨是非，疾恶若仇，不断进步。”

华侨事务委员会副主任、中华全国归国华侨联合会副主席方方悼辞：嘉庚陈公，爱国可风；坚持正义，贯彻始终。

中国民主建国会主任委员黄炎培悼念文章：我所认识的不少资本家，尽管是民族资本家，很少像陈嘉庚先生尽其所入归公，一点不留私有。我愿再说一遍：陈嘉庚先生是我几十年间最敬佩的朋友中间的一个。

首都各界公祭陈嘉庚先生大会上的悼词：嘉庚先生生前在维护国家民族利益，坚决反对帝国主义的侵略，反对国民党反动统治，真诚拥护中国共产党和毛主席的领导，迫切要求改变我国社会经济面貌，拥护社会主义革命、社会主义建设事业，推动国外华侨爱国大团结等方面，表现了坚忍不拔的精神，给海外广大华侨树立了一个好榜样。

摘自《陈嘉庚先生纪念册》

## 20世纪八九十年代对陈嘉庚的题词与评价

1981年2月10日，中共中央胡耀邦总书记在中国共产党成立60周年庆祝会上的讲话，论定陈嘉庚先生是“对中国人民革命胜利做出重要贡献的著名爱国人士”。

1983年10月18日，国家主席李先念到集美学村视察并题词：“学习陈嘉庚先生为发展祖国教育事业而奋斗的精神。”

1984年，全国政协文史资料研究委员会等四个单位为陈嘉庚先生诞辰110周年出版陈嘉庚画册，邓小平同志为该画册题词——“华侨旗帜　民族光辉　陈嘉庚”。

1990年11月5日，中共中央政治局常委、书记处书记李瑞环在厦门大学举行的陈嘉庚奖第三次颁奖暨“陈嘉庚星”命名大会上发表讲话说：“陈嘉庚先生对中华民族充满了深情挚爱，为中华民族的振兴做出了终身奉献。”

1993年9月，中共中央政治局常委、全国人大常委会委员长乔石同志为集美学校80周年校庆题词：“弘扬嘉庚先生伟大的爱国主义精神，促进经济腾飞、教育发达和祖国统一大业。”

1994 年 6 月 23 日下午，中共中央总书记、国家主席江泽民到厦门视察，接见了有关部门的负责人，说：“陈嘉庚先生是著名的爱国华侨，今年是他诞辰 120 周年，逝世 33 周年，他一生为祖国、为人民做了许多好事……陈嘉庚先生报效祖国的赤子之心令人敬佩，他热心教育令人称颂、敬仰，厦门人民、福建人民、全国人民都应该怀念他，学习他!”

摘自《集美校友》，1994（3），2 页

1994 年 10 月 20 日，中共中央政治局委员、国务院副总理李岚清在福建省暨厦门市纪念陈嘉庚先生诞辰 120 周年大会上讲话，转达了江泽民总书记和李鹏总理的祝词。他说：“江泽民总书记指出：‘要发扬陈嘉庚先生爱国精神、重视教育的思想，努力办好教育，加快人才培养。’江泽民同志题词：‘弘扬嘉庚爱国精神，振兴中华教育事业。’李鹏同志题词：‘爱国爱乡，兴教兴学。’”

摘自《集美校友》，1994（5）

著名美籍华裔物理学家、诺贝尔奖金获得者杨振宁教授于 1990 年 1 月 5 日在北京科学会堂举行“陈嘉庚奖”第二次颁奖大会的讲话中称：“很敬佩陈嘉庚先生在很困难的时候兴办教育，这是一种很有眼光，有奋斗精神的举动。”

摘自《陈嘉庚研究》，1992 年（总第九期）年刊

## 延伸阅读：嘉庚精神

陈嘉庚是中国近现代史上跨时代的人物。他在特定的社会环境下，经历了长期复杂的历史阶段，集政治、思想、社会、经济、文教诸项成就之大成，形成了一系列崇高精神和高贵品质，这些被江泽民同志誉为“国粹”的伟大精神和高贵品质，统称为“嘉庚精神”。

嘉庚精神的内涵是多方面的。它集中体现在陈嘉庚所倡导和身体力行的忠、公、诚信，加上他亲之信之的“道德毅力”和创业改革意识上。其中，爱国主义为之“忠”，是嘉庚精神的本质特征；倾资办学为之“公”，是嘉庚精神的重要体现；实事求是、言信行果为之“诚信”，百折不挠、持之以恒为之“毅”，这二者是嘉庚精神的精髓，是陈嘉庚造就辉煌业绩的驱动力；艰苦创业、开拓进取为之改革观，它贯穿于陈嘉庚一生的主要思想和活动，渗透到上述诸项内容之中，使嘉庚精神这座丰碑更加绚丽多彩。

### 忠——嘉庚精神的本质特征

陈嘉庚是中国近现代史上一位杰出的爱国主义者。爱国主义是嘉庚精神的本质特征。他的爱国主义思想和活动是随着时代巨轮的前进而发展的，在近、现代中国和东南亚华族史上

有着典型的意义，因而成为一面“华侨旗帜”。在抗日战争以前，具有“正统”观念的陈嘉庚把爱国和反清、拥护孙中山革命结合起来，恪守“天下兴亡、匹夫有责”的古训，以拯救国家危难为己任，认为“教育不振则实业不兴，国民之生计日细”，把兴办教育和实业，发扬民族文化同振兴中华联系起来，希图实现他报效祖国的抱负。全国抗战开始后，陈嘉庚团结华侨奔走呼号，支援祖国抗战，拥护实行持久抗战和全面抗战。他反对修复被日军炸坏的私宅，认为“若先建私宅，难免违背先忧后乐之训耳”。大贤气质溢于言表。

1940 年，他回祖国慰劳考察期间，多次声言要“凭良心与人格”说话，这种“良心”正是赤诚的爱国之心，这种“人格”就是坚持真理、刚正不阿的人格。这次祖国之行是他一生中的重大转折点，使他的爱国主义思想注入崭新的内容。在抗日战争期间，陈嘉庚勇敢地同一切阻碍和破坏祖国团结抗战的顽固势力、反动势力作斗争。他针对蒋介石集团的种种倒行逆施严加揭露和抨击，对汪精卫亲日派的叛国投敌罪行予以无情的痛斥。他曾向国民参政会提出“敌未出国土前言和即汉奸”的提案，被邹韬奋同志称为古今中外最伟大的一个提案。这就是他忠奸分明、疾恶如仇的鲜明立场。抗战当中，陈嘉庚还用是否“忠心抗日”作为试金石去衡量政党和个人，把个人生命财产置之度外来维护国家利益和民族的尊严，这正是他爱国主义思想最主要的体现。抗战一胜利，陈嘉庚对国民党蒋介石政府的腐败与祸国罪行的揭露更加淋漓尽致，指出“若望国民党贪官污吏放下屠刀，还政于民，正无异与虎谋皮”。他旗帜鲜明地支持共产党领导的人民解放战争。他说：“日寇败降两年以来，余揭示蒋氏祸国罪状，向中外人士声讨，已历多次……余为国家民族前途计，亦为公理正义计，故不能苟安缄默也。”1949 年陈嘉庚应邀回国参加新政协筹备会后，他的爱国主义思想更得以充实、升华、光彩夺目。他与中国共产党肝胆相照、荣辱与共，成为一名新中国的积极建设者。

## 公——嘉庚精神的重要体现

陈嘉庚是一位教育事业家，他一生对教育极重视、对办学很热心。他毕生办学时间之长、规模之大、毅力之坚，为中国和世界所未见。倾资办学是嘉庚精神的重要体现，其业绩早已闻名海内外。陈嘉庚早年就有教育兴邦的抱负，“思欲尽国民一份子之大职”。他在1919 年的一次演讲时说：“吾人欲竞存于世界而求免天演之淘汰，非兴教育与实业不为功。”还说：“国家之富强，全在乎国民。国民之发展，全在乎教育。”把教育提高到救国图强的高度。可见，陈嘉庚正是沿着“爱国—救国—强国”的轨迹，逐步提高办学的思想境界。陈嘉庚重义轻利，认为“金钱如肥料，散播才有用”，于是他“立志一生所获财利，概办教育，为社会服务”，几乎倾注了他的全部财产。例如，1926 年是他个人财产达到顶峰的时期，其财产不过 1 200 多万元，但在 1904 年至 1931 年间支出的 1 321 万元中，捐资办学的费用就占 92%，家用开支仅占 2.2%。即使到了 1930 年其实业进入低谷时，他对教育也“不忍放弃义务，毅力支持”，表示“不幸因肩负校费致商业完全失败，此系个人之荣枯”。像他这种大公无私的义举，在中国教育史上乃“千古一人”也。

陈嘉庚从 1894 年始创惕斋学塾到 1956 年间，在福建集美陆续建有各级（类）学校和附属设施，形成一个校舍林立、设备齐全的教育体系，即集美学校。在 1921 年，他又创办了福建省第一所大学——厦门大学。据不完全统计，陈嘉庚在侨居海外近 60 年间，带头创办了五所华文中小学，两所中专学校，资助过其他一些华侨学校等。陈嘉庚倾资办学的理论和实践形成了自己的特色和体系，可概括为整体规划、全面发展、广育人才、严格管理、慎择师长、重视师资、讲究质量、改革充实。

陈嘉庚倾资办学 67 年的沧桑历程，集中地反映了他无私奉献、一生为社会服务的牺牲精神，堪称鞠躬尽瘁、死而后已。他临终前那“台湾必须归祖国”和“学校要继续办下去”的两句话，最突出地说明了爱国主义和倾资办学是嘉庚精神的两块不朽基石。

## 诚信——嘉庚精神的精髓

陈嘉庚与胞弟陈敬贤于 1918 年制定“诚毅”作为集美学校的校训，要求学生遵循。在“诚”的方面，提倡忠于实事、实践信用与义务、待人诚恳不欺、不作浮夸虚伪之言、反对武断和不正当的游戏等，其实这些可概括为实事求是、言信行果的为人之道。陈嘉庚以身作则，严于律己，不仅是这种美德的倡导者，而且是其实践的模范。1929 年，陈嘉庚为公司分行重订章程，新章程许多页的眉头印有嘉庚精神的警语，诸如“日日思无过，不如日日能改过”；“与同业竞争，要用优美之精神与诚恳之态度”；“招待乡人，妥诚实；招待妇女，要温和”……这些既体现了嘉庚精神在诚实诚意方面的规定，也意味着这些美德将得到传播。

1946 年，陈嘉庚在一次宣誓典礼上指出，为人的起码要求是“凡人必须有诚信，不可视宣誓为具文。我国之不幸，亦因执政者言行相背”，他把“诚信”还看作是伟大领袖所应具备的基本条件。1945 年 10 月，陈嘉庚在新加坡中华总商会联合社团欢迎大会上，重述了一段他在吧城福建会馆欢送会中说过的话，最集中准确地反映了陈嘉庚实事求是、诚挚待人的高贵品质。他说：“世上有三种话，即漂亮话，敷衍话，老实话。漂亮话我未有学习，敷衍话难免使到会诸君失望，老实话恐有一部分人不喜听。我前年回国慰劳考察，与此次回国观光，无论在国内外讲话，均凭见闻事实与良心而言，故前次南返报告延安政治良好，毛主席诚恳虚怀，终必胜利；蒋介石狡诈无信，政治腐化，终必失败，陈仪祸闽惨重，必须打倒。”“唯诸君诚意惠临，不能以漂亮敷衍之话报答，幸祈原谅。”陈嘉庚就是这样一位“言人之所不敢言，为人之所不敢为”的“诚实公正的人，能为老百姓多说几句诚实公正的话”，因而他在 1945 年 10 月从爪哇脱险返新加坡等地后，群侨欢动。新加坡有五百个社团联合举行欢迎大会，11 月，在重庆也有 10 团体发起庆祝大会，赢得了毛泽东、周恩来、郭沫若、黄炎培、邵力子等众多著名人物的参加、祝辞和称颂，盛况空前，影响深远，奠定了他“华侨旗帜　民族光辉”的至尊荣耀。

## 毅——嘉庚精神的精髓

陈嘉庚不但对“诚”，而且对“毅”的真谛都有非凡的深悟。他对“毅”的解释是：提倡肯负责任、做事不中掇、尝试不成仍继续前进，反对私自放任、苟安偷懒、半途而废或容易满足等，意即做事要有善始善终、再接再厉、不怕失败的坚忍不拔的精神。陈嘉庚的毅力是非凡的，表现在持续办学、攻揭奸贼、坚信胜利、著书演讲、经营实业等各方面，他毕生的艰辛历程正是这种毅力的真实写照。早在 1918 年，陈嘉庚就在新加坡讲过：“世界无难事，唯在毅力与责任耳。”在集美学校第二次运动会上提到，体育运动贵在坚持，竞赛的目的是使“优者益勉，负者振奋”，养成坚毅的精神和良好的德性。1937 年，因经费困难日甚，陈嘉庚割爱把厦大改为国立，后来他追述其境时感慨道：“为善不终，贻累政府，抱歉无穷。”他还说：“宁可变卖大厦，也要支持厦大。”“敌人一边炸，我们一边建；今天被炸毁了，明天再建造起来!”这些，深刻地证明了他为了创办和维护厦大，已尽了最大的努力，作了最大的牺牲，十分令人敬佩。

陈嘉庚在避居东爪哇期间，坚持每天必动笔写《南桥回忆录》，40 万字之巨著仅花 18 个月就脱稿。在他作的一首见志诗中有“领导南侨捐抗敌，会场鼓励必骂贼”“电提参政攻叛逆”“抵死无颜谄事敌”。当他确认陈仪祸闽的事实后，就表示要沿途声讨，直到陈仪倒台，决不附和潮流。讲究大是大非、勇于伸张正义的侨领陈嘉庚，以其德高望重，再次当选为南侨总会第二届主席，“总会陈主席嘉庚，公忠谋国，一生如一日”，“而识足以辨好，才足以服众，德望足为群伦钦式，徒因守正不阿，刚毅质直，每当有事之时，辄招无根之谤”。他那嫉恶好善、威武不屈、凛凛正气之气节跃然纸上。

## 改革观——嘉庚精神跨国界跨时代的显著特点

陈嘉庚不但是一位政治家、社会活动家，而且是一位实业家，他早年以在新加坡辅助父辈经营顺安米店为主，在顺安多年受到良好熏陶，一向“令职勤俭”“公忠守职”。到他 30 岁时，家道中落。对此，陈嘉庚并不气馁，决心把责任担当起来，开始对企业做一番清理和调整，并向债权人宣布：“立志不计久暂，力能做到者，决代还清，以免遗憾也。”表现了他自小就能讲义气、甘于吃苦、自强不息的志向，也为他日后承继父业、独立经营实业乃至发展成一位富商巨贾打下了坚实的基础。

经营实业是陈嘉庚办学的经济基础。尽管父亲留给他的只是负债的米店，却换来了他重整旗鼓、改革创新的契机与作为，他“不赋闲度日”“按从简起手”，新办起了“新利川”黄梨厂和“谦益”米店，这就是他艰辛曲折的创业道路的起点，由于他经营有方，所以从 1904 年独立经营企业后就迅速崛起，不仅还清债款，而且有了积存，决计捐资办学，且矢志不渝。他认为教育和实业都是振兴祖国的关键，但是“必先兴教育，而后实业有可措手”，“而教育之命脉系于经济”，两者是相辅相成、相互促进的，所以他后来得以雄厚的经济力量推动学校教育的发展。1940 年，陈嘉庚在祖国慰劳考察期间说过：“一种实业的成功，不在初创时有无雄厚的资本，而在经营得法与否。”即他认为“公益事业非艰难辛苦不为功”。嘉庚精神的某些警语，如“无事要找事做，不要等事做”；“以术愚人，利在一时，及被揭破，害归自己”等，也充分显示了陈嘉庚孜孜不倦的务实风格、敢想敢干的果敢精神。他一生最服膺“正当之失败，并非耻辱，畏惧失败，才是可耻”的爱拼才会赢的进取精神。

陈嘉庚无与伦比的创业魄力与业绩，使他堪称一位改革家。他的改革观，已经超越了国界和他所处的时期，不但使他个人事业成功，得以尽量发挥其博爱人群的伟大怀抱，大大促进了新加坡社会经济和祖国文化的繁荣昌盛，而且由此塑造出来的拼搏、开拓意识，对当今经济、文化建设有着积极的启迪作用。此外，嘉庚精神还应包括：维护民族文化不忘本源之“义”，不贪名、不贪功之“廉”，“无事要找事做，有事赶紧做”之“勤”，“金玉非宝，节俭是宝”之“俭”等嘉德懿行，内涵之丰富、含义之深刻、影响之宏深、生命力之强大，都是我们在新的历史条件下必须认真学习、深入研究和发扬光大的。

材料综合自厦门大学、集美大学等官网上的资料

# 第四篇　陈嘉庚的商业王国

## 专题欣赏一：从父亲的失败中站起来

**【导读】** 陈嘉庚（1874—1961），出生于福建集美，少年出洋，随父经商。靠勤劳智慧，诚信毅力成为一代华侨工商巨子。

1900年冬，陈嘉庚从南洋回家乡安葬母亲。母亲孙氏三年前就已经去世，当时父亲以生意无人代替打理为由，不许陈嘉庚回去奔丧。第二年回国后，又因为家乡风俗及族中长辈的迷信，母亲的灵柩被安置家中，一直未能入土，这让至孝的陈嘉庚内心一直感到不安。好不容易盼到可以入土为安的吉日，陈嘉庚这才又向父亲请假，放下顺安号的生意，回集美按家乡的礼俗安葬母亲。

这次回乡，陈嘉庚还有另一个打算，就是希望能在家乡也做点事情。鸦片战争之后，厦门被列为五口通商的城市之一，成为中国开埠最早的口岸。许多海外华侨纷纷在厦门投资，没有多少年工夫，厦门岛靠近鼓浪屿一带的环岛路已经呈现出一派繁荣景象，陈嘉庚看到了其中的商机，征得父亲同意后，决定以45 000元，向厦门官府购买海口新镇地块，拟建设十几间店面出租，然而好事多磨，这个地块部分所有权上与一中国台湾商人发生争议，对方仗着日本人的势力，与陈嘉庚打了将近一年的官司。

两年后，店面终于完工，计三层楼屋54座，二层楼屋三座，共57座店屋，在当时，这可是一个不小的产业。令人难以置信的是，陈嘉庚为了表示对父亲的尊重，也为了这个大家庭的和睦，将这些店屋的产权全部都登记在父亲在南洋续娶的妻子苏氏带来的养子名下。做完这件事情，陈嘉庚这才安心地离开家乡，再次登上去南洋的客轮。

让他没有想到的是，自己离开星岛三年，整个顺安号一片萧条，呆坏账目高达三十多万。为顺安号打理生意的族叔哽咽着向陈嘉庚讲述了这几年发生的事情。一方面地产跌价，另一方面店务管理不善，父亲身体欠佳，店务虽委托族叔管理，但父亲的三姨太及养子哪里把外人放在眼里，苏氏赌博成性，任意借支，侵吞营业款，挪用周转资金十万元之巨。此外，合作经营的几家商号，也冒用顺安号名义任意占用资金，为了维系生意，顺安号只好向印裔商人借了不少高利贷。面对天天都来纠缠的债主，顺安号已经走投无路。

陈嘉庚连夜挑灯翻看账本，一个晚上下来，已经弄清了来往账目情形。经仔细核对账目，将欠款与可变卖典押的房产相抵，负债比族叔说的还要严重，实际已达二十五万元(《陈嘉庚回忆录·个人企业追录》，375 页，东方出版社，2011)。

父亲似乎已经被巨额债务压垮了，终日只是长吁短叹，拿不出任何办法，陈嘉庚虽是长子，但在生意兴隆时，父亲忌惮三姨太和养子的态度，从未将生意全权委托给陈嘉庚，面对父亲的失败，他却不得不挑起这副沉重的担子。一方面，“父债子还”在华人社会中是一个根深蒂固的观念；另一方面，更重要的是，陈嘉庚并不甘心父亲几十年奋斗开创的事业就这样毁于一旦，陈嘉庚没有埋怨父亲，毅然为父亲背下了这些债务。他下定决心，不管时间长短，一定要为父亲清偿这些债务。

见陈家的顺安号无力偿还债务，印裔高利贷商人遂将其告上法庭。陈嘉庚不得不代表父亲出庭应诉。一方面，陈嘉庚承认这些债务；另一方面，他又恳请法院酌情减免顺安号的部分债务。最后，法官判定顺安号偿还 65%的债务。即使是只偿还 65%的欠款，也是一笔高达 16 万的巨款，怎么办呢？看见父亲日渐憔悴的面容，陈嘉庚不得不鼓足勇气告诉父亲，唯一的办法就是让债台高筑的顺安号关门清盘，再努力设法偿还这些债务。

陈嘉庚一方面主动与债主们谈判，另一方面表示这些债务将由他来偿还，将一些高利贷偿还之后，陈嘉庚用自己平日省吃俭用积蓄的七千多元开始创业，所以，1904 年对于陈嘉庚来说，是非常重要的一年。

七千元能做什么呢？陈嘉庚从自己熟悉的菠萝罐头加工厂入手，用这些钱在城郊的三巴旺买了块地，办起一个简陋的菠萝罐头厂，厂里所用的机器都是别人用过的二手货。他希望从此有一个新气象，给自己的工厂取名“新利川”。在顺安号欠下高利贷破产之前，父亲一直乐善好施，也有良好的商业信誉。而陈嘉庚帮助父亲还清欠款，重新创业，也使许多华洋商行对他刮目相看，愿意让他赊账经营。就在他创办了新利川不久，父亲一手创办的日新菠萝厂的一位大股东去世，股权亦转让给了陈嘉庚。菠萝罐头生产周期短，工艺相对简单，当时仅新加坡就有二十余家菠萝罐头厂，竞争激烈，获利不多。当时的欧洲市场，对产自新加坡一带的菠萝罐头十分青睐，但对于包装和形状往往有些特殊的要求。别的菠萝罐头厂商对一些客户的特殊要求嫌麻烦不愿意改进，而陈嘉庚却主动出击，总是亲自登门拜访，与那些经营菠萝生意的洋行搞好关系。那些对于包装、形状和甜度有特殊要求的订单基本都被陈嘉庚的工厂接下了。他每天上班的第一件事就是去洋行询问有没有订货电报，了解这些客户对菠萝罐头的需求，不断按他们的要求改善品质。对于生产环节，他也十分重视，每天都在工厂待很长时间，仔细察看每一道生产工序。他发现这个行业有一个特殊之处，那就是菠萝卖给洋行马上就可以拿到现钱，而菠萝生产所需的一些原料，如马口铁、白糖，一般从进货到还款可以有四五十天的期限。别的菠萝工厂都是采用季度核算法，往往一季度或几个月才开始结款，而资金紧张的陈嘉庚却从中发现了商机。他进货总是在允许的期限内还款，而出货却总是每天都和洋行以现金结算，这样一来就使他得以利用出售菠萝罐头所得的款项不断扩大生产规模，迅速在二十多家菠萝罐头厂商中脱颖而出，成为经营最成功、获利最多的一家。

预见到欧洲市场对菠萝罐头的需求还会进一步增加，而菠萝原料供应将日趋紧张，陈嘉庚果断出手，买下三千多亩适宜种菠萝的土地，这块每亩不到一元钱的土地被他命名为“福山园”，这块地果然是一座“福山”，在日后给他带来了好运。

创业第一年，陈嘉庚就从两间工厂获利 39 000 元，加上收回的一些呆坏账目，陈嘉庚拥有了七万元左右的资本。对于初出茅庐的陈嘉庚来说，这真是一个不错的开头。

父亲的顺安号原地址位于吊桥头，这是一个比较繁华的商业区。手里稍稍积蓄了一些资本后，陈嘉庚又回到这里，创办了一家名为“谦益”的米行，重新接上了原先与暹罗（泰国）、安南（越南）等地米商的关系，继续父亲曾经做过的粮食生意。显然，这一举动显示了陈嘉庚身上那种闽南人不服输的性格。

1907 年，陈嘉庚在 34 岁那年，终于替父亲的顺安号还清了所有债务。但此时他的目光已经远远超越了父亲，他知道在一个新的世纪里，仅靠菠萝和米业是远远不够的。他已经看到了日新月异的新技术与现代工业会成为新世纪的主导，他在寻找新的商机。

早在 1839 年，美国化学家查尔斯·固特异在一次做实验时，把盛橡胶、氧化铝和硫黄的罐头扔在火炉上，硫黄和橡胶经过加热后形成了天然的胶皮，从而发明了橡胶硫化法。但直到三十年后，英国人威克姆冒着生命危险从亚马逊的热带雨林中采集了七万多粒橡胶树种子，人类才开始第一次大规模种植橡胶树，从而使橡胶的利用成为可能。到 1897 年，新加坡华人黄德勒又发明了连续割胶法，从而使人类利用天然橡胶成为可能。

好学不厌的陈嘉庚，已经从报刊上知道了橡胶的作用，知道了一种用橡胶制成、可以充气的轮胎已经被发明出来。有一次，他的好友林文庆博士也向他介绍了橡胶工业的发展前景，陈嘉庚敏锐地意识到，橡胶将是未来社会最重要的商品之一。为此，他毫不犹豫地买了十八万颗橡胶树种，在福山园种下了这些让他充满希冀的种子。

那些年，人们常常看见陈嘉庚在福山园中漫步，注视着那些嫩绿的幼苗，看它们一天天长大。这片橡胶园确实给他带来了运气，若干年后，一位名满东南亚的橡胶大王就是从这里开始起步的。

夏蒙. 第一公民：陈嘉庚传. 北京：中国友谊出版公司，2013.

## 专题欣赏二：逆境中创造的商业奇迹

马来半岛的气候和土壤与橡胶的原产地巴西十分接近，陈嘉庚在福山园种下的那些橡胶树很快就长成一片蔚为壮观的橡胶林。

在这些橡胶树苗茁壮成长的时候，随着欧美各国汽车、造船以及航空工业的兴起，橡胶用途越来越广泛，橡胶工业成为发展迅速的朝阳产业，那些欧美商人纷纷前往马来半岛试试运气，已经长成胶林的种植园成为抢手货。陈嘉庚看准商机，果断地将胶园以 32 万元出手，获净利 25 万元。这大大鼓舞了陈嘉庚，他又立即投资在柔佛州买下两片更大的山地，用于种植菠萝和橡胶树。大概因为福山园给他带来了好运，他将其中的一个种植园仍以“福山园”命名。他在这两个种植园先种上菠萝，又套种上橡胶，对他来说，这是一举两得的事情，在橡胶树没有长大并开始割胶之前，这两个种植园里生产的菠萝可以源源不断地为日益扩大的菠萝罐头厂提供原料。

1907 年到 1908 年，世界又遭遇了一波经济危机。美国破产的信贷机构超过 300 个，负债达 3.56 亿美元，大多数银行都停止支付现金，仅铁路公司就倒闭了 30 多家，钢铁企业一半以上停工，失业人数超过以往各次。英国、法国的钢铁、建筑、纺织等各项工业指标也都急剧下降，出口大幅减少，而这些恰恰都是陈嘉庚并未涉足的领域，对他没有太大的影响，他的企业反而在此期间不断扩张，还将一些生意扩张到了泰国和自己的家乡。到1911年辛亥革命爆发时，陈嘉庚已经拥有8家菠萝罐头厂，分布于马来西亚、新加坡和泰国。仅新加坡的5家菠萝罐头厂就年产80万箱，占新加坡总产量的一半以上。

进入20世纪，人类头顶的天空闪耀着科技曙光，也笼罩着密布的战云。陈嘉庚一面在生意场上努力打拼，一面关心这个世界上发生的每一件大事。经济危机的阵痛刚刚过去，第一次世界大战又拉开战幕，英国和德国开战后，从东亚撤离的德国军舰在印度洋肆意攻击商船，新加坡通往欧洲的航路被迫中断。陈嘉庚各家工厂生产的菠萝罐头和加工的熟米都无法运出，产品大量积压，工厂不得不全部停工。那些下了订单的洋行和印度商人见状，既不肯收货又不退还所收的保证金，陈嘉庚叫苦不迭："银根困苦不可言喻。市账虽可停还，任其催逼，而各厂费及工人生活，则不能置之度外，艰难维持，度日如年。"（《陈嘉庚回忆录》）。这是陈嘉庚企业最困难的时期之一。所幸，到年底时，海上战事稍缓，船运又开始恢复，积压的产品总算销售出一部分。这一年，陈嘉庚的数家企业仅盈余45 000元。这一次由欧洲战争及海上通路阻断带来的巨大损失，也让他发现了另外的商机。

从小在海边长大，少年时即漂洋过海，让陈嘉庚心中始终有一个梦想，那就是希望有朝一日拥有自己的商船在海上航行，实现他成为一个航海家的梦想。

欧战正酣，许多商船都被交战国征用，陈嘉庚决心趁此时涉足航运业，他先后租用了四条轮船，除运输自己的货物外，还为英国政府从南洋运输货物到波斯湾。年获利虽然只有45万元，但这仍然给陈嘉庚以极大的鼓励。

1916年，陈嘉庚斥资30万元买下了一艘3 000吨级的轮船，命名为"东丰"号。这是陈嘉庚自己拥有的第一条商船。翌年，陈嘉庚又购买了一艘澳大利亚的客轮，命名为"谦泰"号，并将两轮租与法国政府，获利颇丰。但好景不长，这两艘轮船先后在地中海被德国潜艇击沉，虽然获得了投保的英国保险公司高达120万元的赔偿，但也从此结束了陈嘉庚的航运事业。可是，陈嘉庚的航海梦想并没有到此为止，他后来矢志回国创办航海学校，成为中国现代航海教育的奠基人，这也算是他航海梦想的延伸。

第一次世界大战使欧洲各国的经济都遭受到重创，新加坡菠萝罐头出口业、刚刚兴起的橡胶业都大受影响。当时新加坡从事橡胶业的华裔大多以破产告终，而陈嘉庚因为与美国人签订了特别商务合同，未受到大的损失。

凭着过人的胆识，加上几分好运气，在第一次世界大战的三四年间，陈嘉庚不仅安然渡过难关，还在危机中找到商机，从海运、橡胶、粮食加工等多种经营中获得丰厚利润，仅1915年到1918年短短三年间就获利高达150万元。

在拥有一笔不菲的资金之后，企业该向何处去呢？

陈嘉庚的远见卓识又一次发挥了作用，在橡胶跌价、胶商破产、胶园荒芜的不景气时代，陈嘉庚却逆势而动，趁机扩张胶园，将橡胶种植面积扩大了一千八百多亩，果断缩小自己经营多年的菠萝罐头生产规模，除去福山园种植的菠萝，专心从事橡胶业。这为他日后成为新加坡最大的集橡胶种植、生胶加工和熟胶成品制造为一体的商人，打下了坚实的基础。当第一次世界大战结束时，陈嘉庚的企业王国初具规模，除了传统的粮食加工业、罐头加工业、橡胶业之外，陈嘉庚还将业务扩展到船务、中介、机械工程、钢炉制造等方面。

1922 年至 1923 年间，全球经济又一次出现大萧条，橡胶价格低迷。陈嘉庚再次出手，以很低的价格收购了马来西亚的九家橡胶厂。这些橡胶厂分布在新、马各地，他又投资为新收购的胶厂扩建厂房，添置新设备，除了生产传统胶片直接出口以外，还开始大量生产帆布胶鞋、橡胶玩具、手推车及马车轮胎、胶管等产品。陈嘉庚知道，要想赚钱，必须看准未来市场。方兴未艾的汽车工业，让他预感到汽车轮胎将会被广泛应用，他开始在自己的工厂里试制汽车轮胎。由于缺少像样的专家，生产出来的轮胎质量低劣，根本卖不出去。即使如此，他想成为汽车轮胎制造商的想法却一直没有改变。直到 1929 年，在陈嘉庚的儿子陈厥祥的努力下，才终于生产出包括汽车轮胎在内的各种坚固耐用的轮胎。

随着世界经济开始好转，从 1924 年起，陈嘉庚将公司业务拓展到了更多地方，分别在中国的上海、厦门、广州及香港，以及新、马各地开设分行 20 多家。

1925 年，世界橡胶价格一路攀升，陈嘉庚的公司也从橡胶的生产经营中获得丰厚的利润。这一年公司获利 780 万元，由此名声大振，陈嘉庚成为东南亚最成功华人企业家之一。

20 世纪 20 年代，英国殖民部大臣访问马来西亚，参观了陈嘉庚的公司，在随后给英国政府的报告中，他给予了陈嘉庚的企业很高的评价：

陈嘉庚先生在新加坡的工厂，是亚洲最令人瞩目的大企业之一。这位雄心万丈的企业家在新加坡拥有制造长筒靴、鞋、帽、皮革、胶制品（如汽车和自行车轮胎），以及糖果的工厂。工厂规模庞大、产品多元化，而这些全部都是凭他的个人努力创造出来的，并赋予中国式之管理模式，他有数千名员工，包括不少素质优秀之妇女，他们将产品输往中国各地区及远东地区。一向以新加坡为枢纽的菠萝罐头工业，其东主及管理人亦为中国人，荷属东印度公司产自苏门答腊及婆罗洲的乳胶，几乎全部都是经过新加坡加工后才运往欧美各地的。

深受儒家思想浸润的陈嘉庚，从来就没有将赚钱视为经商的唯一目的。他在为公司制定章程时，嵌入许多亲自写的警句与格言，字里行间，流露着他的爱国之心与人文情怀：

战士以干戈卫国，商人以国货救国。

店员不推销国货，犹如战士遇敌不奋勇。

外国人之富强，多借中国人之金钱。

人身之康健在精血，国家之富强在实业，我退一寸，人又进一尺；不兴国货，利权丧失。

商店之店员，强于兵战之军士。

训练兵战在主将，训练商战在经理。

能自爱方能爱人，能爱家方能爱国。

爱国队中有无道德败坏之人，不尊重自己之人格，何能爱自己的国家。

厦集二校之经费，取给于本公司，本公司之营业，托力于全部店员。为学校，董事有筹措经费之责；为本公司，店员有发展营业之责。直接为本公司之店员，间接为厦集二校之董事。

为公司多谋一分利益，即为国家多培养一个人才。

不为本教育奋斗非国民，不为本公司奋斗非店员。

本公司是一社会之缩影，服务于本公司，即服务于社会。

货真价实，免费口舌；货假价贱，招人不悦。

法律济道德之穷，规章作办事之镜。

日日思无过，不如日日能改过。

唯有真骨性方能爱国，唯有真事业方能救国。

以术愚人，利在一时；及被揭破，害归自己。

待人勿欺诈，欺诈必取败；对客勿怠慢，怠慢必招尤。

顾客遗物，还之唯谨；非义勿取，人格可敬。

隐语讥人，有伤口德，于人无损，人必欢喜。

视公司货物，要如自己货物；待入门顾客，要如自己亲戚。

招待乡人要诚实，招待妇女要温和。

检查货物，不任损失，公司之利益，亦即个人之利益。

无事找事做，不要等事做。有事要赶紧做，不要慢慢做。无事找事做，其人必可爱。有事推人做，其人必自害。

事事让人出头，终身无出头日。样样让人去做，终身无自做时。

智识生于勤奋，昏愚生于懒惰。

欲念愈多，痛苦愈大。在职怨职，无职思职。蹉跎到老，必无一得。见兔猎兔，见鹿弃兔；鹿既难得，兔亦走路。

业如不专，艺必不精。

有坚强之精神，而后有伟大之事业。

陈嘉庚先生认为，“金钱如肥料，播撒才有用”，所以无论是在企业处于起步阶段还是巅峰状态，他都对公益事业充满热情，尤其热衷于教育，把他所挣到的大部分钱财都投入到公益事业和教育事业中，他的企业因此而缺少足够的流动资金，但即使在企业生死存亡的关头，他也绝不肯为了经费而关闭学校。他的企业最终在殖民主义者的打压和经济危机中不得不以失败而告终，而他所建立的学校却始终屹立不倒。

陈嘉庚逝世三十年后，我曾经走访了马来西亚的一家橡胶工厂。据说，这家工厂是当年陈嘉庚先生的企业帝国中唯一被保留下来的工厂。这家主要以生产生胶为主的工厂坐落于马来半岛南部的麻坡县城郊，老旧的厂房与建筑风格还保持着当年的模样。厂长向我们介绍说，就连生产工艺也都与七八十年前无异。

这座工厂的主人是新加坡华侨银行总裁李成义，他是陈嘉庚的外孙。天然橡胶生产早已无利可图，这家工厂之所以得以保留，应该是后人对陈嘉庚先生当年业绩的一种纪念。

麻坡这家橡胶工厂正对面，正好是一所华文小学，这所学校也是当年陈嘉庚先生创办的众多华文小学的一所。我们走进教室，看见那里不仅有华人的孩子，也有马来人和印度人的孩子。在异国他乡听见孩子们用中文朗读课文的声音，让人不禁生出许多感慨。

华人华侨在东南亚胼手胝足地打拼，二百年来造就了一大批富豪，但他们的名字大都随流水一般的岁月消失得无影无踪。而陈嘉庚创办的一所所学校，却将他的名字镌刻在一代又一代的海内外华夏儿女心中，至今薪火相传，弦歌不辍。陈嘉庚不是在海外创办华文教育的第一人，但却是海外华文教育最执着的倡导者，许多最负盛名的海外华文学校，都与他的推动、他的努力相关联。

夏蒙. 第一公民：陈嘉庚传. 北京：中国友谊出版公司，2013.

# 延伸阅读一：陈嘉庚的创业历程

陈嘉庚从一个渔村少年成长为东南亚华侨工商业巨子，虽然有一些客观因素和有利条件，但关键在于他个人的优秀品德、坚毅个性和开拓进取的精神。他自1890年南渡经商至1934年企业收盘（其主营企业收盘后，仍有一些小规模的工商业经营活动），在商海搏浪44年。陈嘉庚充满艰辛的创业历程，大致可分为三个阶段。

## 一、助父经营，积累经验（1890—1903年）

陈嘉庚的父亲陈杞柏自19世纪70年代赴南洋谋生，经过20多年奋斗，至19世纪90年代，他经营的企业已有一定规模。他开设的“安”字号米业已拥有“顺安”等多家米店，经营大米批发和零售业务；他开办的菠萝罐头等工厂，有的产品远销欧美各国；经营一家硕莪粉磨厂，生产硕莪粉外销；同时，还兼营房地产业等。随着工商业的成功和发展，陈杞柏在华侨社会的地位日益提高，成为福建帮的领袖之一。

1890年秋，陈嘉庚接到父亲的来信，催他前往新加坡佐理商业。陈嘉庚远渡重洋，开始了他随父学商的经历。父亲开设的顺安米店主要向暹罗（今泰国）、安南（今越南）、缅甸等地采购大米，然后卖给新加坡的零售米店及外销的商行。那时陈杞柏并不直接管理米店的业务，而是委托陈嘉庚的族叔经理，兼管财政。陈嘉庚的到来使族叔有了得力的帮手，他一边学习经营，熟悉各项业务，一边兼当记账员，协助族叔管理银钱货账。

两年后，因族叔回国，米业和财项均交给陈嘉庚料理。在他的协助下，其父经营的各业又有了新的发展。1893年秋，陈嘉庚遵母命回乡完婚，娶板桥乡秀才张建壬之女张宝果为妻。1895年夏，陈嘉庚第二次出洋到新加坡，仍在顺安号服务。他公忠守职，为父亲增殖财富尽心竭力。至1897年，陈杞柏所营各业利路畅通，地皮及屋宅价值日高，逐月可收入屋租2 000余元。硕莪厂转手卖给别人后，在柔佛加办黄梨罐头厂一所，并经营黄梨园数区，面积数百英亩。顺安米业的规模也比以前扩大了。

1899年冬，陈嘉庚因母亲之灵柩到了正葬之年，又一次将顺安的业务和财款交给族叔管理，带着家眷回集美改葬母亲，并遵循儒家礼俗，为母亲守孝3年。

1903年7月，陈嘉庚第四次出国到新加坡。一进顺安店，只见门庭景象和各人神色与往常大不相同，死气沉沉。各事凌乱不堪，似无人照顾。上楼拜见父亲，虽久别相见，却闷闷不乐，毫无欣容快意。族叔身染麻木症，神情沮丧，问起经营情况，均推不知。究其原因，除了父亲疏于管理、族叔身染疾病外，主要原因是被苏氏（陈杞柏在新加坡娶的妾，嗜赌成性）及其螟子（养子）舞弊、侵吞、挥霍10余万元，加上资金周转不灵，向印度“齐智”（指东南亚地区的印度高利贷商人）借高利贷付重利之失策，又遭屋地业大降价，可谓祸不单行。他毅然决然地接下父亲留下的“烂摊子”，决心重整旗鼓，“恢复家声”。经清理、对抵，尚负债款20余万元。按当时当地法律和习惯，父亲死亡或破产，儿子不必承担债务。但陈嘉庚却召集债权人宣布：“立志不计久暂，力能做到者，决代还清，以免遗憾也。”

陈杞柏惨淡经营数十年的实业虽然宣告失败，但对陈嘉庚事业的影响却是十分深远的。首先，陈嘉庚在顺安学习商务、理财与经营米业共十多年，掌握了商业知识，积累了

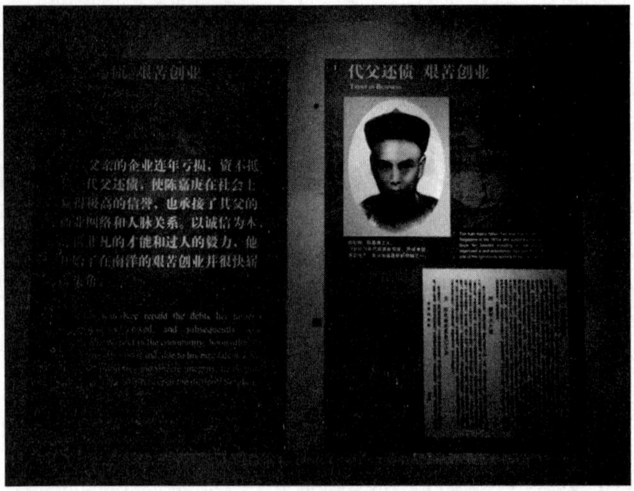


实践经验，使其后来能在商战中从容不迫，周旋有方。其次，陈嘉庚在顺安的经历，使他有机会和商界人物接触，不少人在后来成为其朋友和社会事业的伙伴。最后，顺安的经验，使陈嘉庚掌握了经营米业的方法与途径，为黄梨业、橡胶业的发达奠定基础。

## 二、独立创业，日渐昌盛（1904—1925 年）

陈嘉庚在独自经营期间总结吸取了父亲经营时期的经验教训，善于审时度势，掌握信息，抓住有利机遇，权衡利弊，因时因地制宜地经营企业。他敢于攻克难关，努力借鉴西方先进的企业管理方法，从而调动了职工的积极性，提高了经济效益，增强了企业活力。

### （一）重起炉灶，经营黄梨（菠萝）

1904 年春，而立之年的陈嘉庚用仅有的 7 000 元资本，开始了他独立创业的阶段。他在新加坡郊外的汫水港山地，因陋就简，利用茅草木料盖起厂房，并购置旧机器，花了两个月时间，就赶在夏初黄梨产季开始时投产，取名“新利川”。没有流动资金，各原料如白铁、糖枋等，都向市面华、洋商赊取。黄梨罐头生产后，卖给洋商就换回现金。

这一年春末，日新公司的合伙人去世，按照英国法律应当取消其股份，全盘归陈嘉庚所有。但陈嘉庚不忍如此，便与合伙人的家属商量，其营业股份照旧，但经理权须归陈嘉庚执掌。合伙人家属不同意，陈嘉庚于是依律通告，并核结一切账目，办完相关手续后将其母利 17 000 余元交还，日新罐头厂收回自办。由于经营有方，到了这年夏天，两厂获利近 4 万元，连同旧日新公司母利及收回顺安账尾，共有资本 7 万元。这是陈嘉庚初出茅庐掘得的第一桶金。事业有了良好的开端，于是，他又投资两万元开设谦益米店，为新利川建新厂房，增添新设备。

由于经营得法，陈嘉庚的事业有了不错的收益，到年底，“日新”“新利川”两厂得净利 2 万余元。谦益米店得利 8 000 余元，加上其他收入，这一年共获利 6 万余元。

1905 年秋，陈嘉庚在交通运输方便的梧槽港口租房子开办“日春”黄梨罐头厂，兼制冰糖。这一年，他的三家黄梨厂和谦益米店共获净利 4.5 万元。

### （二）替父还债，赢得信誉

1906 年，宏图初展的陈嘉庚，心中却还压着一块大石头，最念念不忘的就是如何替父亲还清企业收束时还欠着的 20 余万典押和借款。但统计独立经营两年半，虽然赚了 11

万元，各项支出合计 8 万余元，所剩仅 3 万元。要还清债务，即使债主愿意折减半数，也需 10 余万元，至少也要八九万元。原本希望夏季黄梨厂能再获利四五万元，便可考虑还款事宜，不料市场变化，价格下降，乏利可图，福山园初出产，适逢败市也不见利，三厂仅获利 1 万元。故无力与顺安债主议还旧欠。

这一年初冬，与谦益米店相邻的恒美号米店，因合伙人意见分歧而散伙，其经理准备另招股东。陈嘉庚得悉后，认为该店专营熟米加工（将谷子在水池浸两天，然后加热气蒸熟，在砖庭晒干运入厂磨净壳糠），销往印度，价格比生米每担高出 1 元多，“算来甚有好利”。于是就招一友人一起入股，与原经理合作，资本共 6.5 万元，陈嘉庚出 4 万元，经理及友人各 1.25 万元。仍用“恒美”字号，专营熟米。加入恒美后，熟米价格又上涨，原来的晒谷砖庭不够用，产量受限，便在距米厂不远的大港边（有淡水可用），购买了一块地，铺设砖庭，三四个月后竣工，产量大大提高。每月可获实利 1 万多元，经济状况有了较大好转。陈嘉庚舒了一大口气，毅然找了前顺安号及产业抵押的债主，郑重其事地提出愿代还父债。谈了几个月，因债主回印度等拖延至 1907 年冬才达成协议，这一笔原已无望的呆账，最终以折还 9 万元完结。其中交现款 6 万元，剩下的 3 万元限 4 个月还清，并计一分利息。双方在律师处立约，并登报存案。全部家当才十几万元的陈嘉庚，一下子拿出 9 万元代还父债，这在当时的华侨社会中成为一大新闻，也展露了青年陈嘉庚的诚信品格，为陈嘉庚赢得了很高的信誉。

（三）试种橡胶，开拓米业

1906 年，在马六甲埠，陈齐贤以 200 万元的价格卖出一块 2 000 英亩的橡胶园，引起轰动。陈嘉庚了解到陈齐贤处还有剩余的橡胶树籽出售，便向他买了 18 万粒，花了 1 800 元。雇人在福山园菠萝株间每隔 5 米挖洞套种，两个月内完工。这是陈嘉庚经营橡胶业的开端。

1909 年春，陈嘉庚又投入 2.5 万元在福山园附近收购了 500 英亩的套种橡胶树的旧黄梨园。这些旧黄梨园杂草丛生，老园主以为乏利可收，所以廉价出售。陈嘉庚买来后，即组织工人将黄梨和杂草清除，专门培育橡胶树，这样福山园的橡胶树就已经有 1 000 英亩了。

到了第二年（1910 年）春，又与陈齐贤等签订合约，以实收 32 万元的价格将福山园预售给他，约定到年底为止，任他经手转售，不到两个月，陈齐贤便将福山园以 35 万元的价格卖给英国人，三个月内 32 万元如数交清。这笔钱除了还广益银行 7 万元、陈齐贤 8 万元外，还剩 17 万元，陈嘉庚立即又在柔佛找地开垦橡胶园。

1911 年春，为了恒美厂的稻谷采购事宜，陈嘉庚专程前往暹罗（泰国）的曼谷，准备在曼谷河边租栈房（仓库），采购稻谷运来新加坡。期间，陈嘉庚捕捉到商机，买地赶建黄梨厂，机器有的从新加坡进，有的就在泰国购置，赶在夏季到来时竣工投产。与此同时，码头和栈房也开工建设，一个多月就建成了，起名为“谦泰”，也取得很好的收益。

在泰国期间，陈嘉庚经朋友介绍认识了一位祖籍福建的“鸣成”号老板，参观了他的米厂，发现轨道运载十分便利，节省了不少人力，又可受空气助干，减少霉烂损失。陈嘉庚回新加坡后，立即参照“鸣成”厂的做法对恒美米厂进行改造，修建了轻便轨道，新造了砖庭屋盖，费时数月，耗资近 2 万元，大大提升了米厂效益。

1904—1911 年，是陈嘉庚独立创业的头七年。他在经营中兢兢业业，胆大心细。在此期间，他不仅能重信义偿还父债，同时还因其黄梨罐头产量约占全新加坡产量的一半而赢得“菠萝苏丹”美称，还初步摸索出种植橡胶的经验，且已拥有四家黄梨厂、两家米厂（店）、两处橡胶园。自1904年独立经营至1910年底，共获利73万余元，扣除还清其父遗留债款、厂房设备折旧、家用及义捐等，尚有资产45万元。当年在新加坡，能如此赢利，已称得上有一定实力的华侨实业家。1909年12月，他被选为中华总商会第六届委员会协理（福建帮四大协理之一），这是他跨入华侨社会上层的标志。

（四）抓住时机，发展航运

1914年，爆发第一次世界大战。自欧战爆发以来，船只紧张，运输困难，在安南（越南）和泰国采购稻谷，非常不方便，各船运公司都不愿意运稻谷，销往印度的熟米也没有船运。开春后熟米虽然有人要，但稻谷供应不上，巧妇难为无米之炊。在不得已的情况下，陈嘉庚决定自己租船运输。他租赁了两艘船，一艘“万通”，载重量1 300吨，租期两年；另一艘“万达”，载重量2 500吨，租期一年。经营数月，颇为顺利，既解决了自己的运输问题，也承运其他的货物。陈嘉庚看准机会，再向香港租两艘商船，每艘载重量2 000吨，这样一共租了4艘船。

这一年（1915年）陈嘉庚光租船一项就获利20余万元。第二年（1916年），因看好船运，他又出资30万元购买了一艘轮船，名“东丰轮”，载重量3 000吨。所租的4艘船中3艘租期已到，被船东讨回，只剩下万通轮。这时租金已大幅提高，就没有再租别的船了。这一年轮船获利30多万元。1917年秋，又投资42万元买了一艘轮船，载重量3 750吨，原为澳大利亚的客货两用船，时速较快，达14海里，改名为“谦泰轮”。这年冬，陈嘉庚把所买的东丰轮和谦泰轮租给法国政府，每月租金12万元，扣除用费和维修费，可以剩五六万元，合同期至战事结束再加6个月，这一年航运得利50余万元。但是好景不长，1918年春东丰轮在地中海被德国军队击沉，秋间谦泰轮也在地中海被击沉，幸好事先都投了保险，两艘船共获保险公司理赔120万元，扣除本金，保险金和租金仍有60万元。这四年陈嘉庚仅航运一项共收入160万元，算是获利甚丰。

（五）主攻橡胶，独树一帜

受战争及市场变化影响，黄梨业获利无多，几位合伙人和经理多无心经营，陈嘉庚担心有危险，就出让给他人。原来位于土桥头的黄梨厂拆去机器，只留下锅炉，改造成树胶厂，添置加工橡胶所需机器，并建吊栈，耗费5万多元。一开始先代别家作绞工，来料加工，每月能绞五六千担，一年就收回投资。恒美米厂也因泰国一下子增加了许多熟米加工厂，竞争激烈，新加坡又不产稻谷，更难与竞争，已现乏利景象，前景很不乐观。陈嘉庚果断决定将恒美米厂改造成橡胶厂，晒谷的砖庭改建成平房安装机器，原有栈房改建成四五层的厂房用来吊胶，并添置了加热设备，费款 20 多万元，号曰“谦益”。自己买湿胶片来加工为胶布，在当地卖给各洋商。后来刚好有一个美国广告公司的经纪人，来新加坡招登广告，陈嘉庚就托他介绍美国胶商来交易，他回美国时就介绍给胶业协会经理人。1918 年，陈嘉庚又用轮船的保险款在柔佛买了 1 000 英亩橡胶园和 2 000 英亩空山地，价格 40 万元。他还花了 32 万元在新加坡马珍律港边买了 3.3 万平方米的空地。陈嘉庚还与他人联合在新加坡创办裕源公司、振成丰公司、槟城树胶公司等，这三家公司都经营树胶，陈嘉庚占的股份约三分之一，资本 50 余万元，每年可分得利润 10 余万元。这时，谦益胶厂的资本已增至 200 余万元，且直接与美欧客商交易，每年可获利五六十万元。福山园的 2 000 英亩橡胶已经七八年了，黄梨已除去，专顾橡胶，过两三年便有利可收。新买的空山地雇人栽种橡胶，计划一年多完工。自此，陈嘉庚营业的重点逐步转移到橡胶业上来。当时，新加坡华侨经营橡胶进出口贸易的有四五十家，只有陈嘉庚独树一帜，除不通过洋行而直接与欧美商家交易外，还同时经营橡胶种植、生胶加工和熟胶成品制造，集原料供应、工业生产和对外销售于一体，实存资产总值达 400 万余元，已成为崭露头角的华侨大实业家了。

（六）调整战略，再创辉煌

1922 年初，陈敬贤积劳成疾，患有痢疾，并兼有胃病和咯血疾（即肺痨病），苦不堪言，只好返回集美调养。陈嘉庚不得不第六次出洋，继续执掌公司的各项事务，采取了下列强化橡胶经营的措施：

（1）以低价买进马来亚各埠处于停工、半停工状态的胶厂九家，连同原槟城树胶厂共十家，逐厂扩充吊栈热房，改善机器，年内竣工，每月可产胶布 3 万余担，一年得利 100 多万元。

（2）扩大橡胶园。在新加坡、柔佛等地大规模开辟新胶园，买进 8 000 余英亩，使胶园总面积增至近 1.5 万英亩，成为南洋华侨大橡胶园主之一。

（3）发展胶品制造业。他认为生胶制造厂已扩充到最大限度，橡胶园也达到饱和状态，唯熟品制造厂尚有发展余地，因而不惜投下巨资，扩大经营，大量生产各种轮胎、胶靴胶鞋、医疗用具、日用品等橡胶制品。

（4）为推广推销新产品，在马来亚和荷属东印度各大商埠自设分店，在我国香港、上海等十几个大都市也分设商店，实行自销为主、请人代理为辅的销售策略。

（5）注册了“钟”牌商标，闻名遐迩的名牌产品胶鞋打出了“捷足先登”的广告。考虑到每年所用商标、广告等印刷品数额巨大，给人承印不合算，于是自办一家印刷所，接着创办了《南洋商报》。《南洋商报》为陈嘉庚商业活动的宣传、社会地位的巩固及名声的传播，起到了巨大的作用。

上述措施实施后，又逢英国政府限制树胶出产，胶价上涨，公司利润直线上升。1922 年获利 110 余万元，1923 年获利 120 余万元，1924 年获利 170 余万元，1925 年创纪录获利近 800 万元，为一生中登峰造极、得利最多及资产最巨之时。据陈嘉庚本人估计，他当时所有的资产：橡胶园 1.5 万英亩，价值 600 万元；谦益各胶厂厂房、机器 100 万元，活动资本 400 万元，橡胶熟品制造厂机器及厂房 150 万元，活动资本 150 万元；火锯厂、黄

梨厂及米店共50万元；空地及栈房50万元，合计1 500余万元。除欠银行贷款近300万元外，实有资产1 200万元。至此，陈嘉庚不仅在新加坡，而且在整个东南亚地区都算得上是一位实力雄厚的大实业家了。1923年2月，陈嘉庚被推举为新加坡怡和轩俱乐部（1895年创立，号称“百万富翁俱乐部”）总理。

**三、惨淡经营，企业收盘（1926—1935年）**

第一次世界大战结束，西方经济逐步复苏，列强对东方殖民地经济争夺更加剧烈。西方财团看到市场橡胶制品获利丰厚，便竞相投资设厂制造。1926年胶品供过于求，胶价连连暴跌；加上公司里的好几个骨干自立门户，也经营橡胶业，与陈嘉庚的公司竞争，使陈嘉庚公司进一步陷入困境。而东邻日本大力推行“南进政策”，采取税收优惠和出口津贴等国家手段，制造廉价胶品，在东南亚市场压价倾销。在诸多列强财团联合排挤打击下，陈嘉庚公司深受其害，而又势单力薄，难以抗衡，经营遂一落千丈。1926年年度总决算，企业不仅无利，而且亏损30余万元。

1928年5月3日，“济南惨案”发生，激起国人及侨胞公愤。陈嘉庚领头筹款救济受难同胞，他创办的《南洋商报》也极力宣传抵制日货。1930年3月29日，日商及奸商怀恨在心，串通一起，放火烧毁陈嘉庚最大的胶品厂，损失近百万元（除保险外，损失50余万元）。经过接二连三折腾，陈嘉庚资产损失过半，元气大伤。

1929年，资本主义经济危机爆发，世界市场一片混乱。1931年，新加坡生胶每担跌至破天荒的七八元，胶鞋每双从二元多跌至二角。面对如此凶猛的经济危机，陈嘉庚企业连年大亏。自 1929 年至 1931 年的三年中，陈嘉庚公司所经营的企业只有火锯、饼干等厂稍有微利，但仅抵义捐及家费，而继续提供集、厦学校经费达 90 万元。企业损失及集美、厦大两校经费，使陈嘉庚公司 1931 年亏损达 320 万元。当时，陈嘉庚公司共欠银行债款近 400 万元，公司资产仅 200 多万元，实际上资不抵债，无力偿还。以英国汇丰银行为首的债权银行要求陈嘉庚停止支持集美、厦大经费，被陈嘉庚断然拒绝，表示："宁使企业收盘，绝不停办学校。"他多方筹措经费，包括变卖部分校产，举债，甚至出卖大厦，以维持集美、厦大经费。

1931 年 8 月，陈嘉庚被迫接受汇丰银行等 8 家债权银行组成的银行团的条件，将陈嘉康公司改组为有限公司，他个人名下所有动产和不动产全部并入有限公司资产，限他每月只能支取 5 000 元给集美、厦大两校。

至此，陈嘉庚大权旁落，失去企业自主权。虽然稍后企业一度似乎又有新转机，但殖民地当局又规定产品只许由一家英商专卖，不许自由经营。陈嘉庚虽竭力反对却无效。英国财团仗势欺人甚至公开狂言："我英国人之利权不容他国人染指。"陈嘉庚眼看经营前途无望，不愿俯仰由人，于 1934 年 2 月 13 日，召开股东大会，毅然决定将企业收盘。

## 延伸阅读二：陈嘉庚创业的成功之道

1904 年起，陈嘉庚自主经营，至 1925 年鼎盛时期，前后不过短短 21 年，增值 1 700 倍，从一名不起眼的侨商，迅速发展成为赫赫有名的"千万富翁"，从一个普通小业主，一跃成为名震海内外的"橡胶大王"。其成功之道，从客观上讲，20 世纪初，正是第一世界大战前后，西方列强忙于战前备战、战时交战和战后复苏，无暇东顾。因此为陈嘉庚大胆创业，驰骋商场，发财致富，提供了一个千载难逢的大好机会。从主观上讲，主要是陈嘉庚本人敢想敢干，多谋善断，目光远大，胆识过人，不仅具有非凡的经商才能，强烈的爱国意识，还有在商场上指挥若定的大将风度，对经济决策和经营方法每每有独到之处。

若干年后，有人诚心向陈嘉庚请教企业经营之道，他回答说："有两条。一是要有祖国做靠山；二是要有经济的眼光，还要有政治的眼光。"陈嘉庚这两条，是他在海外经商几十年的心血结晶。归纳起来，主要有以下几方面具体经验值得借鉴。

### 诚信果毅　言信行果

陈嘉庚经管企业，首先宣扬一个"诚"字，按他自己解释："诚"的核心内容是忠诚于祖国、真诚服务于社会。陈嘉庚把"诚"看作支配自己办实业的价值观念，说他办实业不过是为了尽"爱乡爱国"之"义务"，这种义务在他心目中比企业盈利还重，他是"轻金钱，重义务"。陈嘉庚宣扬企业对国家、对社会的"诚"也是为了取得职工和社会对企业的支持。他十分明确地把企业对国家社会的"诚"和职工对企业的"诚"联系起来，力图以爱国、爱社会的价值观启迪、培养职工对企业的忠诚，以激励、增强企业内部的向心力和凝聚力。

在调节、处理企业内外各种关系时，陈嘉庚突出强调一个"信"字。这是他为办实业确立的道德规范。他所说的"信"，包括信用、信誉和信任。从一开始创办企业，陈嘉庚就把"信"作为信守不渝的基本原则。陈嘉庚不仅自身恪守商业信用，而且打破当地法律所规定的信用界限，在创业 4 年后就毅然主动地代其已经去世的父亲还债。陈嘉庚认为，企业对外部的信用，主要是对顾客的信用，取信于顾客，是企业兴旺发达的重要前提。在企业的外部信用方面，他着重抓两个环节：第一，品质优良的商品，是取信于顾客、建立企业信誉的物质基础。第二，开展文明礼貌服务，与顾客相互尊重和相互信任，是取信于顾客的可靠保证。

陈嘉庚办实业，特别强调竞争精神，认为经营企业实际上也是在进行一种战争。竞争不仅要敢于冒风险，还要决策及时，行动迅猛，掌握充分的主动权。“动作迟缓，事事输人，商战中必为败兵。”这就是陈嘉庚一贯提倡的“果”字，它强烈地体现了陈嘉庚在办实业中锐意竞争制胜的气概。

陈嘉庚经营实业并不是一帆风顺的，而是坎坷不平的。可贵的是，面对一个又一个的挫折，他不灰心，不动摇，刚毅不屈，百折不挠，坚持到底。他说：“人能经得起挫折，受得起打击，吃得起苦头，才是好汉。”他“最反对无毅力之人”，认为“世上无难事，唯有毅与责任”，只要矢志不渝、坚定不移地走自己的路，就没有克服不了的艰难险阻。这就是陈嘉庚“毅”的经营风格。

## 把握商机　开拓进取

陈嘉庚创业初期，为什么一开始先从菠萝和米业入手？这是因为经营这两个行业，一是投资少，资金周转快；二是原料有保证，销售有渠道；三是随父经商时，对两业有接触，情况明，有盈利把握。加上他办事精明果断，说干就干，能因陋就简，不失时机地快速上马投产经营，结果第一仗就打得很漂亮。又如第一次世界大战期间，海上运输异常危险，一般商家多退避三舍，但陈嘉庚深知“商场如战场，商战如海战”，“不入虎穴，焉得虎子”，大胆涉足航运，开始是“逼上梁山”，继而“自觉上山”，连年得利均丰厚。实践证明，陈嘉庚原来的主观设想符合客观实际，善于捕捉商机，敢于和善于冒大风险，经营作风雷厉风行，经营决策上更是胜人一筹，值得称道。

## 认准目标　全力以赴

橡胶原产中美洲，属珍贵植物，严禁出口，19 世纪末由英国秘密传入新马，识者甚寡。1906 年，陈嘉庚经营菠萝遇到困难，在摸索市场行情过程中，意外得到种橡胶可获厚利的宝贵信息。凭着陈嘉庚的商业敏感，深感此业前途广阔：一来橡胶系热带植物，适于新马种植；二来 20 世纪汽车将迅速发展，橡胶轮胎需要量必大增；三来祖国橡胶其时尚属空白，在新加坡发展橡胶，员工多为华侨，日后可为祖国做贡献。陈嘉庚认准目标后便一再加大对橡胶的投资力度，从扩大橡胶园，到扩展橡胶厂和熟品制造厂，所制产品从托人代销到直接经销，销售地区从新马扩展到五大洲，形成供产销一体化，农工贸一把抓，第一、二、三产业同时上的现代化经济格局。规模宏大，利润可观，终于赢得“橡胶大王”美誉。

## 建章立制　重视管理

陈嘉庚认为：“一种实业的成功，不在初创时拥有雄厚的资金，而在经营得法与否，初创时都是极其渺小，经过长期奋斗，渐渐扩大，终成巨富。”陈嘉庚办事一向认真负责、一丝不苟。其公司规模庞大，人员众多。他身为公司总管，亲自制定章程，做到人人遵守，概不例外。对重点企业每日必到，从早到晚，认真巡视，发现问题，及时解决，发现经验，迅速推广。他处处精打细算，注重修旧利废和成本核算，不图形式而求实效。在生产和经营中，厉行增产节约，反对铺张浪费，促使企业蒸蒸日上，财源不断涌进。

## 知人善任　任人唯贤

为了使企业不断地发展壮大，陈嘉庚在经营管理中，处处留意发现和培养管理人才，只要忠实可靠又精明能干，一经发现就破格提拔，委以重任。例如，李光前原是一家国货公司英文秘书，但他为人诚实，年轻，能进取，有才华，通晓中英文和涉外业务，深得陈嘉庚赏识。经过培养考察，予以重用。结果使公司橡胶业务迅速发展，其本人才华也得以充分发挥，尔后更成为南洋后起的华人领袖。又如陈六使，原为陈氏橡胶园的普通员工，由于年轻干练，有魄力，工作认真负责，被陈嘉庚发现后，改派他到另一家橡胶厂工作并逐步让他任高级职员，工作出色，管理能力得到迅速提高，后来也成为新加坡著名侨领和大实业家。他们事业有成后仍然念念不忘陈嘉庚当年的栽培与提携，继续忠诚地支持陈嘉庚开创的公益事业，为当地和家乡的建设发展做出重大贡献。

## 得道多助　侨众拥护

陈嘉庚独立经营以来，艰苦创业，步步高升；才华横溢，智慧超群；倾资兴学，热心公益。他早年参加同盟会，支持孙中山，拥护辛亥革命。1911 年被新加坡闽籍华侨推举为福建保安会会长，1923 年继任新加坡怡和轩俱乐部总理，1929 年被推举为新加坡福建会馆主席，1938 年出任南侨总会主席。他一向忠诚为社会服务，为维护华侨正当权益，为发展当地社会经济，做出了重大贡献。反过来，新马和南洋各地爱国华侨和华人也衷心地信任、支持和拥护他，为他的事业的迅速发展和承担的社会重任而鼎力相助。这种有形无形地互相凝集的力量所产生的价值，是难以用金钱数字来衡量的。

# 第五篇　陈嘉庚的教育立国

## 专题欣赏一：办教育“尽国民之天职”

**【导读】**陈嘉庚身居异邦，心怀乡国，经营实业不谋私利，立志尽义务报效祖国，故倾资兴办教育等公益事业，以尽国民天职。早于1913年，陈嘉庚在家乡创办集美小学，后又增办师范、中学、水产、航海、商业、农业等校，统称为“集美学校”。1921年，陈嘉庚创办厦门大学，亲自选择校址、校长，主持建筑校舍，以高薪聘请教师等，设文、理、法、商、教育等五院十七系，为海内外培养高等人才。在侨居地新加坡亦倡办和赞助许多学校，形成了开放型教育体系。

“余热诚内向，思欲尽国民一分子之天职，愧无其他才能参加政务或公共事业，只有自量绵力，回家乡集美社创办小学校……”

这是陈嘉庚在《南侨回忆录》中追记自己创办集美小学时写下的一段话。集美小学是陈嘉庚创办的第一所学校，时间是1912年，此校至今尚在。

从那时起的60多年间，陈嘉庚创办、资助和倡办的学校多达180所。厦门大学、集美大学，都是由其所创办或从其所创办的学校发展而来的。

“不牺牲财，无教育可言；民无教育，安能立国?”

从捐资兴学到倾资兴学，陈嘉庚从一开始就抱定“尽国民一分子之天职的决心”。既认定是“天职”，所以他能不计荣辱得失、毁誉褒贬，倾资兴学，无怨无悔。且不说陈嘉庚生活的那个时代，就以当今而论，真心视办教育为公民天职者又有多少呢?

陈嘉庚所处的时代，中国教育落后到何种程度呢? 1913年，“同安全县师资连简易科毕业者仅有四人，一人改从商业，尚余三人”“同安全县人口二十余万人，只有县立小学一校，学生百余名，私立四校，学生三百余名”。(《陈嘉庚回忆录》第4页，东方出版社)

陈嘉庚的故乡集美社是一个由清一色陈姓宗亲构成的村庄，或许因为久居海滨之地，村民们多以捕鱼赶海为生，养成了剽悍的民风和好勇斗狠的性格。虽是同姓，却并不团结，“同处里村宗族亲派怨恶相寻，甚于异类”“二十年前屡次械斗，死伤数十人”，直至引来官兵镇压。陈嘉庚成年以后，不止一次痛责自己的故乡：“其野蛮之狂，想为本省所未有”，对那些经常寻衅滋事者，“恨无权力可执而枪毙之”。

所以，兴办教育，开启民智，陈嘉庚首先选择从家乡做起也就是顺理成章的事情了。陈嘉庚诚恳地找各房各长者商量，关掉了原有的私塾，让所有适龄子弟都进入新办的集美小学。1913 年春，集美小学开学。当 7 名老师、130 多名学生在陈氏祠堂里列队而立的时候，陈嘉庚由衷地感到欣慰，他发愿要创办更大的学校。

他考察省内的教育后，对县立小学的腐败感到震惊。同安县立小学有学生 100 名，办学 10 年，却未有一班学生毕业，究其原因，还是腐败。小学校长由县长指派乡绅担任，教员和学生由乡绅聘任、招收。每换一次县长，校长就和学生散去重招一次，10 年换了几任县长，也没有一班学生可以读到毕业。这让陈嘉庚愤慨不已。

县里如此，省会又如何呢？在福州考察省立师范学校，也让陈嘉庚大失所望。这所学校每年招生 80 余人，分作两班，但多半不公开招考，所以尽是官僚及富贵人家子弟，这些人毕业后多不愿意从事教育工作，故师资仍然极其缺乏，陈嘉庚思考着将来办一所师范学校，多收闽南乡间贫寒子弟入学，培养他们的志向，以加强本省教育。

随着在新加坡的事业蒸蒸日上，陈嘉庚也开始加大对教育的投入。从 1912 年到 1918 年，陈嘉庚与胞弟陈敬贤先后在集美办起一所中学和一所师范学校，中学生只交膳食费用，免交学费和住宿费用，师范生不仅各项费用全免，连被席蚊帐皆由学校供给。为克服官办师范的弊病，陈嘉庚特意规定在闽南各县选招贫寒子弟入学，大县给名额五六人，小县三四人，仅在 1918 年，中学与师范就招收学生近 200 人。

值得一提的是，陈嘉庚在 1920 年即着手创办集美水产航海学校。一开始，他就把“开拓海洋，挽回海权”作为办学宗旨。他深知航海对世界经济发展的重要意义，旧中国“门户洞开，强邻环伺”，既无海防又无现代水产航海事业的可悲状况，深深地刺痛了他。在集美学校创办之初，他就萌生了创办水产与航海学校的梦想。他当时就指出：“今后我国欲振兴航业，巩固海权，一洗久积之国耻，沿海诸省应负奋起直追之责”“世界数十国航业注册，我国竟无资格参加，其耻辱为何如”“欲振兴航业，必须培养多数之航业人才”。

创办水产航海教育并不容易。当时，偌大的中国仅有辛亥革命前夕在吴淞创办的邮传部高等商船学堂和一所江苏省水产学校（迁往吴淞后始称“吴淞水产专科学校”）。欲办好集美水产航海学校，首先面临的就是师资匮乏问题。为此，早在 1917 年，他就资助吴淞水产专科学校高材生冯立民、张柱尊、侯朝海前往日本东京水产专科讲习所留学，预聘他们学成后回国到集美任教。后来他又两次资助本校的多名毕业生到日本留学，同样预聘他们学成后回母校任教，陈嘉庚亲自选聘的 9 任水产航海学校校长都有水产航海专业学习经历，其中 7 人曾留学日本。

为吸引生源，集美水产航海学校的学生待遇等同于师范生，学费、膳宿费全免。陈嘉庚还从国外定制机器，在厦门造了一艘渔轮，又从法国购买了一艘在当时较为先进的捕鱼船，让学生能够有实习和就业的机会。

到 1927 年时，陈嘉庚与胞弟陈敬贤努力创办的集美学村已经蔚为可观。这些学校包括男子小学、女子小学、男子师范、男子中学、水产航海学校、商业学校、农业学校、幼儿师范、国语专科学校，生源多为闽粤两省学子，亦有来自南洋的部分学生。这些学校被统称为集美学村。

在陈嘉庚创办的所有学校中，影响最大的当然还是厦门大学。

创办一所一流的大学，让地处东南一隅的福建学子能够就近深造，这是陈嘉庚多年的愿望和梦想。在商业上获得成功后，他就将这一愿望付诸实施。他也知道，仅凭一己之力，要创办一所大学是十分困难的，因此他希望能向当时的一些海外闽籍富商寻求支持。在当时的南洋闽籍华侨中，陈嘉庚并非首富，资财几百万甚至上千万的大有人在。他曾乐观地相信，募捐几百万应该不是难事，然而结果却大大出乎他的预料。他一次次向那些著名的华侨富商募捐，并开列出出资条件，比如给予冠名、参与管理校务等，没想到几年下来应者寥寥，甚至有一位闽籍富商宁愿死后被英国殖民当局征收四千万巨额遗产税，也不肯捐助一分钱。

几年来募捐的艰辛历程让陈嘉庚十分感慨，他愤怒地批评说："我国人传统习惯，生平艰难辛苦多为子孙计，若夫血脉已绝，尚复代人吝啬，一毛不拔，既不为社会计，亦不为个人名誉计，真其愚不可及。"

集资办学未果，但陈嘉庚创办厦门大学的决心却更加坚定了。为了办好厦大，他拟聘汪精卫担任厦门大学首任校长，蔡元培、黄炎培、余日章、郭秉文、邓萃英等担任筹集委员会成员。经过一段时间的积极筹备，厦门大学于 1921 年 4 月由陈嘉庚独立出资 100 多万元，暂借集美学村正式开学，首批招生 120 多人，开学典礼不仅请来诸多社会名流，还请到了正在中国进行访问的美国著名教育家、哲学家杜威。

陈嘉庚深知校长对大学的重要性，因此在 1920 年汪精卫来闽探望老友陈炯明时，就邀请汪精卫参观集美学村。陈嘉庚希望他能出任厦门大学校长，汪精卫一口应允，这让陈嘉庚颇感欣慰，还将其夫人陈璧君接到鼓浪屿安顿下来。没想到汪精卫根本无心教育事业，还是热衷于政治，一等到政治上有机可乘，他立即向陈嘉庚递了辞呈。陈嘉庚不得不临时改聘教育部参事邓萃英为校长，可是邓萃英热衷于做官，并未如约辞去教育部官职，开学典礼一结束便返回北京，将校务委托他人。这让陈嘉庚大失所望，适逢有学生写匿名信指责邓萃英不学无术却做挂名校长。邓颇感难堪，提交辞呈，陈嘉庚也不慰留，立即批准。这时候，陈嘉庚只能求助于远在新加坡的老友林文庆博士，再三恳请他出任厦门大学校长。林文庆没有辜负陈嘉庚先生之请，成为厦门大学第一任真正的校长。

林文庆为厦大的发展呕心沥血，从 1921 年上任到 1937 年厦门大学改为国立，担任校长 16 年。正是这十几年间，一座堪称中国东南最美丽的大学出现在了厦门岛一侧的天风海涛之间。40 多座红瓦灰墙、中西合璧的建筑依山傍海，错落有致。学校的图书馆、生物馆、学生食堂等设施都是当时国内最好的。厦大当时有文学院、理学院、法学院、商学院、教育学院共 5 大学院 17 个系。1930 年前后，每年可招收数百名学子入学。而这一切，除少量来自亲友捐赠的款项外，基本都是靠陈嘉庚一人之力努力支撑。他前后投入厦门大学的经费多达 400 余万元。这在当时的中国是一个天文数字。

当经济危机来临时，陈嘉庚的企业面临困难，危及厦门大学。当时有多位好友劝陈嘉庚暂时关闭厦大，等渡过难关再复办。银行和投资机构也表示愿意给陈嘉庚贷款，但同时也开出严苛条件——陈嘉庚必须停止向厦大和集美大学提供经费，保证资金全用于企业。陈嘉庚断然拒绝。他后来在回忆录中写道："有人劝余停止校费，以维持营业，余不忍放弃义务，毅力支持，盖两校如关门，自己误青年之罪小，影响社会之罪大。”“一经停课关门，则恢复难望。”他毅然卖掉许多产业，继续维持两校费用。有人说这是“出卖大厦维持厦大”，这也应验了黄炎培对他的评价：毁家兴学。尽管陈嘉庚不认同“毁家”之说，但黄炎培这里所谓的“家”并非陈嘉庚个人的小家，而是陈嘉庚的企业这个大“家”。

商业上面临窘迫，企业陆续关门，但这些并没有动摇陈嘉庚办学的决心。他一直凭借自己和亲友的力量，苦苦支撑着厦大。直到 1937 年，他才将厦门大学交予政府管理，而在家乡创办的集美学村各校，则一直坚持了下来。

夏蒙. 第一公民：陈嘉庚传. 北京：中国友谊出版公司，2013.

**链接**

**黄炎培：《陈嘉庚毁家兴学记》（节选）**

民国六年（1917 年）夏，余游新加坡林氏山庄，众中见一人，态严正而静默。主人林君义顺，进而为之介曰，此陈君嘉庚也，相与握手作礼，时诸宾方杂，为林母寿，未获与谈。既归，陈君因贾君丰臻斥万金助中华职业教育社，由是书简往还，殆无虚月。时陈君已于其故里福建同安县集美乡创建集美学校，有小学，有师范，有中学。别于新加坡集侨商公建一华侨中学，陈君总其成，而以众意委余物色校长。八年（1919 年）春，偕校长徐君开舆往，倾谈累日，新加坡已宣传陈君有毁家兴学之举。乃者陈君复以物色集美校长事委余，以七月指陆君规亮赴闽，获亲观其所建之学校，识其生平，并确悉其毁家兴学之实况，则不敢不亟亟焉介绍其人与事于吾全国焉。

## 专题欣赏二：是实业家，更是教育家

**【导读】**陈嘉庚有感于列强环伺中国，国家成败千钧一发，“思欲尽国民一分子之天职”，倾资兴学，蔚为大观，终成一代蜚声海内外的教育家。

有人做过统计，从陈嘉庚兴办第一所学校开始，在长达 60 多年的岁月里，陈嘉庚创办或资助的学校达 100 余所。但如果因此认为陈嘉庚兴办教育的功绩仅仅是倾资兴学，那是十分片面的。陈嘉庚不仅是一位实业家，更是一位教育家。

若论教育程度，陈嘉庚仅在早年断断续续受过 7 年私塾教育，此后再未踏入校门深造，但他一生手不释卷，酷爱读书，长于写作，先后完成了《南侨回忆录》《我国行的问题》《住屋与卫生》《新中国观感集》等多种著述，为报刊撰文更是不计其数。鲜为人知的是，陈嘉庚还工于书法，写得一手好字。虽有秘书可以代劳，但陈嘉庚一生绝少让人捉刀代文，出任南侨总会主席后的电文及通告，多数由他亲自动手撰写。

陈嘉庚办教育并非一时心血来潮，而是从一开始就有明确的目的。他在《筹办福建厦门大学附设高等师范学校通告》中说：“专制之积弊未除，共和之建设未备，国民之教育未遍，地方之实业未兴，此四者欲望其各臻完善，非有高等教育专门学识，不足以躐等而达。”

陈嘉庚对教育有许多独到见解。他虽然没有留下一部论述教育的专著，但在他的著作及大量书信、访谈及演讲中，有许多关于教育的精辟论述。而他的倾资兴学的实践、办学的方向，更直接体现了他的教育理念。从这一意义上说，陈嘉庚是一位当之无愧的伟大教育家。

陈嘉庚是一位深具战略眼光的教育家，他所创办的学校布局严谨，自成体系，能全方位地培养各种对国家和社会有用的人才。从纵向看，他所创办的学校包括学前教育、初等教育、中等教育、高等教育；从横向看，则有男女小学、普通中学、师范学校，水产、航海、商业、农林等各类职业学校。高等学校如厦大的专业设置包括文、法、理、工等学科。

在创办各种学校的同时，陈嘉庚还在学区内努力建设体育场馆、图书馆、科学馆、美术馆、音乐馆等各种可以提升学校教育水平的文体设施，并在学校内设有银行、医院、印刷厂、建筑部、农林实验场等机构，从而构成一个全方位的教育体系。

据不完全统计，集美学校科学馆当时有各种科学实验仪器 2 万余件、海内外动植物标本 3 000 多种；集美图书馆藏书达 29 万册。水产、航海等学校还有先进的教学实验船和实习船。这样完备的教学设施和教学保障体系，在中国当时国内私立教育机构中是绝无仅有的。

在兴办教育的过程中，陈嘉庚尤重师范教育。他认为“师范是教育的基本”“没有好教师，就没有好学校”。

1918 年春，陈嘉庚在家乡开办第一所师范学校时，就派胞弟陈敬贤专程赴江浙一带重金聘请教师和校长。但这些远道而来的校长和教师思乡心切，并不安心在异乡教学，两年三易校长，教师也不断更换。因此，陈嘉庚不得不在 1920 年亲往上海，求助于两位教育大家蔡元培和黄炎培。

尽管遇到种种挫折，陈嘉庚仍然坚持不懈地倡建师范学校。后来又陆续开办了女子师范、师范讲习科、国学专门学校、高级师范、普师、简师、幼师，还模仿陶行知先生的晓庄师范创办过一所乡村实验师范。为了提升海外华文教育水平，在太平洋战争爆发前，陈嘉庚还在新加坡创办了南洋师范学校。陈嘉庚如此执着地兴办师范学校，为社会造就了大批热爱教育、品学兼优的师范生，泽被后世、薪火相传，对闽南教育及海外华文教育产生了深远影响。

陈嘉庚是一位富有社会责任感的教育家。在民生凋敝的旧中国，教育救国、科学救国、实业救国是一代有识之士的理想，但像陈嘉庚这样能同时实现这些理想的人并不多见。从 20 世纪 20 年代初开始，陈嘉庚先后创办航海、水产、商科学校，开东南沿海职业教育之先河。他认为欲“开拓海洋，挽回海权”，就“必须培养多数之航海人才”。而创办商科则希望中国商业文明能跟上世界先进国家的步伐。“所独缺乏者，商人不知商业原理与常识耳，吾人深知此弊，以为补救之法，莫善于兴学。”为了办好职业教育，陈嘉庚不惜重金延揽人才，聘请了优秀留学生担任教师。从集美各校毕业的学生，在许多专业上填补了国家的人才空白，打破了洋人的垄断。

陈嘉庚还是一位知行合一的教育家，他的教育思想、教育理念，无不体现在他的教育实践中。他所创办的每一所学校，从勘察、规划、设计到施工，包括用工及选择建筑材料，他都一一过问。为选择厦门大学校址，他走遍厦门全岛，最后看中了当时的演武场一带。他认为演武场一带“背山面海，坐北向南，风景秀丽，地场广大”，“厦门虽然居闽省南方，然与南洋关系密切，而南洋侨胞子弟，多住厦门附近……将来学生众多，大学地场必须广大，备以后扩充”。他在新加坡创办的华侨中学，依武吉知马山山势而建，校园宽广，校舍堂皇，至今仍是新加坡最好的中学。

陈嘉庚认为要办好一所学校，一校之长至关重要。任校长者必须有爱国之心，有道德毅力，德才兼备，专心办学，坚决不要挂名校长、空头校长。即使像汪精卫、邓萃英这样的人，如不称职，他也毫不犹豫地予以解聘。

对于教师的选聘，陈嘉庚也为学校制定了极其严格的标准。首先是品学兼优，更要能为人师表。一旦聘用则待遇从优。他曾写信告诫集美学校校长叶渊："做事不负'天良'二字，凡守正道以行事""以诚挚待教师，又以优俸酬其劳，按月必交，无缺分毫，俾仰事俯畜，无内顾之忧"。一句话，绝无拖欠教师工资之事。

集美学校的师资当时堪称一流。先后被聘为集美学校教师的吴文祺、许钦文、王鲁彦、潘训、汪静之、方玮德都是知名的文学家，农学家有章文才，林学家有叶道渊，体育教育家有吴振西、吴德懋，画家有林学大、张振铎、张书旂等。

在教育方针上，陈嘉庚主张"德智体三育"并重。陈嘉庚在办学之初就提出"吾校注意德智体三育，故对学生学习、操行、运动优者有给奖之举"。他鼓励学生坚持体育运动，参加竞赛目的不在输赢，而是使"优者益勉，负者振奋"。在他看来，体育课"虽主旨在训练健康，然首先对于精神关系更为密切"。他要求集美各校不要把体育作为一般学科，应作为教育主科之一。这在今天看来都是十分先进的教育理念。

1920 年，在集美学校第二届运动会上，陈嘉庚发表演讲时指出，体育运动可以养成坚毅的精神和良好的德行，有益于个人、家庭、社会和国家。他寄语各位学生"挽吾国积弱之颓风，矫社会抟沙之陋习"。

陈嘉庚对国术亦情有独钟，他将此看作祖国传统文化的一部分，又将此作为体育之一种。抗战前夕，福建永春国术队访问新加坡，得到他的资助。他认为，第一，国术和国文一样重要，国有文武，文是国文，武则国术，国文不可废，国术也不可废；第二，国术不唯关系体育，而且关系己身，日本尚取我国武术，而我们却丢了国术，这怎么可以；第三，国术可以用于消遣，青年人空闲之日不以国术消遣又将何为？（引自《南洋商报》，1936 - 1 - 30）

集美学校之校训仅有两个字："诚毅"——诚以为国，实事求是，大公无私；毅以处事，百折不挠，努力奋斗。

这一校训是 1918 年初陈嘉庚、陈敬贤兄弟回乡梓办学时共同商定的。对"诚毅"校训的最好注解，莫过于 1940 年 11 月 27 日陈嘉庚在回国慰问返抵安溪时的一段谈话。当时，为了躲避战火，集美学校从沿海迁往山区。陈嘉庚在集美中学师生和厦大、集美校友为他举行的欢迎会上演讲时指出："集美学校创办的动机和目的跟普通学校不同，办学是要有勇气的，也就是我们校训的'诚毅'，无论遇到什么艰难困苦，都要不屈不挠。""希望诸位抱着大公无私的精神，凭着'诚毅'二字校训，努力苦干。""我培养你们并不想要你们替我做什么，我更不愿你们是国家的害虫、寄生虫；我希望于你们的只是要依照着'诚毅'的校训，努力地读书，好好地做人，好好地替国家、民族做事。"

夏蒙. 第一公民：陈嘉庚传. 北京：中国友谊出版公司，2013.

# 专题欣赏三：创办惕斋学塾

**【导读】**创建惕斋学塾是陈嘉庚捐资办学的最初行动。惕斋学塾原址今仍在，从门柱上的联文不难探知陈嘉庚当年心曲：“惕厉其躬，谦冲其度，斋庄有敬，宽裕有容；春发其华，秋结其实，行先乎孝，艺裕乎文”。可以说，“惕斋”是青年陈嘉庚注重德行、修业、教化及居不求安、食不念饱的一种表现。

1894 年冬，陈嘉庚出资 2 000 元，在家乡集美创办惕斋学塾，这是他捐资兴学的开端。学塾是一座典型的闽南民居红砖瓦房，青白石的勒脚，红砖山墙石构窗，浮雕檐边。塾馆门前，挂着陈嘉庚拟就的对联：“惕厉其躬，谦冲其度，斋庄有敬，宽裕有容；春发其华，秋结其实，行先乎孝，艺裕乎文”。“惕斋”即取自于此。

1893 年秋，陈嘉庚奉父命回乡完婚。新娘是板桥乡浒井社的秀才张建壬之女张宝果。张建壬学问渊博，无意仕途，在乡里设馆教学，传文播道，张宝果耳闻目睹，也有几分书香之气。婚后陈嘉庚小两口恩恩爱爱，日子倒也过得惬意。陈嘉庚间或经营渔业，也抓紧时间到邻村师从塾师叶某补习中文。首次到南洋，看到闽南籍华侨多数文化水平很低，在国外谋生，深受“青暝牛”（文盲）没有文化之苦。此次回乡，陈嘉庚可谓是发奋读书了。

他回家成亲时，弟弟敬贤已五岁了。陈嘉庚十六岁时，母亲才生了敬贤。小敬贤聪明，也顽皮淘气，成天和社里的大小孩童玩耍、斗殴。这不，稍看不紧又溜出去了。不一顿饭工夫，哭着跑回来，衣服破了，头上也添了个包。看他身上青一块紫一块的，母亲默默地掉眼泪。陈嘉庚看在眼里，对弟弟又爱又怜、又气又恨，气的是他野蛮无知，恨的是他孽性难改。不一会儿，外面传来一阵叫喊声，闽南的粗言秽语可是真难听。人家找上门来了！照例赔不是、赔钱、送东西。母亲牙齿打落含血吞，一时如打破五味瓶，咸酸苦辣搅在一起：“我是犯了什么罪孽，今生受这样的责罚?”陈嘉庚憋了一肚子火，看到母亲如此悲痛欲绝，气不打一处来，一把抓起小敬贤，顺手操起一根绳子，冲出大门，把小敬贤绑在树上，一阵抽打。晚上，小敬贤已然入睡，可陈嘉庚却辗转反侧，难以入眠。

家乡儿童失学的情况令他十分关切。后来他回忆说：“当时，政府腐败，国弱民贫，教育颓废，不可言状。乡村十余岁之儿童，因失学而结队成群，裸体游戏，那种情况，近则败坏风俗，远则贻误民族前途。每念及此，乃默许自己如力之能及，当以竭力兴学，以尽国民天职。”筹资办学的念头在他的心头默默地萌发了。他从切身体会和到国外的了解，深感在祖国和家乡兴办教育的重要性，从这一年开始，陈嘉庚“对乡党祠堂私塾及社会义务诸事，颇具热心”。

转眼便是回来第二年的除夕了，儿子厥福都办满月了，想想自己很快又要去南洋了，这一去不知何年何月才得回来。村里的学塾早就停办了，这些天他自己都得到邻村学塾去温习“四书五经”。陈嘉庚决定用这几年挣的钱办个学塾。张宝果知书达理，对丈夫的举动也很支持，只是对捐尽积蓄感到忧虑。“用掉怕什么，”陈嘉庚柔声劝慰说，“钱财是流动的，有来有去，有去有来，好比掘井得泉，今日用明日则依然流满。”母亲孙氏是个大善人，烧香拜佛，乐善好施，自然也很赞成。

学塾的开办，使失学的集美儿童有了读书识字的条件，上学的孩童中就有天真稚气的陈敬贤。

闽南文化的浸润、华侨热心于家乡公益事业的传统风俗的影响，特别是早年所受教育的潜移默化，孕育了陈嘉庚“兴学”的思想基础。陈嘉庚在 9 岁至 16 岁阶段上私塾，背诵三字经、千字文、四书等旧学经典，受到较为系统的中国传统文化教育。他对“天下为公”、大同理想的向往，“服务社会”的群体观念，对忠义、仁义、克己、和谐、勤俭等理念的推崇，无不说明他深受中国传统文化的影响，尤其是受儒家伦理道德观的影响至深。从兴学报国到教育立国，是陈嘉庚教育观念的一个发展过程。“教育为立国之本，兴学乃国民天职”，这句名言正是陈嘉庚的办学理念，也是陈嘉庚教育发展观的指导思想。

陈嘉庚教育思想的形成和他的经济思想是密不可分的。创办惕斋学塾时，陈嘉庚初涉商界，辅佐父亲经营米店，兢兢业业、小心谨慎。在顺安米店三年，陈嘉庚“仆仆于事业，亦未曾撄其怒”，一向“守职勤俭，未尝枉费一文钱”，积蓄也不多。惕斋学塾所题的对联，正是这种思想的写照。“惕厉”语出《周易·乾》：“君子终日乾乾，夕惕若厉。”比喻人初得重用，不仅要整天自强不息、发奋有为，而且要小心谨慎。“谦冲”也出自《周易·谦》：“谦谦君子，卑以自牧也。”

从“惕厉”“谦冲”始，陈嘉庚毕生致力于教育事业，创办了一系列规模宏大、设备完善的学校，造就了大量的革命和建设人才，对振兴中华民族做出了巨大贡献。

## 专题欣赏四：创办集美小学

**【导读】**在《集美小学记》中，陈嘉庚亲笔写下了他创校的初衷：“慨故乡之陵夷，悯故乡之哄斗，以为改造国家社会，舍教育莫为功。”

罐头厂没办成，陈嘉庚却开始了他的办学计划。办学的难度远超过创办罐头厂。罐头厂失败了，办学的前景又会如何呢？谁也说不准。

陈嘉庚日夜苦思办学之路。他经常到集美社各地走走，到邻村拜访亲朋好友，所见皆同。到处都是赤身裸体的孩子，粗言野语地相互谩骂，成群结队地打架斗殴；还有的聚在一起赌博抽烟。看到这一切，陈嘉庚心里十分难受。他问乡里人，为什么孩子们如此野蛮，得到的回答都一样：旧学荒废了，新学没钱办。孩子没地方读书，无所事事，不学好，怎不学坏？陈嘉庚心想：如此下去，用不着十年八年，这些孩子全都会变成粗俗蛮横的野人。乡村所见更坚定了陈嘉庚开办小学的决心。

陈嘉庚也到鼓浪屿拜访同船从新加坡归来的林文庆博士。林文庆是陈嘉庚的好朋友，祖籍福建海澄。他生在新加坡，留学英国，但一直心系祖国。他是第一位荣获英国女皇奖学金的华人。林文庆是医生，学贯中西，掌握几种语言，是个大学问家。他第一个在马来亚开办橡胶种植园，是马来亚试种橡胶的第一人。他对陈嘉庚发展橡胶业帮助很大，陈嘉庚称他是“马来亚树胶之父”。林文庆对教育极为关心。他喜欢孩子，经常有小孩子跑到他的别墅里讨咖啡喝，听他讲国学。此次，陈嘉庚是特地向他来请教兴学之事的。林文庆滔滔不绝地讲了一番道理之后，说：“我国教育落后，民智不开，长此以往，国家将衰败沉沦，诚可痛也!”陈嘉庚觉得林博士关于教育的宏论过于悲观，但很深刻。他进一步认识到：教育不仅仅关系到一个村、几个村孩子的未来，更重要的是关系到国家的前途、民族的命运。陈嘉庚对林文庆说：“诚如林博士所言，小弟以为当务之急是兴办教育。教育兴，民智开，共和基础则可巩固。近日小弟常常在想自己怎样才能尽国民一分子之天职。小弟是一介商人，没有什么才能可以参加政务或公共事业，只有这些年赚到的一点钱，所以小弟想在家乡集美办一所像南洋那样的新式小学，请问博士，可否?”林文庆高兴地站起来，连声说：“好，好！可也！岂有不可之理?”林博士还一再强调：办学，一定要办新学。

所谓新学就是新式学校，新学是相对于旧学而言的。我国自古以来就有官办的太学、书院和民间的私塾，读的是“四书五经”、《幼学琼林》之类的经典古训，统称旧学。鸦片战争后，随着洋务运动的兴起，出现了一批洋务学堂，称新学。1896 年，也就是清光绪二十二年，有人建议清政府推广欧美的学校制度，在府、州、县设立学堂，选十来岁的优秀子弟入学；各省设立省学，选 25 岁以下的学堂生入学；京城北京设立京师大学，选 30 岁以下的贡生入学。三类学校均以 3 年为期。建议者希望通过建立新学体系，培养于国有用的人才。

一个县办一所小学，一个省办一所中学，全国办一所大学，实在少得可怜，但在当时这却是一项要捅破天的大变革，清政府不予采纳。直至清光绪三十年（1904 年），慈禧太后迫于各方面的压力，才下文改革学制。于是，同安县出现了第一所新制的县立小学。随后又办起四所新制私立小学。

这几所新学办是办起来了，但都办得很糟，用陈嘉庚的话说，叫“半死不活”。那所县立小学经费多、条件好，按理应该办得好，可办得更糟。原因是学校权力全操在县长手中，由县长委派校长；教员由校长招聘，招生也由他一人独揽。当时政局动荡，县长如走马灯更换。县长一换，校长也换，教员、学生跟着树倒猢狲散。十年不算长，但已变换多次；十年不算短，但始终没有学生学成毕业。其他 4 所私立小学经费很少，办学状况可想而知。

陈嘉庚决心改变这种落后腐败的教育状况，在集美创办一所全同安县最好的学校，而且是最好的新学。林文庆博士是对的。过去那种只知古、不知今，只知有天下、不知有万国的私塾再也不能办了。要办新学，不但要教语文、算术、自然、地理、历史，还要教音乐、美术、体育；要分级分班教学。然而，要做到这一切，没有一定的规模是不行的。所以，第一件事应该是解散私塾，把全社联合起来，共同办学。

集美这个地方，虽说山青水秀、人杰地灵，可近几十年来文化废坠，野俗日甚，无亲无疏，强弱相凌。据陈嘉庚所知，他离家这些年，村社里又械斗多次，死伤数十人，村里各房积恨甚深，彼此视为寇仇。像 18 年前创办惕斋学塾时一样，陈嘉庚必须先化解村民间的新仇旧恨，才能让他们坐到一起来。

陈嘉庚走东家，串西家，费尽口舌，动之以情，晓之以理，许之以利，好不容易才说动了各房的老大。大家同意捐弃前嫌，联合办学。一个大难题终于解决了。

要办新学，就要聘请受过专门教育的人才来当校长和教师。可是，在当时同安的 20 万人口中，有师范毕业生资质的仅仅 4 人，其中还有 1 人已改行从商。陈嘉庚央三托四，费尽周折，不惜重金才聘来其中 2 人。陈嘉庚委聘其中一个叫洪绍勋的当校长，另外再聘了 3 名教员。就这样，一个教学班子组成了。就这样的班子，还是当时全县各校中最强的呢。

1913 年 3 月 4 日，陈嘉庚创办的第一所新式学校——乡立集美两等小学校正式成立。全校共招学生 135 名，分高等一级，初等四级，共分 5 班。集美社各房头塾馆的学童全都入学读书。

学校借用大宗祠、诰驿、二房角祖厝等地方分散上课。3 月 10 日，集美小学在宗祠前的埕场上举行开学典礼。在开学典礼上，陈嘉庚致辞。他以自己的亲身经历讲了私塾的弊端和新学的意义，希望大家好好学习，学有所成，将来成为有用之才。

闽海之滨的小渔村集美响起了第一声新学的学钟！这钟声宣布了集美小学的开端，也宣布了集美学校的建立，标志着陈嘉庚长达半个世纪艰苦的兴学历程的开始！

陈经华. 百年往事. 厦门：厦门大学出版社，2013.

**链接 1**

### 创办集美小学校

余热诚内向，思欲尽国民一分子之天职，愧无其他才能参加政务或公共事业，只有自量绵力，回到家乡集美社创办小学校，及经营海产罐头厂。故就新加坡筹备全副机器，并向日本聘一海产技师，民国元年（1912年）秋回梓经营罐头厂，数月无效。集美社始祖自河南光州固始县移来，已历二十余世，男女二千余人，无别姓杂居，分六七房。各房办一私塾，男生一二十人，女子不得入学。各房分为两派，二十年前屡次械斗，死伤数十人，意见甚深。兹欲创办小学校，必须阖乡一致合作，将各房私塾停罢。幸各房长听余劝告，于民国二年（1913年）春所有子弟概入集美小学校，校舍暂假大祠堂及附近房祠堂开幕。学生一百五六十名，分五级，应聘校长教员七人，而同安全县师资连简易科毕业者仅有四人，一人改从商业，尚余三人，乃聘来两人。查同安全县人口二十余万人，只有县立小学一校，学生百余名，私立四校，学生三百余名，连集美共六校，学生不上七百名。师资既缺，学生亦少，成绩更不足言矣。（《南侨回忆录》）

创建集美小学时，因校址难觅，商借陈氏大祠堂暂时开办。

**链接 2**

## 县立小学校之腐化

余此次出洋十余年，对本省改革教育事，成绩如何多不知，及回梓办学，始悉教育不振之原因。如同安县立小学校，学生一百余名，十余年未有一班毕业生。其原因为权操县长，由彼委一绅士任校长，教员学生全由该绅招来，若更动新县长，则别委他派绅士为校长，全校更动，教员学生均散去。十余年间县长更动许多次，而该校逐次随之改组，故未有一班毕业。学制改革初期，以县立小学为模范领导全县，乃自身如斯腐化，不但无毕业生可升师范中学，且影响全县小学校成绩，其贻误可胜言耶。（《南侨回忆录》）

**链接 3**

**闽垣师范学校**

同安师资缺乏，闽他县亦多如是。而全省师范学校只福州一校，办十余年，在校学生三百余名，经费充裕，闽南学生甚难参加。漳州虽有一校，甫办未久，经费困乏，学生仅百多人，成绩鲜闻。余乃往福州查问师校成绩，及闽南学生如何难入。乃知自来腐败，迄今仍旧。该校自学制改革时，设立已十二年，学生常三百余名，学膳宿等费均免，奖励学生优厚，未毕业时声誉崇隆，似前清秀才风度，四年毕业后，约当举人资格。由是求学者争先恐后，每年招生二班八十名，多不公开招考，盖官僚教师及城内富人豪绅之子弟，早已登记占满，闽南人焉能参加。所收学生既无执教鞭之志愿，又非考选合格，程度难免参差，学业勤惰更所不计，只求毕业文凭到手，谁肯充任月薪二三十元之教师。故闽北虽有此校，而小学教师仍形缺乏。即使每年七八十人肯出任教师，亦是杯水车薪，况其中多属膏粱子弟，教职非其所愿。不知小学教师一职，唯有贫寒子弟考选后经过相当训练，方能收得效果。乃当局违背此旨，师资安得不缺乏。学制改革已十余年，以前之旧学先生日减，乡村私塾大半停歇。新学师校则腐败如此，吾闽教育前程奚堪设想。余常到诸乡村，见十余岁儿童成群游戏，多有裸体者，几将回复上古野蛮状态，触目心惊，弗能自已。默念待力能办到，当先办师范学校，收闽南贫寒子弟才志相当者，加以训练，以挽救本省教育之颓风。（《南侨回忆录》）

## 专题欣赏五：王碧莲受命办女小

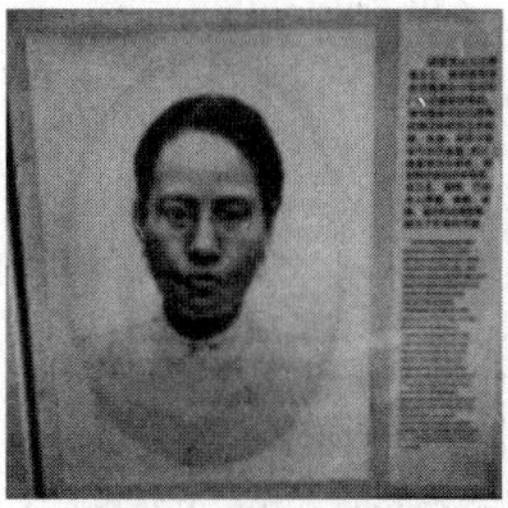

**【导读】**“五四”运动以前，“重男轻女”“女子无才便是德”的传统观念严重地禁锢着人们的思想。在地处海隅的集美渔村，这种陈规陋习更是根深蒂固，女子根本没有上学的权利。具有革新精神的陈嘉庚敢于标时代之新、立社会之异，于 1917 年 2 月创办了集美女子小学。在当时的历史条件下，堪称开风气之先。具体负责筹办女子小学的，是陈敬贤的夫人王碧莲女士。

陈敬贤的夫人王碧莲一回到集美，就开始操劳创办女子小学的事。创办女小是对千年封建传统的一种挑战，是一场革命。动员一个女孩入学，就其意义和难度而言，不亚于迁一处风水、搬一座坟墓。陈嘉庚把创办女小作为创办小学之后兴学计划的又一步，是一项经过深思熟虑的谋划，把这个任务交给王碧莲也是他知人善任的表现。

王碧莲出生于 1890 年，比陈敬贤小一岁，同安仁德里珩山人。她家世代簪缨，其父王安顿是清朝海军三品武官，驻守厦门，勤政爱民，深受百姓拥戴。王碧莲从小受到良好教育。她二十岁嫁到陈家，成了陈敬贤的太太，以后，又随夫住新加坡多年，见多识广。她心地好，对人和颜悦色；办事干练，亲力亲为；说话通情达理，人人钦服。所以，陈嘉庚选她担纲创办女小。

当时，村社中重男轻女的陋习处处可见。村民虽然说不出“女子无才便是德”这样的古训，但都知道女人最重要的是“女德”，女人要规矩、勤快，读不读书不要紧。经过一段时间的了解，王碧莲对村社的情况和村民的想法有了更深的了解，也越来越感到大伯陈嘉庚给她说的话句句在理，他交代要她特别注意的事，一件件都应验了。她从心底钦佩：大伯真是料事如神呀！

因为有大伯的提醒，她一开始对劝学的难度就有足够的思想准备。为此她专门请人做了一张小板凳，又备了一些小礼品，还干起剖海蛎、剥豆子等农活。她走东家、串西家，一登门，先寒暄，接着就坐在自带的板凳上，帮着干点活，一边跟主人聊家常，慢慢再引入正题。只要气氛不对，她就告辞，留点小礼物，准备下次再来。为争取一个女孩入学，她往往要数次登门，劝说一家几代人。有的女孩子裹足，王碧莲劝说家长为其松脚。她把女孩的脚放在自己的双膝上，强忍着裹脚布散发出的阵阵恶臭，一层一层地将其解开。王碧莲知道，我们国家落后是因为教育水平低下，所以爱国就要振兴教育。但不能用这样的大道理直接给村民说教，他们听不懂。因此，她给他们讲故事，讲不识字怎么受骗，怎么被欺负；讲不识字只能干苦力，一辈子当牛做马；不识字，连给亲人写一封信都得求人。她的话通俗平白，浅显易懂，加上她不摆架子，人缘好，乡亲们都跟她谈得来。

集美社靠东临海的地方有一间四面漏风的破瓦房，里面住着一户人家。家中只母女两人，母亲张氏，三十岁左右；女儿叫小螺，八九岁。母女二人相依为命。王碧莲多次碰到小螺，问过她。小女孩很精明灵巧，她告诉王碧莲自己也想上学，但母亲不答应。王碧莲决心说服张氏让小螺上学，便不厌其烦地进出她家。但每次谈话，张氏都像一个木头人，脸上没有一点表情，任你怎么说，她一言不发。尽管如此，王碧莲不灰心，坚持劝说不放松。有一次，王碧莲给她讲不识字受骗的故事，张氏竟泪如雨下，泣不成声。原来，她丈夫不识字，有人约他到南洋去发财，他信以为真，就在别人给他准备好的一张什么字据上盖了手印，糊里糊涂地被人当猪仔卖到南洋，一去七八年，连个音讯都没有。王碧莲的话勾起了她深藏心底的苦痛，打破了她的五味瓶，她不由自主地放声哭叫起来：“那死鬼要是识字，我们母女怎会这么苦哟！”

王碧莲觉得有了转机，就向她说起让女儿上学的事。但一提到让女儿上学，张氏又没话了。任王碧莲怎么说，她只是摇头。王碧莲只好告辞。

集美人以渔农为生，对女孩上学的事都抱有很现实的想法。他们认为女孩长大要出嫁，一出嫁，就是别家人。让女孩读书，花钱不说，连工都白搭。家中有个女孩，大人在家出门，上山下海，都有个“替手”。女孩一上学，家中没人捡柴草、剖海蛎、带弟妹，大人就没了左膀右臂，所以都不愿意让女孩上学。王碧莲意识到，和多数集美人的想法一样，张氏说不出口的话是家庭生活的实际困难。

她向陈敬贤谈起自己的想法，陈敬贤觉得很好，立即写信禀报陈嘉庚。陈嘉庚同意他们的建议，决定：女孩上学，和男小的学生一样，一切费用全免；此外，根据不同情况，每月另发津贴二至三元。二至三元，可顶得上一个粗工半个月的工钱呐！当王碧莲带着这个消息再次出现在张氏家中时，问题就迎刃而解了，半是因为王碧莲为张氏解决了实际困难，半是王碧莲的真诚、耐心打动了张氏。她对王碧莲说：“你们真好，花钱雇人读书，叫我说什么好呢？我要再不领情，还算人吗？”

张氏送女儿上学的消息一传开，在村社中引起了不小的震动。不少人心中不服气，但还得跟着走，说：“连她女儿都上了学，我们还能不上？”

就这样，王碧莲招得 60 名女生。1917 年 2 月，集美女子小学假“向西书房”作校舍，正式开学。集美社的女孩子第一次背着书包走进校门，这是过去千百年来从未见过的景象。

陈经华. 百年往事. 厦门：厦门大学出版社，2013.

## 专题欣赏六：陈嘉庚与集美师范学校

陈少斌

**【导读】**陈嘉庚为尽国民一分天职，1912 年 9 月从新加坡返乡筹办集美小学。他深入农村与城市调研，发现闽省教育不振的主要原因是：一、农村经济破产，民不聊生，办学经费困难；二、私塾大半停办，新学办理腐败，如福州师范，该校办理多年，经济上优惠学生丰厚，求学者争先恐后，但招生不公开，有钱有势有关系者为子弟走后门，闽南贫苦青年更难入学。就学者多数无教学志愿，毕业后靠其父兄关系，转行转业，故师资奇缺，致农村教育悲观，触目惊心。陈嘉庚当即许下心愿：“待力能办到，当先办师范学校，收闽南贫寒子弟才志相当者，加以训练，以挽救本省教育之颓风。”

陈嘉庚自 1890 年出洋助父经商，至 1904 年开始独自经营，最初他仍以发家致富为目标。1910 年，他在新加坡参加同盟会及支持孙中山先生的革命活动，这成为他一生的重要转折。从此，他“热诚内向，思欲尽国民一分子之天职”，立下了“以为改进国家社会，舍教育莫为功”的誓言，他赤胆忠诚，兴学育才，为教育奋斗终生。他创办的集美师范学校就是为祖国发展教育事业的典范。

### 师资奇缺　当务之急是创办师范教育

1912 年 9 月，陈嘉庚从新加坡返回故里筹办新学校——集美小学，遇到了诸多困难，其中教师缺乏是一个主要问题。当时同安全县有师范毕业生四人，从商者一人、聘来两人。因此，他亲到同安参观农村小学办学状况，发现同安县小学教育不振，师资缺乏也是一个主要原因。他知道福州有所师范学校，便前往考察，发现这所新学对学生的优惠条件很好，但弊端不少，主要是招生时走后门现象严重，贫苦青年学生入不了校门；入学者毕业后多数不从事教师职业，依靠父兄权势转行改业。所以，八闽大地广大农村小学教师缺乏，初等教育前途堪忧。陈嘉庚当即表态：“待力能办到，当先办师范学校，收闽南贫寒子弟才志相当者，加以训练，以挽救本省教育之颓风。”

## 诚信为怀　运筹帷幄创办集美师范

1913 年，陈嘉庚为集美学校奠定了第一块基石。始创了集美小学后，陈嘉庚出洋继续发展实业。1914 年，第一次世界大战爆发，航运受阻，采购原料、销售产品困难，从 1915 年起，陈嘉庚兼营航运业，大规模种植橡胶和开设橡胶工厂，颇有获利。为实现诺言，1916 年 10 月，商遣胞弟陈敬贤回国筹办集美师范学校。

创办集美师范首先遇到的是选择校址问题。当时集美半岛三面临海，土地极少，村民生活贫困，遗留的风水迷信观念重，校址很不易得。陈敬贤选择集美小学西北隅（属内池范围）及池外为师范校址，用加倍价格收买用地和公私坟墓（又补贴迁葬费），校址很快解决了。在施工过程中，他每日五更即起，巡视、监督，尽心尽力，一丝不苟。至 1918 年初，先后建成了尚勇楼、居仁楼、立功楼、大礼堂等校舍以及公共设施 40 000 余平方米和大操场 25 625 平方米，建筑费共 20 余万银元，校舍、设备完整。

其次是延聘校长、教师问题。陈嘉庚提前函托江苏省第二师范学校校长贾丰臻代聘，并交由陈敬贤办理。陈敬贤一方面加紧督建校舍，另一方面于 1917 年 5 月亲临华东七省考察教育，面托贾校长聘请师资。年底，首任校长、教职员陆续抵校筹备开学事宜，师资问题暂时得到解决。由于首聘师资素质问题，1918 年 5 月陈敬贤再赴江浙托聘第二任校长和教师。

最后是积极改革招生制度。陈嘉庚针对福州师范招生弊端带来的严重后果，决定进行改革。他致函闽南 30 余县勤学所所长，请他们代为选拔有志教职的贫寒青年，大县五六人、小县三四人，共 120 多人，详填履历，到校加以复试。凡违背定章或不及格者，决不录取。经过严格选拔，既扩大了生源，又保证了质量。

1918 年 3 月 10 日，集美师范学校开学了，由于是初办，招收学生程度参差不一，分别编为三年制师范科讲习班两班、五年制师范预科两班，另设中学一班，学生共 196 人。

陈嘉庚为激励师范学生勤奋好学，特在经济生活上予以许多优惠：入学费、住宿费、膳费均免；被子、蚊帐、草席和春冬两套制服，均由学校无偿供给。这既减轻了学生家长经济负担，又使学生在校无后顾之忧，可集中精力攻读。因此，闽西、闽南和广东东部及南洋侨生，慕名接踵报考集美师范学校。

## 步履艰难　集美师范历经沧桑后停办

陈嘉庚创办集美师范学校并非一帆风顺，而是步履艰难。

集美师范创办第一学期至 6 月份时，学生患上脚气病者甚多，蔓延后达 60%～70%，举校恐慌，虽经延医诊治，但因学生相继离校，学校不得不提前放暑假。第二学期开学不久，因军阀纷争，闽军周荫人部 8 000 多人从集美登陆，占驻校舍，扰乱学校，学生因惧怕战争而星散者众多，等局势平静后，返校学生仅剩半数，只得合并编组。

当时，最为突出的困难还是师资问题。从江浙一带聘请来的校长、教师质量都不理想。所聘校长有的师范刚毕业，办事无计划，责任心不强；有的不待期终而离校；有的不是当地应届师范毕业生，才干平庸，多不合格；有的视集美穷乡僻壤小渔村，怕苦嫌累；有的对新办师范规模尚小而轻视之；有的因语言不通为难，或远离故土思乡而不安心教学等，导致办学两年间先后三易校长的人事大变动，每更换一位校长，随之有一批教师离校，造成教学上不稳定、发展上受制约的困难局面。为此，陈嘉庚决定在本省慎选有真才实学的校长，通过友人推荐并经过面谈、笔试后，重金礼聘叶渊（采真）为校长，并由叶校长亲往北京、上海、福州招聘 20 多位资深教员，集美师范人事从此安定。教学循序渐进，陈嘉庚深为满意。

当集美师范进入发展阶段时，1926 年底发生学潮，各省县籍学生组织宣传队回原籍从事国民革命活动，学生大量减少。1927 年，集美师范被学校联席会议改为高级中学。陈嘉庚获悉后函示：集美高中仍称师范学校。此时，政府亦下令：私立师范学校应改为职业学校或中学。陈嘉庚据理交涉，才准续办师范科，每年限一班。但是，到了 1936 年 6 月，省教育厅又训令："集美师范学校自下年度起停止招生，至原有学生毕业时停办。"陈嘉庚再次致电与省主席交涉，复电曰："师范教育已由政府统筹，希望勿招生。"至此，创办近 20 年的集美师范学校就此结束。

## 气壮山河　集美师范乐育英才蔚为国光

集美师范办学宗旨明确，开学时陈嘉庚与陈敬贤亲定"诚毅"二字为校训，作为学生修身进德的座右铭。叶渊校长办学善于理论联系实际：开辟集美小学为师范毕业生的实习基地；师生创办《师范教育号》刊物和《师范月刊》，研究师范教育；组织学生前往省内外参观考察。自 1925 年秋季起，开设五年制高级师范科，培养初中教师。1936 年虽然被政府强令停止招生，但集美师范学校对国内外的初等教育和早期的革命事业贡献卓越，实现了陈嘉庚创办师范学校的目的。

集美师范毕业生 1 076 人，多数在本省农村小学任教。其中有 15 个县的集美师范毕业校友回到原籍创办本县集友小学，作为该县的模范小学，推动其他小学，并联系集美学校教育推广部在经济上支持、业务上指导，发展各县初等教育，为中等教育输送人才。海外侨生师范毕业后回到马来亚半岛、仰光、吕宋、印尼、越南、泰国、锡兰，担任当地华侨创办的小学的教师，贡献很大。如师范五组林连玉（采居）毕业后赴吉隆坡，任尊孔中学校长，还担任吉隆坡华校教师公会主席并连任八届全马来西亚华校教师总会主席，为当地华文教育竭尽心力，深受新加坡、马来西亚华校教育界教师、华侨界人士的拥戴。因此，教育部对集美师范学校的肯定是："查该校创办多年，著有相当成绩，具所造就之师资尚适合闽南及南洋各地之需要。"

师范学生李觉民、罗明（罗善培）、罗扬才等人在大革命时期，分别在党（团）中央和广东区委的领导下，在校内开展革命活动，创办《集师学生》革命刊物；1924 年秘密建立革命组织，创办《星火周报》，宣传马列主义；1925 年，秘密组织共青团支部；1926 年 3 月，秘密组建中共支部，领导全集美学校学生革命活动。发动组织各校党团员、革命学生成立宣传队，回到闽西、闽南原籍各县开展国民革命，发展党员，成立党支部，建立农会、游击队等，领导当地人民进行反帝反封建斗争，为福建省大革命时期的革命工作做出了一定的贡献。

**链接 1**

### 创办集美师范及中学

民国二年（1913 年）秋余复南来。不久欧洲战事发生，余因租轮船及购置轮船，并因黄梨厂树胶厂颇有所获，故决意创办师范及中学等。民国六年（1917 年）春商遣舍弟敬贤回梓，负责建筑校舍，并函托上海江苏第二师范校长代聘全校校长教职员等，定期新春开课，师范生三班，中学生二班。至课室校址，则从鱼池地小学校舍后方及左右起盖礼堂、膳厅、宿舍、操场等，购鱼池后田地，填筑兴建。自此之后，所有以前风水迷信，及居奇阻挠各事概已消泯。凡学校所需地皮，比通常地价加倍给还，公私坟墓亦然，且酌贴迁移等费。故初时校舍多建在低田卑地，而后来则概在坡上。东与集美乡村毗连，西与岑头郭厝二村相近，北多田地尚可扩充，南虽有坡地，然临海，不宜建筑，恐碍观瞻。（《南侨回忆录》）

**链接 2**

### 师范生按县分配

集美师中学校初办时，收师范生三班，中学生二班，中学生只交膳费，学宿费均免，师范生膳费亦免，各生不拘师中，所需被席蚊帐，概由校中供备，以资一律。至新招师范生，因鉴于福州省立师校偏弊，故力思改革，以期普遍。又恐殷实子弟志愿有乖，毕业后不肯服务教职。乃函告闽南卅余县劝学所长，请于每一大县代招选贫寒学生五六人，小县三四人，共一百廿余人，并烦注意人选，详填履历，到校时加以复试，凡违背定章或不及格者决不收容。经如此严格取缔，故各县选来诸生大都相当不错。再后逐期招师范生仍依此例，数年后已无须防弊，始取消此规例。至南洋华侨小学毕业生，如有志回国升入中学者，则由新加坡本店予以介绍函，概行收纳，到校如考试未及格者，则另设补习班以教之。此为优待华侨派遣子弟回国而设，此例永存不废。（《南侨回忆录》）

## 专题欣赏七：创办厦门大学

**【导读】**在集美创办中小学后不久，陈嘉庚意识到这样的问题："闽省千余万人，公私立大学未有一所，不但专门人才短少，而中等教师亦无处可造就。"同时他也看到，当时的政府是不可能在福建办大学的。于是，他决心倡办厦门大学。

### 倡办厦门大学

民国八年（1919 年）夏余回梓，念邻省如广东江浙公私大学林立，医学校亦不少，闽省千余万人，公私立大学未有一所，不但专门人才短少，而中等教师亦无处可造就。乃决意倡办厦门大学，认捐开办费一百万元，作两年开销，复认捐经常费三百万元，作十二年支出，每年二十五万元。并拟于开办两年后，略具规模时，即向南洋富侨募捐巨款。窃度闽侨在南洋资财千万元，及数百万元者有许多人，至于数十万元者更屈指难数，欲募数百万元基金，或年募三几十万元经费，料无难事。而校址问题乃创办首要；校址当以厦门为最宜，而厦门地方尤以演武场附近山麓最佳，背山面海，坐北向南，风景秀美，地场广大。唯除演武场外，公私坟墓密如鱼鳞。厦门虽居闽省南方，然与南洋关系密切，而南洋侨胞子弟多住厦门附近，以此而言，则厦门乃居适中地位，将来学生众多，大学地址必须广大，备以后之扩充。然政府未必肯给全场地址，故拟向政府请求拨演武场四分之一为校址，乃在厦门开会发表此事。（《南侨回忆录》）

## 演武场校址之经营

政府既许拨演武场四分之一为大学校址，乃托上海美国技师绘校舍图。其图式每三座作“品”字形，谓必须如此方不失美观，极力如是主张。然余则不赞成“品”字形校舍，以其多占演武场地位，妨碍将来运动会或纪念日大会之用，故将图中“品”字形改为“一”字形，中座背倚五老山，南向南太武高峰。民国十年（1921 年）五月九日奠基。左右近处及后方坟墓石块不少，大者高十余尺，围数十尺，余乃命石工开取作校舍基址及筑墙之需，不但坚固且亦美观。而墓主多人来交涉，谓该石风水天成，各有名称云云，迷信之深难以言喻。余则婉言解释，至不得已则暂停工以顺其意，迨彼去后立再动工，因石众多，两三天大半都已破坏，虽再来交涉亦莫可如何，愔然回去。数月后拟再建其他校舍，不得不迁移坟墓为屋址，乃将演武场后诸公私冢墓，立碑标明，限日迁移，并在厦门登各日报，如不自动迁移，本大学则为代迁，并规定津贴迁移费。且在数里外之山腰买一段空地，备作移葬地位。从此顺序进行，依限自迁或代迁，绝不致再发生交涉，或其他事故矣。演武场地界面积约二百亩，下系沙质，雨季不湿，平坦坚实，细草如毡。北负高山，南向洋海，西近厦港许家村，东系山坡及平地。昔为阅兵场，自厦门与洋人通商，兼作跑马场，后来阅兵与跑马均废，被洋人辟为“哥耳夫（高尔夫）”球场，厦大建筑时概已收回。教育事业原无止境，以吾闽及南洋华侨人民之众，将来发展无量，百年树人基本伟大，更不待言，故校界之划定须费远虑。西既迫近乡村，南又临海，此两方面已无扩展可能。北虽高山，若开辟车路，建师生住宅，可作许多层级由下而上，清爽美观，至于东向方面，虽多阜陵起伏，然地势不高，全面可以建筑，颇为适宜。计西自许家村东至湖里山炮台，北自五老山，南至海边，统计面积约二千亩，大都为不毛之公共山地，概当归入厦大校界。唯南普陀佛寺或仍留存，或兼作校园，至寺前田地，厦大需用时，则估值收买之。厦门港阔水深，数万吨巨船出入便利，为我国沿海各省之冠。将来闽省铁路通达，矿产农工各业兴盛，厦门必发展为更繁盛之商埠，为闽赣两省唯一出口。又如造船厂、修船厂及大小船坞，亦当林立不亚于沿海他省。凡川走南洋欧美及本国东北洋轮船，出入厦门者概当由厦大门前经过，至于山海风景之秀美，更毋庸多赘。日后如或私人向任何方面购买上节所言校界范围山地，建私人住宅，则当禁止或没收之，以免互相效尤，因私误公也。（《南侨回忆录》）

## 厦大假集美开幕

汪精卫在新加坡原与余相识，民国九年（1920 年）来漳州访陈炯明，余邀到集美参观。回去后来函告予愿任厦门大学校长，余复函应承，其夫人亦来住鼓浪屿。然不久因粤军回粤成功，彼便来函辞职，谓将回粤办政治未暇兼顾。由是厦大乃组筹备委员会，举蔡元培、郭秉文、余日章、胡敦复、汪精卫、黄炎培、叶采真、邓萃英、黄孟圭等为筹备员，在上海开会，举邓萃英为厦大校长。邓君即派郑贞文、何公敢两人来集美筹备一切。时厦门厦大校舍未建，拟假集美校舍开幕。民国十年（1921 年）四月六日，厦大在集美正式开幕。适美国杜威博士游历上海，故请来校参加，邓校长亦于近甫日到。学生一百二十名，闽生约占半数。闻邓校长开幕后即将北返，彼原为北京教育部参事，当筹备委员会公聘时，关约声明须辞去教育部职务，然彼未有辞卸，故欲急回，而厦大校长居然由他挂名，校务交郑何二君。此种挂名校长虽他处常有，若厦大当然不可。郑何二君知余意志，力劝彼暂留勿回，迨至月杪邓君接学生无名函，骂他无才学且欲作挂名校长，若不自动辞退，不日诸生联名攻击，列首名者即是我，邓君于是来函辞职，余亦不留也。（《南侨回忆录》）

## 厦大献与政府

自有限公司收盘后，余即函请厦大校长林文庆来洋募捐，数月后结果，新加坡募国币十万元，马来亚十五万元，然催收经年，马来亚仅十余万元，余作罢论，共实收国币二十余万元。而厦大经费已缩至每月二万元，集美六千元，除国府补助及其他收入，逐月尚不敷二万元。集通债款又须陆续清还，幸灰余红利（前生胶厂租人订抽红利）上半年颇好，故聊可支持得过。民国廿五年（1936 年）买树胶园四百英亩，成本十六万余元，拟作厦大基金，每月

教育部 训令

部长

入息约二千元，该款系向李光前陈六使各捐五万元，陈延谦一万元，李俊承五千元，不敷由余凑足之。民国廿六年（1937 年）春，余念厦集二校虽可维持现状，然无进展希望，而诸项添置亦付缺如，未免误及青年。若政府肯接受厦大，余得专力维持集美，岂不两俱有益，此乃出于万不得已之下策，乃修书闽省主席及南京教育部长告以自愿无条件将厦门大学改为国立。过后未有消息，适孔祥熙院长将往欧洲贺英皇加冕，轮泊新加坡，余下船送行，彼对余云厦大事，行政院已通过。再后接教育部长来函，并委派萨本栋君为校长，订暑假时接收，余即函知林校长预备交卸，交卸后而七七战事已发生矣。厦大自民国十年（1921 年）开办，迄余公司收盘，适十二年足，及至交卸共十六年有奇，余支出款项，适与当时认捐四百万元数目相符，其凑巧如是。每念竭力兴学，期尽国民天职，不图经济竭蹶，为善不终，贻累政府，抱歉无似。回忆古语云，“善始者不必善终”，亦聊以自解耳。（《南侨回忆录》）

## 链接 1

### 只有百来人　却要了数千亩的地

陈嘉庚跑遍了厦门岛，最终为厦大选定了演武场。值得注意的是，厦大第一座校舍的奠基是 1921 年 5 月，但是，思明县（现在的厦门市）公署案准演武场为厦大建筑校舍布告是在 1923 年 9 月才公布，这两年多的时间，交织着陈嘉庚和福建省督军李厚基斗智斗勇的“演武争夺战”——李厚基想乘机捞一把，被陈嘉庚降服了。

可能不太为人所知的是，在鼓浪屿富甲一方的黄奕住为厦大买下 4 万元的公债。

演武场曾是郑成功操练水师的地方，陈嘉庚看中的还有这块土地可以为厦大提供充分发展前景。实际上，厦大刚创办时，首届学生只有 98 人，教职员也不过 20 人，但陈嘉庚却要了数千亩的土地，面积之大空间之广阔是当时人不可理解，但是是后来人赞叹不已的。

陈嘉庚的儿子陈国庆曾形容父亲：蛋还未孵先数鸡。陈嘉庚当时向人们展示厦大三个辉煌的五年计划，就已经有把厦大办成万人大学的想法。

1921 年 4 月 6 日，厦大宣布成立，假借集美学村的集美中学举行开校仪式。正在中国讲学的美国著名哲学家、教育家杜威参加开校仪式。厦大第一幢校舍的奠基是在 1921 年 5 月 9 日。

## 链接 2

### 蔡元培一度反对办厦大

陈嘉庚是在“劫后余生”后开始筹建厦大的。1918 年，他患了当时属于致命疾病的阑尾炎，时年 44 岁的他甚至留了遗嘱。

大病初愈的陈嘉庚惊喜地发现，经历第一次世界大战，他的资产已经增加到 400 万元，这个家底令他创办大学的信心倍增。

当时教育界的大人物、北大校长蔡元培一度反对创办厦大。1920 年，集美学校校长、毕业于北大的叶渊收到母校的来信，信中说，蔡元培认为“厦大不宜速办”，原因是存在经费不能持续、教师欠缺等问题。

在当时的教育界，蔡元培是个大人物，他站出来反对，这事要搁在其他人身上，准得黄。陈嘉庚申辩了厦大只能速办的原因，认为钱不必担心，而且，办厦大是为了解决中国南部数省没有一所大学的问题。1920 年，厦大筹备委员会第一次会议如期在上海召开。

厦大成立的 6 年后，即 1927 年 1 月 30 日，蔡元培来到厦大，做了“浙江革命形势”的演讲，参观了厦大国学研究院和生物学院，吃了南普陀的素斋，这时的厦大，已经处处呈现“办理完善，成绩斐然”景象。蔡元培在 1927 年 2 月 1 日写给妻子的信中，讲述了他在厦大看到了“嘉庚鱼”。事实上，“嘉庚鱼”是“文昌鱼”，是厦大的美籍学者莱德在厦大附近海域发现的。

离开厦门的第二年，蔡元培就厦大立案发布了 131 号训令“私立厦门大学应即准于立案”，至此，厦大获得了合法资格，早于复旦、南开、燕京等私立大学。

**链接 3**

### 亲自设计楼群

在陈嘉庚眼里，厦大校舍的设计最重要的有三点：一是校舍的位置安排，要让外国的轮船来往厦门港的时候，能从海上一眼就看到一所壮观的学府，首批校舍的空间方案一定要考虑到将来厦大的发展壮大；二是教室、办公场所空间要大，光线要好；三是要求校舍外观上美观大方，粗中带雅，要能节省建设费用。

于是，陈嘉庚与闽南“土师”动手，将首座校舍楼群从原来洋人设计的“品”字形改为“一”字形，五栋大楼置于演武场北部中点，一线摆开，南向大海对面的南太武高峰，中座主楼背依五老山的最高处，一条笔直的连廊贯通各自独立的五栋楼房。整排大楼的前面则是一片开阔的运动场，运动场与海滩相衔接。

陈嘉庚说：“我要站在长廊的尽头，看那从第一栋大楼到第五栋大楼下面走过的厦大学生。”

在陈嘉庚的亲手设计和亲自监制下，厦大的第一座校舍落成，这就是今天成为国家文物保护单位的群贤楼群。楼群五座，主楼“群贤”楼，取“群贤毕至”之意，主楼两边各是“集美”楼与“同安”楼，用的是陈嘉庚先生故乡的地名，东西两端的两座各取名为“映雪”“囊萤”，引用的是晋代孙康冬月映雪读书与车胤囊萤照书的勤学典故。

## 专题欣赏八：创办南洋华侨中学

**【导读】**1919 年，陈嘉庚创办了规模宏大的新加坡南洋华侨中学。华侨中学是当时南洋地区华侨的最高学府，也是新加坡第一所华文中学。1941 年，陈嘉庚创办了南侨师范学校，为投身教育的年轻教师提供培训。在抗日战争结束后，他又接连创办水产航海学校、南侨女子中学校、光华学校、爱同学校等。当时有教会请陈嘉庚捐款 10 万元创办一所大学，陈嘉庚慨然答应，但提出要兼设中文课程的条件。

陈嘉庚关心华侨教育事业，关心华侨青年前途，这是华侨重视中华文明的继承与延伸在陈嘉庚身上的具体体现。

据记载，华侨早就有在侨居地创办义学或以“能者为师”的方式教育孩子读、写、算的传统，从而，使在海外出生的后辈能识中国文字，晓祖先遗训，有教养、懂信义，长大谋生有路，兴家立业。19 世纪末 20 世纪初，华侨教育发展很快，那是多方面的因素促成的，主要是西方科学民主思潮与现代社会文明对华侨产生了影响；资产阶级改良派在华侨中宣传兴学起了推动作用；同盟会会员以当教员为掩护、以学校为阵地进行革命宣传活动，直接推动了华侨学校的发展；中国政府制定了鼓励华侨办学的政策，并派官员和教育行家前往视察，华侨学校得到来自祖国方面的扶持与指导；一些土生土长的华侨知识分子开始以主人翁的姿态登上历史舞台，他们以提倡孔教为号召，以创办学校为先导，推进华侨社会的改革。在这种种积极因素的综合作用下，海外各地的华侨小学纷纷建立。但是，也有许多不利因素妨碍华侨学校的发展。除了侨居地政府不同程度地限制，甚至取缔华侨学校之外，障碍还来自华侨社会自身的局限性。

华侨社会是以家乡的省籍和方言分为“帮”的，各帮自办小学，用方言教学，相互之间缺乏沟通，有钱人虽多却财力不能集中，所以到了 1910 年前后，东南亚有华侨小学 400 多所，学生近 2 万名，却没有中学。在这一时期，华侨人口迅速增加，特别是随着中国妇女出国人数的增加，在侨居地出生的子女——侨生越来越多，学校的发展远远跟不上需要。华侨子女在小学毕业之后没有能够在当地上中学，要回国升学，一般家庭又没有这样的经济能力。

陈嘉庚对此感慨万千。他说，西方国家除幼儿园外，孩子 7 岁入小学，13 岁升中学，4 年毕业时 17 岁，即使不再入专门学校，孩子们所掌握的知识与技能已足以自立谋生。而华侨社会没有中学，孩子到 13 岁小学毕业就被迫停学，要他们自立，不仅他们没有这种能力，而且一般华侨家庭也不忍心这样做。如果不抓紧创办华侨中学，“其贻误后生，奚堪设想!”

1913 年，陈嘉庚在家乡创办集美小学时就曾致函当地具有华侨总代言的社团——新加坡中华总商会，建议在南洋（东南亚）的政治经济中心新加坡创办华侨中学。他的倡议在当时没有得到回应。5 年之后，终于有同德书报社和国风幻境剧社的热心人找到陈嘉庚，将这一倡议提到了议事日程上来。

1918 年 6 月，陈嘉庚联络了 16 所小学的总理（后来称董事主席）发起筹办中学，他自己捐款 3 万元，共筹募 49.4 万元。学校定名为“新加坡南洋华侨中学”，即设在新加坡的、向全南洋华侨子弟开设的中学。学校于 1919 年 3 月 21 日开学，陈嘉庚任总理，校长涂开舆是由黄炎培从上海代为选聘的，学生 78 名。

南洋华侨中学是东南亚华侨创办的第一所师生不分省籍、用国语进行教学的新式完全中等学校。至 1934 年陈嘉庚有限公司收盘，陈嘉庚曾担任这所中学 5 届董事主席职，任期累计达 9 年。陈嘉庚总结创办南洋华侨中学的影响时说：“自那以后，南洋各地不但一些华侨中等学校相继设立，而且小学也得到发展，‘如雨后春笋’，至 30 年代末共约 3 000 多所，学生数十万人，比国内任何地方都普及。”

新加坡华侨中学（原名为新加坡南洋华侨中学）

## 专题欣赏九：抗战时期集美学校内迁大田

**【导读】**抗战时期，集美学村内迁。1939 年 1 月，集美职校下辖的水产航海、商业、农林三校 14 个班 614 名师生来到大田。日寇飞机疯狂轰炸大田县城，同年 9 月，集美职校师生迁到城郊的玉田村，此后直到 1946 年，山村处处回荡起了琅琅书声。1940 年 11 月，陈嘉庚先生还专程来到玉田村视察集美学校。8 年间，集美师生和玉田村村民亲如一家，相濡以沫，结下了深情厚谊。

1941 年 8 月，内迁大田的集美职业学校学生增加、专业扩大，经省教育厅核准，恢复了三校独立体制，分别升格为“集美高级水产航海职业学校”“集美高级商业学校”“集美高级农林职业学校”。

1942 年 8 月，随着局势和缓，加上办学规模不断扩大，校舍日显拥挤，同时为了便利沿海渔民子弟就读，集美高级水产航海职业学校从玉田村搬回安溪县办学。至 1946 年，集美高级商业学校和集美高级农林职业学校才撤离大田回迁闽南。

## 远离涛声：抗战时期辗转内迁

1937 年 7 月，日本发动卢沟桥事变，抗日战争全面爆发。是年 10 月，日寇侵占金门，继而入侵厦门，与厦门岛仅一水之隔的集美成为抗战前线。敌机不时轰炸，集美学村难以平静，师生危在旦夕。形势逼人，集美学村校主、华侨领袖陈嘉庚决定将集美学村各校迁往内地，临时校址初选泉州安溪。1937 年 10 月至 12 月间，集美学村师范、中学和商业、农林、水产航海职校先后迁往安溪县的乡村。

日本军机轰炸厦门.

1938年5月10日，厦门沦陷，安溪也不安全了。为求保全之策，减少战时风险，集美学校再次分迁。从1938年11月13日起，校董陈村牧等人深入闽中大田、永安实地考察，之后将新选校址方案向陈嘉庚作了汇报。1939年1月10日，集美学校举行第四次校务会议，会上决定将商业、农林、水产航海三个职业学校移设大田。陈嘉庚电告支持，并拨付迁移、设备、建筑费计2 200银元，责成叶维奏、叶书衷、陈延庭等负责迁校事宜，新学期要求保证在3月1日准时开学。

1939年1月21日，陈村牧带领叶维奏、叶书衷、陈延庭等人乘车抵达大田县城。集美迁校一事得到大田各界的支持，各方一致赞同将原驻军营地大田文庙、县体育场馆移交集美职校使用，大田中学（现为大田一中）支援了课桌椅和部分实验设备。1月27日，集美职校的教学设备开始运入大田文庙。省政府同时批复同意将集美各职校迁入大田，并拨付相应经费，教育厅以“岁丑元厅教丙永12095号”文指令核定校名为“福建私立集美职业学校”，学校聘叶维奏为校长，聘大田本地乡绅名流、集美校友范成钢、郑鸣和、范焕章为职员，着手办校。当时，集美职校借用文庙、朱子祠、县体育场馆为办学场所，安顿了下辖的集美水产航海、商业、农林三校14个班614名师生。

1939年，日寇侵华局势日益严峻，福州、厦门沦陷后，福建省国民政府迁至永安，大田县处在闽中腹地，扼守永安泉州公路要道，县城成了日寇轰炸的主要目标之一。从1939年8月开始，日寇飞机频频骚扰、袭击大田县城。9月20日上午8时许，6架日寇战机分成两个“品”字形编组，轮番轰炸大田县城，集美职校文庙校舍中弹2枚，损失严重（师生幸无伤亡），继续在原址办学安全堪忧。

集美职校的处境，引起了大田乡贤郑佐国、范震生、范士林、范成钢、范焕章、郑鸣和等人的关注。他们四处张罗，找到了大田城郊的玉田村。玉田村民风淳朴，距离县城2公里，背靠森林茂密的仙亭山，离城近，又较为安全，是办学的最佳地点。

在诸多乡贤的发动下，深明大义的玉田乡亲慷慨地腾出了范氏祖祠、龙兴殿、太保宫、观音堂、严氏祖祠、后池祠、前宅、后厝、积善堂、宜书堂等43处宗祠、民居，供集美职校办学。

## 水乳交融：师生村民亲若一家

玉田是千年古村。早在唐末，就住着温姓、曾姓、张姓等几户人家。905年，范姓先祖范元超、范子高父子弃职携眷来这里定居，开辟田园，繁衍子孙。范元超父子是官宦出身（范子高官至礼部尚书），专注文明礼仪，尤其尊师重教，玉田村族风淳朴，代代相传。

在玉田村，集美职校师生很快“入乡随俗”。在当地乡贤和村民的协助下，师生们把一座座民宅、祖祠修葺成洁净的教室、办公室、图书馆、膳厅、宿舍、医院，把水塘填平整理成操场，又疏通水沟，整修道路，种植花草树木，玉田村俨然成了“第二集美学村”。村里房前屋后，村道地头，后山林间，集美学子手捧书卷琅琅诵读，成了抗战时期大田的一道独特风景。1939年6月26日至27日《福建民报》上刊登的《生活在山间》一文，就描写了当年集美学子在山间上课的情景：“‘书声琅琅，遐迩交缠’，我们只要稍一留心，即可听到从另一群的人们那里传送过来的读书声，讨论声……笼罩在这山的周围。那三五成群的人们，就在这声膜的底下，过着课室里的生活。”

在那段特殊的岁月里，集美师生与大田人民结下了鱼水深情。战争最困难时，大田县城几乎断粮。受学校之命，在校生林志群、林先立、林其盛等回乡筹粮，武陵乡开明士绅林笏隆立即打开粮仓送粮，还召集各村富庶人家出手支援。大田一中退休教师林青山当年是集美职校的校工。据他回忆，玉田村的乡亲常帮助集美师生养猪、种菜……乡亲们生产和生活，总是处处为师生着想：每逢学校上课，路过的农夫放松了脚步，往返的牧童停止了歌唱，顽皮的孩子也停止了嬉闹。

2 000 多个日日夜夜里，乡亲们把集美学子当成自己的子女。村民常年帮助学校劈柴、挑水、采药治病和协助生产自救，房东嫂子、大娘时常为学生们缝补浆洗，端茶送药。师生们也把乡亲们当作亲人，农忙帮工、节日慰问成了师生们的一门“必修课”，他们热心帮助村里孤儿寡母，成为当地美谈。集美职校迁驻玉田村 8 年，师生和村民间没有发生过冲突事件，甚至连校舍和民居都不用上锁。

## 激情岁月：抗战时期的办学历史

1940 年 3 月，陈嘉庚率领“南洋华侨慰问团”回国慰问抗战将士，访问了延安和重庆。慰问结束后，陈嘉庚于同年 11 月回到故乡福建，专程视察集美学校。11 月 14 日，陈嘉庚抵达大田玉田村。当年在场的范起正回忆道：“陈校主乘车来，他个头不高，精神很好，全校师生都列队欢迎。”

在欢迎大会上，陈嘉庚慷慨陈词。他讲述了海外华侨的爱国之心和报国之举，讲到了他北上延安看到的一切。他激情满怀地说：“在那里，政治清明，没有腐败，军民一家，上下平等……这是克敌制胜之本，中国有救星，抗战有保证，民族有希望！”陈嘉庚一席话，让大田集美职校师生豁然开朗，进一步认识了共产党、八路军。

11月15日上午，在中山纪念堂县政府召集的大田各界欢迎集会上，陈嘉庚再次发表演讲，掷地有声地说："抗日的希望在延安，中国的希望在延安!"是夜，陈嘉庚带来的南洋华侨慰问团文工队与大田集美联校等，在县体育场联合举办抗日救亡宣传文艺晚会。晚会上，集美职校女生领唱的《流亡三部曲》令全场观众潸然泪下，"打倒日本帝国主义""团结抗战、消灭日寇"的口号震天动地。

集美职校在大田期间，当地的读书风气很浓厚，玉田村民受到学校影响，重视子女教育，全村供孩子读书上学蔚然成风。学校传播了进步文化，推广了医疗卫生，促进了当地淡水养殖和西瓜种植等生产技术，足球、高台跳水、撑竿跳等许多体育运动项目也随着集美学子带到了大田。集美职校内迁大田，培养了一大批优秀人才，多时在校生达到1 000多人。其中集美水产航海职业学校成为抗战期间全国唯一没有停办航海专业的学校，它所培养的大批人才，确保了我国航海事业后继有人，避免了人才"断层"，为日后新中国培养了一大批优秀的远洋船长。

http：//news. xinmin. cn/rollnews/2011/04/01/10050307. html.

### 链接1

每当空袭警报响起，上千名师生迅疾集合，上仙亭山、进大森林，几十个班级依序散布在林间空地上。黑板挂在树上，老师站在树前，学生席地而坐，膝盖权当课桌……头顶日寇战机盘旋呼啸，林中集美师生书声琅琅，课间抗战歌声阵阵，午餐乡亲送饭上山……仙亭山"森林课堂"成为抗日烽火中一道壮美的风景线。

### 链接2

播迁大田期间，集美职业学校（1941年8月水产航海、商业、农林再次独立成校）师生秉持诚毅校训，艰难磨砺，弦歌悠扬，谱写了一曲曲动人心魄的诗篇。一段情缘，一串佳话……

1. 师表风范

播迁大田期间，集美职业学校提出"以时间补空间，以精神补物质，以自修补上课，以实习补课本"的教学方针。老师们则"以身作则"。

校董陈村牧设计的集美职业学校教师校徽和学生校徽

陈村牧

学校建立“导师制”，学生每组设导师一人，导师由校长亲自从专任教员中选任，以人格高尚，堪为学生表率，且能切实负起训导责任者为标准。明确规定：教师要管“教书”，更要注重“育德”。导师日常必须“三到”：晨到操场，带队跑操晨练；午到膳厅，了解用餐情况；夜到寝室，查铺安检。

导师还要批改学生的生活周记，监督学生用款，每学期对每一个学生至少须有两次以上谈话，并要填写学生的情况报告，送交学校领导及学生家长。除导师认真负责督导外，校长每天晚上也坚持到学生自修室和宿舍巡视，风雨无阻。

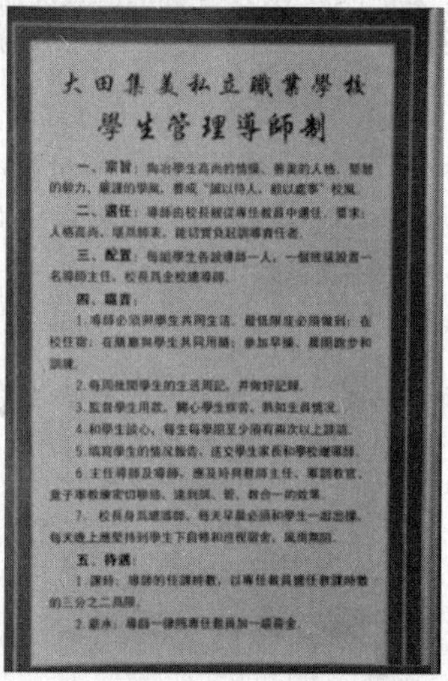

2. 学生至上

1939 年 9 月 20 日 9 时许，白岩山、四海寨防空警报骤响，集美职校停课，5 分钟内撤入凤山原始森林。军训教官王虎臣向校长叶维奏报告：水产航海科少了病号林先立。

“没有什么比学生更重要！”一名老师义无反顾地冲出了密林，两名同学紧随其后。几分钟后，他们背着病号刚跑进密林，日寇的 500 磅航空炸弹从天而降，集美职业学校文庙校舍和县立中学教学楼被炸毁，林先立同学的床板被炸成碎片，蚊帐飘挂在文庙的树梢上，枕头则飞落邻近的县立中学“三育斋”的屋顶上……

50年后，在澳门事业有成的林先立每当谈起这惊险的一幕，莫不感慨：没有老师和同学舍身相救，我早就被日本鬼子炸死了……

3. 单骑千里

集美水产航海2组全科第一名优秀毕业生陈维风留洋学成，在广东有一份稳定的工作。1940年夏，接校主陈嘉庚信，得知战乱内迁的母校专业师资奇缺，决意放弃待遇优厚的工作，到大田任教。

他忍痛告别病榻上的妻子，买了一对箩筐，一头挑着5岁的幼女，一头挑着行李被窝，一路风餐露宿、日晒雨淋，从广东到大田艰难跋涉22天。抵达玉田时，他已是蓬头垢面、皮爆肤黑、鞋头洞开，宛如难民……陈维风到校后出任水产航海部主任，后出任集美水产航海学校校长。

青年时期的陈维风

雕塑“千里走单骑”

七旬老太正是箩筐里的小姑娘

4. 离船从教

俞文农为集美水产航海学校 5 组优秀毕业生，1930 年毕业后继续深造，后因才华出众，成长为世界为数不多的万吨远洋轮船长，驾船航行过各大洋。1941 年 2 月，他在英国“尼尔斯莫拉”号万吨远洋轮上接到校主陈嘉庚电报：时值国难，母校内迁，师资奇缺。尔等航海经年，深谙技巧，可否回国从教，为母校分忧？俞文农旋即回电：国家有难，吾等责无旁贷。

船舶靠岸后，他立即向英国船东会递交辞呈，谢绝船东会的再三挽留，放弃了每月 1 800 美元的高薪，放弃了高额的保险金，放弃了无法带上船的大件行李，只带了随身行李和几本航海专业书籍漂洋过海回国到大田任教，出任教务主任，后于 1946 年和 1951 年两度担任集美水产航海学校校长。

俞文农在上课

青年时期的俞文农

5. 深山海校

集美水产航海学校是我国抗日战争期间唯一一所没有停办的航海学校，也是离海岸线最远的航海学校。因为战乱，连教材都要教师自己编写、刻印。

在远离大海的深山里，巫忠远、陈维风、俞文农等一批航海精英穷则思变、因地制宜，运用诸如“船舶模拟避碰”“溪河高台跳水”“水银模拟海面”“云缝闪星定位”“对山旗语通信”“双语教学读图”“斗笠模拟司舵”“高树模拟攀桅”“林间跳帮攀越”等创新教学方法，创造了世界航海教育的奇迹，培养航海人才 360 多名，使战后中国的航海事业避免了航运骨干断层之殇。

大田集美水产航海学校学生在均溪水深流缓的塔兜潭河段进行高台跳水训练

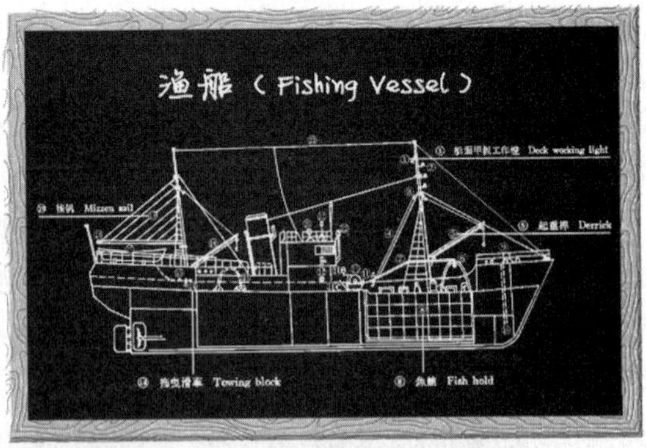

6. 认养侨生

1941 年 12 月 13 日，太平洋战争爆发，东南亚各国先后沦陷。许多侨生家里音信中断、生活费侨汇也难以为继……在一场篮球赛中，校董陈村牧发现了几位侨生球员的异常，询知原委后当即表示：你们的家没有了，学校就是你们的家；父母联系不上，老师就是你们的父母，我们一个老师认养一个侨生，直到你们毕业……校董的倡议获得全体老师的支持，大家纷纷认养侨生……

陈村牧与学生在一起

7. 洞房心语

老师新婚燕尔，新娘陈碧蕉："同事们情深义重，随了这么多的礼，仅大洋就有 33

元，怎么办?”

新郎邱方坤：“这礼是退不回去的，把它捐给‘救亡剧社’吧？每逢宣传演出，因没有布幕，台前演出、台后换装一览无余，影响演出效果又不雅观……”

新娘：“好，这是我们最好的结婚纪念!”

8. 信笺情缘

1942 年暮春，同安少年函询大田：“余心仪嘉庚先生之集美职业学校已久，有心报考，又心存忧虑：一为家境贫寒，不知贵校学费几何，家中能否承受？二为自幼足疾，行走不便，贵校录取，可有希望?”

校董陈村牧读罢沉思，研磨回复：“来函已阅，悉知雅意。晚生求学，不胜欢迎。君家困窘，不必多虑，‘有教无类’乃先圣遗训，校主秉承，今日是也；君染足恙，可扬长避短，除航海外，各校均可报考。一旦考上，携函注册……”复函写在两页竖版十行道林纸信笺上，语句亲切，笔墨酣畅，字迹遒劲，力透纸背。

三个月后，该生以优异成绩考入集美高农，陈校董嘱人悉心关照；学成之后，该同学参加战后接收和建设。成家立业后，每逢集美校友聚首，常以校董回信示人，嗟叹不已：一笺信函，一生情缘。母校师长善待学子，不是爹娘胜似爹娘！

9. 减薪养校

太平洋战争爆发，东南亚沦陷。华侨惨遭迫害，陈嘉庚避难印尼爪哇。由于侨汇中断，集美学校面临“无米之炊”，维系极为困难。1942 年 1 月 18 日，集美校友会发出“校友养校”倡议，提出“复兴母校，我校友实责无旁贷。愿资群力，共护门墙”。

1943年3月，老教师陈大弼提出《扩大校友养校运动的倡议》，热望各地校友“提供实施办法，普遍倡导施行，加紧促其实现，以奠母校经费长久之基，使校主的伟大理想与母校的光荣历史永垂无疆，庶于‘校友’的名分责任两俱无愧!”与此同时，老师们也发起“减薪养校”活动：每位老师主动降薪1/3，用于贴补办学经费，与学校共克时艰。

时局动荡，办学经费捉襟见肘，教材需要自己编印，实习更需土法上马……内迁后的集美职校办学条件简陋，生活环境艰苦。校长们率先垂范，众教师恪尽职守，集美职校的老师们同心同德、和衷共济，无人颓废、无人离职，克服了许多无法想象的困难，把集美职业学校办成了享誉海内外的名校，培育了大批优秀的实业人才，创造了抗战职业教育史上的辉煌，大田也成了名闻海内外的文化教育名城。

陈嘉庚在大田视察集美职业学校，与教职员在一起。

10. 廊桥美谈

1944年9月，吴玉液、包树棠、叶振汉三位老师率“救亡”剧社应仁林国民小学之请，协助抗日宣传演出，路过周田“双龙桥”时，一位卖茶水的大嫂见集美师生又累又渴，每人给了一碗“仙草冻”，并以“全民抗战，有钱出钱，有力出力”为由谢绝收费，师生们在廊桥头义演八个救亡节目作为回报，剧社演出队离开之后，大嫂的小闺女悄悄地告诉娘：“老师在我口袋里塞了钱，说要等他们走远了才告诉你……”

学生剧社在大田双龙桥开展抗日宣传活动

双龙古廊桥

11. 校董家风

“国难当头，你们怎敢声色犬马?!”某日深夜，陈校董从学生宿舍查铺回家，忽见妻子傅丽端和几位教师女眷在小客厅里打纸牌，冲着妻子愠怒斥问，众牌友一哄而散。陈夫人大失面子，连日不语。

“前天晚上我横了一些……国家局面至此，学校如此艰难，我们本该卧薪尝胆、励精图治才是……”两日之后，陈校董在夫人面前放下了身段。

“我们也只是偶尔为之，仅为苦中作乐，又不赌……”陈夫人心肠本来就软，见好就收。

“那也不行，校主三申五令‘学校管理务求严格，以整风纪’，学校禁止打牌，你是知道的。如果咱们带头坏了规矩，今天校董家里可以打牌，明天老师们就可以打麻将，后天学生也可以赌钱，岂不成了‘商女不知亡国恨，隔江犹唱后庭花’？那学校怎么管理，国家怎么复兴?”

领导不用私人，不徇私情，以身作则，率先垂范。这就是苦撑八年，集美学校砥砺前行、铸就辉煌的魅力所在。

陈村牧（后排左五）和夫人（前排右二）

12. 薪火相传

移师玉田之后，为解决教工子女和当地百姓的求学困难，集美职业学校增办了“集美职校附属玉田国民学校”。抗战胜利后，集美职业学校陆续迁回集美。校董会研究再三，决定“附属学校”作为一份礼物完整地移赠大田县政府。

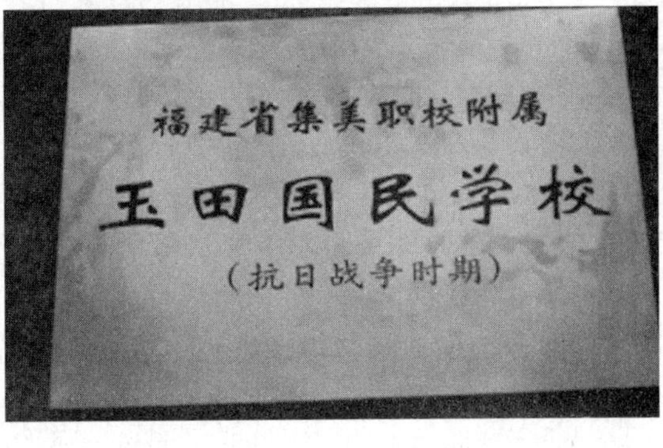

位于大田玉田村的集美路，连着历史，通向未来。集美学校与大田的历史情缘在延续，当年集美学校老师们爱生爱校爱国的故事在口口相传……

**链接 3**

### 陈嘉庚创办集美学校发源地——海埭

“海埭”地处集美小半岛南端末尾的大社陆地带与郭厝社和岑头社陆地带之间。古代它是一条 100 多米宽的港澳，直通内头社前（原集美学校公共体育场北侧），川走北方港埠的大货船往来其间，后来大社几位居民集资从后尾山滨海与郭厝社边海围堤立闸，筑成一个大海埭养殖。今中地南至海边东西北（敬贤堂）均为埭沟。

### 购海埭为集美校产

陈嘉庚校主 1910 年加入同盟会新加坡分会，在孙中山先生革命思想的激励下，1912 年民国成立，他“热诚内向，思欲尽国民分子之天职”。秋间，亲自返里筹办先进教育，为国育才。翌年春季，首创了集美乡立两等小学，成为集美教育史上新纪元。由于觅寻校址相当困难，遂暂借集美大社和旁系祠堂办理，然后设法建筑校舍。当时，这口“海埭”因年久失修，时被大潮侵蚀，影响埭田生产，养殖时被人偷捞，生产无望，后经与二房角家长陈缨香商议，将“海埭”和堤岸地权以二千银元卖给陈嘉庚，作为集美校产。

### 填埭土建小学校舍

陈嘉庚买来“海埭”后亲自规划，主持建设。首先改筑堤岸，加固闸门，阻止海水入埭。然后在埭南划出一部分作为养殖场（即今内池）；埭北四周挖掘泥土填于中央成一个小岛，岛上建筑集美小学校舍（即今集美小学大门内侧运动场南），校门口留着一片空地，开辟为师生运动的操场（即今区青少年宫及其对面全部旷地）。

集美小学校舍工程以一万银元承包给安溪人白灿荣（由厦门一个泥水工包工料），建造一座两进一护厝的木质校舍。养殖场四周围一道篱笆，以防止学生活动时不慎落水。在校舍后面东侧的埭沟上，搭建一条长千丈余的木板桥通陆地（在今集美小学东边门前那棵大榕树处），供师生上下课来往，是岛上唯一的通道。1913 年秋季，集美小学迁入新校舍上课。这就是集美学校的第一幢建筑物，集美小学为集美学校奠定了第一块基石，成为陈嘉庚创办集美学校先进教育的发源地。陈嘉庚艰难完成始创集美小学后，告别师生南渡新加坡创业。

### 增建师范中学校舍

1916 年秋，陈嘉庚商遣胞弟陈敬贤返里创办集美师范学校，践行先前许诺的“培养小学师资，为闽南和南洋教育服务”的誓言。陈敬贤从新加坡携带校舍图纸和钉箱工郑世、郑布兄弟回国，他俩雇请郑林司为木料工的设计和主持者，介绍南安人林仑司承包泥水工建设。校址选择在集美小学校舍后面的北面和西面埭地，再挖埭土填高，在各墙夯打木桩进行建筑（因这里原是海港，有时木桩打入20余尺）。1918年1月建成北幢的居仁楼（二层24间10 840方尺）和西幢的尚勇楼（二层18间8 320方尺）教室，建费六万银元。（1949年11月居仁楼毁于蒋机轰炸，后来尚勇楼成为危楼，拆除两楼址开辟为今集美小学运动场）3月，集美师范、中学上课。

当时还收购埭北一片咸水田建成厨房、温水房、浴室、水塔，以及电灯厂（旧）、救火队部等附属设施，学生宿舍立功楼（二层20间）、大礼堂（今敬贤堂）与操场等，并从埭内建造两条小石桥，分别通往埭北的生活区和大礼堂口，以利师生教学。

## 增办水产科和商科

1919年6月，陈嘉庚从新加坡回国倡办厦门大学，因集美师范、中学校长人事困难，即在原“惕斋”暂设“陈嘉庚办事处”管理校务，并另行设法聘请校长。当时，他亲自扩大集美学校规模，于1920年春秋先后增设水产科和商科，两科的教室亦安排在居仁、尚勇楼内上课。7月，新聘叶渊任集美师中商水产学校并附属两等小学校长到校。11月，裁抑“陈嘉庚办事处”。同时，又再在埭北购地建成办公与宿舍的立德楼和立言楼、学生自修室约礼楼、图书馆博文楼和医院集贤楼；在埭内集美小学大门前东西两侧的埭沟上，分别再建造两座小石桥，东桥通大社陆地、西桥通郭厝社陆地，横贯小学门口，交通便利，（不久，将养殖场改为泗水池后又建设成游泳池）为水产科专用。

## 总校名称集美学校

1921年2月，陈嘉庚整组集美各校，总校名称集美学校，其中设在“海埭”内的有集美师范、中学、水产、商科和小学。1926年8月又在尚勇楼对面建成一幢瀹智楼（二层18间8 320方尺63 000银元，该楼后成危楼拆除成为集美小学运动场的一部分），增办国学专门部，培养中等学校国文师资（第二年移并厦门大学国学院办理）。因此，从“海埭”开始创办的集美学校不断发展，扩大规模，已成为集美学村各级各类教育的核心，培养了数以万计的人才，为祖国和世界的各项事业做出了一定的贡献，名扬中外。

http：//www. chenjiagenginsd. com/CN/jiaGeng. asp? id=1396.

**链接 4**

### 集美学村由孙中山批准而得名

在校主陈嘉庚先生兴学的过程中，孙中山先生在关键时刻先后两次给予大力帮助。

1921 年，陈嘉庚先生拟聘请林文庆博士担任厦门大学校长，而林文庆此前已收到孙中山邀请他襄助外交事务的电报。左右为难之际，林文庆决定发电报给孙中山，请他最后裁决。孙中山接到电报后立即复电，同意林文庆到厦门大学任职。

1923 年 8 月底，时值军阀混战，闽军、粤军分据厦集海峡，隔海对峙，闽南战事紧张。闽军数千人驻扎集美学校，诛求无厌，骚扰殊甚，严重影响学校的正常教学秩序。

9 月 3 日，集美学校中学部八组侨生李文华、李凤阁乘帆船赴厦门，行至高崎大石湖附近，被闽军臧致平部枪击，李文华身中三弹，李凤阁身中一弹。两天后，李文华死于医院。此事激起师生的极大义愤，纷纷抗议军阀的罪行。在新加坡的校主陈嘉庚先生致电闽军、粤军首领，要求他们把驻军撤出集美学校。

鉴于战祸蔓延，旷日持久，教育辍废，为谋彻底安全计，根据陈嘉庚的函示，集美学校校长叶渊倡议划学校为“永久和平学村”，并缮具请愿书及各种文件，派代表分别向南北军政当局请愿。同时，呈请本省军政各机关、各长官签名承认；请求全国实力派领袖、名流签字赞同；向驻厦领事团声明，如有犯及集美学校之事发生，请其主张公道，为精神上之援助。目的是鼓励华侨兴办教育，学生能安全求学，将来为国家建设出力。

请愿书申明：

一、公认集美学校设立地为学村。

二、集美学村范围，北以天马山为界，南尽海，东及延平故垒及鳌头宫，西抵岑头社及龙王宫。

三、学村范围内，不许军队屯驻、毁击及作战。

四、有破坏前项规定者，即为吾人公敌，当与众共弃之。

这一倡议、请愿，获得各有关军政当局、大学、报社、名流人士等复函，并表示极力赞同、支持、承认。

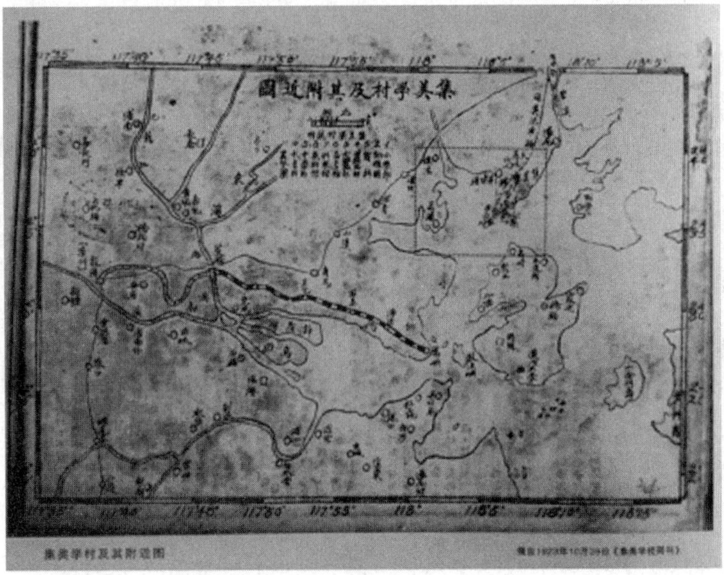


**集美学村及其附近图（1923 年 10 月）**

孙中山先生于 1923 年 10 月 20 日批准在案，并由陆海军大元帅府大本营内政部电令闽粤两省省长及统兵长官对集美学校特殊保护。电文说：“该校创设有年，规模宏大，美成在久，古训有徵，芽蘖干霄，人才攸赖。兴言及此，宁忍摧残！应请贵省长转致两省统兵长官，对于该校务宜特别保护，倘有战事，幸勿扰及该校，俾免辍废，则莘莘学子，永享和平之利。”

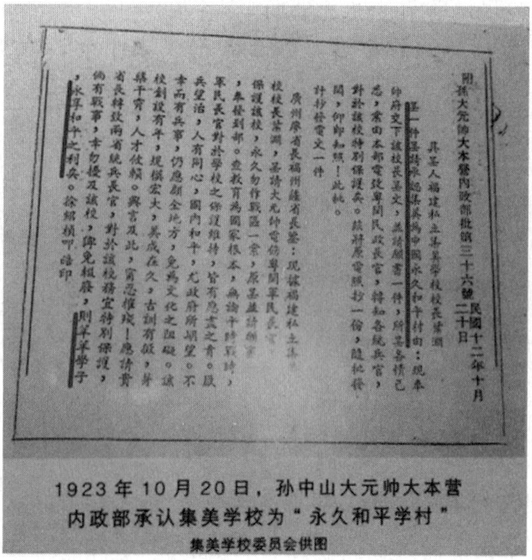

附孫大元帥大本營內政部批第三十六號 民國十二年十月二十日

具呈人福建私立集美學校校長葉淵

呈一件呈請轉呈認集美為中國永久和平村由：既本帥府文下該校長呈文，並請願書一件，所呈各情已悉，業由本部電致粵閩民政長官，轉知各統兵官，對於該校特別保護矣。茲將原電照抄一份，隨批發閱，仰即知照！此批。

計抄發電文一件

廣州廖省長福州薩省長鑒：現據福建私立集美校校長葉淵，呈請大元帥電飭粵閩軍民長官保護該校，永久勿作戰區一案，原呈並請願書，奉發到部。查教育為國家根本，無論平時戰時，軍民長官對於學校之保護維持，皆有應盡之責。既兵燹治，人有同心，國內和平，尤政府所瞩望。不幸而有兵事，仍應顧全地方，免為文化之阻礙。該校創設有年，規模宏大，養成在久，古訓有徵，身縣于宵，人才攸賴。興言及此，寧忍摧殘！應請貴省長轉致兩省統兵長官，對於該校務宜特別保護，倘有戰事，幸勿侵及該校，俾免摧殘，則莘莘學子，永享和平之利矣。徐紹楨叩皓印

1923年10月20日，孙中山大元帅大本营内政部承认集美学校为“永久和平学村”

集美学校委员会供图

**1923年10月20日，孙中山大元帅大本营内政部承认集美学校为“永久和平学村”**

“集美学村”由此得名。

## 链接5

### 《集美学校校歌》源考

**【编者按】**据说，中国最早的大学校歌当数1897年问世的南洋公学师范院的院歌——《警醒歌》。歌曲四段，每段都以“警”字起头，“醒”字结尾。每逢初一、十五，校长率领全体师生到孔子牌位前行礼，然后箫管齐奏，师生共唱，荡气回肠。

从此，许多大学也都相继诞生了各自的校歌。校歌被视为“校魂”，内可凝聚师生情感，外可激励师生士气，一些学校还力邀名人大师写词作曲，不仅让人耳目一新，而且还给人气势不凡的感觉。

陈嘉庚先生于1913年在家乡厦门集美创办两等小学开始，逐步发展为包括师范、中学和水产、商科在内的各类学校，统称“福建私立集美学校”，并在1918年春确定了学校校歌，当年3月2日公布于世。

《集美学校校歌》创作于1918年，原名是《福建私立集美学校校歌》（以下简称《校

歌》)。从原始谱面上来看,《校歌》中没有标记出作词者和作曲者,《校歌》的作词者和作曲者究竟是谁?《校歌》的歌词是在何时最终确定下来的?《校歌》的音乐形态有何特点?《校歌》的历史和现实意义是什么?笔者对校歌中的"诚毅"校训早已铭记心中,怀着崇敬的心情,本着严谨的态度,带着一连串的疑问,来到集美学校校友总会资料馆和嘉庚图书馆,翻开了那些关于《校歌》的发黄的历史资料。

笔者搜集到了大量珍贵的历史文献,最早的《校歌》音乐谱例刊登在1923年6月15日出版的《集美学校十周年》纪念刊上,这是一首用五线谱写作的多声部歌曲,歌词使用繁体字,内容与现在的歌词有区别,本文对《校歌》曲调的研究主要根据这份谱例。另外一份较早的谱例刊登在《集美学校七十年》等书目上,这份五线谱谱例与上面的谱例相比有不同之处,歌词使用繁体字,内容与现在的歌词相同,这是经过修改后的歌词。简谱版《校歌》现在仍然使用,往往是参照上面第二份五线谱翻译的,采用单声部的方式记谱,谱例刊登在《集美学校校友名人录》等书目上。

## 一、《集美学校校歌》创作过程

陈嘉庚先生于1912年9月回国开始兴办新学事业,1913年创办集美两等小学,1917年派胞弟陈敬贤回国创办集美中学和集美师范,统称为集美学校。1918年2月,在集美学校任职的福建本地教职员经过研究推荐,由许振源精选曲目,黄鸿翔撰写歌词,着手创作《集美学校校歌》。1918年3月2日,《福建私立集美学校校歌》颁布执行,"诚毅"校训也同一时间确定发布。校歌的歌词有过几次修改,今天演唱的歌词全文最早刊登在1933年出版的《福建私立集美学校廿周年纪念刊》上。

经反复查证历史资料,笔者认为《校歌》的创作主要与叶渊、黄鸿翔、范毓桂、许振源四人有关。集美学校1920年的《现任教职员一览表》,记载了几十位教职员的基本情况。在保持原文风貌的前提下,笔者节选相关四人翻译成简体字列表如下:

| 姓名 | 字 | 籍贯 | 职务 | 资格 | 入校年月 |
|---|---|---|---|---|---|
| 叶　渊 | 采真 | 福建安溪 | 校长 | 国立北京大学法科经济门毕业法学士 | 九年(1920年)七月 |
| 黄鸿翔 | 幼垣 | 福建思明 | 国文历史 | 曾充厦门自治研究所教员,玉屏中学、思明中学教员 | 七年(1918年)一月 |
| 范毓桂 | 秋帆 | 福建建宁 | 国文历史 | 曾充建宁师范传习所所长兼县视学 | 八年(1919年)八月 |
| 许振源 | 子川 | 福建思明 | 乐歌 | 湖北武昌文华大学肄业军乐队队员,厦门青年会军乐教员 | 七年(1918年)二月 |

叶渊,字采真,福建安溪人,时任集美学校校长,是《校歌》歌词的修改者。叶渊于1917年毕业于国立北京大学,1920年4月,陈嘉庚先生经黄炎培介绍结识叶渊。5月10日,陈嘉庚亲笔立聘书,敦请叶渊"任集美师中商水产学校附属两等小学校校长职务"。叶渊于1920年7月(在表格内是民国九年七月)就任集美学校校长,陈嘉庚先生曾赞誉叶渊是教育上洞识底细的好校长。

黄鸿翔,字幼垣,1881年出生于台湾省嘉义朴子,籍贯福建思明,是《校歌》歌词的主要作者。黄鸿翔从日本早稻田大学法政科肄业,于1918年1月被聘到集美中学、集美师范任国文与历史教师。后来受陈嘉庚聘请,在厦门大学任教并担任校董事会董事,协助校长林文庆处理有关事宜。

范毓桂，字秋帆，福建建宁人，是《校歌》歌词的主要修改者之一。范毓桂于1919年8月被聘为集美师范国文与历史教师，担任集美学校校友会文艺部部长、校友会评议部评议员，曾在1916年参与编纂《民国建宁县志》二十八卷。

许振源，字子川，福建思明人，是《校歌》曲调的选用者。许振源于1917年7月被聘为集美小学音乐教师，1918年2月被聘为集美中学、集美师范音乐教师，曾担任厦门青年会军乐教员。许振源肄业于武昌文华大学，是该校军乐队队员。文华大学创办于1903年，1924年改名为华中大学，随后成立华中大学教育学院音乐组，该音乐组是1953年华中师范大学音乐系的前身。材料表明，一方面，许振源是在国内读的大学，是有一定音乐基础的军乐队队员；另一方面，集美学校至少是在1918年初就开设了“乐歌”课，而且有专任音乐教师。

从以上资料可以得到《校歌》的几个基本情况：第一，《校歌》从1918年2月开始创作到3月发布，只用了一个月的时间；第二，《校歌》的歌词有过几次修改，其创作者与修改者都是博学多才的福建籍人士；第三，《校歌》的曲调是精选而来的，不是原创音乐；第四，《校歌》的选曲者也是福建籍人士，且有一定的音乐基础。

**二、《集美学校校歌》歌词分析**

上文提到《校歌》歌词的主要创作者是黄鸿翔，《校歌》歌词后来有过几次修改，主要参与者有范毓桂等人。校歌歌词的修改过程，客观上反映了集美学校的早期发展过程，下面对《校歌》歌词的创作与修改原因进行分析。

陈嘉庚先生创办的集美学校经过几年发展后，1917年5月派陈敬贤回国扩建集美学校并且聘请师资，1917年8月，经江苏第二师范学校校长贾丰臻的推荐，陈敬贤聘请该校应届毕业生王绩（江苏人）担任集美师范校长，同时聘请该校十几位毕业生担任集美师范教员，但是这批师资的教学质量却不高。陈嘉庚先生曾提及此事：“开学后觉教师多不合格，办理上亦多失妥。缘与集美小学十数教师比较，优劣易知。”这批师资的表现深深触动了集美学校有抱负的本地教师，1918年2月，以厦门本地为主的几位福建籍教员开始创作《校歌》，歌词的创作以集美小学和陈嘉庚改进闽南18县小学教育以及建设集美乡的远景蓝图为主题，同年3月《校歌》发布。1918年5月，第一任校长王绩聘用期满（聘期半年），在当年的《现任教职员一览表》中可以看到包括其同学在内无一留任。1918年9月，陈敬贤聘请侯鸿鉴（无锡人）为第二任校长（聘期一年），1919年8月陆规亮（江苏人）任代理校长；1919年9月陆规亮推荐池尚同（浙江人）为第三任校长，次年6月辞职。两年内三易校长，陈嘉庚决定不再聘外省人做校长，直到1920年7月安溪籍叶渊就任校长，集美学校才进入相对稳定发展阶段。这里需要指出，集美幼稚园在1919年成立时，陈嘉庚先生为该园配备了钢琴、风琴等乐器。

对《校歌》歌词的分析首先需要进行结构划分，笔者根据歌词的历史变迁与内涵，结合其曲调乐句的划分，把歌词划分为四个部分。

《校歌》歌词的第一部分是：“闽海之滨有我集美乡，山明兮水秀，胜地冠南疆。”这部分歌词创作之后没有再修改过。歌词描写了山明水秀的集美，是中国南疆的最佳胜地。

今天看到的歌词第二部分是：“天然位置，惟序与黉，英才乐育，蔚为国光。全国士聚一堂，师中实小共提倡。”1918年创作时的原文是“天然位置，惟士与黉，泉漳士共提倡，孕育师中在一堂，英才乐育，蔚为国光”。1920 年新上任的校长叶渊博学多才、治学严谨，他亲自确定集美小学为集美师范应届毕业生的实习学校。1921 年 2 月，陈嘉庚确定校名为集美学校，内辖师范、中学、实业（包括水产与商科）、女师、小学等五部。为适应集美学校发展的实际情况，歌词修改为“天然位置，惟士与黉，英才乐育，蔚为国光。泉漳士聚一堂，师中水商共提倡”。后来又因水、商都属于实业，“师中水商”的提法未能包括小学，所以后一句又改为：“师中实小共提倡。”修改后的歌词登在 1923 年的《集美学校十周年》纪念刊上。随着集美学校规模的不断发展扩大，1927 年，学校下辖各部改部为校，招生范围已逾越泉州、漳州所属各县，而扩大到我国南方数省以及南洋，教职员来自全国各地，鲁迅先生也应叶渊的邀请于 1926 年 11 月 23 日在集美学校演讲。在此情况下，《校歌》歌词再次被修改，“惟士与黉”后来改为“惟序与黉”，将“泉漳士聚一堂”一句，改为“全国士聚一堂”，即今天看到的歌词，刊登在 1933 年福建私立集美学校廿周年纪念刊上。歌词中的“序”指古代地方举办的学校，歌词中的“黉”（hóng）也是指古代的学校。

歌词的第三部分是：“春风吹和煦，桃李尽成行。树人需百年，美哉教泽长。”创作于 1918 年，之后没有修改过。集美校友遍布国内和世界各地，有人说凭着这首《校歌》，无论走到哪里都可以找到集美学校的校友，可谓“桃李尽成行”。

歌词的第四部分是：“诚毅二字中心藏，大家勿忘，大家勿忘。”创作于 1918 年，之后没有修改过。“诚毅”校训与《校歌》同时发布，也包含在《校歌》之中。陈嘉庚、陈敬贤校主确定集美学校的校训为“诚毅”，意即诚以为国，实事求是，大公无私；毅以处事，百折不挠，努力奋斗。“诚”含有忠诚祖国、实心实意之意，“毅”则含有刚毅顽强、百折不挠之意。陈嘉庚对集美学校师生说：“希望诸位要抱着大公无私的精神，凭着“诚毅”二字的校训，努力苦干。我们集美学校创办的动机和目的跟普通学校不同，希望诸位深深来体会。”

《校歌》歌词突出了百年树人的思想，强调了“诚毅”校训。《校歌》的歌词多使用生活语言，因而朗朗上口，适合歌唱，较少使用文言文或古风化的语言，开“新音乐”歌词风格之先河。

李建武，陈福香. 集美大学学报（哲学社会科学版），2008，11（4）：85－87.

# 集美学校校歌

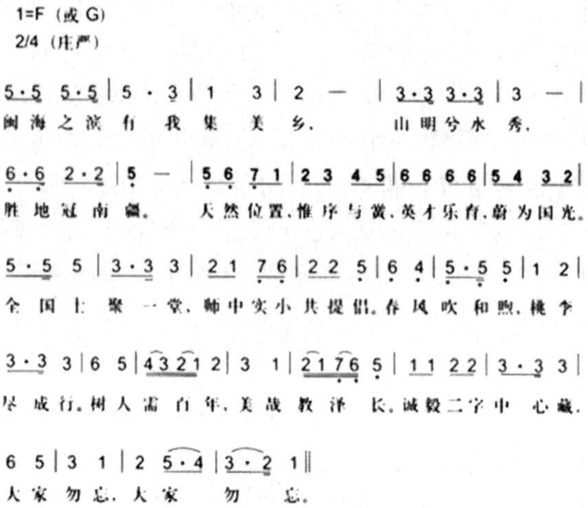


## 链接 6

### “诚毅”校训

1918 年 3 月，集美师范、中学开学时，陈嘉庚和陈敬贤共同制定“诚毅”校训，校歌歌词也要求师生“诚毅”二字中心藏。这就确定了“诚毅”是集美学校办学宗旨和思想、道德、品格教育的纲领。

陈嘉庚制定“诚毅”校训，是经过深思熟虑的。他在集美读过多年私塾，对“四书”“五经”和“古文精粹”的重要篇章苦读善思，虽自谦只“一知半解”，却对我国优秀文化传统及伦理道德等理解颇深。我国受人尊敬的先贤大多都讲究“树德立言”。他要向先贤学习，经过反复揣摩，终以“诚毅”作为自己“树德立言”的训词。早年师长努力宣讲“诚毅”校训，通常讲“诚”是：对祖国、对民族要无限忠诚，待人诚心、诚恳、充满人性爱；讲“毅”是：有坚毅不拔的意志，在校学习知识、思想修养、锻炼体魄都要持之以恒，克服困难，追求进步；出社会工作，要敢于负责，百折不挠，勇往直前。由此可见，“诚毅”校训把提高思想道德素质，提高同学对祖国和人民的忠诚，提高大家辨别是非的能力摆在第一位。陈嘉庚先生在多次讲话中亲自解释校训的意义。他说：“希望诸位要抱着大公无私的精神，凭着‘诚毅’二字的校训，努力苦干。”1940 年返安溪，在师生欢迎会上又说：“我培养你们，并不想你们替我做什么，我更不愿你们是国家的害虫、寄生虫；我希望于你们的，只是要你们依照着‘诚毅’校训，努力读书，好好做人，替国家替民族做事。”他又说：“教育非仅读书识字，而尤以养成德性裨益社会。为人有道德毅力，便是世间难得的奇才。”故后人对校训就有更深的诠释，诚者：诚以为国、实事求是、大公无私；毅者，毅以处事、坚强果敢、百折不挠。校训的核心，是把国家和民族的利益放在第一位，是教同学们学会如何做人。

## 附文：没有忘记校训“诚毅”二字

黄永玉

我是1937年入校的学生，至今怀念敬爱的陈村牧、许玛琳、末庆嵩、郭应麟、曾雨音、汪养仁、朱成淦、许其骏诸位先生。我是他们最不用功的学生。尤其是许玛琳先生，他曾对我再三说过，不学好英文将来会后悔。毕竟先生具有历史的预见，他对我那么宽宏大量，也许是已经失望，竟然允许我在上英文的课堂上作画，此事恐怕不仅在集美的历史，在全世界也是少见的。至今想来，我是又感激又觉得深深惭愧。因为在课堂上我永远背不上英文，永远推说明天可以背出，一个明天接着另一个明天，成为我永远还不清的书债。在我离校前夕，许先生在纪念册上为我题词：TOMORROW NEVER COMES!（明天是永远不会来的）。所以，我这个年已六十的学生至今还想着先生的话。

说老实话，我真正的勤奋是在图书馆，一个小小的孩子读到了《原富》《爱弥儿》以及伏尔泰、狄德罗的一些书。我们的图书馆对一个孩子说来，较之课堂，无疑是个又大又新的世界，课堂何足道哉！这些丰富的知识使我在以后漫长的痛苦流浪生活中成为信念的支柱。我也没有忘记校训“诚毅”二字，对人要诚恳，对事要有毅力。我也把这两个字送给了我远行的儿女。

选自集美中学档案

（本文写于1983年，作者黄永玉，原初中51组学生，曾任中央美术学院教授）

## 延伸阅读一：陈嘉庚创办集美学校纪事

华侨领袖陈嘉庚先生于1913年首创集美小学，成为集美学校之肇始。后来又创办了女子小学、师范、中学、幼儿园、水产航海、女子师范、幼稚师范、乡村师范、商业、农林、国学等专门学校，并设立了为各校服务的图书馆、科学馆、体育馆、美术馆、音乐馆、医院、银行、大礼堂等，使他的故乡集美成为著名的学村。

1912年9月，在辛亥革命的鼓舞下，陈嘉庚抱着兴学报国的宏愿，第四次从新加坡回到阔别九年的故乡。当年，集美社共有2 000多人，一律姓陈，分为七房，划地而居，不仅“鸡犬之声相闻，老死不相往来”，而且还常常械斗，势同水火。因此，各房自办一私塾，只收男生一二十人，老师学识平庸，塾费又多，儿童上学不过是“关蛮”而已。要创办新式的小学校，首先必须改变这种以邻为壑的状态。陈先生满怀热情地奔走各房，劝说房长们消除宿怨，停办私塾，把全村的学生集中在一起，设立一个统一的小学，由他独资负担。在他的精诚感召下，各房终于捐弃前嫌。1913 年 1 月 27 日，乡立集美小学校借集美大祖祠四处为校舍，敲响了第一声学钟。小学虽然办起来了，但校舍分散，学生上学很不方便。当时集美社内住宅较密，空地不多，且三面环海，村外坟墓遍布，没有余地可建校舍。于是陈嘉庚出资 2 000 元买下村外西边那口面积数十亩的半废大鱼池。他亲自指挥工人，在池四周开挖深沟，将挖出的泥土在池中填造一个人工岛屿；又招工匠建筑一座可容七班学生的木质校舍，其余场地辟为操场。当时，陈嘉庚的全部业产只有四五十万元，而仅此一项就耗费了 14 000 元。1913 年秋季开学后的第三天，陈先生肩背行囊、手执雨伞，深情地和师生们告别，第五次出洋。

集美学校兴办初期，师资缺乏。以 1912 年为例，全同安县教师中，师范生仅寥寥 4 人。陈先生费了很大的力气，只聘来简易师范毕业的两名教师。为了解决师资问题，1916 年，他写信委托江苏第二师范学校校长代聘教师，又派胞弟陈敬贤回乡筹办师范和中学。陈敬贤于 1917 年和 1918 年，曾两次到浙江等七省延聘教师。兄弟俩不惜重金礼聘名师，如创办集美农林学校时，就聘了德国留学生 1 人、美国留学生 2 人、日本留学生 2 人。

除了从外地“输血”外，陈嘉庚更注重自身的“造血功能”。他先后创办了普师、女师、简师、高师、幼师和乡师等各类师范学校，选送毕业生升学或留学，等他们学成以后，再聘来集美任教。早在 1917 年，集美水产航海学校创办以前，他就预先选送上海吴淞水产学校考取第一名的冯立民到日本留学，聘他毕业后来集美执教。1924 年至 1934 年间，集美学校还设立了“成美储金”，资助毕业生升学或出国深造。这些人学成后，绝大多数回母校服务。由于陈嘉庚的努力，集美学校的师资力量是很雄厚的。如国学家钱穆，文学家王鲁彦、汪静之，教育学家朱智贤、罗廷光，哲学家吴康，历史学家王伯祥、杨筠如，生物学家伍献文，经济学家陈灿，地理学家盛叙功，农林专家章文才、叶道渊，画家顾一尘，体育专家吴振西等人，都曾经在集美学校当过教师。

集美学校创办初期，福建省的教育一片腐败。全省唯一培养小学师资的福州省立师范学校不公开招考，所收学生都是官僚富绅的膏粱子弟，他们只想混一张文凭，根本不想毕业后去当穷教师，使得这所声誉素隆的学府，成了纨绔子弟的镀金场所。

1913 年，陈嘉庚亲自到省立师范考察，对此深有感触。他决心兴办师范学校，“以挽救省教育之颓风”。集美师范部于 1918 年开办后，为了防止弊端，陈嘉庚首先从招生制度上大刀阔斧地加以改革，他特地从新加坡发函通知闽南 30 多县，要求每一大县招选贫寒子弟五六人，每一小县三四人，所选学生须有志教职，详填履历，到校后加以复试，凡违背定章或不及格者决不收纳。经过严格挑选，师范生的质量得到了保证（直到 1920 年，学生的质量较稳定，才取消了各县代选新生制度）。陈嘉庚还从各方面为贫苦青年创造就学条件，他规定：师范生不但学宿膳费可免，还由学校发给学生被席、蚊帐和统一制服。当时，闽西南以及广东潮州、梅县一带，许多寒门子弟纷纷报考集美师范。从集美师范毕业的人大都品学兼优，成为闽南初等教育的中坚力量。集美师范还涌现了一大批革命先驱，如早期的共产党人李觉民、罗明、罗扬才等。

“五四运动”以前，“重男轻女”“女子无才便是德”的传统观念严重地禁锢着人们的思想。在地处海隅的集美渔村，这种陈规陋习更是根深蒂固，女子根本没有上学的权利。

具有革新精神的陈嘉庚敢于标时代之新、立社会之异，于1917年2月创办了集美女子小学。在当时的历史条件下，堪称开风气之先。具体负责筹办女子小学的，是陈敬贤的夫人王碧莲女士。她每天带着一张小板凳，躬身各家各户，苦口婆心地动员学龄女子上学。她往往为了招收一个女生，必须不厌其烦地说服一家几代人。那时，女子为了求得“三寸金莲”，都缠小脚。王碧莲煞费苦心，反复地讲道理，像慈母一样地把女孩子的脚放在自己怀里，亲手为她们解掉又长又臭的裹脚布。她以一片诚心，为创办女学扫除了一个个封建“堡垒”。集美人主要以讨海为主，女孩子因为剖海蛎可得微利帮助家庭，不少只顾眼前利益的家长不肯让女儿上学。为此，学校特规定女生上学免费，校方每月还给每个女生津贴二元或三元。这在私人创办的学校中是绝无仅有的。1921年，陈嘉庚又增办了集美女子师范部（后来改名为女子中学）。来自各地的女生，扬眉吐气地跨进校门，在文化科学的新天地里呼吸着清新的空气。

陈嘉庚曾说：“盖有教无类，乃教育之目的。”他倾资兴学，眼光不仅盯在在校生身上，而且希望能使校外广大民众都有学习机会。早在1914年他创办集美小学后不久，就在集美大祖祠开设通俗夜校，对成年人进行教育；还在二房祖祠另设阅报室，供人学习。1923年，集美学校开办了“校工工读夜学校”，招收本校和校外工人，由师范部教员和学生义务授课，所用书籍、粉笔等物，均由校方提供；1924年，集美学校举办了“平民工读夜学校”，学生有100多人。从1926年开始，集美学校的毕业生纷纷在他们的原籍创办公学，进行地方普及教育。1930年2月，集美学校专门成立了民众教育委员会，发出《为识字运动告民众书》：“不要你们的钱，只要你们快来。有先生教你们读书，有先生教你们写字，有先生教你们打算盘，有先生教你们写信……”为了便利村民的学习，他还开办了4所“民众学校”，派人进行流动教学。1937年，集美学校举办了“妇女夜学校”，参加人数达110多名。抗战时，集美学校迁往内地，在艰苦的条件下又开办了各种“民众夜校”，分“儿童班”“成年班”“妇女班”等。

陈嘉庚创办集美学校，其用意还在于让它成为闽南推广教育的中心。1920年，陈嘉庚在集美学校里设立同安教育补助处，当时同安开办了30多所学校，所有助学经费均由陈嘉庚独力负责。1924年，陈嘉庚将同安教育补助处改名为教育推广部，继续拨款补助，并且从教学上指导闽南各县的一些中、小学。从1924年到1932年间，受到集美学校教育推广部补助指导的学校共计28个县市73所，其中除福州三民中学、泉州中学外，其余的都是小学。1924年7月和1926年7月，集美学校又专门举办了两届暑期学校，招收闽南的小学教师，利用空余时间集中在一块学习，从北京聘请专家讲学，参加人数几百人。教育推广部和暑期学校的活动传播了新的教育思想，提高了闽南初等各校教师的水平。集美学校真正起到了闽南教育领头羊的作用。

早年，陈先生看到船舶川行如织，但航权都操在洋人手里，他痛心疾呼：“吾国人口居世界第一位，沿岸领海环抱万里。所有船舶之数尚不足与最少船舶之国比拟，甚至数十国航业注册我国竟无资格参加，其耻辱为何如？故今后我国欲振兴航业，巩固海权，一洗久积国耻，沿海诸省，应负奋起直追之责。”他认为：“欲振兴航业，必须培育多数之航业人才。”看到国内航业学校很少，他于1920年在集美学校里增设水产科，后又发展为水产部、高级水产航海部、集美高级水产航海学校（1958年，集美水产航海学校分为集美航海学校和集美水产学校；1978年，集美航海学校改为集美航海专科学校）。水产航海学校创办后，为了保证学生的教学实习，陈先生于1922年雇人建造“集美一号”实习船；1926年，他又从法国购进全国第一艘拖网渔轮，定名为“集美二号”。著名演员王人美主演的进步影片《渔光曲》，很多镜头就是在这艘载重274吨的渔轮上拍的。近百年来，集美航海学校的毕业生遍布国内外，在航海界素享盛誉。20世纪60年代世界最大、最豪华的客轮“伊丽莎白皇后号”等巨轮的船长，都是集美航海学校的校友。

有着战略家眼光的陈嘉庚于1920年在集美学校增办商科，后来又发展为商业学校。当时他是这样考虑的：福建华侨众多，大多数都是做生意的，但由于文化程度不高、观念老旧，在商战剧烈的时代，难免缺乏竞争力。那时，日本南进派就有如此论调：“白种人是劲敌，不容易同他竞争。那无知识、无组织、无后盾的中国人，一挥就去，可以取而代之。”他们还聚集了许多商界精英，研究制定种种针对我们的商战阴谋。为了长中国人的志气，陈嘉庚决意创办集美商业学校，并选送优秀学生到南洋进入商界。陈先生说：“这种奋斗，实在不够，尚望华侨有雄厚严密的组织，又有强有力的政府来做后盾。”为了使学生掌握商科实际知识，陈嘉庚还在校内开办了实习银行、实习商店等。南洋商界领袖不少是集美校友，这应该感谢校主的苦心栽培。

早在1918年，陈嘉庚就明确表示，南洋华侨小学毕业生，如有志回国升入中学的，一概收纳。到校时如考试未及格，则另设教习班给他们补习，“此例永存不废”。在陈嘉庚的倡导下，从20世纪20年代开始，就有不少侨生从欧、美、日和东南亚等地到集美求学，1927年，集美学校还特地在厦门公学里设立回国侨生招待所。到了1931年，集美中学的侨生共375人，占该校学生的40%。抗战胜利后，来集美就学的南洋侨生与日俱增。为此，校方制定了《集美学校特约南洋各属集美校友会保送侨生入学暂行办法》，进一步优待侨生求学。新中国成立后，海外侨生纷纷投向祖国的怀抱，仅1955年一年，集美中学的侨生就多达1 100多人，占全校学生总数的54%。从1954年至1966年，集美学校共接待海外侨生18 000多名。1982年又增设了“集美中国语言文化学校”。几十年来，一批又一批侨生不远万里来集美就学，这里成为侨生温暖的大家庭。

集美学校在新中国成立前被公认为是“全国设备最完全的中等学校”。陈嘉庚注重办学条件，除了建筑几十座教学楼以外，还兴建了各校公用的图书馆、科学馆、体育馆、美术馆、音乐馆、俱乐部等，规模都相当可观。1920年建成的图书馆，面积有2 300多平方米，分上中下三层，四面有窗，光线明亮，收藏中外图书13 746种；科学馆里有物理器械近700种，化学器械350多种，化学药品670多种，动物标本750多种，植物标本1 630多种，以及几百种矿物、化石、地质学标本和人体生理标本等；至于大型足球场和有400米跑道的大操场，连草坪上的草籽，他都特地从新加坡购回。即使在抗战内迁的艰苦环境中，集美学校仍保持着“全国设备最完全的中等学校”荣誉。如当时水产航海学校的航海仪器、海洋仪器、制图仪器、渔具及模型标本等，就有千余件。

附记：1913年1月，陈嘉庚先生及其胞弟陈敬贤先生创办了“乡立集美两等小学校”。此后，在1917年至1921年的5年间，相继创办了“私立集美女子两等小学校”（1917年2月）、“集美师范学校”（1918年3月）、“集美中学”（1918年3月）、“集美幼稚园”（1919年2月）、“集美学校水产科”（1920年2月）、“集美学校商科”（1920年8月）、“集美女子师范”（1921年2月）。自1921年2月起，定“福建私立集美学校”为总校名，成为当时全中国最完备的学校，涵盖了幼儿园、小学、中学（含男小、女小）、师范（含男师、女师)、实业学校(含水产科、商科)等不同类型、不同层次的教育。其后,各校继续发展,中学、小学、幼儿园一直延续发展至今,师范学校发展成为“集美师范高等专科学校”,商科发展成为“集美财经高等专科学校”和“集美轻工业学校”(2016 年与福建化工学校合并更名为“集美工业学校”),水产科发展成为“集美航海学院”和“集美水产学校”。此外,厦门水产学院和福建体育学院先后在 1972 年和 1974 年定址于集美学村,丰富了学村的教育种类和办学层次。

## 延伸阅读二:校主办学的四个时期

陈嘉庚先生在他 88 年的人生旅途上,创造了 68 年“兴学”“办学”的人间奇迹,他的办学历程大体上可以分为四个时期,即尝试及准备时期、兴盛时期、勉力维持时期、恢复和发展时期。

在他老人家创办的集美学村各校和厦门大学,师生对他有着特别亲切的情感,怀着崇高的敬意习惯地称他为“校主”。

**1. 尝试及准备时期(1894 年—1911 年)**

这一时期,在兴办学校方面,他做了三次尝试。

第一次是 1894 年办惕斋学塾。这是他捐资兴学的发端。陈嘉庚于 1893 年遵母命归国与夫人张宝果结婚,结婚后不久,他在夫人的支持下出资 2 000 银元在集美创建了惕斋学塾。学塾门前有石刻楹联,其正联曰:“惕厉其躬,谦冲其度;斋庄有敬,宽裕有容。”其副联为:“春发其华,秋结其实;行先平孝,艺裕乎文。”此联可能出自陈嘉庚之手,它反映了陈嘉庚早期的办学思想,即兴办学校的目的:一方面为国家、为社会培养人才,另一方面提高人们的文化道德修养;学生在学校一方面要广泛学习科学文化知识,另一方面要形成良好的道德品质。惕斋学塾的办学模式已与旧私塾大不相同,陈嘉庚在尝试新学的办学方式。至于经费的来源,一是他从商三年所得的薪酬积蓄,二是可能还有他父亲给予的结婚费用节余。这是一个极其重要的开端。陈嘉庚养成了手中有钱即用来办学和为社会服务的良好习惯。他说:从此,“对乡党祠堂私塾及社会义务诸事,颇具热心”。

第二次是资助阳翟小学。自 1896 年至 1912 年,华侨相继在同安县和厦门郊区创办了锦宅、曾营、霞阳、阳翟 4 所小学。陈嘉庚先后捐助同安县阳翟小学建筑费和经常费计银洋 5 130 元,占该校全部侨捐资金 21 316 元的 1/4。捐助该校的还有越南华侨陈伯坚和旅居马来西亚、新加坡、缅甸等地的同安籍华侨。陈嘉庚被推举为阳翟小学永久校董。

第三次是 1906 年在新加坡集资创办道南学堂。这是陈嘉庚兴办华侨教育的开始。关于当时东南亚华侨教育状况,他在《南侨回忆录》中说:“民国未光复以前,南洋华侨无所谓教育,其时学校甚少,虽有私塾亦极有限。若英属虽设有英文校,所读所教只能备英人使役而已,不但无专门或大学,便是相当中等学校亦难得。若荷印荷文学校,则不许从祖国来之华侨子弟入学,暹罗则须读简单暹文。由是各处华侨子弟,既乏中国文化,致多被外国及土人所化矣。”正是在这种情况下,新加坡福建会馆(陈嘉庚长期担任该会馆主席)于 1906 年 11 月 8 日创办道南学堂。1910 年,陈嘉庚被选为道南学校总理(即董事会主席),即积极向华侨募捐 5 万元,建成校舍,并在国内物色校长、教员。

这三次办学实践活动为陈嘉庚积累了经验。

这一时期，陈嘉庚开始独立经营实业，且事业发展顺利，资本不断增加。在社会地位上，他加入了同盟会，先后被选为新加坡福建会馆主席、中华总商会第六届委员会协理和福建保安捐款委员会主席等，在华侨社会中的影响力与日俱增。

也就是说，这一时期为陈嘉庚倾巨资办学准备了政治、经济条件和办学经验。

**2. 兴盛时期（1912 年—1936 年）**

1913 年，陈嘉庚在家乡创办了第一所小学——集美小学，以后又陆续办了各类学校，到 1927 年计有男小、女小、男师范、男中、女中、水产、航海、商业、农林、幼师、乡师、国专等十几所学校，统称为集美学校。经过多年的艰难缔造，初步形成了一个较为完整的教育体系，并将一个原来贫穷落后的渔村，建设成为闻名全国的学村。1923 年，经孙中山先生批准，“承认集美为中国和平学村”。“集美学村”由此得名。

陈嘉庚创办集美学校，不仅注重学校和师生数量的发展，更重视教育质量的提高；重视选择校长和教员；重视学生的道德教育；要求学生有爱国思想，遵守校规，勤俭节约；对男女学生一视同仁；优待奖励侨生、贫苦学生和师范生；重视技术职业教育；支持学校发展体育运动。总之，他要求在校学生德智体美全面发展，这样才能成为对国家有用的人才。

陈嘉庚不仅在家乡办学校，对发展侨居地的教育事业也很热心。他在新加坡长期资助和倡办许多华侨学校。如道南小学、爱同小学、崇福小学、南侨师范、新加坡水产学校和南洋华侨中学等，这些华侨学校对传播中华文化、加强华侨团结、增强华侨民族意识和发扬爱国爱乡精神起了重要作用。

1919 年，提倡民主与科学的“五四”爱国运动在北京爆发，并波及全国。“五四运动”使陈嘉庚看到了新的希望。这时，他在新加坡经营的实业正蒸蒸日上，在集美创办的各类学校也初具规模。为实现救国宏愿，他决心在此基础上，倾资创办大学。

陈嘉庚认为，在家乡闽南创办一所大学非常必要。他说：“国家之富强，全在乎国民，国民之发展，全在乎教育。”“尝观欧美各国教育之所以发达，国家之所以富强，非由于政府，乃由于全体人民。中国欲富强，欲教育之发达，何独不然。”又说：“民心不死，国脉当存，以四万万之民族，决无甘居人下之理。今日不达尚有来日，己身不达尚有子孙，如精卫之填海，愚公之移山，终有贯彻目的之日。”他还说：“何谓根本，科学是也。今日之世界，一科学全盛之世界也。科学之发展，乃在专门大学。有专门大学之设立，则实业、教育、政治三者人才，乃能辈出。”

以上是指祖国大范围而言，从当时福建省一个局部看，陈嘉庚也认为兴办大学非常必要。他说：“民国八年（1919 年）夏余回梓，念邻省如广东江浙公私立大学林立，医学校亦不少，闽省千余万人，公私立大学未有一所，不但专门人才短少，而中等教师亦无处可造就。”

无论从全国或从全省看，陈嘉庚认为创办大学都是非常必要的。而从办学财力衡量，他认为也是可能的。当时，他的资产总额已达四百万元。他愿意以身作则，带头示范，并公开表示：“自己先认捐开办费 100 万元，作两年开销；再捐经常费 300 万元作 12 年支出，每年 25 万元。”并拟于开办两年后，学校略有规模时，即向南洋富侨募捐。他深感自己财力有限，因此“诚恳希望内地诸君及海外侨胞，负起国民责任，同舟共济，见义勇为，则数千万元之基金，不难立集”。

至于这所大学应设在何处？陈嘉庚认为：校址问题为创办之首要，校址当以厦门为宜。厦门居闽省南方，与南洋关系密切，而南洋侨胞子弟多住厦门附近，因此设在厦门最适中。他还认为：在厦门尤以演武场附近山麓最佳，背山面海，坐北向南，风景秀美，地场广大。第一步规划占地 200 亩，第二步可扩至附近，占地 2 000 亩。将来学生众多，大学地址必须广大，以备今后扩充。

创办大学虽说是件大事、难事，而陈嘉庚却说到做到。他一面向政府申请演武场校址用地，着手筹建第一批校舍；一面聘请国内外教育界名流蔡元培、黄炎培等九人为筹备委员，拟定办学大纲，并多方物色校长，由校长选聘教师；着手在我国上海、福州、厦门及新加坡等地招生，先设商学和师范两部，经过严格入学考试，共录取新生 100 多人。1921 年 4 月 6 日，在陈嘉庚的亲自指导下，厦门大学假集美学校举行隆重的开学仪式，国内外许多教育名流也应邀前来参加。从此，中国第一所闻名海内外、由华侨领袖陈嘉庚独资兴建的大学，在风景秀丽的海港城市——厦门创办起来了。

厦门大学的创办，使得陈嘉庚的办学层次有了一个质的飞跃，厦门大学成为中国一所著名的大学，影响力遍及世界。

**3. 勉力维持时期（1937 年—1949 年）**

陈嘉庚办学从鼎盛时期转入维持时期，有四个显著的标志：一是集美师范停止招生；二是厦门大学移交南京国民政府；三是集美各校和厦门大学内迁办学；四是集美学校教育推广部已无力资助更多的学校。

集美师范学校自 1927 年独立建制后，教育事业发展较快，培养了许多优秀教师。至 1933 年，集美试验乡村师范学校和集美幼稚师范学校先后并入师范学校，集美师范学校的体制更加完善，学校规模更大。然而 1936 年 6 月 29 日，福建省政府教育厅以“统制”（私立学校一律不许开办师范教育）为名责令集美师范停止招生，“至原有学生毕业时停办”。虽经陈嘉庚多方争取并电呈福建省主席陈仪要求继续办师范，仍未获准。这样，陈嘉庚苦心经营的师范教育，不得已于 1936 年停止招生，并于 1940 年最后一届学生毕业后被迫停办。师范学校的停止招生，对集美学校的学科结构、办学规模和社会效益都造成了巨大影响。

陈嘉庚的企业于 1934 年收盘后，再同时维持厦门大学和集美各学校的经费已极度困难。为了集中财力续办集美学校，也为了厦大不致停办，1936 年起，陈嘉庚数次致函南京国民政府，表示愿将厦大无偿献给国家，由政府接办。1937 年 7 月 2 日，南京国民政府同意陈嘉庚所请，决定将私立厦门大学改为国办。7 月 6 日，著名物理学家萨本栋博士受聘为国立厦门大学校长。至此，陈嘉庚办学的层次、规模都明显收缩。

1937 年 9 月起，日本帝国主义的飞机、军舰不断袭击厦门，情况十分危急。集美各学校于当月起陆续内迁安溪县办学。至 1946 年夏，集美各学校及其教学设备、图书资料始全部迁回集美。在整个抗日战争期间及学校复员之后，陈嘉庚始终主张集美学校规模不宜过大，“只可维持，免停顿已足。生额宜少不宜多”。厦门大学于 1937 年底内迁闽西山区，1938 年 1 月 17 日在长汀县复课，直至 1946 年迁回厦门上课。这期间，厦门大学的办学规模也大幅度缩小。

继 1940 年集美师范学校停办后，1947 年，集美农林学校并入省立福州高级农业职业学校。至 1948 年秋，集美学村仅余集美高级水产航海职业学校、集美高级商业职业学校

(集美轻工业学校前身)、集美高级中学、集美初级中学、集美小学和集美幼稚园。

这一时期,陈嘉庚主持的新加坡福建会馆曾于1939年在新加坡创办南洋华侨水产航海学校,1941年8月创办南洋华侨师范学校,但皆因太平洋战争爆发、新加坡失陷而停办。

陈嘉庚办学进入维持时期的主要原因有:第一,受世界经济危机等因素影响,陈嘉庚的企业于1934年收盘,他的个人资产严重缩水。第二,自日本侵略中国以来,至1937年"卢沟桥事变"的发生,全国军民奋起抵抗日本侵略者,陈嘉庚已全身心投入到领导华侨抗日救国的运动中。民族危机当前,办学自应退居其次。第三,如果说厦门大学改为国立大学是陈嘉庚因经费困难而自愿、主动无偿献给国家的话,那么集美师范的停办则是缘于当局的限制和强迫命令。第四,陈嘉庚经营实业、创办学校的得力助手陈敬贤因病于1936年2月去世。陈敬贤自1900年随胞兄至新加坡经商后,一直是陈嘉庚各项事业的得力助手,他受兄长委托,于1916年至1919年间在家乡创办集美各学校,又于1923年回国协理集美、厦大校务,因之两校师生皆称他为"二校主"。他的去世,对陈嘉庚办学无疑是一个沉重打击。

**4. 恢复与发展时期(1950年—1961年)**

中华人民共和国成立后,政府接管了中国境内的公立和私立学校,接管和裁并了外国津贴的教会学校。1949年12月,第一次全国教育工作会议召开,确定了教育必须为国家建设服务,学校必须为工农大众开门的总方针。1950年6月,教育部召开的首届高等教育会议,确定了高等教育的方针和任务。这一系列方针政策深刻影响着私立的集美学校和从私立改为公办的厦门大学,促进了两校的恢复、改造和发展。陈嘉庚于1950年回国定居后,对新中国的一系列教育方针政策衷心拥护。尽管他已届高龄,又担任了许多重要职务,但仍以最大的努力给予两校支持和帮助。

新中国成立初期,陈嘉庚即通过陈村牧充分表达了将集美学校献给政府办理的意愿。人民政府考虑到集美学校的悠久历史和在海内外的声誉,希望陈嘉庚先生维持私立名义,而由政府给予部分补助。陈嘉庚为减轻国家的教育经费负担,慨然接受。为此,他呕心沥血,向海外亲友筹措经费,并尽力办好集美学校的校产集友银行。

1950年9月,集美高级中学与初级中学合并为集美中学。此后,该校发展迅速,很快成为一所全国著名的、规模较大的完全中学。

1951年7月,省立高级水产职业学校(校址在惠安县)并入集美高级水产航海职业学校(简称"高水");10月,省立航海机械商船学校(校址在福州马尾)的航海科并入"高水";1952年10月,省立福州高级航海技术学校(校址在福州市)再并入"高水"。1952年12月,"高水"更名为福建私立集美水产航海学校。1958年3月18日,该校一分为二,分别成立福建省厦门市私立集美航海学校和福建省厦门市私立集美水产学校。两校分别归交通部和水产部领导。

1952年12月,集美高级商业职业学校(简称"高商")更名为福建私立集美财经学校;1956年—2000年,该校划归省轻工业厅领导。1959年3月,厦门纺织工业学校、泉州食品工业学校并入财经学校,改校名为福建集美轻工业学校。1964年,该校一分为二,分别成立福建财经学校(后恢复集美财经学校名称)和福建轻工业学校(后改名为集美轻工业学校)。

1958 年，以原集美师范学校为基础创办了厦门师范专科学校，1960 年更名为厦门师范学院。1953 年，中央人民政府采纳陈嘉庚的建议，委托他筹建集美华侨学生补习学校，当年 12 月即开学上课。1957 年 8 月，陈嘉庚又倡办侨属子女补习学校，隶属于华侨学生补习学校。至 1959 年，侨校共建成楼房 26 幢，建筑面积达 47 万平方米。据统计，自 1954 年至 1966 年，侨校共招收侨生 1.8 万余名，其中考上大专院校的计 1.3 万多名。这些侨生来自 10 多个国家。

至 1955 年秋，集美各校学生总数达 5 217 人，其中集美中学 2 094 人（其中侨生 1 128 人），水产航海学校 496 人，财经学校 540 人，小学 744 人，幼儿园 335 人，侨校 1 008 人。1950 年—1955 年，陈嘉庚主持集美学村建设，除修复被战争毁坏的校舍外，还进行了大规模的建设，扩建校舍面积达 15 万平方米，相当于新中国成立前校舍面积 45 万平方米的 3 倍多。费用计达 1 025 万元。

新中国成立后，陈嘉庚庆幸厦大获得新生，他认为厦门大学迎来了发展的大好时机。虽然这时厦大已为国立，但他不但没有放弃为实现自己办学初衷的努力，而且加倍关心厦大的恢复和建设。他同意把同安天马山与美人山之间的四百多亩地拨给厦大，作为未来农学院的实习场地。继续筹集巨资扩建校舍，不辞劳苦地请人设计绘图，亲临工地监督。从 1951 年到 1954 年，由他筹款监督、主要由其女婿李光前捐巨资建成的校舍 24 幢，计 5.9 万多平方米，建筑面积超过新中国成立前 28 年建筑面积的总和。

陈嘉庚认为厦门大学应办成面向东南亚、闻名海内外的重点大学，要着力培养华侨学生。厦门大学十分尊重并采纳陈嘉庚的意见，一方面，积极招收侨生入学，使当时集美华侨补习学校的许多毕业生进入厦大深造；另一方面，厦门大学于 1956 年创办了华侨函授部（后发展为海外函授部、海外函授学院、海外教育学院），仅 1956 至 1960 年就培养了海外函授学生 1 万多名，既有力地推动了世界各地的华侨教育，也提高了厦大在海外的声誉。

1963 年 9 月，厦大被定为全国重点综合性大学，直属国家教育部。至 1965 学年度，在校生达到 2 977 人，教职工 11 213 人。

可见，20 世纪 50 年代是陈嘉庚办学的又一黄金时期，其标志主要有：集美各校和厦大迅速修复战争损坏的校舍，并大规模扩建新校舍；集美各校和厦大经过院校学科调整，体制更加完善，办学规模不断扩大，教学质量大幅度提高；厦门大学逐渐成长为全国重点大学；恢复了师范教育；创办了集美侨校等。究其成因，首先，新中国成立后确定的一系列方针、政策，其中包括教育方针、政策，华侨政策等，有力地推动了教育事业的改革与发展，鼓励、保护了华侨在祖国兴办教育及其他公益事业的积极性。其次，各级政府热情支持并帮助陈嘉庚继续办好各类学校。最后，这时候，陈嘉庚的政治地位和社会影响力不断扩大，赢得了全国人民和广大华侨华人的敬仰和爱戴。特别是李光前、陈六使等华侨工商业巨子出于对祖国、对家乡的热爱和对陈嘉庚的崇敬，再次捐巨资支持陈嘉庚修复、扩建集美各校和厦门大学，促进了陈嘉庚的办学事业再上高峰。

## 延伸阅读三：陈嘉庚与集美学校

陈嘉庚于 1874 年 10 月 21 日出生于福建省同安县一个叫集美的小渔村。这个小渔村在教育、文化上的落后状态，给他留下了非常深刻的印象，这个印象也是他日后决心办教育改变家乡面貌的最初动力。出身于华侨世家的陈嘉庚从17岁时开始侨居新加坡，1904年至1934年一直在新加坡经营工商业。由于他重视市场信息、重视信誉、重视培养经营管理人才，1923年至1925年，他在经营上已是“一生登峰造极、得利最多、资产最巨之时”。这3年中，他的工厂已有30多间，橡胶园1.5万英亩，代理处分布在世界40多个国家和地区，雇佣职工3万余人，拥有资产折合新加坡币1 200多万元，被企业界誉为“橡胶大王”。

陈嘉庚早年在新加坡受孙中山革命思想的影响甚深，孙中山赞扬“华侨是革命之母”，更使他深受教育和鼓舞。他对祖国的贫穷落后有着切肤之痛，在他的内心深处，一直盼望着尽国民一分子之天职，倾资兴学以报效祖国。

1913年，陈嘉庚创办了集美小学，此后他又创办了集美师范、集美中学、集美水产航海学校、集美商校、集美农校、集美女子小学、集美幼师、集美幼稚园、集美乡村实验师范等一大批学校。1921年，他创办了厦门大学，并在新加坡也创办了一批华文学校。他认为办教育的目的是启迪民智，从而促进国家社会之改革。“国家富强之道在于培养人才，改造社会”，从这个信念出发，陈嘉庚办的集美学校，就有了自己的特色。

特色之一：把集美学校办成“民主堡垒，革命摇篮”。

陈嘉庚采取开放的办学方针，吸收蔡元培、黄炎培、陶行知等教育家的办学思想，把“学术自由”的精神引进学校。在“五四”运动的推动和影响下，因为学校允许，学生的社团刊物如雨后春笋般在校园内出现。如陈独秀编的中共中央刊物《向导》、恽代英主办的团中央刊物《中国青年》等，都可以在学校公开发行。《共产党宣言》《社会主义论文集》等可以在学校的图书馆公开展出。当时集美学校已有两个共产党支部、一个共青团支部和国民党左派组织等，共计有进步师生320多人，成为当时集美学校革命的主力。

1926年夏至1927年1月，在国共合作的大背景下，在中共广东区委领导下，集美学校组织了一批党员干部，随北伐军入闽，分别在厦门市岛内和闽西、闽南各地建立了中共的17个县市基层组织，其中包括厦门岛内外、永定湖雷、永定金丰、上杭、龙岩、武平、漳平、平和、诏安、海澄、石码、漳州、惠安、同安和德化等地，这些地区的基层组织是该地区最早建立的中共基层组织。因此厦门不仅是福建早期的革命老区，也是闽南早期的革命中心，是我党培养和输送干部的重要基地。在抗日战争和解放战争时期，集美学校的一批爱国青年奔赴延安和苏北等地区参加八路军和新四军，战斗在对敌斗争的最前线。这些革命青年有许多后来成为党的高级干部。

特色之二：把集美学校办成“侨生的摇篮”。

陈嘉庚长期旅居海外，对南洋华侨社会的教育情况有着深刻的认识。据当地有关资料统计，在1 200万华侨中，不懂中国语言的就有500万人。陈嘉庚鉴于众多华侨子弟不懂中文，对祖国的观念淡薄等现实，他一方面在南洋倡办华文学校，另一方面积极鼓励侨生回国读书。因此，陈嘉庚先生规定集美学校招生要面对海外，广纳侨生，优待侨生，此例永续不废。海外广大侨生深受殖民主义和封建主义的双重压迫，在陈嘉庚的推动和影响下，纷纷回国就读。

1949年9月，陈嘉庚回国在集美定居。他看到新中国成立后，大批侨生回国，再按照以前的正规中学附设补习班的办法接纳，已经不能适应形势。为了妥善安排侨生回国读书，他积极向中央政府建议，创办侨生补习学校，中央采纳了他的意见，先后在北京、广州、集美创办了华侨学生补习学校。陈嘉庚从 1953 年起负责筹建集美侨校，至 1959 年全部完成，建筑总面积 4.7 万平方米，共有 26 幢楼房，可容纳 3 000 多名华侨学生学习和生活。从 20 世纪 60 年代开始，集美侨校就被广大侨胞誉为“侨生的摇篮”，在侨生中涌现出了一大批优秀的专家和学者。

特色之三：把集美学校办成“水产航海家的摇篮”。

陈嘉庚先生于 1920 年 2 月在集美学校设水产科，1924 年改为水产部，1925 年 1 月，改为集美高级水产航海学校。福建省是一个“三山六水一分田”的省份，海洋资源极其丰富。陈嘉庚早年确立的“开拓海洋，挽回海权”的办学宗旨是很有远见的。集美水产航海学校从创办到 1949 年，共有毕业生 470 人，其中担任船长的就有 110 人，占毕业生总数的 1/4。集美水产航海学校的毕业生在国内外均表现优秀，他们的业务水平获得了世界各国的赞誉。如担任世界最大客轮“伊丽莎白皇后号”的船长；我国第一个驾海船进入北极圈的船长；世界最大油轮“维远号”的船长；中国最大的远洋拖轮“德大号”的船长等，均是集美学校的校友。他们对我国沿海福建、广东、浙江和东南亚经济的繁荣，做出了极大的贡献。

新中国成立后，为了响应党中央关于建设一支强大的海军的号召，集美高级水产航海学校的中共党组织先后于 1950 年 4 月、8 月、12 月和 1952 年 7 月、1953 年 7 月连续五次精选数十名优秀学员参加海军。这批优秀青年参加海军后，分别担任海军院校的教员、海军基地的技术骨干、海军院校的研究人员及海军部队的各级基层指挥人员，为人民海军的建设做出了积极的贡献。

特色之四：把集美学校办成“企业家的摇篮”。

陈嘉庚集经营工商业几十年之经验，认为南洋实业长期以来发展得之所以迅速，其动力应首推侨居于斯、人数众多的华侨。“中国要发展实业”，“南洋实为重要之地”。我国地大物博、人敏资厚，为什么在国际商业竞争中处于弱势，其重要的原因就是缺少商业人才。他由此清楚地认识到创办商业学校的重要性。1919 年 7 月，陈嘉庚在筹办厦门大学时曾说：“查我国现在称大学者不下十余所，强半为外人所办，究其内容不过是神学、文学、医学等科目，农工商等科关系社会经济之发展，为国家生存所不可缺者，则罕有所闻。”因此，他创办厦门大学之后，就增设商学、工学等部。1930 年扩大到文、理、法、商、教育等 5 个学院，分设工商管理学、生物学、经济学等 17 个系，后来又增设了海洋系和航空系。陈嘉庚 1917 年在新加坡认识了黄炎培，在办学时就请他担任集美学校的高级顾问，黄亦亲自来集美学校视察指导。黄炎培认为，百业不进步，是教育不与职业沟通，重士而轻农工商所致。职业教育的理想是将学校与社会、求学与服务联系起来。陈嘉庚对黄的观点非常赞同，他重视专业性，重视实践，并提出了先培训后就业的主张。他以创办职业技术学校来推动旧的教育制度的改革是很有远见的。

1943 年，集美学校董事长陈牧村先生在重庆收到陈嘉庚于 1941 年太平洋战争前汇来的一笔钱款。他根据陈嘉庚先生“实业与教育大有互相消长关系”的精神，在福建永安创办集美实业有限公司和集友银行，以办实业的增值补助集美学校的经费。在抗战期间，集友银行不但为集美学校培养和锻炼了一批金融财务专家，还为集美学校补助了近 30 万元的办学经费。这也是陈嘉庚在印尼避难时期，集美学校在侨汇断绝的困境中能够生存下来的一个重要因素。集美商校创办于1920年，数十年中为福建省和厦门市培养了大批经济人才，现在在许多回忆录中都可以查到这些人所做的贡献。

王毅林. 人民政协报. 2007-09-27.

## 延伸阅读四：倾资办学的历史丰碑

长期大规模的办学活动耗尽了陈嘉庚的巨额资财，也耗尽了他的心血，却因此铸就了一座倾资办学的历史丰碑。

**1. 倾巨额资金办学**

我国著名爱国民主人士黄炎培先生早年说过："发了财的人，而肯全拿出来的，只有陈先生。"陈嘉庚一生办学支出个人经费，以1980年国际汇市比率计算，相当于1亿多美元；其中1913年至1931年，在家乡办学支出840余万元，占他总支出的63%；加上办学而付出的利息380万元，共占总支出的92%。若加上他创办的集友银行的红利和经他筹募的办学经费，则数字更加惊人，超过他当年办学的数倍之多。据统计，到2005年，集友银行付给集美学校的红利与股息达11.4亿元港币。

在承担集美、厦大两校庞大开支的同时，陈嘉庚还于1921年联络新加坡华侨，组织同安教育会，支持同安县创办40多所小学。1924年，陈嘉庚把同安教育会改为集美学校教育推广部，至1935年，先后补助本省20个县市的73所中小学，补助总额达193 227银元，全部由陈嘉庚承担。在侨居地，陈嘉庚竭力倡办华文学校，曾任新加坡道南学校总理。1915年在新加坡捐资创办崇福女校，1919年又捐资3万元创建南洋华侨中学，后来又捐40多万元作为该校基金。

**2. 创办并资助了大量学校**

陈嘉庚一生创办及资助的学校多达100多所，除厦门、集美外，还包括了福建省其他20余个县市的100余所学校，新加坡10所（道南、华侨等5所华文中小学和水产航海、南侨师范等学校）。这些学校覆盖面广，从国内到国外，从厦门到福建各地以及新加坡；层次多，从幼儿园、小学、中学到大学；种类齐全，有基础教育、普通教育、职业教育和专门教育，形成完整的教育体系。

**3. 培养了一大批栋梁之才**

陈嘉庚创办和资助的学校，培养了以10万计的各种人才。据统计，仅1913年至1949年，集美学校的毕业生就达8 094人。厦门大学素以培养高质量人才闻名，两校的毕业生中，涌现出一大批政治家、社会活动家、科学家、企业家、艺术家等。陈嘉庚在新加坡创办和资助的学校所培养的侨生，许多人成为东南亚工商界、教育界、文艺界的精英人物。

**4. 推动了国内特别是福建教育事业的发展**

陈嘉庚办学，在国内教育界影响很大。教育界著名人物蔡元培、黄炎培、陶行知等都交口称赞陈嘉庚的办学精神。陈嘉庚从不以倾资兴学而沽名钓誉，也反对别人为自己歌功颂德。当厦大新校舍落成时，有人建议把主楼用陈嘉庚或其胞弟陈敬贤的名字命名，他都极力反对。他一生为集美学校和厦大建造了数百幢高楼大厦，却没有一幢以他的名字命名。1923年陈嘉庚五十寿辰，集美学校师生和校友自动捐款拟建造"介眉亭"，想为他祝寿并表彰其兴学业绩，他知道后，亦予坚决拒绝。身为华侨而捐巨资在国内兴学，不为名、不为利，这种精神是一种强大的力量，促进了全国教育事业的发展。

集美学校和厦门大学特别注意吸收闽南一带的贫寒子弟入学，并鼓励学生毕业后回原籍从教，因而有力地促进了福建省尤其是闽南地区教育事业的发展。

**5. 开创了华侨在家乡办学的风气**

华侨回乡捐资办学，陈嘉庚不是第一人。但大规模办学，倾资办学，他是第一人。在他的精神和事迹的感召下，许多华侨纷纷回乡捐资办学，蔚然成风，影响极为深远。他的女婿李光前和曾就读于集美学校的陈六使，成为陈嘉庚事业的忠实追随者。

集美学校校友李尚大、李陆大兄弟花 2 亿元在安溪创办慈山学园。后来，香港同胞李嘉诚创办汕头大学，包玉刚创办宁波大学，他们都是受到陈嘉庚爱国兴学精神的影响。

**6. 促进了海外华侨教育事业的发展**

陈嘉庚之前，华侨在侨居地办学是零星的，且仅限于小学或私塾。在陈嘉庚的倡导和影响下，东南亚各地侨办学校如雨后春笋般发展起来，而且办学层次不断提升，涵盖了小学、中学、中专以至大学。集美学校和厦门大学的毕业生中，许多人应聘为南洋各地学校教师，也有力地推动了华侨教育事业的发展。陈嘉庚在总结创办南洋华侨中学的影响时说："自是之后，南洋各处不但中等学校继起设立，而小学校亦更好地发展，几如雨后春笋……"海外华侨教育事业发展所带来的影响和效益是广泛而且深远的。

**7. 为厦门大学和集美各校的发展打下了坚实基础**

陈嘉庚生前为厦门大学和集美各校投入巨资所建设的数十万平方米的校舍和较为完善的附属设施，为厦门大学和集美各校的大规模、高质量发展奠定了坚实的物质基础。而先进科学的校园规划和"陈嘉庚建筑风格"的楼群构成了一道道靓丽的风景线，使得厦大和集美学村都成为著名的旅游风景区。另外，陈嘉庚确定的厦门大学校训"自强不息，止于至善"和集美学校校训"诚毅"，至今仍在激励广大师生自强自立，追求完美。陈嘉庚长期办学形成的优良校风和良好的育人环境，则使一代又一代莘莘学子受益无穷。

**8. 形成了富有特色的陈嘉庚教育思想与教育观**

陈嘉庚不仅是一个教育事业家，而且是一个教育家。在长期办学的实践中，形成了他的教育思想：第一，提倡女子教育，反对重男轻女。他大力倡办女子学校，让女子能上学，这在当时的历史条件下，开了风气之先，是难能可贵的。第二，强调优待贫寒子弟，奖励师范生。他反对办学分贫富，尽力帮助贫寒子弟上学。同时，他非常注意师范生的培养，严格选择和物色师资人才，对于好的加以奖励。第三，讲究教学质量，注意全面发展。陈嘉庚一直注意"德、智、体三育并重"，强调全面发展。第四，主张"没有好教师，就没有好学校"，强调要确立教师在学校的主导地位。他认为要办好学校，关键在于领导和教师，"千军易得，一将难求"，要提高教学质量，很重要的一条，就是"要选教师"，因此，他十分重视选择校长和教师。第五，为了振兴实业，培养生产技术人才，倡办职业技术教育。第六，发展普及教育，并订下同安"十年普及教育计划"，设立同安教育会和教育推广部。可以说，他为教育事业奋斗了一生。

陈嘉庚先生的教育观有：第一，制定"诚毅"校训的爱国主义道德观。1918 年 9 月，陈嘉庚、陈敬贤兄弟共同为集美学校制定了校训——"诚毅"。"诚毅"即"以诚待人，以毅处事”。前者要求学校师生对中华民族忠诚不二、真心实意；后者要求师生对爱国事业百折不挠，勇往直前。陈嘉庚先生好友、全国政协原副主席庄希泉说：陈嘉庚先生亲自制定集美学校校训“诚毅”，正是他的爱国主义精神的高度体现。集美学校历任校长和教师都把“诚毅”校训作为对师生进行爱国主义传统教育和道德教育的主要内容。“诚毅”成为全校师生共同的道德规范、行为准则，影响非常深远。第二，坚持中西合璧的教育观。陈嘉庚先生既善于学习和吸收西方的先进科学技术，又善于继承我国优秀的文化传统。他在 1922 年创建集美学校科学馆时，就极力从西方购进大批先进的科学仪器。学校选送一批优秀的教师到日本留学，学成后返校任教学骨干。同时，他又聘请一批从日本、法国、德国回来的留学生到学校任教。陈嘉庚先生在南洋也创办了一批华文学校，并坚持华文学校要开设国文、历史、地理等中国文化课程。他精心设计和建设的集美学校、集美鳌园、集美龙舟池和游泳池，都是为了弘扬中华民族的优秀文化传统和吸收西方的先进科学文化。1913 年，陈嘉庚先生从改革旧式教育入手，创办具有时代特色的集美小学。1918 年创办集美学校师范部、中学部时，他就从招生制度方面进行改革，“严求师范生毕业人人能实践教职”。他在创办集美商业学校时曾指出：“盖商战也，而学战已寓其中。”他把商业上的竞争归结为人才的竞争。他创办集美水产航海学校时，就从法国引进一艘 270 吨位的拖网渔轮作为教学实习船，并指出专业学校要坚持理论与实践相结合和重视能力培养的办学原则，要求对学生实行“手脑联合训练”的教学方法。他不是用固定的模式办学，而是在学习和借鉴中实践，在实践中发展和提高。他认为“兴学乃国民之天职”，学校可以公办，也可以民办。陈嘉庚先生开创了我国民办教育的一代新风，他从办学的指导思想和教育方针入手进行改革，不愧是改革旧制教育的先行者。第三，坚持科教兴国的教育观。陈嘉庚先生办教育，不仅仅是一般慈善家办教育。他从战略发展的高度评价教育和科学在社会发展史上的地位和作用，指出“民无教育，安能立国”“教育为立国之本”“科学是建国之本”。他把兴办教育和发展科学技术视为振兴中华的一件根本性大事。陈嘉庚先生认为：“科学建设为国家建设首要之图”“科学之发展乃在专门大学”。

# 第六篇　陈嘉庚的爱国情怀

## 专题欣赏一：南侨总会

**【导读】**1938 年 10 月 10 日，南侨总会在新加坡成立，公推爱国侨领陈嘉庚为主席。从此，南洋 800 万侨胞团结在南侨总会旗帜下，以财力、物力、人力和抵制日货、舆论宣传等方式援助祖国抗战。

南侨总会成立大会会场

抗战爆发，南洋各地华侨纷纷建立抗日救亡团体，筹款赈济祖国伤兵难民。“新加坡、马来亚筹赈会”“缅甸华侨救灾总会”“菲律宾华侨援助抗敌委员会”“印尼华侨救济祖国灾民慈善委员会”“暹罗（泰国）华侨各界抗日救国联合会”等救亡团体相继成立。为了将南洋各地的人力物力集中起来支持祖国的抗战，1938 年夏，印尼华侨领袖庄西言和菲律宾华侨领袖李清泉，联名写信给陈嘉庚，建议成立南洋华侨抗日救亡的最高组织。陈嘉庚完全赞同庄、李二人的主张，并积极主动地领导了筹组工作。1938 年 10 月 10 日，来自南洋各地的 40 多个爱国团体的代表共 160 多人，齐集新加坡华侨中学，宣布成立“南洋华侨筹赈祖国难民总会”（简称“南侨总会”），陈嘉庚被选为主席。

由于当地政府的限制，不允许华侨公开用“抗战”的名义捐款，只好以“筹赈”为名，募集钱物支援祖国抗战。南侨总会号召南洋华侨：“各尽所能，各竭所有，自策自鞭，自励自勉，踊跃慷慨，贡献于国家!”南侨总会的诞生，是南洋华侨历史上的一件大事，它标志着在抗日旗帜下的爱国华侨大团结局面已经形成。在南侨总会的领导下，南洋抗日救亡团体如雨后春笋般地发展，到太平洋战争爆发前夕，这类团体已增至700多个。他们开展了多种多样的抗日救亡活动，其中以募捐的成绩最为突出。仅1938年和1939年两年，南侨总会的各地分会共募得一亿四千多万元，占同期海外华侨捐款总数的70%，汇回祖国及时支援了抗战的需要。

当时的口号是：“有钱出钱，有力出力。”陈嘉庚从“新加坡筹赈会”成立之日起，即带头每月认捐2 000元，直到抗战胜利为止，同时，带头购买救国公债10万元。李清泉购买救国公债40万元，在病重弥留之际，嘱咐家属将遗产的一部分共10万美元赠给中国政府，作为抚养难童之用。出钱出力的不仅有富裕的华侨领袖，而且遍及各个阶层，包括店员、工人、教师，他们节衣缩食捐献，涌现了很多动人的事例。印尼坤甸市华侨马细且是一个残疾人，以手代步，靠行乞度日。抗战爆发后，基于民族感和爱国心，他在市中心，“乞钱为祖国难民请命”，在两天的时间里，筹得荷币40盾，如数捐助祖国抗战。马来亚山打根华侨郑潮炯，以小贩为业，曾七次沿门义卖瓜子筹款。印尼巴达维亚（今雅加达）华侨刘长英的儿子在空战中为国献身，祖国政府向他颁发抚恤金1万元，刘长英将它全部捐赠祖国，作为抗战军费。

南洋华侨不仅捐款，也积极捐赠抗战所需衣物。南侨总会捐献各种汽车200辆，菲律宾华侨在世界各地献机救国运动中，集资捐赠飞机15架，命名为“菲律宾华侨飞机队”。

### 链接1

向华侨募捐、支援抗战，是南侨总会的首要任务。总会通过各地分会，采取种种有效方式开展爱国募捐：有特别捐、常月捐、货物助赈捐、纪念日捐、卖花卖物捐、游戏演剧捐、舟车小贩之助赈捐、迎神拜香演戏捐，还设救济箱于公共场所、各处多设筹赈会分支、各会常月捐应求有进无退等。当时，华侨捐献情形正如陈嘉庚生动、形象地描绘的那样：“对祖国战区的筹赈工作，风起云涌，海啸山呼，热烈情形，得曾未有；富商巨贾既不吝啬，小贩劳工也尽倾血汗。”

### 链接2

1928年“济南惨案”爆发，马来亚华侨和东南亚各地华侨开展爱国救灾的宣传工作。马来亚华人推举德高望重的陈嘉庚出来主持正义，当时陈嘉庚任怡和轩俱乐部总理。怡和轩创办于1895年10月10日，是马来亚华人社会中最早成立和最有地位的民间团体，会员都是社会知名人士、爱国华侨。陈嘉庚在中华总商会召开的全侨大会上，谈了救济山东兵灾各种事宜，并以怡和轩俱乐部名义向马来亚华侨各界发出重要传单，文中有云：“山东惨祸，謦耗频闻，凡我华胄，莫不心摧。同人等中原北望，空殷匹夫救国之心，恤邻救灾，敢忘拯饥扶溺之责，不揣绵薄，泣告同侨，共扩胞与之怀，冀为涓滴之助。”寥寥数语，其爱国忧民之心，同仇敌忾之念，跃然纸上。在陈嘉庚领导下的“山东惨祸筹赈会”，

9 个月从马来亚及其余侨区内共募集了 1 174 000 多元的巨款，汇交南京国民政府财政部，用于赈济灾民。另外，他号召华侨，抵制日货，日本在新加坡“与华人之贸易已完全断绝”。这是南洋华侨在祖国全面抗战前夕第一次有组织、有领导的抗日活动，第一次表达了华侨抗敌的决心。

## 专题欣赏二：一个伟大的提案

**【导读】**中国著名爱国人士、政论家邹韬奋在其所著《抗战以来》一书中，对陈嘉庚先生的提案作了极为生动的描述和高度评价。他说：“开幕之后，霹雳一声，陈嘉庚从新加坡来了一个‘电报提案’——‘敌未出国土前，言和即汉奸’。这寥寥 11 个字，却是几万字的提案所不及分毫，是古今中外最伟大的一个提案。”同时，他还具体描述道：“当汪精卫议长高声朗读‘敌未出国土前，言和即汉奸’时，面色突变苍白，在倾听激烈辩论时，神色非常不安，其所受刺激深矣。”

1937 年卢沟桥事变后，在以国共合作为主体的抗日民族统一战线旗帜的召唤和指引下，中华民族掀起规模空前的民族解放战争。中国军民以极其英勇的斗争，粉碎了日本侵略者“速战速决”“三个月灭亡中国”的阴谋。但在这为正义而战的大潮中，却不时出现破坏全国团结抗战的逆流。

时任国民党副总裁的汪精卫被日本的实力吓破了胆，视抗日为危途，极力宣传民族失败主义，进而转化为投降主义，一再主张和要求对日妥协、和解。1938 年 10 月，日军进攻广州、逼近武汉。汪精卫对中国抗战的前途更加悲观，10 月 11 日他在对德国海通社记者谈话中公开宣称：中国在抵抗侵略之际，同时并未关闭第三国调停之门，不过调停之能否成功，须视日本和平提议之内容为断耳。如条件不妨碍中国之生存与独立，则或可为讨论之基础。10 月 21 日，他接见英国路透社记者，再次表示愿与日本谈判实现“和平”，谓：如日本提出议和条件，不妨害中国国家之生存，吾人可接受之，为讨论之基础，一切视日方所提出之条件而定。

路透社以“汪精卫发表和平谈话”为名报道了上述言论，引发了国际上许多猜测，“外间盛传（中日）和议”，甚至传出中国已接受意大利调解，与日本商议和平条件，蒋介石下台等传言。国民党的一些官员本来对抗日救国信心不足，受之影响，此时也就表现出“倾向于和平”的态度。

在中华民族与日本侵略者进行殊死抗争之时，身为国防最高会议副主席和国民参政会议长的汪精卫竟然倡言与敌人“和平”，这是一种严重的背叛行为，它蛊惑视听，破坏中国抗战大业，危害甚大。

全国抗战爆发后，侨居新加坡的陈嘉庚积极为祖国抗战奔走呼喊，他听说汪精卫主张与敌“和平”妥协之初，本不相信确有其事，在看到路透社的报道后，他于 10 月 22 日以南洋华侨筹赈祖国难民总会主席名义致电汪精卫，探询其事，并告诫之，“敌暂时得意，终必失败”，“和平绝不可能，何若严加拒绝，较为振奋人心也”。

但汪精卫在回复陈嘉庚的电报中，坚持其谬论，并强词夺理地说：“盖抵抗侵略与不拒绝和平，并非矛盾，实乃一贯。和平条件如无害于中国之独立生存，何必拒绝?”于是，陈嘉庚再电汪精卫，忠言规劝：先生居重要主位，关系至大，倘或失误，不特南侨无可谅解，恐举国上下，皆不能谅解。“万望接纳老友忠告，严杜妥协之门，公私幸甚。”10月26日，在进一步获悉汪精卫投降活动的消息后，他发电严厉警告之：“先生主和甚力，事虽绝不能成，难免发生摩擦，淆乱观听。今日国难愈深……继续抗战，终必胜利，中途妥协，实等自杀……坐享渔利，唯有敌人。”他严词驳斥汪精卫的谬论说：“秦桧阴谋，张昭降计，岂不各有理由，其如事实何哉？”“万乞俯顺众意，宣布拥护抗战到底，拒绝中途妥协，以保令誉，而免后悔，不胜迫切待命之至。”

然而，汪精卫当时已经与日方秘密接触，准备铤而走险，因此对陈嘉庚的规劝置若罔闻，他敷衍说：“侵略国破坏和平，被侵略国保障和平，抵抗侵略，国内之团结，国际之援助，全恃此为立脚点，此为中央一贯之方针，无论何时，均有阐明之必要。当此危急存亡之际，谣言繁兴，尤赖明识辨正之也。”陈嘉庚的劝阻，没有奏效。

國民參政會
第一次大會
參政員陳嘉庚氏昨提議
迅緝汪逆精衛歸案懲辦
提案不久郵寄參政會秘書處

再電聲討汪逆精衛
揭破汪逆叛變陰謀
本埠新聞

陈嘉庚在规劝汪精卫的同时，亦分别致电国民政府行政院院长孔祥熙和国民党要人宋子文，后又致电蒋介石。其意在于提醒和希望国民党当局阻止汪精卫的“和平”阴谋，但未得要领。蒋介石答之以“抗战决策，已发布告国民书”，孔祥熙的回电竟称关于汪精卫的言论是“谣言”。

陈嘉庚还希望借助舆论力量，阻止汪精卫的活动，他将上述共7封电报在新加坡的一些报纸上公开发表，并将致汪精卫的电报拍发重庆某报，请为登载，结果对方慑于汪精卫的权势而没有刊载。

两天后，即1938年10月28日，抗战时期的一次很紧张的集会——国民参政会在重庆召开。身在新加坡的陈嘉庚以国民参政员的身份，向参政会发去一个电报，电报原文为：“议长秘书公鉴东电悉庚因事未能赴会甚歉兹有提案三宗乞代征求参政员足数同意并提请公决（一）日寇未退出我国土之前凡公务员对任何人谈和平条件概以汉奸国贼论（二）大中学校在抗战期间禁放暑假（三）长衣马褂限期废除以振我民族雄武精神陈嘉庚叩首”。

## 附文：众口不一，电报原文引争议

由于陈嘉庚的这份提案极大鼓舞了抗战将士信心，打击了汪精卫一派的气焰，在历史

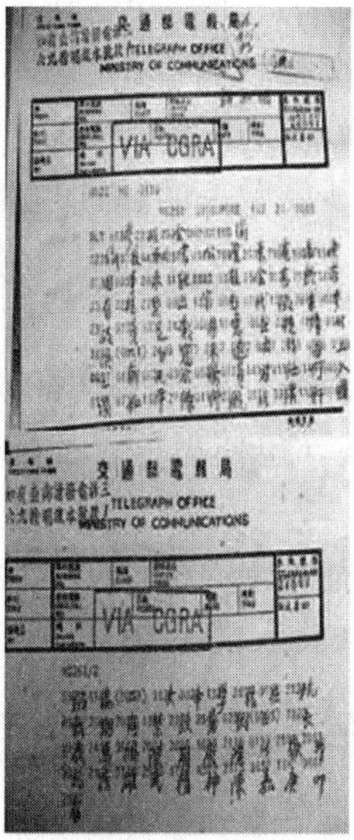


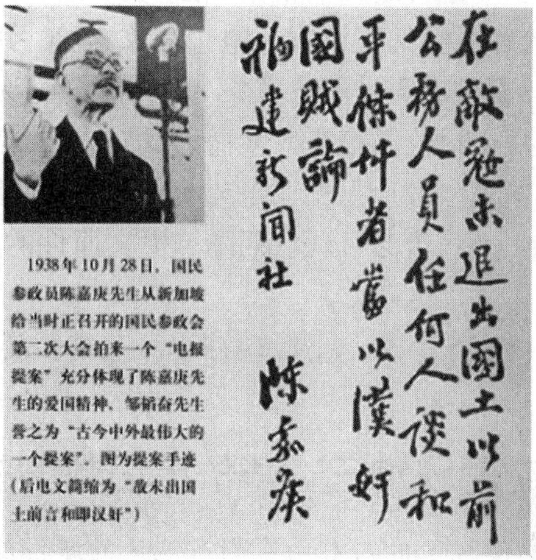


电报原件

中留下了浓墨重彩的一笔，所以众多历史学家想还原事件真相。但关于这份电报提案的时间、原文、讨论过程及正式决议案的表述，多年来一直有众多版本。特别是大会最后通过的文本，有说是“敌未出国土前，言和即汉奸”，有说是“官吏谈和平者以汉奸论罪”，虽大多认为是11个字，但莫衷一是。究其来历，主要有邹韬奋1941年在香港《华商报》上连载的《抗战以来·“来宾”放炮》一文；有陈嘉庚《南侨回忆录》中《提案攻汪贼》一节；还有文史出版社所出版《陈嘉庚画册》中陈嘉庚后来应福建新闻社之请的亲笔题词内容。但这些资料都是当事者及后人的回忆，并不准确。

近日，中国华侨历史博物馆筹建办公室在搜集资料时，从南京中国第二历史档案馆馆藏的国民政府档案中发现了这份提案的办理案卷及电报原文，为我们揭示了这桩公案的原委：

1938年10月26日上午，国民参政会秘书处收到交通部电报局送来“陈参政员嘉庚”的电报。电报原文为：**“议长秘书公鉴东电悉庚因事未能赴会甚歉兹有提案三宗乞代征求参政员足数同意并提请公决（一）日寇未退出我国土之前凡公务员对任何人谈和平条件概以汉奸国贼论（二）大中学校在抗战期间禁放暑假（三）长衣马褂限期废除以振我民族雄武精神陈嘉庚叩首**”。

秘书处收文后，即列报第四次会议，同时电复陈嘉庚、报告议长及大会；随后，将电文第（一）条30字提案与其他参政员提出的其他提案合并为拟决议案（即决议草案）文本，交大会讨论、决议。从秘书处所拟决议案中可以看出，本提案的表述先是由电文的30字精简为“日寇未退出前不得谈和平”11字，后来又用黑色毛笔和蓝色钢笔在文件上进行过重复修改，先是改为“日寇未退出我国土前不得言和”13字，最后改定为“公务员不得谈和平”8字。国民参政会秘书处于11月2日23时封发、拍给当时远在长沙的“蒋委员长”关于大会决议情况的急电中，便将本案称为“陈参政员嘉庚等21人提公务员不得谈和平案”。

由此可见，此桩公案的历史真相是：1938 年 10 月 26 日，陈嘉庚在新加坡向重庆国民参政会一届二次大会拍出 30 字的电报提案；提案交到大会后，有 20 人赞同、联署；讨论中，曾对提案至少进行过三次精简和修改，可见辩论之激烈；11 月 2 日，大会最终通过了“公务员不得谈和平”的决议案。电报原文是 30 字（陈嘉庚后来的题词也是 30 字，但文字表述不同），而最后通过的决议案为 8 字。至于世间盛传的 11 字提案，并非空穴来风，但那只是正式提交讨论的拟决议案而已。

陈嘉庚在国民参政会上用“电报提案”同汪精卫集团进行的斗争，是他的伟绩之一，早已载诸史册，必将流芳百代。而随着电文原件的被发现，也使得争议了数十年的悬案得以“真相大白”。

时双庆. 一纸 30 字电报　陈嘉庚改写抗战史. 上海侨报，2009－11－18.

## 专题欣赏三：华侨抗日救国的丰碑——南侨机工

**【导读】**南侨机工，基本由东南亚地区的华侨组成，共 3 000 多人，分别由前后约 9 批回国支援抗战，为抗战做出了特殊的贡献。他们归国后，主要从事滇缅公路的运输和汽车维修等工作。

“中国有千百条公路，数不清的桥梁，然而没有哪一条像滇缅公路，也没有一座像惠通桥那样可以载入史册。”

——萧乾

### （一）祖国召唤

“南侨机工”的全称是“南洋华侨机工回国服务团”，是抗日战争时期从南洋各地回国支援抗战的华侨汽车司机与修理技术人员的通称。

1938 年 10 月，上海、武汉、广州相继失守，抗日战争进入艰难的战略防御阶段。

在海外，华侨社会群情激愤，纷纷掀起了抗日救亡热潮。1938 年 10 月 10 日，176 名海外华侨代表在新加坡举行大会，成立“南洋华侨筹赈祖国难民总会”（简称“南侨总会”），推举陈嘉庚先生为主席，实现了在抗日救亡目标下华侨团体的大联合。“南侨总会”以“联络南洋各属华侨、研究筹赈方法、策动救亡工作”“筹款助赈祖国难民，并倡导集资发展祖国实业”为宗旨，大力开展各种活动。

1939 年，是中国的抗战最黑暗的时刻，中国所有的国际通道几乎被日军封锁殆尽，只剩下偏居大西南的一条滇缅公路。这是被国际社会称为中国抗战生命线的战略通道；这是一条横跨高山大河的险路，迷雾重重、危机四伏，令人望而生畏，人们称之为“死亡公路”。

这条“死亡公路”，即 1939 年新开辟的滇缅公路（1938 年动工修筑，1939 年 1 月 10 日正式通车）。它成为抗战时期我国西南大后方唯一的国际通道。滇缅公路自云南昆明至缅甸腊戍，全长 1 146 公里。内可联川、康、黔、桂四省，外可通曼德勒、仰光，成为我国与东南亚联系的纽带，海外华侨捐赠的军需物品、药物和世界各国支援的军火武器均从此路输入。

滇缅公路，山高谷深，地势险恶，崖壁陡峭，山路崎岖，沿途要翻过海拔 3 000 多米的横断山脉、怒山和高黎贡山；要横跨水流湍急的漾濞江、澜沧江和怒江；还要穿越亘古荒凉、人烟稀少的“烟瘴之地”。像这样恶劣的行车环境，非有熟练的机工难以胜任，因此急需大量技术娴熟的司机与修理工。但当时国内驾驶人员十分匮乏，一时要训练这种人才，远水救不了近火。

于是，国民政府军事委员会西南运输处主事人宋子良致电“南侨筹赈总会”主席陈嘉庚先生，企望陈嘉庚先生帮助，在南洋招募熟悉驾驶、修理的机工，回国为抗战服务，以救燃眉之急；设在昆明负责管理运输线的国民政府军事委员会西南运输局也派人赴南洋与陈嘉庚商洽有关事宜。

陈嘉庚先生急祖国之所急，立即于 1939 年 2 月 7 日通过“南洋华侨筹赈祖国难民总会”发表《南侨总会第六号通告》：《征募汽车修机驶机人员回国服务》，强调“事关祖国复兴大业，迫切需要，望各地侨领侨胞，深切办理是要”，并在报上刊登广告，号召机工回国服务，共拯危亡。

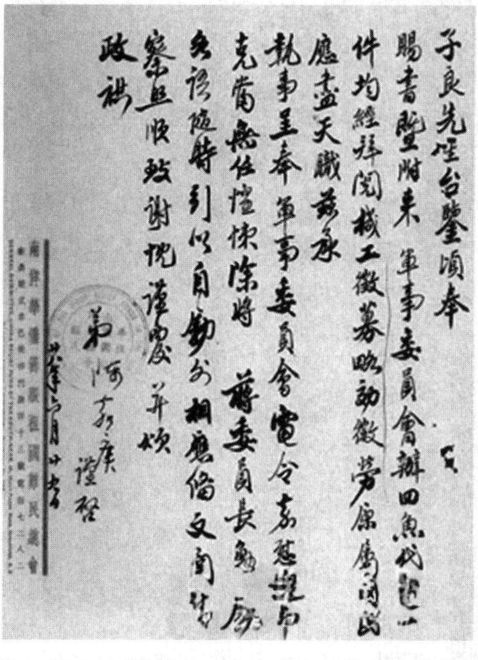

**1939 年 6 月 29 日陈嘉庚回复宋子良（宋庆龄的弟弟）函**

机工招募的条件是：熟悉驾驶技术，持有当地（侨居地）汽车驾驶执照，识文字，体魄健全，无不良嗜好，年龄在 20 岁以上 40 岁以下。凡应募者，须持该地筹赈会或商店介绍函，知其平素确具爱国志愿。招募广告附告：各地筹赈会负责征募，考验合格者报南侨总会。

陈嘉庚先生是 20 世纪最受华侨爱戴和信任的领袖，他振臂一呼，立即得到热烈响应，华侨机工踊跃报名。1939 年 2 月至 9 月，“南洋华侨筹赈祖国难民总会”组织的“南洋华侨机工回国服务团”（简称“南侨机工”或“南洋机工”）分 15 批回国，共 3 193 人，加上此前从其他地方直接回国的，南侨机工总数超过 3 260 人。

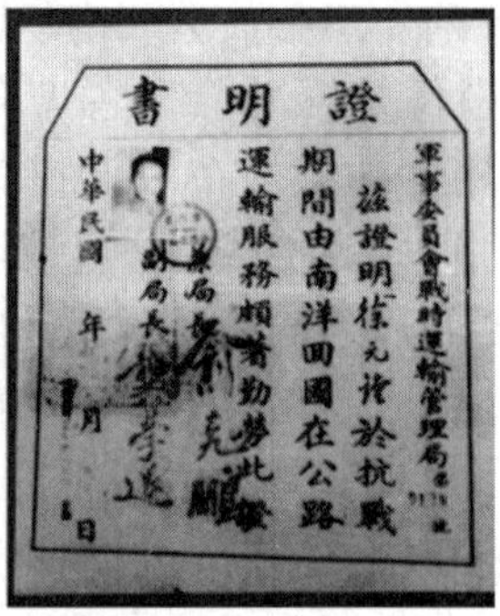


南侨机工弃家别亲服务祖国的壮举，感人肺腑，可歌可泣。

陈嘉庚先生在《南侨回忆录》一书中写道：“有一修机工在南洋十年，每月收入坡币 200 余元，自甘牺牲，并招同伴十余人，带其全副机器前往。”《南侨回忆录》所记载的这位机工，就是新加坡的英国汽车公司卓有声望的机械工程师王文松。当时招募广告规定机工月薪仅法币 30 元，而王文松却抛弃 200 坡币（折合法币近 700 元）的月薪，自甘牺牲，并带领一批伙伴，自备全副机修器具回国。由此可见，南侨机工的爱国情操与奉献精神是何等高尚！王文松在滇缅路上任下关修理厂厂长，为抢修抗战军运车辆贡献殊多，不幸于抗战后期因车祸殉国。

马来亚华侨机工汤耀荣，自幼父母双亡，由祖母养大，在忠孝不能两全之际，毅然选择了“忠”，他悄然办理了报名手续，把祖母托给亲友及徒弟照顾，写了一封请求祖母原谅的信，启程之日天尚未明悄悄出门，临门长跪长叹曰：“奶奶，忠孝不能两全，原谅我吧！”

李月美入伍照

在 3 260 多名回国服务的“南侨机工”中，有 4 位巾帼英雄，她们是：陈侨珍、白雪娇、吴秀芬、李月美。

槟城筹赈会妇女部职员白雪娇，清秀温婉，父亲经商，生活富足，是个“乖乖女”。她瞒着父母化名施夏圭报名参加机工队，临行前留下一封家书，信中写道：“别了，现在什么也不能阻挠我投笔从戎了……此去虽然千山万水，未卜安危，但是，以有用之躯，在有用之日，尤其是在祖国危难的时刻，正是青年奋发效力的时机。这时候，能亲眼看见祖国决死斗争……自己能替祖国做点事，就觉得此生无负于祖国！”（信的全文发表在 1939 年 5 月 19 日的《光华日报》上）直到启程前，父亲才知道女儿归国抗日的壮举，他连奔带跑赶往码头，父女相对无言，静坐数小时，终没拦住女儿归国的脚步。

另一位被何香凝题词誉为“巾帼英雄”的海南籍马来亚华侨机工李月美，1939 年女扮男装骗过考官眼睛与弟弟李锦容一起回国参战，进入南侨机工归国服务团，和男子一样在滇缅路上开汽车运输抗日物资，几年过去，竟没让人发现她的女儿身。直到有一天，李月美连人带车翻倒在路边重伤昏迷，驾车经过的琼海籍南侨机工杨维铨救起了她，才发现李月美原来是女郎。后来，李月美与相救并精心护理她的杨维铨在患难中结成伴侣，一时传为佳话，被当时海内外报章誉为“当代花木兰”。

机工陈寿全卖掉私家车筹钱自费回国；林福来把相依为命的弟弟托付友人，自己独身报名；刘瑞奇，经营一间商店、一辆卡车、1 000 棵橡胶树，结婚没几天，他认为“国难当头，无国便无家”，瞒着父母和新婚妻子，偷偷报名，参加机工回国抗战；泰国华侨蔡汉良放弃了四个锡矿的继承权报了名；祖籍广东大埔的马来亚华侨张光旺是个裁缝师，生活稳定，为了参加机工团回国抗日，他毅然卖掉自己的自行车，买了汽油，向一个姓杨的师傅学习驾驶汽车，报名参加机工团，回国赴滇缅公路服务……类似事例，不胜枚举。海外赤子踊跃报名的动人事迹，感人肺腑，无法尽述。

经过 10 天的严格筛选和精心筹备，第一批回国服务机工 80 人（其中新加坡华侨 32 人，马来亚华侨 48 人）集合完毕。1939 年 2 月 18 日，他们全副戎装在新加坡登上法国邮轮“安打拉文号”启程，经越南抵达昆明。这支队伍被命名为“南侨机工八十先锋队”。动身时，机工们个个情绪激昂，高唱《运输救国歌》：

同学们，别忘了我们的口号
运输救国，安全第一条。
车辆的生命，同样地重要。
好好保养，好好驾驶。
快把运输任务达到，
再把新的中国来建造。
同学们，别忘了我们的口号，
生活要简朴，人格要高超，
不许赌钱不许嫖，快把烟酒齐戒掉。
听呵！哪怕到处敌机大炮，
宁愿死，不屈挠，
努力保家，忍苦要耐劳，要耐劳。
同学们，别忘了我们的口号，
唤醒着同胞，团结着华侨，
不怕山高，不怕路遥。
收复失地，赶走强盗，
把民族的敌人快打倒，快打倒。

此后，半年内有 15 批机工 3 193 人相继回到祖国参加抗日，其中有 4 名为女性。连同回国服务团两批 27 人、槟城机器行回国服务技艺工程队一批 32 人，以及通过其他渠道回国的 8 人，总共达 3 260 人。

从此，中国抗战史上，就有了“南侨机工”这个名称。

## （二）浴血奋战

3 000 多名南侨机工回国后，经昆明潘家湾训练所的短期军事、业务集训，便先后编入西南运输处属下的十几个大队以及后来专门组建的“华侨运输先锋大队”（分第一、第二大队)，奔赴滇缅公路沿线服务。这支有知识、有修养、接受过军事训练的专业队伍的到来，对危难中的中华民族是雪中送炭，他们鞠躬尽瘁、舍身忘死地挑起了“运输救国”的大梁。据南侨总会《大战与南侨》一书记载：“滇缅公路上的熟练司机有半数以上是南洋回国华侨。”可见，南侨机工成为“抗战输血管”——滇缅公路上的一支主力军。

滇缅公路蜿蜒在横断山脉纵谷区，海拔 500 至 3 000 多米，沿途悬崖、峭壁、陡坡、急弯、险谷、深流，令人惊心动魄；由于滇缅公路是突击建成的，路基未稳，路面狭窄，坑洼坎坷，一到雨季，泥泞黏滑，行车犹如老牛拖犁，裹足难前，塌方险情，更是屡见不鲜。满载军火物资的卡车行驶在如此险峻的路上，稍有不慎，便车毁人亡，连尸体也找不到，南侨机工的无名英雄们冒险通行，付出了惨重的代价。11 大队 31 中队驾驶 4338 号车的机工李儒、1 大队 1 补队驾驶 3938 号车的机工吴金禹，因路险覆车不幸殉国牺牲在这条“死亡公路”上。

滇西至缅北一带，是世界上有名的“烟瘴之地”，毒蚊猖獗，恶疟流行，对每位机工的身体构成很大威胁。据《新华日报》1941 年 1 月 27 日报道：“当此路通车之始，华侨司机就做了开路先锋。他们驾车驰至芒市、遮放一带，每天遭遇流行的恶性疟疾，平均死亡率每日约计七、八人。”第 5 批回国的机工曹进才，就因病牺牲在驾驶室里。

日寇为了封锁滇缅公路，时常派飞机空袭、轰炸，尤其是 1940 年 10 月，滇缅公路重开之后，敌机的轰炸愈演愈烈。15 大队 44 中队的机工汤磐、车健，两位都是小队长，不幸壮烈牺牲在日机的轰炸之下。悲愤的华侨司机们并不因此而气馁，他们踊跃参加华侨义勇抢运大队，在敌机机翼下视死如归地为祖国抢运抗战物资，前仆后继，以加紧运输来为死难的同胞复仇！整个滇缅公路的运输就依靠这些抗战英雄不怕牺牲的精神来维持！

抗战中南侨机工千人长眠在滇缅公路

由于滇缅公路的运输不断补充了抗战实力，对日本妄想迅速灭亡中国的企图构成巨大障碍，故日寇将切断这一国际要道作为重点目标。1940 年，日本玩弄外交手腕逼英国宣布封闭滇缅公路三个月（7 月 18 日至 10 月 18 日）。消息透露时，南侨机工组织了一次突击“大抢运”，夜以继日，将大批军火赶在封闭前抢运过国境来，立了功勋。

当滇缅公路重新开放后，日机则更加疯狂轰炸，企图切断滇缅公路的咽喉。1941 年 1 月 23 日，功果桥遭到 9 架日机的狂轰滥炸，有一半桥面坠入澜沧江中，然而，南侨机工却用

144个汽油桶扎成大浮筏，冒险将满载军火的车队及时抢运过江，使军运大动脉畅通无阻。

1942年2月，南洋群岛各地先后沦陷，日军由泰国入侵缅甸。为保卫滇缅公路，根据中英协定，中国派遣10万远征军入缅与英缅联军并肩作战，但由于种种原因，战事失利。为阻止日军东进，国民党军队迫不得已炸毁了惠通桥，致使数百名南侨机工、近千辆汽车及数万名缅甸华侨难民未能来得及过桥而被阻于怒江天险。这些南侨机工后来有的冒险渡过怒江，有的上山参加游击队，还有不少人被日军抓去惨遭杀害。南侨机工80先锋之一的吴章，在惠通桥被炸毁后滞留西岸，其车队共9人烧毁汽车后被日军追杀，仅他1人回到东岸；机工陈团圆，滞留西岸烧毁汽车后，本可以和战友一道返回东岸，但他不舍家中的妻室儿女，只身潜回芒市家中，因叛徒出卖被日军抓捕后活埋。南侨机工，用鲜血和生命谱写了南侨机工服务祖国的悲壮历史！他们用青春、热血、生命演绎了一部气壮山河的华侨抗日救国史诗！

从昆明到腊戌全程需行驶七八天，机工们风餐露宿，以车为家

至此，敌我双方隔江对峙，滇缅公路的国际运输终于被切断了，国内运输只剩昆明至保山之间的路段继续运行。随着战局的恶化，南侨机工面临更加严峻的考验。

三年多来（1939年1月10日—1942年5月5日）发挥过重要作用的滇缅公路中断了，之后，西南运输处（此时已改为中缅运输局）竟然对回国参战、屡建功勋的南侨机工撒手不管。除一小部分被留用外，多数机工被遣散。南侨机工突然间成为无业游民，生活陷入困境，而国民政府竟无一部门过问。当时南洋已沦陷，侨汇中断，有家归不得，许多机工无依无靠，四处飘零，颠沛流离，有的竟在贫病交迫中悲惨地死去。

尽管处境艰难，但南侨机工仍不忘矢志报国的夙愿，积极做好力所能及的抗日工作。根据在东南亚开展敌后斗争工作的需要，有一部分南侨机工被盟军选派进行训练，然后潜往南洋日军占区担任地下情报工作，侦察日军动态，为国际反法西斯斗争做出新贡献。

1947年11月30日，为表彰南侨机工的爱国精神，马来亚雪兰莪华侨筹赈会曾在吉隆坡的广东义山亭为殉难机工建立了一座纪念碑。

1989年5月，在南侨机工回国参加抗日救国斗争50周年的时候，云南省人民政府在昆明西山公园的滇池之滨建立了“南洋华侨机工纪念碑”。碑身以汉白玉砌成，碑前两层台阶均为七级，象征“七七”抗战，碑的上端雕有南洋华侨机工抗日救国团荣誉纪念章，4条黑色横带象征当年4亿同胞齐心抗日，碑的正面镌刻有“南洋华侨机工抗日纪念碑”11个鎏金大字，落款是“云南省人民政府立”；碑身的两侧砌成两面旗帜形状，象征爱国主义精神和国际主义精神，旗帜上雕刻3个“七七”纪念章，代表着回国抗日的3 000多名南侨机工，碑身高9米，碑座高3米，体现“九三”胜利节，碑座正面刻着4个字：“赤子功勋”。碑座侧面和背后的碑文，记述了南洋华侨及南洋筹赈总会对祖国抗日的贡献。

## 后记

“七七”事变后，作为全民族救亡图存的重要力量，海外侨胞明确提出“抗战者生，妥协者亡”，并纷纷表示“值此存亡绝续之生死关头中，凡属炎黄子孙者，当英勇共赴国难，做出任何重大牺牲而不惜”。他们以对祖国的赤诚之心，不惜毁家纾难，以空前的规模组织起来，开展波澜壮阔的救亡运动。

“输财助战”是华侨抗战最主要的形式。1938年10月10日，陈嘉庚联络南洋各地华侨代表，成立“南洋华侨筹赈祖国难民总会”。他带头捐款献物，筹划组织，使南侨总会在短短三年多的时间为祖国筹得合4亿余元法币的款项。据统计，抗战中为祖国捐款的华侨有400多万人，占当时全世界华侨人口的一半左右。1937年全面抗战以来，三分之一的军费来自华侨捐款，极大地支持了祖国的抗战。

海外华侨除了在异国他乡捐钱输物支援抗战外，更有数万人毅然回国直接参加抗战，不惜血洒疆场。其中，南洋各地约4万人，美洲和澳洲等地约1 000人。他们或组团编队回国服务，或三五成群投效军旅。

华侨在抗日战争中建立的丰功伟绩，并不因岁月的流逝而逊色，值得我们永远缅怀与称颂。

在1942年5月3日因日军进攻滇缅公路中断后，南侨机工们被遣散，除了少数被选中到印度等地参加驼峰航线运输外，大量机工贫病交加，有家难回。

直至抗战胜利，由于陈嘉庚先生的督促，这批机工才被国民政府重新想起。其实，想起他们的另一层原因是打内战需要熟练的司机和机械工人。但是没有一名南侨机工参加。

**陈嘉庚先生率团慰问中国抗战军民时，专程视察滇缅公路，看望南侨机工**

当年的3 200多名南侨机工，牺牲1 000余人，留在国内1 000余人，另有不足1 000

人在抗战结束之后回到了南洋各国。陈嘉庚先生生前对 1 000 多名南侨机工的牺牲感到不安，他嘱咐后人，每隔几年要去云南昆明代他祭奠长眠于祖国大西南的华侨青年。

这只是全球的华人华侨们为抗战做出贡献的一部分。

抗战爆发后，华侨积极捐款、捐物，支援祖国抗战

## 链接

1939 年，抗日战争的阴影沉沉地压着古老的中国大地，也压在生活在海外的每一位中国人心头。关注祖国命运成为海外游子们心中的头等大事。在商店、码头，募捐的人群将赈灾义演处围得水泄不通，赶走日寇的呼声此起彼伏。2 月 7 日，一则消息在人们的奔走相告中迅速传遍了整个东南亚地区，这是以陈嘉庚先生为首的南侨筹赈总会向全体南洋华侨发出的一份紧急通告：

**南侨总会第六号通告**

为通告事，本总会顷接祖国电委征募汽车之机修人员及司机人员回国服务。凡吾侨具有此技能之一，志愿回国以尽其国民天职者，可向各处华侨筹赈会或分支各会接洽，并注意下列条件方可：

（一）熟悉驾驶技术，有当地政府准证，识文字，体魄健全，无不良嗜好，年龄在四十以下二十以上者。

（二）薪金每月国币三十元，均由下船之日算起。如驶机及修机兼长者，可以酌加。须在工作时，审其技术而定。

（三）国内服务之地，均在云南昆明，或广西龙州等处，概由安南入口，旅费则由各地筹赈会发给。

（四）凡应征者，须有该地妥人或商店介绍，知其确具有爱国志愿者方合。

（五）本总会经函达各地筹赈会负责征募，各筹赈会如经征取考验合格者，计有若干人数，须即列报本总会，至应募者前往安南路程，如能由所在地筹赈会办妥手续，直接出发，固妙，否则可由本总会设法办理。

事关祖国复兴大业，迫切需要，望各地侨领侨胞，深切注意办理是要，此布。

中华民国廿八年二月七日

南洋華僑籌賑祖國難民總會第六號通告（徵募汽車修機駛機人員回國服務）

爲通告事，本總會頃接祖國電要徵募汽車之修理人員及司機人員回國服務，（修機者技數十人）凡吾僑具此技能之一，志願回國以盡其國民天職者，可向各處華僑籌賑會或分支各會接洽，并注意下列各條方可：

(一)熟悉駕駛技術，有當地政府准證，識文字，體健能全，無不良嗜好，（尤其不嗜酒者）年齡在四十以下二十以上者。

(二)薪金每月國幣三十元，均由下船之日算起，如駛機及修機兼長者可以酌加，須在工作時，審其技術而定。

(三)國內服務之地，均在雲南昆明，或廣西龍州等處，概由安南入口，旅費則由各地籌賑會發給。

(四)凡應徵者，須有該地妥人或商店介紹，知其確具有愛國志願者方合。

(五)本總會經函達各地籌賑會負責徵募，各籌賑會如經徵取考驗合格者，計有若干人數，須即列報本總會，至應募者前往安南路程，如能由所在地籌賑會辦妥手續，直接出發固妙，否則可由本總會設法辦理。

事關祖國復興大業，適切注意辦理是要，此佈。

中華民國廿八年二月七日

**1939 年 2 月，南侨总会签发第六号通告，号召机工前往祖国服务。华侨青年积极响应，一些外籍人士也加入了南侨机工的队伍**

## 专题欣赏四：1940 年延安之行

**【导读】**1940 年春天，爱国华侨领袖、工商业巨子陈嘉庚率领“南洋华侨回国慰劳考察团”（简称“慰劳团”），主要是慰劳各战区的抗战军民，但也带有考察访问之任务，重点是国共两党之关系。他说：“余久居南洋，对国内政治屡有风闻，而未知其事实究竟如何。”“国共两党能否团结抗战？抑或分裂内战？以及两党政治措施究竟如何？故决定既到重庆，也必亲到延安，以求得知真实。”

### （一）

1940 年初，陈嘉庚以南侨总会主席的身份，发起组织了南洋华侨回国慰劳考察团。慰劳考察团成员先行出发回国，陈嘉庚本人及随行四人则于同年 3 月 25 日乘飞机到达重庆。

因为陈嘉庚对华侨界有巨大号召力，领导华侨筹赈做出过很大成绩，所以蒋介石政府动员了党、政、军 200 多个单位几千人在政府大员和蒋介石私人代表的带领下到机场欢迎陈嘉庚。

蒋介石为了博取陈嘉庚的欢心，在重庆一地即准备用 8 万元经费进行接待，包括举行一系列大小宴会。不料，陈嘉庚对这样的奢侈应酬极为反感，他认为在军民艰苦抗战之时，不该如此铺张浪费，而且这样还会引起各地连锁反应，竞相挥霍。因此，他特地在重庆各报刊登一则启事：“闻政府筹备巨费招待慰劳团，余实深感谢。然慰劳团一切用费已充分带来，不欲消耗政府或民众招待之费。”“在此抗战中艰难困苦时期，尤当极力节省无谓应酬。”“敬请政府及社会见谅。”即使这样，陈嘉庚在重庆 60 多天，还是每日皆被请去赴宴，有时一天还不止一次。

最令陈嘉庚不满的是蒋介石政府要员的贪污营私。接待他的嘉陵新村的富丽堂皇的大官私邸，使他极为惊讶；当他听到那座雄伟新颖的嘉陵宾馆竟是孔祥熙私人所开时，为之愕然。他想，孔祥熙长期担任行政院副院长、院长兼财政部长又兼中央银行总裁，竟公然私营企业，搜刮民脂，而监察院却不管不问，可见国民党大官贪污腐化确非虚传。

陈嘉庚回国慰劳考察也得到中国共产党和其他各方面爱国人士的欢迎和重视。当时战斗在重庆的中共中央代表周恩来刚好回延安了。在重庆的中共负责人董必武、林伯渠、叶剑英以及邓颖超等一行人曾特地去拜访陈嘉庚，并赠送给他三件陕北出产的羊皮衣。陈嘉庚也对他们表示了关心国共合作抗日的问题。

当时，陈嘉庚对中国共产党和毛泽东还没有多少正确的了解。一次，陈嘉庚出席中共驻重庆办事处的欢迎茶会，他在致词中坦诚希望国共两党以抗日救亡为前途，竭力避免内战，合作抗战到底，以免海外侨胞痛心失望。在茶会中陈嘉庚问起他如果到延安去访问毛泽东，应该从什么地方去，需要多少天，路上交通如何。叶剑英告诉他，到了西安可以去找第十八集团军办事处，至时会有妥善安排。不久，毛泽东就从延安打来一封电报，正式邀请陈嘉庚访问延安。

陈嘉庚要访问延安，给了蒋介石很大震动。蒋介石明知无由阻止，只得力图施加影响，防止他倾向中共。于是蒋介石大骂共产党“无民族思想，口是心非，背信弃义”，一连说了中共许多坏话，意思是叫陈嘉庚不要去延安。但是陈嘉庚回答说：“我的职责是代表华侨回国慰劳考察，凡是交通没有阻碍的重要地方，我不得不亲自去看看，以尽我的责任，回海外也好据实向华侨报告。”蒋介石见陈嘉庚坚持要去延安，只好说：“要去也可以，但切不可受共产党的欺骗。”陈嘉庚心中不快，认为蒋介石简直是在拿他当三岁孩童看。而蒋介石又想，陈嘉庚是个特别有名的资本家，大概不会轻易同情共产党那一套的，如果陈嘉庚不相信共产党的话而能为国民党所利用，倒是一个很好的反共工具。

## （二）

陈嘉庚一行于5月25日下午抵达古城西安。第十八集团军驻西安办事处派出大小汽车各一辆，送陈嘉庚一行直赴延安，还派来主管招待工作的蒋处长陪同。国民党陕西省政府另派寿家骏科长送陈嘉庚赴延安，并要陈嘉庚与他同车，意在监视陈嘉庚的行动。

当车队经过洛川的时候，有一些所谓“民众”往陈嘉庚车上递了不少诬蔑共产党的“控诉书”，言词空洞无实，内容大同小异。这种伪造的“民意”骗不了陈嘉庚。他把“控诉书”拿给寿科长看，然后撕碎丢弃在路边。

陈嘉庚访问延安

5月31日傍晚，陈嘉庚一行抵达延安时，延安各界5 000多人，齐集南门外热情迎接。陈嘉庚走下汽车，不时向欢迎群众鞠躬、挥手致意。晚宿边区政府交际处窑洞客房。

6月1日上午，朱德偕夫人康克清陪同陈嘉庚参观延安女子大学。像普通士兵一样平易近人的八路军总司令朱德给陈嘉庚留下了深刻的印象。

下午，陈嘉庚在朱德陪同下前往杨家岭会见毛泽东，远远就望见毛泽东在窑洞门口迎候。二人相见，热烈握手，互致问候。进了窑洞，只见墙上挂一幅地图，陈设简单，仅十几只大小高低不一的木椅及一个旧式乡村民用木桌而已。

叙谈中，陈嘉庚表示对中共进行摩擦斗争不理解，认为在国共两党关系问题上，共产党应多作让步，要求团结。对此，毛泽东作了耐心的、坦诚的解释。陈嘉庚对毛泽东所谈，当时未能全部理解和接受，但他为毛泽东的诚恳言词所感动：毛泽东于窑洞门外院内露天设晚宴一席，“筵仅一席设于门外露天，取一旧圆桌面置方桌上，已陈旧不光洁，乃用四张白纸遮盖以代桌巾，适风来被吹去即弃不用。”（《南侨回忆录》）陪客的仅有朱德和从苏联归国的陈绍禹。

陈嘉庚在延安八天。这期间，毛泽东到他下榻的窑洞拜访过几次，或同午饭或共晚餐，谈话间，陈嘉庚再提两党摩擦事，恳望“贵主席以民族国家为前提，降心迁就，凡有政治上不快事项，待抗战胜利后解决，此乃内部兄弟自生意见，稍迟无妨”。毛泽东当即应承，表示完全理解，并说中共完全没有恶意，所有摩擦生端，皆由对方下级人员造作，而中央多为误信。望先生谒见蒋委员长时，代为表白，并将在延安的所见所闻代向侨胞报告，陈嘉庚慨然应允。

**1940 年 5 月 31 日，陈嘉庚抵达延安**

陈嘉庚还出席了延安各界的欢迎会，也应邀出席讲演会。陈嘉庚发现中共领导人对他的接待和国民党当局有很大不同。同是欢迎，中共领导人朴素而诚恳，而国民党当局却是奢侈而虚伪。陈嘉庚与毛泽东多次会见，其间发生的一些小事，颇引起他的注意和惊奇。例如：一次在和毛泽东谈话中，一些在延安学习的南洋华侨学生来到，不敬礼便坐，并参加谈话，绝无拘束。还有一次，毛泽东在办公室与陈嘉庚谈论南洋情况，总司令部内的人都可参加，顷刻间席位告满，有一勤务兵迟到，望见长板凳上毛泽东身边略有空隙，便挤身坐下，毛泽东向他望一望，把自己身躯移开一点，以便让他坐得更舒服些。还有一次，毛泽东陪同陈嘉庚逛延安新市场，毛泽东的穿着并不比当地赶集的农民好多少，走在街上，来来往往各式各样的人跟他打招呼，有的人还停下来和他聊几句，大到对边区政策的建议，小到家里的红白喜事，人们语无顾忌，毛泽东都能认真地听。

朱德陪同陈嘉庚参观了一些地方，还向他介绍了八路军抗敌的功绩，以及国民党对八路军种种歧视的事实，如经费发放不足，弹药不如期按约发放；违背诺言，不公开宣布承认已实行三民主义的陕甘宁边区政府。陈嘉庚听后默然不语，沉思良久。

陈嘉庚是个很细心的人，他怕有关负责人所谈非实，特意单独与许多在延安学习的南洋华侨男女学生，以及从他所创办的厦门大学、集美学校投奔延安来的学生多次敞开交谈，就心中所疑详细询问，以证实所见所闻。这些侨生也能够敞开思想，无拘无束地反映延安的真实情况。所闻、所见、所谈都是一样的，这样陈嘉庚的心才踏实了。

通过实地考察，陈嘉庚对延安最好的印象有下列几个方面：第一，没有苛捐杂税，不像国民党统治区捐税多如牛毛。第二，领导人廉洁，他们的薪金和一般干部、士兵相差很小，一律称津贴。这同国民党达官贵人的丰厚薪俸，以及贪污舞弊、中饱私囊形成鲜明的对照。第三，没有乞丐，没有妓女，没有失业的人，人民生活过得去，不像国民党统治区民不聊生。第四，领导与群众平等相处，不像国民党统治区等级森严。第五，治安好。第六，男女关系严肃。第七，朴素成风。

此外还提倡开荒，鼓励人民生产，并且在陕甘宁边区实行县长民选等。

6 月 7 日晚上，延安各界代表在中央大礼堂举行欢送会，毛泽东、朱德等领导人出席。朱德致欢送词，陈嘉庚登台讲话，说他这次访问延安最满意的是，真正看到了中共方面坚持国共团结、坚持抗战到底的坚定立场和诚恳态度，真正感受到了延安党政军民所激发的艰苦奋斗精神并由此形成的良好社会风气。因此，他对抗战胜利有了绝对的信心。

陈嘉庚这一次访问延安，发现了在黑暗的中国还有一个光明的地方，看出中国已经出了救星，这就是中国共产党。关于这一点，他在《南侨回忆录》的序言中写道，“余久居南洋，对国内政治，虽屡有风闻而未知其事实究竟如何。时中共势力尚微，且受片面宣传，更难辨其黑白”，“及至回国慰劳”，“并至延安视察”，“见其勤劳诚朴，忠勇奉公，务以利民福国为前提，并实行民主化，在收复区诸乡村，推广实施，与民众辛苦协作，同仇敌忾，奠胜利维新之基础。余观感之余，衷心无限兴奋，梦寐神驰，为我大中华民族庆祝也”。延安之行，成为陈嘉庚人生旅途中的重大转折点。

陈嘉庚在延安受到各界欢迎

## (三)

7月17日，陈嘉庚一行返抵重庆。两个月前，陈嘉庚离开重庆时，还为国家、民族的前途感到无限忧虑。而今他再次回到重庆，则心情愉快，精神焕发。他满怀信心地对同行者说："中国有了救星，胜利有了保障，大家要更加努力！"同行者心照不宣，知道陈嘉庚所说的救星是指中国共产党。当时重庆有个国民外交协会，主席是陈铭枢，邀请陈嘉庚去讲演，讲题是《西北之观感》。陈嘉庚欣然接受了邀请，他认为藏在心里的许多重要的话已经到了公开的时候了。

讲演会听者颇众，一个会堂挤得满满的，其中有社会各界人士，还包括新闻记者。陈嘉庚说他在延安八九天，所见所闻与原来所听说的大相径庭。接着，他举出他在延安所看到的许多生动的事实，证明延安并没有实行共产共妻制度，而社会风气及治安秩序无论哪方面都有一派新气象。他一再声明，这些都是据实而言，并无虚假浮夸。

陈嘉庚这篇演讲词在重庆轰动一时，对国民党和蒋介石来说，无疑是一颗重型炮弹。国民党官员纷纷指责陈嘉庚以华侨领袖的地位发表这样的演讲，"未免为共产党涂脂抹粉，火上添油"。陈嘉庚说："我所说的都是事实。你们说我替共产党说话，那么贵党也应该实行良好的政治，同共产党竞争，这样就抗战必胜，建国必成。"又说："我是凭良心与人格说话的，我决不能昧着良心，指鹿为马。"

陈嘉庚于1940年7月底由重庆乘飞机赴昆明，然后经贵州、广西、湖南、广东、江西、浙江到他的家乡福建。当他离开重庆时，朱家骅代表蒋介石去送行，并说蒋介石要派王泉笙陪陈嘉庚到西南各省视察。陈嘉庚在昆明写了一封航空信给蒋介石，信里直言不讳地指出蒋派王泉笙去陪他视察，无非是要监视他，怕他沿途说中共的好话。并且警告蒋介石："若欲消灭共产党，此系两党内战，南洋千万华侨必不同情。""若不幸内战发生，华侨必大失所望，爱国热情必大降减，外汇金钱亦必减缩。"由于陈嘉庚戳穿蒋介石派王泉笙陪行的阴谋，蒋介石只好就此作罢。

陈嘉庚在福建50多天，视察更加深入。他亲眼看到福建国民党官僚假借战时统治经济的名义，垄断粮食、交通等业，残酷地剥削人民，米价昂贵，人民陷于水深火热之中。抓壮丁的惨剧也使老百姓谈"丁"色变。陈嘉庚在仙游县枫亭，就亲眼看见武装士兵押着100多名壮丁，每七八人或十多人为一队，都用麻绳绑缚成串，以防他们逃走。他还亲眼看到官吏恶政行为和贪污舞弊，如同安县长借口要欢迎陈嘉庚，勒派商民缴纳"招待费"3 000元，又向各区、乡勒派，共搜刮2万余元。同时他还听到，福建田赋一时竟增加了好几倍。他认为，种种弊端之根源，皆在省府主席的陈仪身上，他也自忖要求蒋介石改革福建弊政未必有效，但他不忍看见家乡人民的惨遇，所以一连几次致电蒋介石，蒋介石却久久不予答复。及至陈嘉庚回新加坡途经云南芒市时，才接到蒋介石一封复电："来电悉。闽省田赋系中央意旨。闽事可电我知，切勿外扬。"陈嘉庚对蒋介石这一复电的评语是："护恶讳疾。"自此，他对蒋介石便彻底失望，不再抱任何幻想了。与此相反，对毛泽东、对中共则更增好感。

12月15日，陈嘉庚回南洋路过缅甸仰光，在当地华侨欢迎会上他大声疾呼："中国希望在延安！"

陈嘉庚回到南洋后，即向侨胞如实报告他在国内考察的见闻与观感。12月24日，他在槟榔屿对前来迎见他的人兴奋地说："中国有希望了！"12 月 31 日，他回到新加坡，又对儿子欣慰地说："此次劳军经延安所见，深感中国有希望了！"

赵庚."中国希望在延安"——1940 年陈嘉庚延安之行.党史文汇，2012（6）：49－52.

### 链接 1

余到重庆所见，……酒楼菜馆林立，一席百余元，交际应酬互相征逐，汽车如流水，需油免计核，路灯日不禁止，管理乏精神。公共汽客车人力车污秽不堪入目，影响民众卫生。报纸为舆论喉舌，责在开化民智，则钳制严密，致每日仅出一小张，何能模范各省。……迨至延安则长衣马褂，唇红旗袍，官吏营业，滥设机关，及酒楼应酬，诸有损无益各项，都绝迹不见。如云陕北地瘠民贫，政府局部甚小，故不宜如首都，应有尽有者，亦属有理。然余所不解者，重庆诸人之奢费，金钱从何而来？是否民脂民膏？余以不官不党居第三者地位，故不能已于言耳。（《南侨回忆录》）

### 链接 2

下午四点钟，余与侯君乘车赴毛主席之约，到时毛君已在门外迎接。其住居与办事所亦是山洞，大小与余寓略同。屋内十余只木椅，大小高下不一，写字木桌比学生桌较大，系旧式乡村民用家私，盖甚简单也。毛君形像容貌，与日报所载无殊，唯头发颇长，据言多病，已两月未剪去，或系住洞内寒冷所致。余言："何不另建住屋，敌机如来可进洞内。"答："亦有此打算。"又言他办公事多在夜时，鸡鸣后始睡，故日间须下午乃起床。余云："何不改日间工作，身体或可健康。"答："十年多如是，已成习惯。"余致慰劳毕。……筵仅一席设于门外露天，取一旧圆桌面置方桌上，已陈旧不光洁，乃用四张白纸遮盖以代桌巾，适风来被吹去即弃不用。（《南侨回忆录》）

### 链接 3

毛泽东主席来余寓所数次，或同午饭，或同晚餐。陕北多山地水田甚少，故罕有食米，然待余等三餐均米饭及鸡蛋诸物。……余寓洞房前有一座小平屋，隔作两间房，茅盾先生及寿科长各住一间。晚餐后毛主席问余，寿科长住何处，余指其住处，毛主席即入其屋谈话，……余回洞内半点钟复出，视毛君尚未出来，时近十点钟，洞外晚风寒冷，余乃入洞安眠，不知毛君谈至何时回去。以一省府之科长，毛主席竟与长谈若是，足见其虚怀若谷也。（《南侨回忆录》）

## 专题欣赏五：陈嘉庚与福建两条海堤的建设

**【导读】** 1950 年 6 月，陈嘉庚在全国政协第一届全委会第二次会议上提出修建福建铁路的提案获得通过。1952 年 12 月，他又致函毛泽东主席，此后与周恩来、朱德、陈毅的互访交谈中，也重点提出福建修建铁路发展工业的建议。1953 年 2 月，陈嘉庚找到时任铁道部部长滕代远，落实了鹰厦铁路的方案和开工时间。在陈嘉庚的提议下，连接集美和厦门岛、老集美和杏林的两条海堤——高集海堤和集杏海堤相继建成。这座全国唯一的公路铁路两用海堤，在 1990 年前是厦门岛对外联系的唯一通道。鹰厦铁路和 324 国道福建段进入厦门，促进了厦门的经济发展。1957 年 4 月 12 日，鹰厦铁路全线正式通车，结束了福建没有出省铁路的历史。

1956 年冬，中国人民解放军铁道兵铺轨列车抵达厦门海堤，鹰厦铁路挺进厦门市

厦门老海堤是陈嘉庚智慧的结晶

近百年前，非科班出身的陈嘉庚，以超前的城市建设理念和务实态度，倡建鹰厦铁路、高集海堤和集杏海堤。这些具有前瞻性的见解，今天依旧闪烁着深邃的智慧光芒。随着国家“一带一路”倡议的推进，鹰厦铁路亦成为连通“海上丝绸之路”和“陆上丝绸之路”的重要货运通道。

汽笛轰鸣，车水马龙，作为曾经鹰厦铁路的一部分，高集海堤和集杏海堤日夜服务于这座城市。在海堤的南端，巍然矗立着由朱德元帅题词的纪念碑，碑上刻着“移山填海”四字。“岛今成半岛，宏伟见人工。”海堤开通时，郭沫若即兴赞美。

这条宏伟海堤和曾经作为福建经济命脉的鹰厦铁路，都是陈嘉庚智慧的结晶。

20 世纪 50 年代，陈嘉庚先生亲身投入福建的建设，他对于当年两条海堤的修建曾提出过重要的倡议。笔者当年曾在厦门工作，参与其事，这段回忆是十分难忘的。

## 高集海堤工程

1950年春，陈嘉庚从新加坡回到厦门，当时的厦门市长梁灵光几次去拜访。梁灵光有一次回来对我说，陈先生建议在集美与厦门岛之间的海峡（高集海峡，高崎至集美）修一条石头海堤，把两地连接起来。陈嘉庚说英国修了一道长石堤，把马来西亚与新加坡连起来，英国人能修成，我们新中国也能修。梁市长很赞成这个意见，认为如能获得上级批准，可就地开山取石，建筑材料不成问题。当时厦门受到盘踞在金门的国民党军队的海上封锁，航运中断，工厂停工，失业现象很严重，群众生活因此比较困难。而这项基础建设需要投入大量劳动力，可解决很多人的就业问题。这个建议利军便民，对巩固海防和促进厦门经济发展都极为有利。笔者幼年在烟台上学，知道晚清李鸿章搞洋务运动时曾在烟台修了两条防波堤，长的那一条，就是采用在海滩上抛石垒筑成的，那里的潮浪也不亚于高集海峡。当时主持省委工作的叶飞同志重点抓军事，常驻厦门，他对陈嘉庚的倡议也极为赞成。叶飞后来还找了一些专家技术人员讨论研究，认为高集海峡是潮水从金门和鼓浪屿两个方向涌来的汇集处，退潮时也是向这两个方向退去。建海堤在技术上是完全可行的。1950年秋，陈毅元帅来厦门视察，叶、梁为此向陈毅作了详尽的汇报，陈毅当即表示这个建议很好，可以完全采纳。后来陈毅曾三次上书毛泽东主席，建议修建高集海堤，并且得到了毛泽东的同意批示。

1952年，厦门市人民政府提出了修建高集海堤的计划任务书。1953年初，得到政务院批准，主持中央财经工作的陈云将海堤作为国家预算外的基建投资，拨了1 300多亿元（旧人民币，合今1 300多万元）专款。这项工程由省委副书记叶飞和副省长兼工业厅厅长梁灵光组织实施，当时我任厦门市长，即由我负责组织施工的具体事宜。1953年6月成立工程指挥部，交通部航务工程局和水利局派来大批得力的干部，边设计边进行典型试验性施工。苏联专家沙士可夫也长住厦门进行指导。当时也有同志对修海堤持不同意见，如提出："在沙滩上做海堤是否有把握？"陈嘉庚反复以新马海堤为例说明这项工程的可行性。另还有"筑堤不如架桥有把握"的议论，我们也做了分析研究，比较一致的看法是筑堤适于军事，不怕轰炸，且有利于就地取材。

海堤在施工时，曾几次遭国民党飞机的空袭。一次敌机俯冲扫射工地，打死施工人员50多人。还有一次工人乘船回家过春节，中途遇袭，敌机将船炸沉，致90多人罹难。陈嘉庚先生当时正忙于扩建厦门大学和整修集美学校的工作，他关心海堤的建设，经常抽空来工地。敌机的袭扰没有吓倒他，他亲临现场指导施工，全然没有惧色。其胆略与勇气，给海堤的建设者以极大的鼓舞。

记得陈嘉庚当年还对工程设计提出过两条意见：一是建议将原设计堤宽21米（实际使用宽度为16.5米）加宽至25米，预留铁路路面，且应是双轨路面，铁路、公路均拓宽2米。二是建议在厦门一侧，铁路与公路应搞"立交"，以适应厦门经济发展的需要。这些意见遭到苏联专家的坚决反对，认为设计21米太宽，19米足以适应厦门现在及将来的

当年紧张施工的场面

发展。除去胸墙和人行道，余下 14.5 米，公路、铁路各占 7 米，符合设计规范了。至于“立交”，苏联专家认为每天通过 2 000 辆汽车才需要建“立交”，当时厦门军、民车辆不过几百部，为什么要建“立交”呢？苏联专家的理论后经研究，被认为“有道理”，因此否决了陈嘉庚的意见。我们当时没有让陈先生知道他的意见没有获准，直到海堤修成后，陈嘉庚才知道堤宽是 19 米，他极为生气，一再批评我们没有远见。今天看来，陈先生的意见是正确的，如果当年采纳他的意见，就不会导致后来需再拓宽或架高一层公路桥的被动局面出现。再说，建这条堤和后来建集杏海堤实际一共才花了 940 万元（新币，下同），如当时采纳陈先生的意见，也不过多开支约 250 万元，中央拨的专款仍够用。我是做具体工作的，常以在高集海堤建设这件事上未听陈先生的意见以致造成失误而感到内疚。

高集海堤工程于 1954 年 1 月全面施工，1955 年 9 月竣工，同年 10 月正式验收，交付使用。海堤全长 2 212 米，顶宽 19 米。

一九五五年副省长陈绍宽、市长张维兹、厦门首任市长梁灵光视察海堤。　苏联专家在海堤工地

## 修建集杏海堤与围垦杏林湾

在高集海堤行将竣工之际，中央批准修建鹰厦铁路，铁道部选派的工程技术人员和苏联专家来到厦门，研究铁路从漳州进入厦门的线路问题。带来的方案是从角美向东北延伸，再沿杏林湾东岸向东南经集美进厦门（即“绕海线”）。陈嘉庚知道后，认为不妥，建议铁路从角美经灌口向东，修建一道杏林至集美的海堤进入厦门（即“海堤线”）。陈先生约我到他住处，对我说：“这道海堤应该修成不透水的，它有很好的经济效益，一是铁路不用朝东北绕个大圈，可缩短里程近 9 公里；二是还可围垦三四万亩良田，每年可增益 160 万～300 万元。”但当我把这个意见带回后，负责修建原堤（高集海堤）和负责修铁路的两方面苏联专家研究后认为陈先生的意见行不通。理由有两条：一是这条新堤的来潮冲击力大，不能用原海堤的修建办法；二是要做到不透水，就要使用钢板桩，但钢材供应困难，建设资金也难以解决。因此这一意见不可取。我又去同陈先生谈，他反问我：“你读过《福建通志》没有？莆田有位钱四娘，修了莆田的南北洋，你知道不知道？”我道知而不详。他又说，钱四娘是宋朝时莆田人，传说是一位被遗弃的宫妃，她回家后把带回来的全部资产用来修木兰陂，后又得到一位孀妇的资助。两位妇女后都为修堤而以身殉，围垦共得良田四万亩，这就是全省最富庶的莆田南北洋（后来我查了《福建通志》，与陈先生讲的稍有出入）。陈先生又说：“一千年前的两位女流尚能用自己的财力把万亩海滩变成良田，难道今天共产党领导的政权，以国家的财力还不能把杏林湾围起来？且缩短铁路里程，节煤省时，再说还可以围海造田、蓄水养鱼等，从长远看，它的效益是难以估量的啊！”

但后来苏联专家问道：“修海堤是陈先生出钱还是国家出钱？”我说：“是国家出钱。”“这样，”专家耸了耸肩膀说，“那为什么要听他的？”拒绝了这一建议。

1955 年 4 月 21 日，陈嘉庚致函陈云副总理，就施工中的问题与苏联专家“详细辩释”。信中说：“钢板隔离，水泥封闭，工程浩大，当然不能办到。但如采用石料，则近处多有，采运便利，工价低廉，而且以工代赈，可免花外汇。石料累积高出水面，其重量压力极大，堤背则填筑泥沙，宽达数十公尺，与石料相结合，可以断绝内外，不逊于钢板水泥，了无疑义。”陈嘉庚还在信中列举了闽南沿海乡村一带利用海滩挖土筑堤、养淡成田的一些具体事例，用以说明修建海堤与围海造田的可行性；并说，采纳“海堤线”比采纳“绕海线”虽费用大些，“但路成之后，火车来往每次可少走 9 公里。如是日日积算，获益无穷。此单就铁路而言，至增辟农田所得利益，更难限量。”

后来，王震了解了陈先生的看法后，亲自与苏联专家和技术人员进行了反复研究，认为陈嘉庚说得有道理，可行。当时的国防部长彭德怀也与王震一起来到厦门，会同叶飞等一起研讨，认为如按陈嘉庚说，仅就节省时间一项来讲，于军于民，都是“划得来”的。这样便确定下来：铁路走杏林线，以修高集海堤的人员和设备移修杏林堤，以 400 万元的造价，由厦门市人民政府向铁道部承包。结果只用了 300 万元就修成了。

集杏海堤于 1955 年 10 月开工，1956 年 12 月竣工，全长 2 820 米，顶宽 11.5 米。高集和集杏两条海堤工程，共节余 400 万元，这笔资金还对 20 世纪 50 年代中期厦门市的工业建设起了很好的作用。

张维兹. 陈嘉庚与福建两条海堤的建设. 厦门日报，2003－09－15.

**链接**

## 高集海堤

1950 年春，陈嘉庚关于修建高崎至集美海堤的建议，得到福建省委第一书记叶飞、厦门市长梁灵光和到厦门视察的华东军区司令员兼上海市长陈毅的赞同和支持。经专家讨论认定技术上可行后上报中央，经中共中央政治局会议研究，毛泽东主席批准兴建高集海堤的报告。1952 年，国务院副总理兼中央财经委员会主任陈云批准拨专款 1 323 万元。随后，福建省委成立海堤修建委员会，厦门市成立海堤修建指挥部，交通部航务工程总局和福建省水利局工程技术人员对厦门海峡地形、水文、气象作初步勘测后，提出设计方案：堤宽 21 米（实际使用宽度 16.5 米），在厦门一端建公、铁立交桥。陈嘉庚提议堤身应加宽至 25 米，预留双轨铁路线。来华指导海堤工程建设的苏联专家沙士可夫予以否决，将堤宽改为 19 米。这一改变造成后来堤面无法拓宽，海堤通行能力受到制约。所幸在海堤施工中采纳粟裕的建议，在深水处留一航道，使得中、小型船只仍可通行。1954 年 1 月，3 500 名施工人员进入工地，高集海堤开始全面施工。在施工中，屡遭驻金门的国民党空军飞机空袭，致使 150 名干部、工人被炸身亡。工程指挥部提出“提早修好海堤，支援解放台湾”的口号，全体施工人员将生死置之度外，坚持施工。1955 年 10 月 15 日，第一期工程建成通车，总耗资 948 万元。高集海堤全长 2 212 米，堤身用 70 余万立方米花岗石堆筑，堤顶宽 19 米，铁道宽 6 米，公路宽 7 米，东、西两侧人行道分别宽 2.1 米和 1.5 米，两侧胸墙各厚 1.2 米。堤上铺设自来水输水管道和每秒 6 立方米流量的石砌北溪引水渡槽。近高崎深水处留有 15 米宽沉箱式航道，可通中小型内河船只。1955 年 10 月 1 日，“厦门海堤纪念碑”在高崎堤头落成，纪念碑正面为全国人大常委会委员长、中国人民解放军总司令朱德的题词“移山填海”，背面为海堤工程指挥部撰写的碑文，旁建“观堤亭”。

**集杏海堤**

东起集美，西至杏林，长 2 820 米，顶宽 11.5 米，堤身标高 8.73 米，胸墙标高 10.35 米。堤上除火车道外，汽车道宽 3.5 米，每隔 200 米建一避车坞。共用花岗岩石 95 万立方米，砂 7 万余立方米，耗资 470 万元。此堤为陈嘉庚提议修建，经中央批准，于 1955 年 10 月 11 日开工，1956 年 1 月堤身基床抛填工程完成，8 月堵口成功，12 月 7 日工程告竣。集杏海堤通车后，鹰厦铁路比原计划缩短 8.8 千米，车辆、行人缩短行程 15 千米，形成海湾 20.6 平方千米。1960 年 2 月，机动车道拓为 3 车道，宽 11 米，另增非机动车道宽 4.5 米，人行道宽 1.5 米。1969 年围垦杏林湾时再次拓宽。1972 年，于堤身内侧附建九龙江引水渠。1995 年，机动车道第三次拓宽为 60 米，铺设水泥路面，成为高等级城市道路。

## 延伸阅读一：通电美国总统　反对干涉内政

抗战胜利，人心思定。1945 年 10 月初，刚刚安全脱险的陈嘉庚，在重返新加坡途中路过雅加达。这时，国共正在重庆和谈，有人劝说陈嘉庚在抗战后继续领导华侨襄助祖国建设，陈嘉庚不仅理解侨胞们的心意，而且在他心中对抗战后如何民主建国已经有了一套设想。他认为："对外取消不平等条约，收回百年来所丧失之国土与各租界，及没收敌人在国内所有业产，至于以前所负不平等外债，亦可脱卸；对内则改革政体，实行民主政治，兴办交通，振兴工业，改善农村，提高文化，注意卫生……"但这一切都要以国家政治好为前提。因此，他直率回答说："华侨果欲帮助建国，必先分清是非。如果政治上是非不分，则建国无从谈起。""若此次国共会谈能真诚合作，实际推行三民主义，诚我国家无穷幸福。设或不幸分裂，最低限度，亦必有一方面能真实行三民主义者。战时虽黑白难分，若在战后，无难水清鱼现矣。"

不久，国共和谈结束，双方代表在会谈纪要即《双十协定》上庄严签字。此时，国人对国共再次合作多抱乐观态度，认为和谈成功政局有望；若重庆方面能还政于民，则建国有望。而陈嘉庚对此却有不同见解。他认为，这次和谈，"若真得到民主和平，那比赚什么大钱都高兴，因为这是全国人民的大福气。不过看起来，蒋介石没有诚意"。这时，香港《经济导报》为庆祝《双十协定》的签订请他题词，他断然写道："还政于民，谋皮于虎，蜀道崎岖，忧心如捣。"陈嘉庚的题词，并非无的放矢。抗战期间，他历尽艰辛，回

陈嘉庚电美总统停止援助国民党进行内战

南洋华侨筹赈祖国难民总会主席陈嘉庚

国慰劳视察，深切感到国共两党对团结抗战态度截然不同。共产党坚持团结，奋力抗日；国民党则消极抗战，积极反共。当年，蒋介石在成都曾当面对陈嘉庚说过：“若不先消灭共产党，抗战决难胜利。”如今《双十协定》虽已签订，而重庆政府对人民军队和边区政权却拒绝承认。更有甚者，蒋介石一面邀请毛泽东到重庆谈判，一面又大量翻印《剿匪手册》，令其将领“督励部属，努力进剿”，以致《双十协定》墨迹未干，国民党军队又在频频挑起事端。事态的发展，正如陈嘉庚所说：“看起来蒋介石没有诚意。”如果有“诚意”，就不会阳一套，阴一套。

面对如此严峻的形势，美国从其自身利益出发，于同年 12 月末派出特使马歇尔来华“调停”，建议国共双方停止敌对行动，在《双十协定》基础上，召开政治协商会议，并着手整编军队，建立联合政府。从 1946 年初开始，经各方一个多月紧张磋商，达成了对“和平建国”“政府组织”及“军事问题”等五项议案的共识。此时，国内政局似乎又出现转机，国人拥护，侨胞高兴，中外舆论也着力渲染。而陈嘉庚却认为时局仍然不容乐观。其时菲律宾《华侨导报》成立五周年，他在为该报题词中，再次写道：“还政于民，谋皮于虎，蜀道如天，忧心如捣。”

局势的发展，果然不出陈嘉庚所料。政协会后不出一个月，武装冲突有增无减，“努力进剿”与“自卫反击”枪炮声此起彼伏，华夏上空，乌云翻滚。与《双十协定》相类似，政协决议的签订对国民党当局来说，不过是缓兵之计，是假和谈真备战。对共产党人来说，是明知山有虎，偏向虎山行，只有运用革命的两手才能对付反革命的两手。对这两次和谈，周恩来基本赞同陈嘉庚的判断，他说：“过去与蒋介石谈判，正如陈嘉庚先生 1946 年打给我的电报所说，是‘无异与虎谋皮’，但是又不能不谈，因为人民切望和平，而当时像陈嘉庚、张奚若二先生这样的人还不多，广大人民还不了解蒋介石的和平骗局。”

抗战刚结束，蒋介石集团为了抢夺胜利果实，为了换取美援和维护独裁统治，便加紧投靠美帝国主义，不惜出卖国家主权，签订一系列丧权辱国条约，而且公然允许大批美军驻华，并将其大量精锐部队，日夜兼程从中国大西南空运或海运至东北、华北、华东和华南等大中城市及战略要地。经过将近一年的充分准备，蒋介石认为时机已到，便悍然撕毁上述两个协定，于 1946 年 6 月 26 日，出动二百多万海陆空军队，气势汹汹地向解放区全面进犯，妄图在短时间内消灭共产党，消灭人民军队，居心极其险恶。对这场内战的实质，正如毛泽东指出的："它是一场由美国出钱出枪，蒋介石出人，替美国打仗杀中国人，……借以变中国为美国殖民地的战争。"陈嘉庚对这场内战的来龙去脉也很清楚，深知其罪魁祸首就是美蒋。而要结束内战，关键在于排除一切外来干涉，让中国人自己解决自己的问题。

为了国家和民族的最高利益，陈嘉庚无私无畏，敢想敢干。同年 9 月 7 日，他毅然以南侨总会主席名义，代表南洋千百万华侨致电美国总统杜鲁门、美国参众两院及马歇尔和司徒雷登等人，采取说理斗争方式，敦促美国政府撤退驻华美军，停止对蒋介石的一切援助。

这份义正词严的电文，通过路透社和合众社等外电向全世界传播，震动了海内外，震动了全世界。苏联大元帅斯大林在接见英国记者时，强调驻华美军必须迅速撤出；美国商务部长华莱士也发表演说赞同撤退驻华美军；欧洲方面也有不少知名人士主张美军不宜再驻中国。中国民主同盟等民主党派和团体纷纷致函陈嘉庚，表示坚决支持他的主张，新加坡、马来亚等地华侨还分别开展"美军退出中国周"活动，有几十万人公开签名反对美军驻华。海内外有识之士普遍认为：陈电发表得很及时，符合民意，切中要害。陈电产生的强劲威力和冲击波，着实从一个侧面给美蒋反动派狠狠一击。

然而，海外华侨社会也很复杂，虽爱国者居多，但其政治倾向左中右都有。围绕对陈电的态度，在南侨社会中引发了一场拥陈与反陈（其实质是反蒋与拥蒋）的严重斗争。例如，南京政府驻吉隆坡总领事馆就首先发难，暗中授意受其控制的一些华侨会馆、商会、社团和新闻机构，连续发出通电、声明、文章，对陈电大肆指责和攻击，甚至不惜颠倒是非、混淆黑白和歪曲事实真相，其手段及措辞之恶劣达到令人难以容忍的程度。

但是真理是攻不倒的，是非是越辩越明的。面对这股妄图阻挡历史前进的逆流，新加坡厦集两校校友会，首先拍案而起，严正通电拥陈，指出"陈电代表了现阶段中国人民的心意"，号召海外侨胞一致拥护陈嘉庚先生提出的正确而伟大的主张。拥有雄厚实力和群众基础的新加坡中华总商会和福建会馆，迅速联合新加坡工、农、商、学、青、妇及文化各界 216 个团体，召开声势浩大的拥陈大会。会上，各界代表热烈发言，一致拥护陈先生的正确主张，反对美国干涉中国内政，反对美军驻华。

继新加坡之后，吡叻、雪兰莪、柔佛、森美兰和马六甲等地也相继召开拥陈通电大会，泰国曼谷、中国香港、菲律宾、爪哇、苏门答腊等地以及海内外许多知名人士沈钧儒、黄炎培等纷纷发电报向陈嘉庚先生致敬，有的直接发电报给杜鲁门或由当地美国使馆转交，要求美军立即撤离中国，要求美国政府停止干涉中国内政，停止援助腐朽的蒋政权。经过这场拥陈与反陈斗争的反复较量，拥陈呼声占了压倒优势，甚至连起初因受蒙蔽而反陈的一些社团，也转而发表声明，表示拥护陈嘉庚。历史再次证明，真理终将代替谬误，正义必将战胜强权。

## 延伸阅读二：创办《南侨日报》

这场针锋相对的拥陈与反陈的斗争，证实了在南侨社会中，主张和平与民主的力量是强大的。但在南洋各地也还有很大部分社团和舆论工具，仍然掌握在国民党及其代理人手里。他们还不断地挑拨离间，制造事端，歪曲真相，扰乱视听，甚至不择手段地对陈嘉庚进行造谣污蔑和人身攻击。加上国内战局仍在急速发展，在一些中间人士看来，战争胜负还有待分晓。有鉴于此，新加坡华侨文化界中一些著名的民主进步人士胡愈之、洪丝丝、李铁民、张楚琨、黄适安等人，经过认真磋商和酝酿，认为急需筹办一份大型华文报纸，并以它为阵地，团结海外广大华侨，为坚持民主进步和反对专制独裁，为促进祖国新生和维护华侨利益而发挥舆论威力。

主张办报的同事们深切感到，在海外要办好一份大型报刊，已非易事；要办成质量高、影响大、能吸引广大华侨的报纸更是艰巨。但为了祖国前途和华侨利益，他们心甘情愿做出牺牲，不计报酬，不计时间。

他们行动的第一步是将办报意图和设想作为建议向爱国侨领陈嘉庚报告。如果他也赞成和支持，事情就成功了一半，否则就难办。陈嘉庚目光远大而又通情达理，他深知南洋社会之复杂，在南洋办事之艰辛，但他也理解同事们为和平民主而奋斗的志向和决心，经过共同分析和商讨，陈嘉庚终于赞同地说："那就动手办吧!"

办报需要大笔资金，资金哪里来？陈嘉庚在南洋庞大的企业战前已收盘，战时又倾尽全力支援抗战，战后手头更加拮据。为了支持办报，他仍想方设法带头拿出 11 万元（占全部股金的四分之一）作为示范。张楚琨和高云览也相继拿出 9 万元，其他如李光前、王源兴、刘玉水、陈济民、陈共存等各帮侨领，也和衷共济，积极投资认股，办报资金便迎刃而解。

办报必须有合适的地点和设备。经筹划，终于在新加坡闹市区觅得一座三层楼房（原是一家报社旧址，里面还附设有印刷厂），接着又购得一架新式卷筒机，至此，办报所需基本硬件齐备了。

要办好报纸，关键还要有一批有真才实学、有办报经验的骨干。胡愈之是陈嘉庚的挚友，又是众所周知的出版界权威，由他出面组阁办报，尽可让陈老放心，报人心服，读者满意。报纸出版前夕，双方还商定：陈嘉庚领导报社董事会，胡愈之主管言论方针和编辑事务。如此分工，既科学明确，又合情合理。

办报还须高度重视发行，因为读者越多，影响越大。为此，张楚琨、李铁民、柯朝阳、黄适安自告奋勇，不失时机地组织了一个短小精悍的远征队，开上陈嘉庚提供的小车，奔赴新马城乡，向各地爱国侨领及社团组织、各界人士开展有声有色的鼓动宣传，目的是物色发行代理，推销报纸，聘请通讯员，建立通信与发行网络。工作中还及时提出"多增一个《南侨日报》读者，就是增加一分民主和平力量"的响亮口号。由于工作深入细致，广交朋友，此行收获甚丰，达到了预期目的，为报纸的广泛发行打下了良好的基础。

经过整整两个月紧张的筹备，一份高举民主和平旗帜的大型华文报纸——《南侨日报》于 1946 年 11 月 21 日正式与广大华侨读者见面。陈嘉庚任该报董事会主席，胡愈之任社长，张楚琨任总经理，李铁民任督印。陈嘉庚在创刊号上明确阐明办报宗旨："我爱国华侨本爱国真诚，求和平建设，兹故与各帮侨领，创立《南侨日报》，其目的在团结华侨，促进祖国之和平民主，俾内战早日停止，政治早日修明，国民幸福早日实现，以达到孙国父建国之主旨。"

陈嘉庚及胡愈之等人创办的《南侨日报》，一开始就以崭新的内容和版面呈现在广大读者面前。它从祖国、马来亚和华侨社会的现实出发，努力宣传华侨华人中的好人好事，

南僑日報

并针对新马华侨共同关心的问题发表意见，为广大侨民的利益服务，以深入浅出的笔调论述国内战局和国际形势，报道人民解放军胜利进军与国民党军队节节败退的消息，同时还积极宣传解放区的新气象和国统区的苦难与腐败，以及民主运动在海内外的蓬勃发展进程。此外，报纸还发表许多短小精悍、体裁多样的文章，受到广大读者的欢迎和信任。

中共中央对陈嘉庚创办的《南侨日报》十分关注和支持。1947 年，周恩来特派夏衍到新加坡，协助胡愈之主持笔政，进一步加强《南侨日报》的战斗力。后来，该报又扩大业务范围，创办《南侨晚报》。南侨印刷厂还承印新华社在新加坡发行的新闻稿以及毛泽东、陈嘉庚等人的部分著作，承印《风下》周刊和《新妇女》，显示出《南侨日报》在激烈的战斗中大踏步前进的兴旺景象。

陈嘉庚搞实业是行家，办教育是专家，写文章也是作家，其署名的评论文章，皆亲自动手，未劳驾他人。在三年多时间里，他为《南侨日报》撰写的一系列政论性文章，不仅战斗性强，而且风格独特，具有下列与众不同的鲜明特点：

一是开门见山，直截了当。例如在《论美国救蒋必败》一文中，指出“弄枪者毙于枪，玩火者毙于火”，美国大量援蒋，既不能“挽救蒋政权之崩溃”，也达不到“贯彻美国侵略之目的”。接着，列举七点理由逐一论证。在 1949 年初撰写的《蒋介石表示不要做总统》一文写道，“蒋介石表示不做总统无他，军事崩溃，人心离散，败局已成，无可挽救。美国既不能派兵助战，而第三次世界大战更属遥遥无期”，蒋氏在到处碰壁、走投无路之际，为自身打算，“惟有牺牲总统职位，以作日后之退步”。

二是针锋相对，寸土不让。在《蒋介石的最大错误》一文中，针对蒋介石曾自称在抗战那几年，“其最大错误，就是容忍共产党”。陈嘉庚反驳说：“蒋介石处心积虑，谋消灭共产党，实较消灭日寇更为迫切。在抗战之前、初期、中期，以至抗战之后，蒋氏因无时无刻不作消灭共产党之想。然中共不但未见消灭，转且日益强大，以造成今日之局势，此非蒋氏不欲消灭中共，实则其力断不能消灭中共也。其所谓容忍中共，非出不得已，即属虚伪狡诈。则所谓错误更从何而来?”又如在《辩匪论》一文中，他运用对比法，说蒋政府口口声声“指中共为匪，共军为匪军，共党为匪党，内战为剿匪”。他反驳说：“匪字解释为寇盗，强暴抢劫谓之寇，偷窃假冒谓之盗。”据他在延安的所见所闻，中共自中央首长到一般干部，“生活均简单朴素，与乡村平民无殊，公务员生活费用按定例供给，绝对不能别营私业，故无奢侈浪费，更无积蓄财产之可言”。反观国民党政府“十余年间，除浪费国内资产外，复寄存美国黄金若干万万元，此种巨富若非剥削民脂民膏，则系盗窃国库，否则从何而来?”“以上各情，均为中共所无，独为蒋政府所有，乃反指中共为匪，国民党人若稍具天良，抚心自问，必能明白谁方是匪也。”

三是充分说理，以理服人。1948 年 8 月国共大决战前夕，他的一篇《再论中国内战前途》的文章就明确指出：“欲知国共将来谁胜谁败，在政治方面须视民众之背向；在军事方面，当视有生力量之消长。”“至军事力量之消长，国军由400余万人减至210万人，共军130万人增至300余万人，今后两方有生力量，如照以前之速率消长，则内战胜败决定之时期，可以想见矣。”

由于陈嘉庚与全体报社同人的艰苦奋斗，广大爱国华侨的支持和爱护，《南侨日报》这块舆论阵地，旗帜鲜明，硕果累累。它从海外一方与国内进步力量遥相呼应，与人民解放战争进程紧密配合，为打倒蒋介石解放全中国，为加速人民革命战争的胜利做出了舆论上的特殊贡献。对此，中共中央给予很高荣誉。

## 延伸阅读三：应邀回国共商国是

著名的辽沈、淮海、平津三大战役之后，国民党败局已定，解放中国胜利在望。胜利的喜悦在海内外进步人士心中激荡，陈嘉庚更是喜上眉梢。因为他始终认为，只要“我国政治能办好，华侨人人心理上之愉快，比之霎时获资数十万元，当更狂喜”。何以言之？他说：“国家政治不良，回国投资无路，故资本家不论其如何辛苦，积血汗资千百万元，仍与祖国无丝毫利益关系，而在南洋将资本遗子孙，亦每每不逾一世而亡。”他又说：“假如国家政治优良，儿女可受高尚教育，而己身投资祖国，机会尽多，中南航路畅通，故乡侨地，两可为家，随意而适，生前事业开拓，身后子孙贤能，令誉可以永保。”陈嘉庚的想法代表性强，言之亦合情合理。

1949年，捷报频传。新年刚过，毛泽东电邀陈嘉庚回国共商国是。为了郑重其事，中共中央特派新加坡侨领庄希泉（陈嘉庚好友）专程从我国香港到新加坡迎接。陈嘉庚接过毛泽东电报，仔细阅读着：

嘉庚先生：

中国人民解放斗争，日益接近全国胜利。召开新的政治协商会议，建立民主联合政府，团结全国人民及海外侨胞力量，完成中国人民的独立解放事业，亟待各民主党派及各界领袖共同商讨。先生南侨硕望，人望所归，谨请命驾北来，参加会议。肃电欢迎，并祈赐复。

毛泽东<br>一月二十日

陈嘉庚深知这封电报的特殊分量。他格外高兴，但又十分自谦，经仔细斟酌，复电如下：

毛主席钧鉴：

革命大功将告完成，曷胜兴奋！严寒后决回国敬贺。蒙电邀参加新政治协商会议，敢不如命。唯庚于政治为门外汉，国语又不通，冒名尸位，殊非素志。千祈原谅。

陈嘉庚

同年5月，神州大地，严寒过去，百花盛开，陈嘉庚启程回国。行前抓紧办了两件事：一是将自己三年多来发表的文章及演讲词汇集成册，题为《陈嘉庚言论集》，全书约9万字，这是他继《南侨回忆录》之后又一部传世佳作和心血结晶；二是将《南侨日报》董事长职和侨团工作托交王源兴（新加坡侨领之一），嘱咐说：“凡事只要以国家和人民利益为依归，个人成败应在所不计。”他针对英国殖民政府威胁《南侨日报》，钳制民主舆论的行为，指示说：“本报宁可关门，而不能改变一贯立场。”由此可见陈嘉庚的立场观点十分明确。

5月5日，陈嘉庚与庄明理、张殊明、王雨亭等人乘船回国。途经香港，稍事停留，于6月3日抵华北新解放区大沽口。上岸后，目睹检查人员工作认真，态度和蔼，烟茶不受，搬运工人小心装卸，操作有序，与国民党时代对比大不相同，陈嘉庚心中甚喜。翌日乘专车赴京，董必武、李济深等党内外资深人士和华侨学生等一百多人到车站迎接。

七十多岁的陈嘉庚，经海上长途风浪颠簸，仍精神矍铄，数日后，由周恩来陪同，前往西山会见毛泽东。这是他生平与毛泽东主席第二次幸会，机遇难得，意义重大。

“嘉庚先生，欢迎你啊！我们一别就是十年。”

“毛主席，十年前在延安临别时，我答应你做的两件事全都做了。头一件，我回到重庆就跟蒋介石说，共产党一心抗日，对国民党绝无恶意，劝他和共产党真诚合作，团结抗日，可他就是听不进去，良药苦口呀！第二件，我不待回到南洋，在全国各地就把延安所见所闻如实介绍，因此，蒋对我产生恶感，我也不顾，凭着良心与人格，不能指鹿为马呀!”

毛主席对陈先生如此重信义表示钦佩和感谢，同时将抗战胜利后与国民党谈判、蒋介石撕毁协定、人民军队被迫自卫还击等情况，作了简要介绍。他还说：“解放战争已经取得了决定性胜利，但是我们还要继续肃清残敌，召开新的政治协商会议，成立民主联合政府，过几天就要召开筹备会，嘉庚先生你可一定要参加啊!”

“毛主席的心意我明白，只是我对政治素为门外汉，国语又不通，恐怕会辜负主席的美意。”陈嘉庚很自谦，说的全是心里话。

这时，周恩来从中插话：“国语不通好解决，全世界没有一个人能懂所有语言，但国际上交往天天都在进行……”

老朋友久别重逢，畅谈天下大事，无拘无束，气氛融洽，直至深夜，陈嘉庚才起身告辞。

次日，陈嘉庚的知心朋友周恩来、林伯渠、沈钧儒、马寅初、黄炎培、郭沫若等人，又先后到北京饭店看望陈嘉庚，继续友好交谈，言谈中充满了真诚、友谊和厚望。林伯渠说：“新政协一定要有华侨代表，华侨代表中必须有一位首席代表，这位首席代表只能由陈嘉庚先生来担任，这也是全体海外华侨的一致希望。”黄炎培说：“新政协关系到今后新中国的前途，作为知心朋友，我请求嘉庚先生一定要参加。”马寅初也说：“嘉庚先生对抗战和人民解放事业的贡献，海内外有口皆碑，现在既来到北京，新政协筹备会就非参加不可了。”郭沫若谈得很坦率：“心通胜于言通，我和蒋介石语言大通而特通，可是心则完全不通。前个月我到欧洲参加世界和平会议，会上的代表语言多不相通，但心却紧紧连在一起。嘉庚先生即使语言不通，要靠翻译，但绝不妨碍参与国家政事。”周恩来说得更加恳切：“自辛亥革命以来，华侨对祖国革命做出了不可磨灭的贡献。现在革命即将成功，新的人民共和国即将成立，嘉庚先生作为海外华侨的杰出代表，应该一起来共商建国大计。”

精诚所至，金石为开。处处以国家、民族利益为重的陈嘉庚，为人们的真诚和善意所感动，决心参加新政协筹备会，与众人一起共商建国大计。

6月15日晚，新政协筹备会在中南海勤政殿开幕。当晚，陈嘉庚与司徒美堂、蚁美厚、庄明理等世界各地侨领准时前来赴会。勤政殿古朴典雅，金碧辉煌，昔日的帝皇宫殿，今朝成为政协会堂。开幕式上，陈嘉庚代表华侨发言。他盛赞新政协筹备会的召开是中国历史上的一件大喜事，祖国大革命的胜利对世界影响极大，海外华侨的地位也将大大提高。他代表海外爱国华侨拥护共产党和毛主席的领导，拥护成立民主联合政府。

新政协筹备会圆满结束后，陈嘉庚由庄明理等人陪同，于6月下旬至8月末前往东北各地考察观光，所到之处，备受欢迎，所见所闻，印象深刻，心情舒畅。他总体认为："从东北看全中国，国家建设的前途是一片光明。"

作为华侨首席代表和侨界召集人，陈嘉庚回京后即全力投入新政协筹备工作，并如期完成筹委会委托讨论的各项任务。9月21日，全国政协第一届全体会议在中南海怀仁堂隆重开幕。毛泽东在开幕词中庄严宣告："占人类四分之一的中国人民从此站起来了!"此时，全场振奋，掌声雷动。陈嘉庚以华侨首席代表身份在会上发言。他代表海外千百万华侨表示拥护毛主席的开幕词，拥护《共同纲领》《政协组织法》和《人民政府组织法》等三大议案，"愿无保留地予以接受"并"努力促其实现"。会议期间，陈嘉庚被选为中央人民政府委员和华侨事务委员会委员。

在京期间，陈嘉庚与社会各界名流多有接触，与国民党起义将领傅作义亦常见面。在一次会议上，傅作义慷慨陈词，言及过去拥蒋，罪列战犯，北平受围，开始省悟，表示今后要痛改前非，将功补过。陈嘉庚听后感动地说："人谁无过，知过而改，善莫大焉!傅先生坦言认过，义勇高风，无任敬佩!人民政府维新方始，似万里长征第一步，前国民党人误入迷途者尚多，当学习傅先生之智勇，庶有无限前途也!"

10月1日下午3时整，中华人民共和国开国大典在首都北京隆重举行。陈嘉庚随同党和国家领导人健步登上天安门城楼。城楼上，庄严壮丽，视野开阔。他亲眼看到新中国第一面鲜艳的五星红旗在隆隆的礼炮和庄严的国歌声中冉冉升起，亲耳听到毛泽东主席在城楼上向全世界庄严宣告："中华人民共和国中央人民政府成立了!"他亲眼目睹中国人民解放军雄壮的阅兵式以及首都各界群众的游行队伍，心中激起阵阵浪花，激起作为一个堂堂中国人的无比自豪感。

参加开国盛典后，陈嘉庚又兴致勃勃地到华东、华中和华南各省、区及家乡福建厦门、集美等处巡回视察，风尘仆仆，行程万里，历时数月，不辞辛苦。他耳闻目睹了祖国南方各省虽属新解放区，新的社会和生产秩序已逐步建立，新人新事大量涌现，心中颇感欣慰，认为能亲眼看到伟大祖国从此站立起来，并能亲自参加新中国的建设，确是人生一大乐事。翌年开春，陈嘉庚途经我国香港，重返新加坡。海外华侨对陈嘉庚此行十分关注。他针对华侨中部分人对“一边倒”政策和人民政府是否保护私人商业有疑虑，通过答《南侨日报》记者问方式作了详尽解释。他说：“所谓一边倒，是倒在和平、民主、进步、建设的这一方面，并不是倒在苏联身上，更不是要做苏联附庸。”他还说：“以我国土地之大，人民之众，民气之烈，若有良好的政府领导，定可与列强并驾。就毛主席而言，文武才干，英明智慧，不但为我国历史所未有，亦为世界各国所仅见。将来新中国建设成功，其光荣芬芳，前古后今殆无出其右，为公为私，安肯自屈卑下，附庸于人!”他还指出，在《共同纲领》中提到的团结小资产阶级和民族资产阶级，就已经包括正当商人在内，而且《共同纲领》第三十七条还规定“保护一切合法的公私贸易”，因此，私人合法经商属保护之列，疑虑应当消除。

春风送暖，其乐融融。新加坡中华总商会、福建会馆等许多社团相继联合举行盛大集会，热烈欢迎陈嘉庚回国参政议政载誉归来。会上，陈嘉庚畅谈回国观感和国内外形势。他说：“中国、苏联、美国为世界大国，人众地广，富有物产。中国民众在三国中居首位，国家与苏联毗邻，举足极其轻重。过去政府腐败、独裁、贪污，无恶不作。现在，全国解放，成立人民政府，在英明领袖毛主席领导下，兴利除弊，百政维新，将见三大国中原属落后的中国，勃兴发展，独立自强，美国虽野心未死，百计破坏，已惨败涂地。近中苏亲善，结为盟友，力量伟大，对于维护世界和平，贡献甚大。至美国当局借词共产主义与之抵触，然独立国家，政权属人民，实行共产政治与否，当由各国人民自决，与美国何干?”谈到回国观感时，他就自己亲眼看到的新中国政治、军事、经济以及人民生活等方面，作了详细报告，结论是“新中国前途无限光明”。总之，陈嘉庚的精辟演讲，使南洋华侨受到极大鼓舞，对新中国的前途充满希望和信心，同时也使他自己的一颗赤诚的爱国之心与伟大的祖国连接得更加紧密。

# 延伸阅读四：参政议政　伟业长存

## 一　拥护共产党、支持新中国

1949 年 6 月 15 日，新政协筹备会在北京怀仁堂隆重召开。从此，拉开了筹组民主联合政府和建立新中国的序幕，意义重大而深远。陈嘉庚应邀在会上演讲。他说，这次筹备会的胜利召开，是关系我们子孙后代幸福的大事，是中国共产党领导中国人民长期艰苦奋斗的结果，也是中国共产党虚怀若谷，广邀各民主党派、各人民团体及各界民主人士共商建国大计，遇事和群众商量的结果。他还说：“这次祖国大革命的胜利，对全世界极有影响，对海外华侨也有很大影响。不久全国解放，民主政府成立，华侨在海外地位也可提高，海外华侨听到新政协筹备会成立的消息，一定非常高兴。本人相信联合政府成立后，海外华侨的绝大多数都会拥护民主联合政府，拥护中国共产党和毛泽东主席。”

第一届全国政协会议于筹备会后的 9 月 21 日召开。经过全体与会代表认真讨论，一致通过《中国人民政治协商会议组织法》《中华人民共和国中央人民政府组织法》和《中国人民政治协商会议共同纲领》。华侨首席代表陈嘉庚在大会上致词，表示热烈拥护这三大法案，认为这三大法案的制定，符合广大人民包括海外华侨的基本利益、要求和愿望，这三大法案的实施，使华侨拥有充分的代表权和发言权，华侨在祖国政治中的地位空前提高。就《共同纲领》草案来说，它的内容不只反帝、反封建和反官僚资本主义，而且积极地提出为中国独立、民主、和平、统一和富强而奋斗的具体方针，又恰当，又切实，在各方面都能够满足爱国侨胞的要求。特别是外交政策一章，既保障国家的独立、自由和领土主权完整，又大大改善华侨在海外的地位。新政府一定会尽力保护海外华侨的正当权益。为此，“本席代表海外华侨对这三个法案愿无保留地予以接受”，并“努力促其实现”。

中国人民牢记战争与和平的历史教训。新中国成立第二天，即 1949 年 10 月 2 日，中国人民保卫世界和平大会就在北京隆重召开，它进一步向全世界表明中国人民热爱世界和平和反对侵略战争的坚强决心。陈嘉庚应邀在大会上讲话。他指出：“世界自有历史以来，不是大民族吞并小民族，就是强国吞并弱国，致各国屡起战争，无一世纪和平，民生惨苦，人命财产损失重大。本世纪以来，帝国主义者利用科学上种种杀人的利器，如各种大炮、战车、战舰、飞机、炸弹，发动世界战争。他们只知自己发财，不顾人民死伤。自反法西斯的第二次世界大战以后……美帝国主义者，以军火金钱援助蒋介石，发动内战，致使我国人命财产损失惨重，为历史所未有。他们还扶助日本帝国主义者，企图作为侵略中国的工具。”他还说：“争取世界持久和平，反对新战争威胁，已成为全世界劳工及民主人士的强大运动。我相信，只要全世界人民团结起来，美帝国主义者挑拨战争的阴谋，一定会被粉碎的。”

陈嘉庚圆满结束了回国共商建国大计和考察任务之后，于 1950 年 2 月途经香港回新加坡。在香港答合众社记者问时，提及对当时时局的几点看法。他说：“1. 中国现在不要求香港归还。2. 中国不向国外扩展，尤其不向东南亚扩展。3. 若美国放弃支持台湾之蒋介石政府，以平等立场表示真诚友谊，则北京政府愿与美国建立友好关系。中国政府的态度是维持世界和平，即任何国家不得驻扎军队在外国领土。”

帝国主义本性难移，其本质是对内压榨，对外扩张。在美帝国主义阴谋策划和挑动下，1950 年 6 月 25 日，朝鲜战争爆发，战火烧至鸭绿江边，同时美国还派兵侵占我国的台湾。中国人民忍无可忍，举国上下掀起了抗美援朝、保家卫国热潮。刚回国不久的陈嘉庚与全国同胞一道，坚决拥护抗美援朝。他认为：“国际援助都是相互的，我们与朝鲜，如同‘两人穿一条裤’，我们援助它，也保护了自身的安全。我们以生命和财力、物力的最大牺牲，制止了美国侵略，也保卫了苏联。”同年 10 月 15 日，陈嘉庚从集友银行开出一张 50 万元人民币的支票，购买寒衣捐赠给在前方英勇抗击美帝侵略的志愿军战士御寒。1951 年 10 月，全国政协一届三次会议在北京召开，陈嘉庚在发言中再次谴责美国对外侵略行径，阐明抗美援朝的重大意义。他说：“美帝国主义看到中国人民站起来了，害怕我们强大，仇视我们强大，因而侵占我们的台湾，进攻我们的邻邦朝鲜，轰炸我们的东北，严重威胁我们国家的安全，因此激起我们全国人民的义愤，踊跃地抗美援朝、保家卫国。”“美帝国主义这次进攻朝鲜是走着日本帝国主义的旧路，主要目的在于进攻中国，所以我们抗美援朝意义重大，不亚于当年的抗日战争。”

新中国成立初期，人民政府励精图治，肃清残敌，开展土改、镇反和抗美援朝三大运动，迅速恢复工农业生产和社会正常秩序，取得令人瞩目的成就。陈嘉庚对此深感欣慰。他在 1953 年 2 月全国政协一届四次会议上，发言赞扬祖国三年经济恢复时期的伟大成就，“如统一财政，稳定物价，土地改革，镇压反革命，抗美援朝等，为国家建设铺下了平稳的道路”。会上，他还谴责美国支持蒋帮军队骚扰我沿海地方，说“充其量也不过是土匪式的骚扰而已”，而美国这样做，将会像在朝鲜战场上一样，“会受到更大的打击，招致更多的失败”。

1955 年 5 月，中国政府与印尼政府签订关于双重国籍问题条约。陈嘉庚著文表示庆贺，认为它完全符合广大华侨的愿望和两国人民的利益。他说：“华侨是沟通我国人民与驻在国人民团结友谊的桥梁。双重国籍问题合理解决了，在印度尼西亚的华侨根据自愿，无论选择哪个国籍，我相信都会进一步加强彼此的友谊关系；同时我也相信，任何国际问题只要双方赤诚相见，循着和平协商的途径，都会达到相互谅解求得顺利解决的。”

我国“一五”计划期间，全国掀起社会主义建设和改造的新高潮，成效显著，陈嘉庚也受到鼓舞。在 1956 年 2 月全国政协二届二次会议上，他说：“在不到十天内，北京、上海、天津、沈阳、武汉、重庆、西安和广州等大城市的资本主义工商业全部公私合营了，资本家和他们的家属都表示‘听毛主席的话，走社会主义的路’，欢欣鼓舞地参加了庆祝社会主义改造胜利大会的队伍。这有力地告诉国外华侨：国内的资本家是同全国工人、农民、手工业者一起这样高高兴兴走进社会主义社会的，同时也生动地告诉世界上所有资本家：中国的资本家们所走的道路是幸福愉快的道路，这条道路也就是他们应该走的光明大道。”在提到社会主义建设成就时，他说：“我去年 8 月至 11 月访问了东北、华北、西北、新疆维吾尔自治区、西南和中南十六省三十余名城，……工厂栉比、街道宽直、高楼大厦耸立、交通畅达、清洁美丽，大大改变了往昔的面貌。工农业生产更是突飞猛进，文化教育和卫生事业亦有相应发展，人民生活普遍提高。这一切标志着我国社会主义建设的辉煌成就，证明社会主义使中国富强、人民幸福，社会主义是适合中国国情的。”

陈嘉庚侨居新加坡大半辈子，对新加坡的感情不言而喻。晚年回国定居后，对新加坡的社会动向仍异常关注。1956 年，新加坡社会正热烈开展争取公民权运动，陈嘉庚对此极表赞同。同年 10 月，他在北京同来访的新加坡中华总商会会长高德根会见时说：“过去在殖民地政府统治下的新加坡人民，除了英籍民外，其余都被当作外国人看待，即使已在新加坡居住数十年，也享受不到丝毫的公民权利。虽然如此，但他们仍然热心公益慈善福利事业，对当地社会尽其应尽的责任。”“现在你们新加坡即将自治独立，你们既已把新加坡当作永久居住的家乡，就要争取成为新加坡的公民，效忠新加坡，并要比过去在殖民地统治下的我们一辈，更加努力为你们的新国家效力。”陈嘉庚的这番见解给高德根留下深刻印象，1961年他回忆说：“那时，陈先生离开新加坡已多年，年纪已八十多岁，我真意料不到他仍然走在时代的最前头，认识得比我们当时一般人更彻底更清楚，实在不愧为一个伟大的先知先觉者。”1959年6月，新加坡人民行动党在竞选中获胜，并宣布新加坡自治独立，李光耀任总理。陈嘉庚闻讯，即向李光耀致信祝贺。贺信末尾写道：“敬祝贵党成功，新加坡国万岁。”

1959年4月，陈嘉庚分别出席在北京召开的全国政协三届一次会议和全国人大二届一次会议。在全国人大二届一次会议上，他表示赞成毛主席不当国家主席的主张。他说，十年前的旧中国是处在帝国主义、封建主义和官僚资本主义三重压迫和剥削下，国弱民困，不堪言状。幸有中国共产党和毛主席，“命世才德，领导革命”，推翻三座大山，并经过几十年努力，将过去的破碎山河改造成独立自由、富强康乐的新中国，海外华侨无不感兴。他赞成毛主席不当国家主席，专搞党的领导工作，相信党一定能够选出贤能顶替斯任，为毛主席分劳。陈嘉庚在发言中还谴责帝国主义制造所谓“西藏独立”的阴谋。他说：“西藏是中国领土不可分割的一部分。中国人民包括国外华侨，过去不容许日本帝国主义制造所谓‘满洲国’，今天同样也不会容许任何帝国主义和一切反动派制造所谓‘西藏独立’。”正如印度华侨说出了广大爱国华侨心里的话，他们说：“汉满蒙回藏五个字一向说明着西藏是中国不可分割的领土，任何人想把它加以破坏，中国人民不会答应，华侨也决不会答应。”“同年9月，中印边界发生冲突，印度军队不断越过边界侵犯我国领土主权，中国人民解放军迫不得已，实行自卫还击。为此，陈嘉庚对新华社记者发表谈话说：“我代表广大华侨完全拥护（我国）政府对中印边界问题的立场、态度和方针，决不容许任何国家侵犯中国的领土和主权。”他还说：“华侨在东南亚以及南非等地同印度侨民长期友好相处，我相信只要根据五项原则，通过和平协商，中印边界问题，一定能够得到合理的圆满解决。”

“我们伟大的祖国是海外华侨最有力的靠山。”这是包括陈嘉庚在内的广大华侨的共同心声。在1959年12月召开的全国侨联一届四次会议上，陈嘉庚致开幕词说：“新中国的成立，使海外华侨的地位发生了根本变化。我国政府和人民对海外侨胞，一向抱着无限的关怀，尽一切可能保护他们正当的权利和利益。这一点对于我们曾经在国外长期居留过的归侨来说，是感受得特别深刻的。回想过去旧中国的时代，由于内忧外患，经济破产，很多华侨为生计所迫，不得不离乡背井，漂泊海外，受尽了帝国主义和侨居国反动势力的歧视、迫害和压榨，真是有苦难诉，有国难归，陷于寄人篱下、无依无靠的悲惨境地。”他接着说：“但是这种情况现在一去不复返了。我们伟大的祖国正在变得一天比一天强大，一天比一天繁荣，我国政府和人民决不能坐视海外侨胞被人家任意迫害和凌辱。……我们伟大的祖国是海外侨胞最有力的靠山。”在会议上，他严厉谴责了印度尼西亚一些别有用心的势力，以怨报德，对长期居住在印尼的华侨华人进行惨无人道的迫害。“这完全是一种忘恩负义，以友为敌，使亲者痛仇者快的行为。”陈嘉庚以全国侨联主席身份在侨联大会上的讲话，是对海外华侨华人的有力支持和对国外敌对势力的严厉警告。

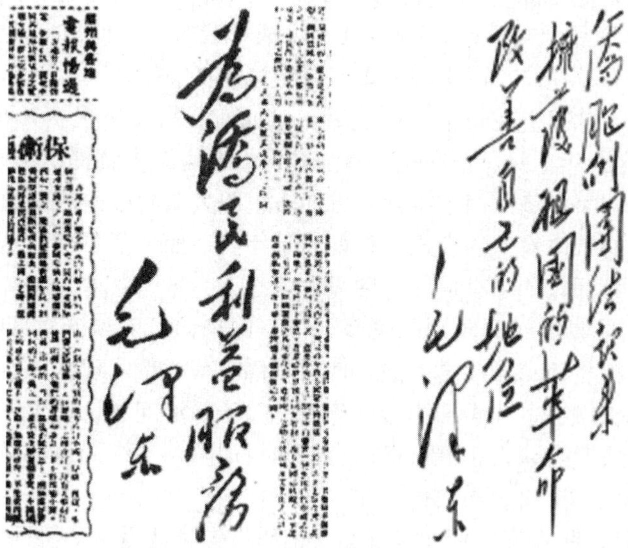


## 二　积极提出各项参政提案为祖国建设做重大贡献

陈嘉庚热爱新中国，拥护共产党和毛主席。1949 年 6 月 3 日，从他重新踏上祖国土地的第一天起，特别是在政府机构中任职后，就格外注重调查研究，留心观察周围事物，根据知无不言、言无不尽的原则，将自己所见所闻，运用各种参政议政场合和舆论工具，实事求是地提出许多有利于国家和人民的提案和建议，恳切陈词，阐明利害，希望政府能扬善弃恶、兴利除弊，使国家早日兴旺发达、繁荣富强。

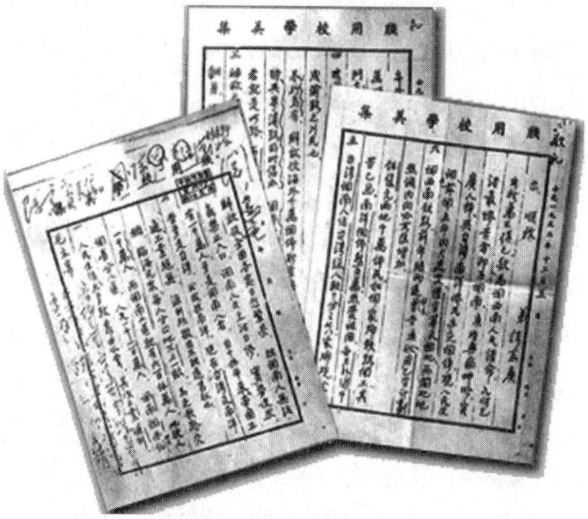

1949 年 9 月，陈嘉庚出席第一届全国政协期间，即向会议提出七项富有建设性的提案：1. 在全国各中学普设科学馆案；2. 在沿海各重要地区设立水产航海学校案；3. 增加纸烟税率并停止公务人员之配给案；4. 今后人民新建住宅，应注意卫生之设计案；5. 设立各地华侨教育机构案；6. 救济华侨失学儿童案；7. 引导华侨回国投资案。上述七项提案均被大会接受并交中央人民政府处理。

吸烟对人民健康有害无益，但这是历史遗留的社会难题。陈嘉庚根据回国后耳闻目见，在政协会上补充提出如下限制吸烟意见：1. 限制种烟，规定某省区准种若干亩，出产归政府专卖；2. 增加烟支税；3. 通令禁止未成年者吸烟，劝成年者自动节制，勿以作应酬品。他的这些有益建议，后来均为政府采纳并逐步实施。

作为爱国侨领，陈嘉庚在新中国成立后，对如何吸引华侨投资，帮助祖国建设一事，异常关注。早在1949年9月，他在送交首届政协大会提案中就提出“引导华侨回国投资”一案，办法是：由国家经济部门指定投资方向，组织大众的股份有限公司，向华侨广泛招股。为坚定华侨信心，政府保证在投资初期若干年内，如经营不利，负责保本收回。此为权宜办法，在若干年后，如卓有成效，便可取消。

1950年元月，陈嘉庚回到久别的家乡厦门。向来访记者谈及关于鼓励华侨投资问题时，他说，过去国民党反动派残酷剥削，使得华侨心灰意冷，现在一定要先让华侨知道人民政府政治好，打消顾虑，才会回国投资建设。关于侨汇问题，他说：我已拟好了一个办法给福建省政府，省政府认为很好，已转交华东局斟酌，华东局也同意这个建议，并转报中央人民政府斟酌，不久将公布实行。

同年3月17日，陈嘉庚在新加坡福建会馆作报告时又提及华侨回国投资问题，他说：“华侨投资，鄙意按有两种：一为资本家私人个别投资；一为创立各种事业，组织股份有限公司，招侨众投资。”“过去华侨投资，甚多为空雷无雨，欺人自欺，此后则不可复尔。鄙意新政府兴办某种事业，如需华侨投资，可由政府负责组织股份有限公司，政府得若干股，余则向华侨招募，并担保每年有若干本息，及该公司不致蚀本。如不幸蚀本，不干华侨之事，订若干年原本交回。此种鼓励华侨投资比公债券更为有利。”

陈嘉庚办事，往往是号召别人与自己带头相结合，而且先从自己做起。1950年8月，陈嘉庚参加全国政协一届二次会议之后途经上海曾向其好友、上海集友银行经理邱方坤说：“我这次在北京开会，曾向周总理表示，我不懂政治，不会做政府的工作，不能有所贡献。总理说，今后我们国家要进行社会主义建设，需要外汇资金。他希望我号召华侨多寄侨汇，帮助祖国社会主义建设，这就是最好的贡献。”陈老接着说，我一定按照总理的指示去做，号召华侨多寄侨汇是我应该做的，也是我能够尽力做到的，但要别人多寄侨汇，先要从自己做起。我正好打算修复集美学校的校舍和扩建厦门大学的规模，需要很多资金，这主要靠向海外亲友筹集。争取侨汇既有利于学校建设，又有利于社会主义建设，一举两得。他说着，就从口袋里摸出一张预先写好的电报稿，交给邱方坤即日拍发香港陈厥祥，告汇港币××万元到厦门。他还说，我看人民币是最为稳定可靠的，外面的钱应该尽早汇回来。

在1956年10月5日全国侨联成立大会上，陈嘉庚在开幕词中再次鼓励华侨回国投资。他说：“华侨一向爱国爱乡，很愿意对祖国和家乡有所贡献。可是旧时代的中国，在国际上处于被压迫的地位，内政又非常腐败，所以经济、文化，以及其他各项事业，都很难发展。那时候，华侨要在家乡安居也有困难，更谈不到建设祖国和家乡。到了新中国成立以后，情况就完全不同了。”“几年来，也有一部分华侨，在祖国的建设事业上投资，这也是爱国爱乡的表现。他们的投资，得到国家的辅导和优待，对于国家有利，对于自己也有利。”

福建是陈嘉庚的第一故乡，他对桑梓建设自然格外关注。1950年3月27日，他在新加坡福建会馆会员大会上，首次提出建设福建铁路的建议：“本省山多田少，崎岖险峻，交通不便，面积十二万多平方公里，人民一千二百万人，未有一寸铁路，此殆为世界所无，各项事业之不振，民生之困苦，与此当不无关系。”同年 6 月全国政协一届二次会议上，陈嘉庚正式向大会提出在福建修铁路和中文书写应统一由左而右横写的正式建议。

陈嘉庚办事历来十分讲究效率。他认为福建交通如此落后，铁路早建早好，不宜拖延。1952 年 5 月，他索性直接上书毛主席，恳切陈述建设福建铁路的重要性和必要性。信中写道：“福建乏铁路交通，如人身血脉麻痹，关系民生至重大，困苦难以言喻，尤以闽西为甚。五反后国基更巩固，万祈主席迅令开办，不但造福闽民，亦适应海外数百万闽侨之企盼。”毛主席接信后，即批给其他中央领导同志阅研。陈嘉庚后来得知，福建铁路计划分两步：第一步先从鹰潭到闽北，第二步才到厦门。为此，陈嘉庚于同年 12 月 5 日再次上书毛主席，说：“闽西南铁路，前年滕代远部长曾告庚，政府已有计划开办，兹闻五年内大建设，仅有筹及闽北，而闽北地广人稀，与台湾、南洋亦乏关系。现人民生活最惨苦者，即为闽南。庚非无病呻吟，实出于万不得已，敬为闽西南人民请命，如何乞示。”“因此，中央决定福建铁路从鹰潭入闽后直达厦门，一步到位。陈嘉庚认定尽早修筑福建铁路，是利国利省利民的大事。为此，他诚心诚意锲而不舍地一再提出倡议，经人民政府研究、采纳和实施，鹰厦铁路连同厦门海堤于 1956 年 12 月建成通车，有力地促进了福建沿海和内地经济建设的发展。

除铁路外，陈嘉庚对家乡还提出许多建设性意见。例如：福州自来水问题。陈嘉庚 1949 年回国参政后，得知堂堂省会城市福州，仍然没有自来水设施，几十万市民只好长期饮用井水或河水，而且还影响防火。为此他曾作过实地调查，提出在福州建设自来水工程设施案。此案很快被福建省政府采纳实施，一举解决了福州市民长期饮用自来水难及消防用水的大问题。

又如重建福州民宅事。1955 年 1 月 21 日，福州市区遭蒋机轰炸，烧毁民宅店屋四千多间，群情激愤。陈嘉庚闻讯即于 22 日致电周总理说：“（福州）因自来建屋概用木板，街巷密狭，横直无序，卫生不讲，每遇大患，多以千数，急功克复，仍用木板，危险长存，请电示省长，严令市民勿蹈旧习，须归市政重新计划，建合卫生砖屋，可转祸为福也。”人民政府重视和采纳了陈嘉庚的意见，几十年来通过旧城改造，福州市正在向建成一座现代化大城市而迈进。

1954 年 9 月，陈嘉庚在全国人大一届一次会议上，除赞扬我国第一部国家大法——《中华人民共和国宪法》即将诞生外，还提出几项重要提案，大意是：1. 请政府在福建多设工厂，以增加出口，争取外汇。2. 闽南人稠田少，村民多占良田建屋，请政府调查、限制和改革。民宅建在山地，既合卫生又保良田。3. 加重烟税，则吸者减少，让出烟田改种粮食，于国计民生，大有裨益。4. 请政府派员调查沿海袋形海滩，组织民工围滩造田。

1955 年 7 月，在全国人大一届二次会议上，陈嘉庚在发言中除表示赞同关于根治黄河水害和开发黄河水利的综合规划外，还进一步提出一些具体意见，如：1. 降低房屋建筑造价。2. 发展对南洋贸易和营造厦门港。3. 加速我国工业化，在福建建立纺织厂。

1955 年 8 月，陈嘉庚第三次到祖国各地旅行考察，陪同者有庄明理、张楚琨、张其华、叶祖彬。他看到祖国建设发展迅速，十分高兴，沿途不断给毛主席、周总理和有关领导机关写信，反映情况，提出建议，总共提了十五项。据张其华回忆，这些建议都很有分量。如看到大连等东北城市十字路口都设置街心花园，既美观，行车又安全，值得推广。又如对中华民族祖先黄帝陵、轩辕氏庙，因缺乏专门机构管理，庙宇破损无人修理，古柏或朽或斜，任其自生自灭，建议设立专责机构，拨款维修妥加保护。再如看到新疆独山子石油矿区职工宿舍结构虽简，但设备齐全，既实用又省钱，胜过京沪职工宿舍，建议各地仿效推广。

城乡环境卫生关系人民身体健康，关系全民族的人均寿命，陈嘉庚一向对此十分重视，认为人人处处讲究卫生，才能增进健康，减少疾病。早年他曾著有《住屋与卫生》一文，介绍欧美及新加坡住屋和人民注重卫生经验，连同其他著作，印成小册子，在国内各地免费赠阅。1950 年，他应邀向集美学校师生演讲时，得知同学们即将下乡宣传，他便向同学们说，下乡宣传，除阐明庆祝国庆意义外，必须劝告乡人除去旧社会三种陋习。大意是：1. 乡村露天厕所极不卫生，应引起各方重视，加以改造；2. 不要迷信鬼神和铺张浪费；3. 婚礼从简，不要破费排场。但是事情是复杂的，光靠宣传如无行政措施，难以收效。若干年后，陈嘉庚直接打电报给福建省长叶飞："闽南最害乡村厕所林立，请严令乡政府合作，废私厕立公厕。"其间他自己带头示范，动员集美全镇居民填平房前屋后路头巷尾粪蛆成团、蚊蝇满坑的私厕，砌起七十六座卫生清洁公厕，集美环境卫生大为改善。

陈嘉庚在南洋长期经营橡胶，行情熟悉，经验丰富。1950 年 10 月 23 日，他在《厦门日报》发表《南洋橡胶史话及生产市场状况》一文，对国内应采购什么胶品来做工业原料提出宝贵意见。他说："南洋橡胶业，有数十年之历史。其品类有烟花片、白薄绉、厚 C 绉等廿余种。烟花片与厚 C 绉之效用相等，而价格相差颇多。依现价，烟花片较厚 C 绉每吨多约人民币五百元左右。"为此，他呼吁国内厂商对此必须多加警惕，以免国家外汇受损。1957 年 2 月，在最高国务会议和政协会议上，他再次建议采用廉价绉胶生产橡胶制品，以节省外汇。并表示：如政府同意，愿自备外汇三万元，向新加坡购厚薄绉胶制造最通销用品。

1956 年 9 月，国务院中侨委筹备成立中华全国归国华侨联合会，酝酿由陈嘉庚出任主席，他不肯，说："我回国的主要目的不是来做官的！在新加坡的告别会上，我就再三声明，我回国的主要目的是帮助建设。"后经多方劝进，请"以国为重，以华侨的爱国热情为重"，他才答应下来。10 月 5 日，他在全国侨联成立大会上致开幕词说："几年来，已有不少华侨回到祖国，当前，归国华侨联合会应该更广泛团结和组织归侨、侨眷和华侨，加强社会主义教育，进一步鼓励并帮助他们参加祖国建设事业。爱国的侨胞对于推动和平解放台湾的事业，应该和祖国人民一道，担负起应负的责任。”“祖国政府很重视华侨，但是有一些地区，由于部分干部和有关部门不了解侨情，没有照顾到归侨、侨眷和华侨的特点，所以工作上曾发生一些缺点和偏差。”他希望侨联组织成立后经常向有关部门反映侨情，积极提出建议，使以后的工作做得更好。

全国人大一届四次会议于1957年6月在北京召开。陈嘉庚在会上表示响应毛主席关于帮助中国共产党整风的号召。他在这次大会上所提提案有两项被采纳：1. 鹰厦铁路已通，其终点厦门站临海有三处码头（嵩屿、厦门、集美），请政府及早计划分别筹建案；2. 为节约米粮、提高人民健康，请政府贯彻执行九二米方案及推行熟谷米案。大会将前者交铁道部研究，将后者交粮食部办理。

1958年，陈嘉庚患上癌症，仍坚持参政议政，同时为集美、厦门大学办学和华侨博物院建院事宜日夜操劳。1960年2月病情发展，转往北京治疗。病重期间，心中仍惦记厦门人民吃水供水问题，由自己口述，叶祖彬笔录整理，写成《厦门供水问题》一文。文中说：“不久，台湾必定解放，我国将取得五强合法地位，我国与亚洲、拉美等各国贸易的发展也是必然的。因此，厦门市区范围扩大，将来人口可达数百万，各种企业工厂，甫在萌芽，未来用水甚形广大，不但居民饮食洗用，而工厂需水用量更多，轮船出口每日百只，尤须充分供应。现在坂头水库恐不及十分之二，未知当局有无长远计划，如有者，水库拟建闽南何处？我意，若乏他处，则九龙江最为适宜。”

与此同时，他又完成另一篇题为《中外华侨永存爱国世界博物观》的文章。他认为，国内归侨和海外侨胞应当保持和发扬赤诚爱国的精神。“爱国的表现，贵在实质，不在于形式。”南洋华侨爱国的表现，是在第一次世界大战之后，捐钱在南洋各地或在国内办学校，教育子弟，“以救当时政治腐败、教育不振的缺失”。第二次世界大战后，特别是新中国成立后，国内国外情况发生了变化，侨汇少了，华侨怎样为祖国做贡献？他认为，我国“出口物资既多，不能不依靠侨商代为推销。因此代销国货，正是华侨责无旁贷的任务。其所得佣金，数必可观。若以半数在国内按照汇率划拨，存入国家银行，则今后侨资内流尽可能为此方式所代替”。

陈嘉庚在20世纪60年代病重期间，仍惦记和提出厦门人民供水吃水，以及继续发挥华侨作用问题，其难能可贵和远见卓识不言而喻。更令人敬佩的是，老先生在临终弥留之际，又留下“台湾必须归中国”的重要遗言，其爱国主义精神之崇高，对台湾同胞怀念之深切，为后人留下了光辉的榜样。

在“文化大革命”期间，陈嘉庚的这些建议虽好，却难以组织实施。改革开放年代，政治环境大大改善，上述建议已为政府分别采纳实施，情况比原来设想的还要好，思路和措施更加广泛有力。

## 延伸阅读五：有枝才有花　有国才有家

### ——陈嘉庚校主在玉田集美职校的抗日演讲（摘要）

（1940年11月14日）

各位女士、先生、同学们：

大家好！我这次率领“南洋华侨慰问团”回国慰问前方浴血奋战的抗日将士，在结束了对各个战区的慰问之后，慰问团的多数成员已回南洋，我心里牵挂着由于战乱而颠沛流离的集美师生，特地返回了笼罩在日寇炮火中的故乡，视察了内迁到安溪的集美中学、集美小学，由于当局的阻扰，我再辗转漳州、龙岩，取道永安，最后来到了我们坐落在大田县玉田村的集美联校，当我在这美丽的仙亭山下听见熟悉的《集美学校校歌》时，我感到格外亲切、格外感动！感谢大田集美联校的先生和同学们派代表专程到省城永安迎接我与陈村牧校董一行，谢谢大家在此为我们举行这样隆重的欢迎仪式！

女士、先生、同学们！“天下兴亡，匹夫有责”。日寇的铁蹄已经蹂躏了大半个中国，祖国的半壁江山沦入敌手，敌寇所到之处，掠我财产，烧我房屋，奸我姊妹，杀我百姓，他们是一群人面兽心的衣冠禽兽，妄图使我华夏灭种亡国……海外华侨也是中华民族的儿女，与中华民族的命运休戚相关。看到祖国母亲受凌辱、被宰割，我们800万南洋华侨无比痛心、满腔悲愤！母亲被欺侮了，每一个中华儿女都有责任、有义务保护亲爱的母亲！当卢沟桥日寇侵华的炮声响起，我们南洋各地华侨同胞立即成立了2 794个抗日救亡团体，创办了266种抗战报刊，波澜壮阔地开展抗日救国宣传，呼吁国民政府“迅速实行国共合作，动员全国兵民，一致抗日”。当战事受挫，投降、求和的逆流甚嚣尘上之时，受南洋侨胞重托，我在前年向正在重庆开会的第二届国民参政会发出了“敌未出国土前，言和即汉奸”的电报提案，获得一致通过，表明了我们中华民族举国上下宁死不屈的抗敌决心。自抗战爆发以来，我们南洋侨胞有无数的热血青年，放下书本，丢下工作，慷慨悲歌、回国参战杀敌（仅广东籍侨胞青年回国参战的就有4万之多）；有数以千计的华侨机工（仅司机、工程技术人员、机械修理工就有3 000多人），放弃了安逸的生活，用自己的血肉之躯，开辟了盟国援华抗战至关重要的滇缅运输生命线；还有无数的医护人员自发组织了多批的“华侨救护队”，回国走上战火纷飞的火线，救助浴血杀敌的前方将士；有千千万万的爱国侨胞倾囊救国，从侨商巨贾到讨饭为生的乞丐，从白发苍苍的老人到初入学堂的稚童，大家万众一心、竭尽全力支援祖国抗战，为了祖国，广大华侨提出了“逃避义捐，非我族类；捐而不力，不算爱国”的口号，募捐热情之高，可谓“富商巨贾，既不吝金钱；小贩劳工，亦尽倾血汗”，其热烈情形，得未曾有……抗战三年来，我们侨胞节衣缩食，已向祖国捐献217架飞机、1 000多辆救护车、23辆坦克……在两年内仅南侨总会，就募集寒衣700余万件、暑衣30万套、蚊帐8万床、药品成千上万，侨胞捐赠运回祖国的抗战物资已有3 000多批，每个月都在100批以上……我们侨胞这是为什么呢？就是因为“有枝才有花，有国才有家”，我们都是祖国母亲的儿女，海外华侨永远与祖国同呼吸、共命运，没有祖国的独立和富强，我们侨民就是没有父母的孩子，在南洋也永远只能是寄人篱下的弃儿、当地的末等公民……当祖国被侵略、被宰割的时候，我们华侨在南洋同样受欺凌、受压迫……我们真诚地期望祖国军民能团结一致、枪口对外、抗战到底，不惜一切代价，彻底打败日寇，光复中华！

要驱逐日寇、保我中华，就必须上下精诚团结、共赴国难。同是中国人，十指连着心。我既不是共产党员，也不是国民党员，系无党无派。大敌在前，国难当头，我不是站在共产党或国民党的立场上讲话，而是站在民族利益、国家利益的立场上讲话。我恳切地期盼国内各党派能携手团结，求同存异，不要制造摩擦、制造分裂。古话说“打虎亲兄弟”“家和万事兴”，只有合作抗战，才能战胜强敌、振兴民族；如果制造摩擦分裂，涂炭百姓，无异于同室操戈、自相残杀。置民族利益于不顾的党派之争，只能是鹬蚌相争、渔翁得利，令亲者痛、仇者快，我们一定要识大体、顾大局，坚持民族利益至上、国家利益至上。

各位先生、女士，同学们！我们“南洋华侨慰问团”此行回国，意在鼓励祖国同胞参加抗战之民气，了解国家抗战之实情，俟回南洋后报告侨众，以凝聚侨力，增益义捐，支援抗战。我们在新加坡启程之前，国民政府的使馆官员已多番游说，数落他党的诸多不是。说实在的，我是带着对共产党的成见率团回国的。到了重庆之后，虽受到了国府高规格的接待，却也耳闻目睹了陪都的黑暗和腐败：抗战气氛淡薄，贪官污吏横行，官商勾结，囤积居奇，结党营私，大发国难财。灯红酒绿中，政府官员醉生梦死，挥霍民脂民膏，我们深感痛心和失望，国家前途深可忧虑……蒋委员长和国民政府党政要员多方指责共产党共产共妻、破坏抗战、扰乱后方……是不是这样呢？耳听为虚，眼见为实。到了西安之后，为了了解真相，也为了忠实履行南洋800万侨胞让我们“慰问每一个战区的抗日将士”之重托，我不顾国民政府“你是大资本家，共产党不会欢迎你，去延安生命无保障”的再三告诫，冲破当局的重重阻挠，坚持北上延安——国家处在危难关头，我身负数百万侨胞劳军之重任，岂敢以个人安危而避之？

我们这次回国慰问之行，感受最深的当属延安。5月31日傍晚5点半，当我们南侨慰问团的车队抵达延安之时，出乎意料地受到了工人、农民、学生、士兵和边区干部5 000多人的夹道欢迎。次日晚上，边区政府在中央礼堂为我们举行了隆重而俭朴的欢迎晚会。在延安期间，慰问团自由地参观访问了机关、部队、工厂、学校、商店和附近的乡村，广泛地接触了各界人士，和他们进行了深入的交谈，发现这里并没有所谓的“共产共妻”，私人商店得到保护，买卖公平自由，甚至百姓出入机关都不受限制，妇女不用缠脚，没有乞丐和无业游民，没有缚“田鸡”抓壮丁，也没有抽鸦片、狎娼妓等伤风败俗之事，百姓安居乐业，社会风气良好……这和南洋的讹传大相径庭，和我在重庆、西安的所见所闻天差地别；在抗日军政大学、女子大学、鲁迅艺术学院、陕北公学等学校，我遇上了许多从南洋归国抗战的侨生，我不善于国语，就用闽南方言和年轻人进行了自由交谈，和他们促膝谈心，侨生们满腔热忱地为我介绍了边区政府、共产党、八路军、新四军，介绍了“持久战”、“全民抗战”、开辟敌后根据地、“三三制”和正在进行的“百团大战”等等。我接触了陕甘宁边区的党政军干部和士兵，也几次和毛泽东主席长谈——毛主席住的是普通的窑洞，穿的是打补丁的衣裤，吃的是窝窝头、小米粥。在杨家岭，毛主席、朱总司令、王明为了招待我这个稀客，特地从房东那儿买了一只鸡……

我拜访了刚从前线回来的八路军朱德总司令和夫人康克清。6月2日下午，我与朱总司令一起到抗大第四分校参观，正好一些学员在比赛篮球，学员和观众见到朱总司令并没有行礼，还大声招呼：“总司令，来比赛一场！”朱总司令居然脱掉外衣，和学员们赛了两场。我亲眼看见他和士兵一起，争来抢去地打篮球，亲如兄弟，没有一点将军的官架子……在他们身上，我觉察了清廉俭朴、政治清明、军民团结、官兵一致、上下平等、同心同德，这是克敌制胜之本，亦是抗战必胜之力量，此乃民族之幸事、国家之希望……我们这次访问延安最大的收获是：看到中共对坚持团结、抗战到底的方针，他们立场坚定，态度诚恳；我感佩延安艰苦奋斗的精神……有了他们，中国有救星，抗战胜利有保证，……抗日的希望在延安，中国的希望也就在延安！

我在各战区慰问结束之后，特意回到福建，路上见闻，感慨良多。在福州的报纸上，我看到了战乱和暴政给民众带来的痛苦：达官、富豪趁火打劫、搜刮民财，官肥民瘦，百姓走投无路、无以聊生，全家投江者屡见不鲜；从福州南下，沿途又见虐待壮丁的情形，把壮丁们五花大绑串在一起押送，边走边打，如此壮丁上了战场如何打仗、怎样抗日？此与延安父送子、妻送郎、戴红花、骑大马、敲锣打鼓光荣参军参战的动人场景有着天渊之别。我所到之处，各界人士强烈反映福建当局擅加田赋、苛捐杂税、垄断运输、公沽统制粮盐以图谋暴利等腐败现象，生灵涂炭，百姓水深火热，令我忧心似焚……弊政不除，民众何以生存，民心何以凝聚，民力何以蓄积，国家何以御侮，民族又何以自立？

先生们、同学们！青年是民族之未来，国家之栋梁，也是抗战之中坚。当厦门沦陷、美丽的集美放不下一张平静的书桌时，大田的父老乡亲伸出温暖的双手接纳了我们，为我们腾出了这么多的房屋，有的还是他们的祭祀圣地祖祠……我们一定要心怀感恩，倍加珍惜，刻苦读书，报效民众。方才，在欢迎仪式上，你们为我合唱了自己谱写的《欢迎校主歌》，我很是感动，谢谢你们。其实，我培养你们，并不是要你们替我做些什么，只希望你们努力地读书，好好做人，将来成才之后能好好地报效国家和民族——我相信：我们集美学子一定会成为民族的栋梁，决不会变成国家的害虫，更不会变成汉奸卖国贼！时逢战乱，又遇饥荒，你们吃的、住的都很艰苦，我心知肚明；但是，在此看到你们精神这样饱满，治学这样勤谨，风气这样优良，纪律这样严明，我甚是慰藉、欣喜异常！我这次回国，使命是慰问前方将士，带回来的钱、物都分给了各战区，没有给你们留下一锱一厘，但我心中一直牵挂着你们，所以，不管路途如何艰险、阻力如何之大，我也一定要见见你们这些颠沛流离、漂泊在外的集美师生，想和大家讲一讲我们南洋侨胞的爱国之心，讲一讲前方将士的浴血奋战，讲一讲延安的丽日清风。今晚，我不住县城，要和你们住在一起……千言万语，说不尽对你们的牵挂，希望各位先生多多保重——集美的希望靠你们，孩子们的成长靠你们；希望同学们听从师长教诲，艰难困苦，玉汝于成，你们要立志报国，担当大任。要遵循“诚以待人、毅以处事”的“诚毅”校训，坚忍不拔，共度难关，好好求学，好好做人，以期在不久的将来，为国家、为民族做事，为社会、为民众效力——和我们四万万同胞一起，同仇敌忾，打败野蛮的日本强盗，建设我们伟大的国家！

同学们，努力啊，抗战的最后胜利一定属于我们！

本演讲稿依当年听过陈嘉庚演讲的集美多名校友回忆和对照《集美校友》、《厦门党史通讯》、《大田文史资料》、《大田革命斗争史》、《玉田村史》、《中国革命史长编》、《华侨问题专号》、《新中华报》（1941 年 3 月 6 日和 3 月 13 日）、《华侨革命史》、《华侨抗战的真实写照》、《现代华侨》等资料校核整理，整理者范立洋（福建三明大田一中语文高级教师）。

# 第七篇　陈嘉庚的廉洁人生

## 专题欣赏一：陈嘉庚的家教

**【导读】**陈嘉庚的父亲陈杞柏到新加坡经商，陈嘉庚是在父亲远离家乡的情况下，由母亲一手抚育长大的。“母孙氏，有贤德，敬奉尊长，慈爱孺幼，不随夫渡洋，终身家居。”作为深受传统纲常伦理影响的旧式妇女，陈嘉庚的母亲一生重孝道、听夫命、守妇德，备受乡人的敬重。陈嘉庚对母亲的感情也极深，母亲的仁爱孝慈品德潜移默化地对他产生了重要影响。

陈杞柏在新加坡，经过十几年的努力，开设了一家“顺安号”米店，成为一位中等侨商，家庭经济因之比较宽裕。九岁的陈嘉庚进入集美社南轩私塾，读的是《三字经》《千字文》和《幼学琼林》等。在塾师陈寅的教导下，陈嘉庚和其他孩童反复诵读，整齐的读书声穿过村里那绿叶苍翠的老榕树，传到村民的耳中。如此日复一日，孩童们早背得滚瓜烂熟，念起来宛转有致，气息绵长，闽南人称之为“念书歌”。那陈寅只会照本宣科，不加任何解说，学童只能跟着“念书”而已，读了好几年，还不知道其中的意义。渔村的乡民也很纯朴，只要求能把孩子关在学堂，俗称“关蛮”，不到处惹是生非，毕业后能写一些农村应用文就心满意足了。同时，他们更希望学堂不时放假，让孩子能参加劳动，以补家计。世代如此，约定俗成，于是形成授课一月、休假半月或一月的惯例。这样，一年的功课往往要拖到二三年才能学完。因此，陈嘉庚虽然入学，但识字甚少。

翌年，陈嘉庚的伯父陈缨节自南洋回归故里，办了一所家塾，陈嘉庚便转入家塾。他十分用功，记忆力又好，把所读过的书都背得烂熟，但“数年间绝不知其意义”。直到十四岁那年，邑庠生陈令闻主持陈氏家塾。邑庠生，俗称秀才，那秀才陈令闻颇有才气，改授《四书集注》，课堂上详加讲解，并教破题作文，陈嘉庚勤勉从学两年，课业大有进步。除学家塾里的功课外，陈嘉庚在少年时期还熟读了《三国演义》和一些通俗史书，并对天文、地理、医药、建筑和中国武术都极感兴趣，读了一些相关的书籍，进行了相关的实践。陈嘉庚早年在私塾读书习文的经历，使他亲身体会到旧式教育的种种弊病，对他今后引进新式教育、倾资办学以深刻的启示。

陈嘉庚的家庭，是中国从独立国家逐渐向半殖民地沉沦过程中的华侨家庭的典型。他的祖父陈时赐兄弟五人中有两个出洋定居，大伯父陈缨节和二伯父陈缨酌也出过洋，其父陈缨杞（又名杞柏）也远渡新加坡经商。陈嘉庚出生时父亲并不在家；他出生后在集美的十六年间，父亲也仅回乡三次，每次半年左右。陈嘉庚从小是由母亲孙氏独自抚养长大的。

孙氏深明大义。陈嘉庚十四岁那年冬天，村民为建屋争议引起械斗，打死十多人，焚毁房屋十多间。关键时刻孙氏挺身而出，报告地方官予以阻止，事态才得以没有继续扩大。但各角头村民间却结下仇怨。第二年秋，械斗复发，又是孙氏拿出自己二十多年来勤作俭用的数百金积蓄，抚恤双方死难家属，代赔双方遭受的损失。这两次妥善处理家乡械斗事件，使孙氏赢得乡里人们的好评，也使陈嘉庚深受教育。母亲言传身教，潜移默化，在他幼小的心田里播下"重公利、重道义"义利观和"金钱如肥料，散播乃有用"金钱观的种子。

虽然是侨属侨眷，不像贫苦的乡亲那样穷，但因父亲寄回的钱不多，而且时断时续，在陈嘉庚童年时，家庭经济并不宽裕。所幸母亲出身农村，克勤克俭，既能种田，又能下海；坡上的几亩园地，自耕自种；滩涂的几片蚝堆，自养自剥。童年的陈嘉庚身体结实，手脚麻利，而且秉性朴实憨厚，喜爱劳作，七八岁就成了母亲的好帮手。春天栽插藤苗，秋季掘收番薯，夏日海地探物，冬天涂滩剥蚝，勤劳的习性由此养成。他在童年的这些生活情景，八十年后被镌刻成青石浮雕，嵌挂在集美鳌园他墓前两旁的拱壁上。正是劳动，培育了他关注人民、勤俭节约的良好品质。

## 专题欣赏二：儿子眼中的陈嘉庚

**【导读】**治国从治家开始，至要莫如教子。"家风家训"是治家教子、修身处事的重要载体，是中华民族传统文化的重要内容。一代伟人、华侨领袖陈嘉庚家族十分重视家庭教育，形成了充满家国情怀和人生智慧的"嘉风嘉训"。

记得我读书的时候，母亲买一条领带给我，父亲看见了，斥为浪费，我从此不敢打领带。当我离开学校到制造厂上班，上班前一晚，父亲对我说，让我自己搭公共汽车去上班。我要求坐他的汽车去，他不准。

### 几乎不与子女讲话

父亲 1874 年 10 月出生在福建同安县集美村（今厦门市集美区），9 岁入私塾读书，17 岁离开故乡，赴新加坡，在祖父陈杞柏的顺安号米店学做生意，20 岁返回家乡完婚，又从塾师读了几个月书。22 岁再度南下新加坡在祖父的米店做事，一直到 31 岁那年，顺安号停业，才开始发展自己的事业，从最初创办的新利川黄梨厂、饼干厂、皮革厂、肥皂厂、砖窑，到后来的橡胶熟品制造厂，前后创办的工厂有 30 多家，开设的商店百余处，垦殖橡胶园、黄梨园各万余英亩，雇用的职员工人常达数万人。

父亲的事业到1925年进入黄金时代，成为东南亚的“橡胶大王”。他虽然是南洋一带的富豪之一，可是他在生活上自奉甚俭，起居有常。

他的生活极有规律：每天早晨5点30分起床，做甩手运动15分钟，6点整洗温水澡。在洗澡之前，照例唤我起床，以便一起上班。6点30分吃早餐，一杯牛奶，三个半生熟鸡蛋。他从不喝咖啡，也劝家人勿喝咖啡。6点45分，父亲和我一起坐车离家，7点整抵达橡胶熟品制造厂。进入办事处，他解下外衣及领带，开始巡视工厂的各生产部门。

中午12点，召开讨论会，由7位总巡、姐夫温开丰和我，每人报告各自部门的生产情况，并讨论每周的生产计划。他每周有四五天下班后回家吃晚饭，饭后去怡和轩处理社会工作，也是在晚上12时返家。他的晚餐很简单，一碗白饭、一碗番薯粥、一块红豆腐乳而已。饭后无论是在家或在怡和轩，照例散步30分钟，然后才开始办事。

父亲把他的大部分时间用在事业上和社会公益上，这使他与外界的接触多过与自己家庭的联系。他甚至长期住在怡和轩，几个月难得回家一次，使他与子女间的隔膜愈来愈甚。在家里，从来没看过他的笑容，他只和太太交谈，与其他子女从未讲过话。儿女们对他十分畏惧，觉得他是一位威严很重的父亲。每次他回家，一听到他的汽车声，儿女们一窝蜂地躲入房内，待他晚饭后出门，才敢踏出房门。他每年农历新年总是在怡和轩过，大年初一儿女们到怡和轩列队向他拜年，由于彼此无话可说，前后不过30分钟便离去。

## 儿媳妇不能爱跳舞

父亲是一个很节俭的人，平日身上的现款不超过5元。他从来不在外头乱花费一分钱，即使是怡和轩附近的菜馆、咖啡店，也未光顾过。在他比较年轻的时候，有几年他晚饭后不去怡和轩，偶尔会带妻儿到勿洛或丹戎巴葛海边游玩，回家的路上顺便吃一杯冰淇淋，这算是在外头最奢侈的花费了。他一生只看过一部电影，是在新加坡首都戏院看的，那是一部为筹赈会义演的片子。他一生只带妻儿到新世界看过一次拳击比赛。

他自己的生活简朴，也要求家庭中其他成员过同样的生活。记得我读书的时候，母亲买一条领带给我，父亲看见了，斥为浪费，不许我用，我从此不敢打领带，一直到自己创业时，才打领带。我读英校八、九号班时，向父亲开口讨钱购买一台打字机，被他拒绝了。家中的一套家具，用了十多年已破损不堪，母亲向他要钱换一套新的，结果被责备一顿。当我离开学校到制造厂上班，上班前一晚，父亲对我说，让我自己搭公共汽车去上班。我要求坐他的汽车去，他不准。6个月后，他才允许我和他同车上班。

父亲一生辛劳，积攒了大量的钱财，全部捐给了集美学村和厦门大学。我毕业后进入父亲的工厂工作。他对我说：“从现在起，你应当自立了，不要依靠我，我有钱也好，没钱也好，都不会留给你们。”于是我和工人们一样，从早晨7点干到晚上10点，每天三顿饭都在工厂里排队吃食堂。有一次，工厂里为支援抗战组织募捐，每人捐3块钱。那时我的工资才十几元，我觉得实在困难，硬着头皮去求父亲，请他替我出。但父亲坚定地拒绝了。

我离开学校后，一直在制造厂做事，每天工作到晚上10点钟，无暇交女朋友。1934年我从上海回来，船泊香港，船上认识了一位姑娘，从香港到新加坡的五天航程中，我们相处得很好。回来后继续有约会。一天，父亲提起我的婚事，我托母亲把自己已有女朋友的事转告他，他不表示意见。事实上，双方的母亲原本是相识的，双方正要交换订婚戒指。一天父亲从外头回家，表示反对。他说，那姑娘喜欢跳舞，不要娶她。我的女友答应以后不再跳舞，父亲还是不能接受。这门亲事遂告吹了。

父亲好学不倦，工作之余以读书为消遣。他接掌怡和轩后，就在三楼设立一间小图书馆，购置了《四库备要》和《东方杂志》等书刊，供会员阅览。他自己最喜欢读的书是《三国志》。

### 赴延安慰劳军队

有一件事，使我终生难忘。那是1937年7月8日早晨6点，父亲和我打算到砖窑巡视，车经旧总督府前面，见有英文报纸号外数份，写着日本军队在卢沟桥发动战争。我把号外的内容转告父亲，并问，万一全面战争爆发，我们华侨能够为祖国做些什么。他说，情势尚未明朗化，如果这是全面侵略的开始，中国就临于生死存亡的关头。不久，全面抗战果然成为事实，为了领导筹赈会的工作，父亲索性住进怡和轩三楼。这时他的企业已结束，以全副精神倾注于筹赈工作。

1940年3月，父亲率领南侨总会组织的“南洋华侨回国慰劳考察团”，回国慰劳抗日前线的将士与后方的军民，并于5月31日抵达延安。是年年底，父亲从中国回来，对国民政府态度有所改变。一天，我到怡和轩看他，他先和我握手，说：“余此次劳军经延安所见，深感中国有希望了!”并断言“共产党必胜，国民党必败”。

1949年5月，父亲应毛泽东的邀请，回国参加中国人民政治协商会议筹备会议，当年9月，以华侨首席代表身份参加中国人民政治协商会议。10月1日，在天安门城楼参加了开国大典。此后，父亲历任中央人民政府委员、全国政协第一届委员会常委、中央华侨事务委员会委员、全国政协第三届委员会副主席等职务。

1961年8月12日，父亲病逝于北京，享年88岁。后葬于福建集美鳌园。

陈国庆. 于国慷慨于家“抠”——忆我的父亲陈嘉庚. 文史博览·文史，2015 (2).

(陈国庆，陈嘉庚先生五公子，著名企业家)

## 专题欣赏三：教子读书无致临案搁笔　治家勤俭勿使开口告人

——华侨领袖陈嘉庚及其后辈的家风故事

**【导读】**绿树掩映间，小巷幽深处，一座古朴的宅院静静地矗立着。甚至连生活在这

条小巷的人们都很少注意到它的存在。

这里便是著名华侨领袖陈嘉庚在福建省厦门市集美区侨英街道乐安东里的故居。在这座宅院的大厅里，有这么一副楹联——教子读书无致临案搁笔，治家勤俭勿使开口告人。楹联的内容并不深奥难懂，但却深深地影响了陈嘉庚及其家人。至今，陈家后辈仍把此奉为重要家训，恪守之，践行之。

## 母亲传“诚毅”　父亲授“拼搏”

陈嘉庚（1874—1961），福建厦门集美人，著名的爱国华侨领袖、实业家、教育事业家和社会活动家，被毛泽东誉为“华侨旗帜　民族光辉”。

陈嘉庚出生的年代，正逢中国从独立国家逐渐向半殖民地沉沦的过程。其父陈杞柏，为了生计远渡新加坡经商。陈嘉庚出生时父亲并不在家，出生后在集美的十六年间，父亲也仅回乡三次，可以说陈嘉庚是由母亲一手抚养长大的。故而母亲的教诲对其人格的养成起了重要的作用。

陈嘉庚的母亲孙秀妹是个大家闺秀，深明大义。在教育子女方面，她深受娘家“教子读书”和“治家勤俭”的家训影响。陈嘉庚幼年时期，父亲虽然下南洋经商，但并不顺利，因此寄回的钱款不多，且时断时续。面对拮据的生活，陈嘉庚的母亲在督促他读书识字的同时，也时常带着他下田下海，辛勤劳作，补贴家用。

陈嘉庚到南洋后，父亲将他带在身旁耳提面命，传授经商秘诀。父亲对“爱拼才会赢”这一信条的坚信，也深深影响了陈嘉庚。与父亲一起在商海打拼的陈嘉庚，十分善于学习总结，不断吸纳先进的技术和管理经验，以充实和壮大自己的企业，并以极其敏锐的洞察力不断调整和实施对市场运作的控制。更难能可贵的是，历经商海沉浮的陈嘉庚始终坚守“诚信”的原则。当父亲的企业因受排挤破产时，陈嘉庚以极大的诚信与毅力，重整旗鼓、还清父债、开辟市场，奠定和树立了陈嘉庚的企业信誉和做人威望。

在这样的环境中度过了童年、少年时光，陈嘉庚不仅锻炼出了一副好身板，还养成了勤俭节约的好习惯。更为重要的是，小时候的苦日子和坎坷的经商道路，让陈嘉庚深知百姓的疾苦，对其以后热心公益产生了很重要的影响。

## 对子女抠门　不“沾”公家光

一生将大爱奉献给国家、革命、教育事业的陈嘉庚，在家庭生活中，则以严父的形象出现。他认为：“父之爱子，实出天性，人谁不爱其子，唯别有道德之爱，非多遗金钱方谓之爱。且贤而多财则损其志，愚而多财则益其过，实乃害之，非爱之也。”

陈嘉庚捐资抗战、助学总是出手大方，动辄万金，但对子女却十分吝啬。第五子陈国庆从学校毕业后，进入父亲的工厂工作。陈嘉庚对陈国庆说：“从现在起，你应当自立了，不要依靠我，我有钱也好，没钱也好，都不会留给你们。”于是陈国庆和工人们一样，从早晨7点干到晚上10点，每天三顿饭都在工厂里排队吃食堂。有一次，工厂里为支援抗战组织募捐，每人捐3块钱。陈国庆囊中羞涩，硬着头皮去求父亲帮忙，但陈嘉庚说：“不行！几块钱对于我是太小的事情，但我就是要从这些小事上培养你们的自立能力。普通工人能做到的事，陈嘉庚的儿子更应该做到。”

陈嘉庚晚年回集美定居后，便开始捐资建设厦门大学和集美学村。考虑到他经常去工地，而交通又不方便，政府准备给他配一辆小轿车，但他始终不肯接受。1957 年，已 83 岁的陈嘉庚体力下降，行动越来越不便，在大家的劝说下接受了政府配给的小轿车，但他从不让儿孙“沾光”。1958 年 4 月，第七子陈元济偕妻子从新加坡回来探望老父亲，准备返程的时候护照只剩三天期限。当时厦门没有机场，乘专车到深圳是最好的办法，可陈嘉庚就是不允许用公车。陈元济夫妇最后乘火车到鹰潭转广州再至深圳。

陈嘉庚生病后，后辈回国探望，可他总是以亲人没有医护能力，多逗留会增加费用为由，要他们赶快回去。第八子陈国怀带着儿子陈联辉回集美照顾起居，陈嘉庚不让他们“吃闲饭”，把孙子送到侨校学习祖国文化，儿子则被他“发配”到学校发电厂，干最脏、最累的老机器维修改造的活，并让陈国怀父子俩住不及两米高的双坡顶故居阁楼。

陈嘉庚的生活自奉甚约，为后辈表率。他说：“人生在世，不要只为个人的生活打算，而要为国家民族奋斗。”他的遗嘱中对家费是这样规定的：“我亲血脉子孙回家无职业：男子老幼每人每月供给生活费 20 元，如有职业，不得支取；女子中幼每人每月供给生活费 15 元，如有职业或嫁出，不得支取。”“每人如逢结婚或丧事，各给费用 200 元”等。

### 俭朴过日子　大方做公益

在陈嘉庚的教诲和亲身示范下，陈家后辈虽遍布世界各地，但多秉承了勤俭的美德，并多热心公益。

陈嘉庚的女婿李光前在他身边工作 10 年，受陈嘉庚的影响很深。不仅在生活方面，李光前与陈嘉庚非常相似，均以富而不奢、非常俭朴著称，在热心公益、捐资办学方面，翁婿二人也观点一致。20 世纪 20 年代，事业有成的李光前就开始投资办学。为赞助教育、文化、医药、社会福利以及学业优良的清贫学生，他于 1952 年创立“李氏基金”，将每年巨额股资股息所得全部用作兴办教育等公益事业。

在陈嘉庚的影响下，他的十七个子女大都有所成就，并过着俭朴的生活。陈嘉庚的长子陈厥福（又名陈济民）一家虽然很富裕，但生活却简单朴素，并注重教育子女勤俭节约。据陈厥福的长子陈立人介绍，他们上学时，每学期末或者年底，总会有没用完的作业纸、作业本，父亲就把余下的本子裁开，把纸张收集起来重新钉成新本子，给他们使用。在他们家还有一个规矩，碗底的饭粒一定要吃完，一粒米都不能剩下。每当有小孩子不懂事剩下饭粒，父亲都会苦口婆心地说：“农户种田是非常辛苦的，一粒米凝结许多汗水，不能浪费。”

蔡怡琳．教子读书无致临案搁笔　治家勤俭勿使开口告人——华侨领袖陈嘉庚及其后辈的家风故事．中国纪检监察，2017（7）：61－62.

## 专题欣赏四：陈嘉庚的廉洁人生

**【导读】**陈嘉庚一生敢开拓、善经营，拥有万千财产，却极节俭朴素。他说：“虽为社会守财，无为之费一文宜惜，正当之消千金慷慨。”他用钱的座右铭是：“该花的钱，千万百万都不能吝惜；不该花的，一分钱也不能浪费。”根据他的用钱原则，该花的就是作为“天职义务”，在所不惜；而对于他个人和家庭的生活费用，则锱铢必较，对于铺张浪费行为更是极力反对。

## 廉洁思想的孕育

集美这一方热土养育了一方人，在它的历史上曾经出了名清官。据《集美志》载：集美第十一世后裔陈文瑞，明神宗万历年间（1573 年）生，明熹宗天启年间（1621 年）中进士，大器晚成。钦点江苏省苏州府吴县知事，兼苏州府考试官。为官一心忠实爱民，廉洁自持；不畏权贵，执法公正，刚直不阿，全县人民挽任三次。后告老荣归，两袖清风。因素廉洁，皇上敕赐“尊亲堂”匾牌一面，归悬于本族大祠，以为志念！（“文化大革命”中被毁）其事迹家喻户晓。

集美又是民族英雄抗清保厦基地。据《闽海纪要》载：“公元 1679 年秋，郑成功部将刘国轩在此建筑‘集美寨’，操练水兵，抗御清兵，保卫厦门。还开凿一口水井，供士兵饮用，屯田垦荒，分别被称为‘国姓寨’‘国姓井’。后来，寨内居住老百姓，又称‘寨内社’。”

陈嘉庚先生 1874 年出生于集美，少时入私塾就读多年，念过“四书”“五经”及《纲鉴易知录》等书，接受过中华民族的优秀文化和传统道德教育。他对岳飞、文天祥、郑成功、陈化成和乡贤陈文瑞等尤为敬仰。他在茶余饭后，每每聆听着父老乡亲一再传述忠勇抗敌和为官清正的动人情节，感受至深。青少年就成长在这样的时代和环境，孕育了爱祖国、爱人民的思想和廉洁品德。

陈嘉庚先生自 17 岁助父经商，掌握业务、财务，到 1903 年底父亲经营的企业因故落败期间，他“一向守职，未尝妄费一文钱”“不论在洋在梓均不私蓄一分钱，家内也不许有金饰”等。当时的这种廉洁生活为日后走向社会打下了坚实的基础。

陈嘉庚先生 1910 年加入同盟会前后，接受了孙中山先生的“天下为公，世界大同”民主革命思想的熏陶，改变了经商发家致富而为国育才的观点。特别是 1940 年亲临延安访问，实地见闻，加深了他明辨是非的政治立场、公忠爱国的浩然正气、公而忘私的廉洁情怀。

陈嘉庚先生总结了我国和家庭的兴衰历史经验与教训后，在廉洁与腐败二者的立场观点是反对腐败、坚持廉洁。他说：“以言廉，廉为贪之反，即妄与妄取，要得为廉。”他是这样主张，也是这样践行的，“言必信，行必果”，始终以廉洁为人生轨迹。

## 财产不遗儿孙

陈嘉庚是一位敢于开拓又善于经营的著名实业家，但是，他却不遗儿孙财产。他在《爱子观》中已阐明爱儿孙“唯别有道德之爱，非多遗金钱方谓之爱”，多给儿孙金钱“是害，非爱之也”的观点，他从社会实践中看到有的人“贤而多财损志，愚而多财益过”的现实，为此慨然表示：“公益义务，能输吾财。令子贤孙，何须吾富。”“儿孙自有儿孙福，不为儿孙当马牛。”且立下了“经营地方之利，仍还地方之益。一息尚存，此志不减”的豪言壮志。

陈嘉庚爱国兴学育才，为了保证有源源不断的教育经费，1919 年，他将新加坡的全部不动产，包括 7 000 英亩橡胶园、房产、货栈等，捐作集美学校永久基金。同时宣布：“此后本人生意及产业逐年所得之利……虽至数百万元，亦决尽数寄归祖国，以充教育费用。”在回国倡办厦门大学时认捐的 400 万元，就是以集美学校永久基金为保证的。1923

年，他又将新发展的新加坡 4 000 英亩大成橡胶园和陈嘉庚公司股本三分之一余，拨充为厦门大学基金。1937 年厦门大学交给政府后，厦大橡胶园移归集美学校。

陈嘉庚 1950 年回国定居时，海外财力已大不如前，扩建厦门大学和集美学校校舍主要靠亲友捐款支持。1955 年设立“新加坡、中国香港基金”，将他在新加坡仅有的少数资产，全部增添为教育基金，指定为集美学校经费。当他 1958 年患病住院时，首先考虑的仍是教育经费问题，在病中口授遗嘱，将他当时的余款、利息及今后捐款的各项收入，都作为集美学校教育基金。1961 年 8 月，陈嘉庚在北京逝世后，国内尚有存款人民币 334 万元，都由政府按照他生前交代、亲属要求和公共设施在建项目，分别用于教育与公益事业。应该特别指出的是，以上各个基金、余款，诸子孙未取一分钱，这在古今中外实属罕见。诚如我国教育家黄炎培早期所点评的：“发了财的人，而肯全拿出来的，只有陈（嘉庚）先生。”

## 个人生活俭朴

在一些人看来，陈嘉庚是一位富翁，吃喝玩乐应该是极其奢华的。然而，这个看法错了。其实陈嘉庚个人生活是非常节俭朴素的。他说：“虽为社会守财，无为之费一文宜惜，正当之消千金慷慨。”他一生用钱的座右铭是：“该花的钱，千万百万都不能吝惜；不该花的，一分钱也不能浪费。”

根据陈嘉庚的用钱原则，该花的就是作为“天职义务”，他毕生先后在国内外创办、支持、赞助各级各类学校总共耗款 1 亿美元以上，在所不惜；而对于他个人和家庭的生活费用，则锱铢必较，对于铺张浪费行为更是极力反对。

1919 年，陈嘉庚在新加坡的生意还在发展中。当他回国倡办厦门大学期间，发现少数集美师生常常要到厦门市去消费，就在秋季开学仪式上演讲时进行批评教育。他说：“中国今日贫困极矣，吾既为中国人，则种种举动应以节俭为本。”并现身说法，说：“鄙人在新加坡时，地处繁华，每月除正当费用外，（另费）不及二元。”进而当众分析原因，指出：“所以如此者，盖以个人少费一文，即为吾家多储一文，亦即为吾国多储一文，积少成多，以之兴学，此余之本意。”

1950 年回国定居后，陈嘉庚仍然保持艰苦朴素的本色。他先后在两处早年建造的朴实无华的二层小楼上（即原校长住宅和校主住宅，楼下是校董会办公室）工作、生活。他的衣着、家具等生活用品都是旧的。衣服破了就补，补了再用，蚊帐也是一补再补，缝补处有的还是他亲自穿针引线的。他本来点一盏煤油灯照明，有一次不慎摔破了，就拣来一只断掉提钩的瓷杯，倒置过来点上蜡烛当“灯台”。工作人员觉得“蜡烛台”不雅观，几经建议更新，他坚持不肯，一直被保留至今。吃的是粗茶淡饭，他喜爱地瓜（或高粱）稀饭，下饭的菜常是青菜、豆类、小钱头鱼等。不抽烟、不喝酒，生活、工作自理。当时，政府给他确定行政三级工资，但他竟交代炊事员每天安排伙食费五角钱，且不得超过。剩下的钱都存入集美校委会会计处，添为办学费用。他曾对侄儿陈仁杰说：“每月伙食费，农民是 6 元、工人是 8 元、干部是 10 元，我 15 元已经很多了，不能再多了。”陈嘉庚外出邻县市进行公务或访友活动，如视察女婿李光前委托管理的南安国光中学，或陪同华侨前往安溪等地访问时，都是事先安排炊事员煮好咸稀饭，装入大号的保温瓶里，再买些油条带上路。到达目的地时，在村外找个石盘或干净的地方，席地而坐用膳后才进村办事或会友。

陈嘉庚的生活自奉甚约，为后辈表率，同时对子女的要求也是很严格的。他说："人生在世，不要只为个人的生活打算，而要为国家民族奋斗。"新中国成立后，他的第八个儿子陈国怀回国在集美工作，1958 年陈嘉庚遗嘱交代其生活费应以"家庭人口计算，每人每月 25 元。今后若有亲子孙回国，亦照此例付给。如有支领学校工资，应扣除。"1961 年，他在抄给二儿子陈厥祥遗嘱中对家费也是这样规定，写上"我亲血脉子孙回家无职业：男子老幼每人每月供给生活费 20 元，如有职业，不得支取；女子中幼每人每月供给生活费 15 元，如有职业或嫁出，不得支取。""每人如逢结婚或丧事，各给费用 200 元"等。

## 反对铺张浪费

陈嘉庚毕生在坚持俭朴生活的同时，更是反对铺张浪费行为。他说："奢俭之利，关系国计民生，重且大矣。"

陈嘉庚 50 岁时，叶渊校长发动集美师生捐款，拟建造一座"介眉亭"为陈嘉庚祝寿。陈嘉庚"闻之殊深诧异"，先后发出两封信函，表示反对，并严肃批评校长，说："无论兴工与否，弟决不接受。"指出建亭祝寿是"沽名钓誉，夸示纪念，制造虚荣，为无益有害"。这样做必将影响厦门大学和集美学校的教育事业发展。叶校长接信后，立即召开会议，决定取消建造介眉亭，师生捐款一律退还。事实上，纵观陈嘉庚在世时每年的生日，都不许家人、社团、学校为他举行诞辰庆典活动。

陈嘉庚晚年回归故里，参政议政，接访各级首长和海外宾客时，从来没有摆宴席，大吃大喝，而是以家乡的土特产原料烹制菜肴来招待。1951 年 3 月 18 日晚上，华东军政委员会主任陈毅在福建省政府叶飞副主席和厦门市政府梁灵光市长的陪同下，访问陈嘉庚。当时，炊事员买了一斤糖果招待领导。陈毅一行由陈嘉庚招待便餐后，离开集美分赴省、市。陈嘉庚随即谆谆教导炊事员，说："首长最多会尝尝一两颗糖果，不像小孩子好糖一个接一个吃个不停，买二角钱就足够了。"这个节约美谈，后来传颂于国内外。

陈嘉庚不仅花自己的钱是讲究节约，而且花费政府和人民的钱，也坚持反对无谓的浪费。1940 年初，陈嘉庚组织"南侨回国慰劳视察团"，在新加坡集中时就再三告诫团员："此回系到祖国工作，而非应酬游历者比，务希谨慎俭约，善保人格。"当途经仰光和 3 月 26 日抵达重庆机场时，先后对前来欢迎的校友、官员、各界群众和媒体发表演讲中对公众郑重申明："以现在抗战艰苦期间，此来系有工作，而非游历应酬，愿彼此极力节省无谓的宴席，如开会宴席最好联合一次便足。"但是，当他住进重庆嘉陵招待所时，听说政府开会计划招待他和慰劳团 8 万元，有关部门已向市中名旅社订一二等房位，供团员住宿。陈嘉庚"闻后至为不安"，认为："政府如花许多招待费，则应酬宴会必繁。市中各界亦将热烈效仿。他日分团往各省区，到处如皆依例，不但消耗各处无谓金钱，且须延迟许多日子。在平时尚且不宜，况在抗战期间更觉不合。"心想虽在机场已公开表示，恐未能实行。所以，第二天就在重庆各日报上登载启事，指出："慰劳团一切费用已充分带来，不欲消耗政府或民众招待之费，且在此抗战中艰难困苦时期，尤当极力节约无谓应酬，免致多延日子阻碍工作，希望政府及社会原谅。"随即向组织部借两座空屋，为慰劳团住所，卧床是自带的，向某社团借来膳厅、桌椅和碗盘等，原已雇定炊事员，就自办伙食：每桌八人，每天20元，连自己共七桌，每天140元。5月1日分三团出发，一切共开出6 100余元。

慰劳团任务完成后，陈嘉庚于10月31日看望仍在厦门敌占岛对面生活的故里乡亲。是日下午在大祖祠与乡亲相聚后，乡保人员殷勤地邀请他去晚宴，他从西侧门走出来，洪亮地回答："免！免！我去岑头（是夜住三才楼）吃稀饭配豆豉。"边说边朝前迈。陈嘉庚从重庆到集美的七个多月中，他谢绝了各级各地无数的宴请。

## 公而忘私

陈嘉庚在国外拼搏发展经济，支持国内办学费用，为的是造就建设祖国的人才。他牺牲身家利益而在所不惜，大公无私，公而忘私。这方面事迹很多，现仅举两例：

一是"企业可以收盘，学校决不能停办"。

陈嘉庚公司资产到1925年约值叻币1 200余万元。1926年橡胶价格（每担180元左右）开始暴跌，尤其是1929年起遭受世界资本主义经济危机的袭击持续多年，橡胶价格一跌再跌（至1931年每担仅有7.8元），加上日本政府以免税加补贴手段，支持其商人将橡胶制品打入东南亚市场，削价倾销，至1931年8月期间，各业无利，多次出卖橡胶园支付校费和利息，致年年亏损，累积负债400万元，而资产仅存200余万元。同时殖民主义者把持的银行又加以压制，拒绝再给他贷款经营。因此，被银行所迫改组为陈嘉庚有限公司，大权旁落在外人手中，经营目标相左，每月两校费用被限定在不得超过5 000元，集美学校随即并校裁员。

在这种情况下，外国某个垄断集团欲对其企业加以"照顾"，提出的条件是停止维持厦门大学和集美学校校费。当时，陈嘉庚面临着个人经营的实业与为国育才的教育两项事业的存亡抉择，关键时刻，他毫不犹豫地选择牺牲自家的实业，保存教育人才的学校，愤然表示拒绝："不！企业可以收盘，学校绝不能停办。"遂千方百计筹措维持两校的费用，甚至将已过户给长子和次子的新加坡经禧律42号三幢大厦卖给华侨银行，汇回厦门大学为校费。故有"出卖大厦，维持厦大"的美谈。1934年2月，有限公司终因经营问题，清理收盘，而厦门大学和集美学校得以保存下来（1937年因无力发展厦门大学，将厦门大学交给政府接办，继续为祖国培养人才），发展至今。

二是"校舍未复，若先建住宅，难免违背先忧后乐之训"。

陈嘉庚为拯救福建省教育颓风，培养小教师资人才，振兴基础教育，1916年派遣胞弟陈敬贤筹办集美师范学校。1918年3月集美师范、中学校开学。6月又建成小住宅楼一幢管理学校。由于陈嘉庚兄弟被师生、村民尊称为校主，因此人们便称这幢小住宅楼为"校主住宅"或"校主厝"。从此，它成为兄弟俩先后回国发展集美学校工作、生活的所在。

1938年5月，日寇侵占厦门岛，一水之隔的集美学校校舍遭受敌人炮火日夜袭击，损失惨重。校主住宅也在1939年4月23日被日机烧夷弹击中焚毁。为了师生能及早上课，陈嘉庚先修理被日寇破坏的诸多校舍，"校主住宅"却未计划修葺。他说："若重建住宅，所需不过二万元，虽可办到，第念校舍未复，若先建住宅，难免违背先忧后乐之训。"

1953年，集美乡政府改为镇政府在民房办公，一次陈嘉庚征询镇长陈顺言工作上有何困难，镇长回答：缺乏合适的办公场所。他立即表态：将我的住宅拿去修理应用。经镇长报请市人民政府批准拨款，于1954重修住用，至1958年才由市长动员迁出，另觅址办公。8月，陈嘉庚从校董会小楼（与校委会一同）搬回到校主住宅二楼办公、生活，直至1960年病重赴京治疗，1961年在京病逝。

陈少斌．陈嘉庚的廉洁人生．中国纪检监察报，2011-09-06.

## 链接

### 启迪后人

陈嘉庚先生的廉洁人生融入了他那博大精学的伟大爱国爱乡范畴，陈嘉庚纪念胜地的各个景点内容，比比皆是，让人感受至深。1980年，特设的“陈嘉庚先生故居”陈列其遗物开放的目的：一是为陈嘉庚的廉洁、朴素、勤劳的工作生活，树立一擎丰碑。二是用以对人们，特别是公职人员进行勤政、廉政、奉公守法教育的课堂。我们可以比较一下：一、陈嘉庚先生毕生为国为民工作，基本上没有花费政府和人民的钱，生活费基本是自己负担的，这是非常难能可贵的，而我国历代各级官员报效国家都是领取俸禄的。二、一位曾有过千万元的富翁、领导千百万华侨的领袖、国家民主人士的领导人的生活是如此俭朴，而我却是如何呢？“陈嘉庚先生故居”的参观者留言是对陈嘉庚先生的高度评价，是对人们最好的教育：

艰苦一生，为国为民；高风亮节，启迪后人。(《人民日报》记者)

简居伫立水山间，为振兴中华创业还，志在图强兴教业，千秋赤子灵魂传。(广州对外贸易学院)

是那么俭约，该用的钱整个家产都要用，不该用的，一分钱也要节约呀！这才是伟大的。(王济堂)

峥峥有铁骨，丹丹赤子心，残约照长夜，为呼神州晨。(中央、省二广播干部)

为他的爱国精神，为干事业的毅力和简朴的生活作风所感动。(广州美术学院老师)

奋斗终生，为民谋利，老百姓念念不忘；艰苦一世，克己奉公，可称干部的模范。(福建省水利干部)

如此有钱，自奉甚约，为国甚丰，是我们所有领导干部应该身体力行的。(孟昭威)

如果有我们的干部都能像陈老先生那样，该多好呀！(《厦门日报》《青海日报》记者)

学习陈嘉庚先生爱国主义的精神，艰苦朴素的作风，为社会主义现代化建设贡献我们的青春、智慧和力量。(共青团政和干部参观团)

热爱祖国，热爱教育，艰苦朴素，是后辈学习的模范。(福建省一劳模)

是海外划时代的人物，一言一行都是了不起的，全世界华侨是无地方找到像他这样的。要让那些穷奢极乐的人来参观接受教育，方知伟业来之不易，创业是要先有苦方有甜的。(新加坡中华总商会董事黄奕欢)

为了社会主义的中国永不变色，执政人员的廉政奉公的政风是最为根本的条件，正如陈云同志所说的：“党风关系到执政党的生死存亡。”政风亦然。

学习陈嘉庚先生的廉洁人生，有助于倡导反腐倡廉的行为。

# 延伸阅读：嘉庚遗教　传世瑰宝

在祖国东南的厦门市，有一所闻名遐迩的学府厦门大学，还有一所包括集美大学在内的集美学校。

福建省厦门市集美区集美学村龙舟池

陈嘉庚先生创办的厦门大学

这两座知名学府的创办人是一位被毛泽东誉为“华侨旗帜　民族光辉”的爱国华侨领袖——陈嘉庚。陈嘉庚是东南亚杰出的实业家、教育家、社会活动家。他身居海外，心向祖国，创办和资助了包括厦门大学、集美学校、南洋华侨中学在内的118所学校，培养了数十万计的人才。他桃李满天下，为祖国、为侨居地的教育和社会发展做出了巨大贡献。

1874年陈嘉庚出生在福建省同安县集美社（现厦门市集美区集美镇）。集美原是一个小渔村，陈嘉庚在这里度过了青少年时期。他在母亲的抚养下成长，学会了干农活，还上了9年的私塾。1890年，陈嘉庚到新加坡，在父亲的米店中学商。

青年陈嘉庚就热心公益，注重教育。1893年，他回国完婚，看到家乡小孩光着屁股，打架斗殴，十分焦急。他便劝说妻子把父亲给他们成亲、家用省下的2 000银元拿出来，于1894年创办了一所私塾，名“惕斋学塾”。这时的陈嘉庚年仅21岁，还只是父亲米店中的一个伙计，自己没有一文的私蓄。

**陈嘉庚遗教：“盖义务不能待富而后行。”“凡作社会公益，应由近及远，不必骛远好高。”**

1910年，陈嘉庚参加孙中山领导的同盟会。辛亥革命胜利后，他心向祖国，于1913年，倾其所有创办了集美小学。这是陈嘉庚历时近半个世纪兴办现代教育的开始。

**陈嘉庚遗教：“教育为立国之本，兴学乃国民天职。”**

1914年后，陈嘉庚获利颇丰。1916年，他派胞弟陈敬贤回国，在集美创办中学师范学校。以后又陆续创办水产航海、商科、幼儿师范、农林、国学、幼稚园等校。1921年，他认捐400万法币创办厦门大学。那时，他的全部资产是450万叻币，按当时的汇率计算，他认捐的数额等于他全部资产的两倍多。也就是说：陈嘉庚把到手的钱捐出去了，把可能赚到而还没到手的钱也捐出去了。

**陈嘉庚遗教：“余办学校，非积有巨金寄存银行。一切经费，皆待经营。”“唯有真骨性方能爱国，唯有真事业方能救国。”**

1926年，陈嘉庚的企业开始出现亏损，此后每况愈下。为了支付集美学校和厦门大学的校费，陈嘉庚不惜举债、变卖家产。1931年，他出卖了过户给儿子的大厦，以维持两校校费。新加坡报纸以“出卖大厦，维持厦大”为标题，报道这一消息。

家里没有人反对，可陈嘉庚比谁都清楚，他们的内心在呐喊、在抗争，而他自己的心也在淌血！

**陈嘉庚遗教：“办学是要有勇气，也就是我们校训所说的‘诚毅’，无论什么艰难困苦，都要不屈不挠。”“牺牲一己之权利，从事国民之义务。”**

为了办学，陈嘉庚在努力赚钱的同时，时时节约每一个铜板。

**陈嘉庚遗教：“中国今日贫困极矣，吾既为中国人，则种种举动应以节俭为本。”“盖以个人少费一文，即为吾家多储一文，亦即为吾国多储一文，积少成多，以之兴学。”**

1950年，陈嘉庚回国参政，定居集美，历任全国人大常委会委员、全国政协副主席、中侨委委员、全国侨联主席。

陈嘉庚为维护华侨的合法权益，争取华侨参加新中国的建设做了大量的工作，功不可没。

陈嘉庚为福建，特别是厦门的经济发展、文化建设做出了巨大贡献，造福一方，功德无量。他多次建议，并亲自致函毛泽东、周恩来，要求中央政府在福建修建铁路；他建议修建连接集美和厦门的海堤；他多方努力，争取为福州80万居民提供自来水。他的建议都在党和政府的重视与关怀下变成了现实。

晚年，陈嘉庚为厦门大学和集美学校的修复和扩展投入全部心血。他亲自筹集所需的巨额资金，除自己投入和争取政府资助外，还向亲友募捐。他向亲友募得的款额在全部投资中占了很大的比例。他亲自计划、设计、监督指导施工，为厦门大学和集美学校建造了一个个美轮美奂的建筑群，极大地改善了两校的教学条件，并使其成为闻名遐迩的风景名胜。

陈嘉庚为教育投入巨额资金，可他本人却过着十分淡泊的生活。他的薪金加地区津贴每月540元，但只用15元作生活费，其余悉数交给集美学校校委会会计处，作为公用。他的衣服和其他生活用具，不管如何老旧，只要能用，他绝不丢弃，修修补补，一用再用。

1951 年 3 月陈毅到厦门视察，专程到集美看望陈嘉庚。炊事员买了一斤糖果招待客人。陈毅走后，陈嘉庚批评炊事员说：“首长最多尝一两个糖果，你买那么多干什么？买两毛钱就够了。”

**陈嘉庚遗教：“应该用的钱，千万百万也不要吝惜，不应该用的钱，一分也不要浪费。”**

1961 年，陈嘉庚逝世。临终，他把自己在国内银行的存款 300 多万元全部捐献给集美学校和其他公益事业，没有留一分钱给子孙。

**陈嘉庚遗教：“我既立志为社会服务，当然不能再为儿孙计，若兼为儿孙计，则不能尽量为社会服务，此理至明，毋须多赘，俗语说针无两头利。”“父之爱子实出天性，人谁不爱其子，唯别有道德之爱，非多遗金钱方谓之爱，且贤而多财则损其志，愚而多财则益其过，是乃害之，非爱之也。”**

陈嘉庚是一代华侨的楷模。他倾资兴学，开一代新风。他为集美学校制定了“诚毅”校训，为他的公司制定了章程，给后人留下了《陈嘉庚遗教》，还有许多论著、格言、警句。他的精神被誉为“嘉庚精神”，“嘉庚精神”也是中国文化软实力。

陈嘉庚的精神和行动影响和教育了后人。在他兴学过程中，特别是当他遇到困难的时候，他的女婿李光前，族亲陈文确、陈六使给予他大力的支持和帮助。他们还以他为榜样，捐资兴学、助学。李光前创立了南安国光中学等公益事业，捐巨资资助厦门大学的发展；陈六使慷慨捐助集美学校和乡里建设，发起创立南洋大学。他们的功绩有口皆碑。

位于福建省厦门市集美区的陈嘉庚公园

陈嘉庚的学生李尚大、李陆大兄弟及施金城等，遵照他的遗教，以他为榜样，捐资兴学、助学，为家乡的教育事业做出了重要贡献。

2014 年，在陈嘉庚先生诞辰 140 周年之际，中共中央总书记、国家主席、中央军委主席习近平给集美校友总会回信，号召海内外炎黄子孙，进一步弘扬“嘉庚精神”，为实现中华民族伟大复兴的中国梦共同奋斗。

## 陈嘉庚遗教摘编

**讲爱国奉献：**

服务社会是吾人应尽之天职。

服务社会，老而弥坚。

我毕生以诚信勤俭办教育公益，为社会服务。

战士以干戈卫国，商人以国货救国。

唯有真骨性方能爱国，唯有真事业方能救国。

不为教育奋斗非国民，不为本公司奋斗非店员。

本公司是一社会之缩影，服务于本公司，即服务于社会。

店员不推销国货，犹如战士遇敌不奋勇。

**讲敬业：**

为学校董事有筹措经费之责，为本公司店员有发展营业之责。

受人委托即当替人尽力，受本公司委托，即当替本公司尽职。

视人委托之事，一若自己之事；办本公司之事，亦若办自己之事。

不能尽职于公司，又何能尽职于自己。

公司遥远，耳目难及；不负委托，唯在尽职。

命令出于公司，努力在求自己。

肯努力，多推销；未见利，利不少。

检查货物，不任损失，公司之利益，亦即个人之利益。

不查货底，存货莫明；暗里牺牲，其害非轻。

新货卸卖，旧货弃置，如此营业，安所求利。

非公而出，荒废店务；习惯养成，自绝前路。

一人不在店，一货减销路；利权暗中失，不可计其数。

为官守印，为贩守秤，为店员守柜面。

有坚强之精神，而后有伟大之事业。

无事要找事做，不要等事做。有事要赶紧做，不要慢慢做。

无事找事做，其人必可爱；有事推人做，其人必自害。

事事让人出头，终身无出头地；样样让人去做，终身无自做时。

**讲诚信守法：**

吾人应安分守法，以培后盛。

与同业竞争，要用优美之精神与诚恳之态度。

在公司能为好店员，在社会便为好公民。

公司之规章，同于国家之法律。

法律济道德之穷，规章作办事之镜。

好国民守法律，好店员守规章。

法规为公共而设，非为一人而设。

人类有服从法规之精神，即有创造事业之能力。

规章新订，人人宜阅；不问规章，规章虚设。

待人勿欺诈，欺诈必败；对客勿怠慢，怠慢必招尤。

以术愚人，利在一时；及被揭破，害归自己。

顾客遗物，还之唯谨；非义勿取，人格可敬。

**讲友善和谐：**

隐语讥人，有伤口德；于人无损，于我何益。

宁人负我，毋我负人。

怨宜解，不宜结。

居安思危，安分自守。

饮水思源，不可忘本。

家庭之间，夫妇和好，互谅互爱；治家之道，仁慈孝义，克勤克俭。

世间冥冥中确有因果，不可不信。

己所不欲，勿施于人。

不可见利忘义。

凡做事须合情合理，如不合情理，应勿为之。

谦恭和气，客必争趋；恶词厉色，人视畏途。

货物不合，听人换取；我无损失，人必欢喜。

视公司货物，要如自己货物。待入门顾客，要如自己亲戚。

货真价实，免费口舌；货假价贱，招人不悦。

招待乡人要诚实，招待妇女要温和。

**讲勤劳节俭：**

嬉游足以败身，勤劳方能进德。

智识生于勤劳，昏愚出于懒惰。

懒惰是立身之贼，勤奋是建业之基。

临事畏缩，丈夫之辱。

欲成大事，先做小事。

不以小事而生忽心，不以大事而生畏念。

甘由苦中得来，逸由劳中得来。

动作迟慢，事事输人，商战场中必为败兵。

欲闲未真闲，心里大艰难；再觅正事做，精神自然安。

金玉非宝，节俭是宝。

有钱须思无钱日，莫待无时思悔迟。

待人要敬，自奉要约。

财有限而用无穷，当量入以为出。当省而不省，必致当用而不用。

# 第八篇　嘉庆精神薪火相传

## 专题欣赏一：李光前兴学重教

**【导读】**陈嘉庚对于李光前而言是此生的良师益友。在陈嘉庚先生身边工作的10年，李光前亲眼目睹、亲身感受陈先生崇高的爱国精神：不顾个人安危，为华侨抗日运动奔波劳累；关注家乡和当地文化教育状况，投资社会福利事业。

同时，李光前还想到了自己年少时之所以能够有受教育的机会，也是因为好心人士的捐助，自己的求学之路走得如此艰辛，再也不能委屈下一代人了。李光前决心把赚来的金钱用来支持教育，兴办文化事业。

1934年，他接任南洋中学的董事长，负责学校每年的经费、建筑费等，修建校舍，新建国专图书馆。同时，他还兼任南益学校、道南学校、导侨学校、光华学校、侨南学校等9所中学和十几家会馆的董事。

继陈嘉庚之后，东南亚地区最著名的华侨领袖之一当推李光前（1893—1967年）。他是一个成功的企业家，20世纪20年代末亲手创建的作坊式小厂现在已发展成为多元化的跨国大企业集团。他热心兴办文教福利事业，还拨出巨款建立“李氏基金”，作为资助文化教育及其他公益事业的永久性基金。生前，他在新加坡、马来西亚和中国有很高的威望；逝世后，他仍为人们所怀念。

### 兴学重教

李光前，1893年生于福建省南安县。父亲李国专先后在厦门和新加坡做小生意。幼年的李光前在家乡私塾启蒙，10 岁到新加坡，在英印学堂念英语和数学，周末到养正学堂学中文。1907 年，清政府在南京办了专招南洋华侨学生就读的暨南学堂（暨南大学前身）。李光前由于学习成绩突出，于 1909 年被新加坡中华总商会主席资送到暨南学堂学习。从暨南学堂毕业后，他先后到北京清华学堂（预科）、唐山路矿专门学堂深造。1912 年又到新加坡。这次出国，他孤身一人，举目无亲，父亲已回国内。他先担任华侨小学教师，兼任《叻报》电讯翻译工作，后来考入测量专科学校，同时攻读美国某大学的土木工程函授课程。10 余年苦读，李光前成为一位既受中华文化熏陶，又饱浸西方现代文化科学知识，兼通中英文、视野比较开阔的知识分子。但他未能如愿完成学业，1914 年第一次世界大战爆发，为生活所迫，李光前只好辍学从商，到庄希泉的中华国货公司任职。1916 年，为扩展欧美国际市场，陈嘉庚将年轻的李光前招至帐下，处理中、英文函件和对外联络工作。陈嘉庚很赏识李光前的才华学识，不仅委任他当了部门经理，而且还把长女嫁给了他。在陈嘉庚的公司里，李光前贡献颇多，同时他也向岳父学习了很多橡胶经营的知识，并建立了各种业务联系。他耳濡目染，在言行、品德上也颇受陈嘉庚的影响和熏陶。总之，在陈嘉庚的公司里任职 10 年，其所积累的经验，李光前终身受用不尽。陈嘉庚的恩情，李光前是终身不忘的，即使是在陈嘉庚的事业遭到巨大挫折时，他也是初衷不改。

1927 年，李光前开始独立经营。他先独资创办了一个作坊式的制胶烟房，继而成立了南益橡胶有限公司。在他主持下，业务不断发展，不仅经营传统的橡胶和菠萝种植与加工业，而且涉足金融界，是著名的华侨银行的股东之一。1939 年他被选为新加坡中华总商会会长。到第二次世界大战前夕，李光前已是闻名中外的实业家、银行家和华侨领袖。20 世纪 30 年代以后，由于诸种原因，陈嘉庚的企业遭遇了重重困难，并在 1934 年正式收盘，李光前则一如既往地支持陈嘉庚的爱国兴教事业。

李光前企业经营成功，富甲东南亚，然而克己节俭，不抽烟、不喝酒，夫妻恩爱，私生活十分严肃。对于个人财富，他反对奢侈挥霍，认为把它用之于他人，用之于社会，才显出真正的富有。因此，他对人、对社会，特别对文化教育、社会公益事业非常慷慨。李光前热心文化教育事业，早在“打工”阶段就开始了。那时，虽然他每月工资最高仅 110 元，但仍对侄儿、亲戚的学习给予帮助，还寄钱回家乡修祖厝和寺庙。后来，随着企业的发展、财富的积累，使他有了更大的能力去资助文化教育和慈善事业。新加坡的第一所印度中学的校舍是李光前捐赠的，马来西亚第一所伊斯兰学院也是李光前慷慨解囊创办的。当然，他资助最多的还是新加坡和马来西亚的华文教育。

第二次世界大战结束后，为恢复被战火破坏的华校，马来西亚成立了华校复校辅导委员会，李光前出任该委员会主席。他运筹策划，出钱出力。福建会馆新办一所学校，李光前给予了大力支持，但拒绝以他的名字命校名，这所学校后来定名为光华学校。为创办南侨女中，他捐地捐楼。1953 年，一些新加坡侨领倡办南洋大学时，李光前认捐该校实收捐款总数的 10%，到 1957 年止共捐叻币 104 万余元，他还捐建了文物馆、电脑中心，并每年为南洋大学的优秀学生提供奖学金。李光前倾注最多心血的是华侨中学和马来西亚大学。

新加坡南洋华侨中学成立于 1919 年，是东南亚最早的中文中学，首创人是陈嘉庚。从 1934 年起，李光前出任该校董事会主席，连任 16 届，前后达 21 年之久。在这 20 余年中，他领导董事会成员和教职员，尽心尽力办校。在物质方面，他承担了学校日常经费和扩建费用的大部分。上任之初，即先代为偿还华侨银行的 7 万元借款，巩固了学校的经济基础，又先后在 1940 年和 1957 年，独资捐建了科学馆和图书馆各一座。南洋华侨中学今天仍然是新加坡一所设备先进、教学水平较高的学校，陈嘉庚、李光前等华侨前辈苦心经营该校的功劳，将被永远铭记。

新加坡马来亚大学（新加坡国立大学的前身）是 1949 年成立的，李光前分两次共捐款叻币 50 万元。第二笔捐款是为该校图书馆购置图书文献之用，在捐款函中，他希望能多购买一些东方文字的图书，注重东方文化的研究。

第二次世界大战结束后，他建议建造一座国家图书馆，并主动捐献巨款，附带的条件是：购藏中、马、印等东方文字图书，并免费借阅。该馆于 1957 年 8 月 16 日奠基，今天在图书馆的大门壁上铭刻着“李光前先生奠此基石，这座房子是由其慷慨捐款所促成”字样。他还担任过新加坡福利协会主席，主持赈灾救济工作。英国剑桥大学的著名学者李约瑟的巨著《中国科学技术史》的出版，也得到了李光前的资助。

1952 年，李光前创立了“李氏基金”，把南益集团的部分资产捐作基金。1964 年，他又将自己名下的全部南益股权（总股份的 48%）捐献给“李氏基金”。这样，“李氏基金”就成了南益集团的最大股东，每年数目可观的股息，全部用作发展科学文化教育、社会慈善福利事业。其赞助范围十分广泛，几乎遍及世界各地。40 多年来，“李氏基金”共捐助了近 3 亿新元，对社会发展和文明进步贡献巨大。

由于李光前对文化教育和社会公益事业的杰出贡献，他获得过各种荣衔。1962 年，马来亚大学一分为二，成立新加坡大学和马来西亚大学。德高望重的李光前担任了新加坡大学首任校长这个荣誉职务。在隆重的就职典礼上，他发表了演讲，结尾时引了三句话：“我们对国家的贡献，有什么更好或更大于为它教育青年！”（古罗马西赛罗）“得天下英才而教育之，一乐也。”（孟子）“凡是要收获好稻的，必须先种好种子。”（马来西亚格言）三句话的中心都是“重教”，这大概也是李光前的心声。

## 钟情祖国

李光前只是青少年时期在祖国生活、学习了十几年，他的事业、贡献主要在居住国，晚年成为新加坡公民。但他对祖国是十分热爱的。1993 年 10 月，李光前诞辰 100 周年时，在福建举行了“李光前学术讨论会”。他的一位得力助手在会上讲了这么一段话：“他无时无刻不在关心祖国。祖国若是政治安定，经济较好，他就高兴；祖国若有些不妥之处，他就烦恼。”关心、热爱祖国，在家乡兴办教育公益事业，这是李光前辉煌人生中的部分篇章。

1937 年全面抗日战争爆发，李光前即投身华侨抗日救国运动。他积极支持陈嘉庚出面领导筹款抗日工作，并率先捐款 10 万元。1938 年 10 月，“南侨总会”成立，他参与筹备并当选为常务委员，带头认购了大量公债。

对于陈嘉庚创办的厦门大学和集美学校，李光前给予大力支持。特别是 20 世纪 30 年代以后，陈嘉庚的企业连年亏损，陈嘉庚难以维持两校经费。此时包括李光前在内的许多华侨企业家雪中送炭、慷慨输财，支持了陈嘉庚的“倾家兴学”壮举，如在 1936 年他就捐了 5 万元给陈嘉庚建立一项支持厦门大学的基金，占了捐款数的 37.5%。1950 年为修复和扩建被炮火破坏的集美学校和厦门大学，李光前响应陈嘉庚的劝募，慷慨捐赠港币 600 万元。从 1951 年开始，陈嘉庚用李光前的捐款，费时八年，扩建了厦门大学，共建楼 24 幢，总建筑面积等于新中国成立前全校建筑面积的两倍。陈嘉庚曾被誉为厦门大学的“校主”，他为厦大的创办和发展呕心沥血，鞠躬尽瘁，而李光前为该校的发展也作出了不可磨灭的贡献。

在致力于新加坡、马来西亚的教育事业，积极支持陈嘉庚的兴学活动的同时，从 1939 年起，他在家乡福建南安芙蓉乡独资兴办了国专小学和国光中学。1943 年创办国光中学时，他正流亡美国，在东南亚的产业已作为“敌产”被日本没收，经济情况困难，为筹措学校经费，他不惜变卖衣物。新中国成立后，他决定扩建国光中学，还请陈嘉庚代为选址筹划。经过几年的努力，一个以国光中学为中心的梅山学村终于建成。学村坐落在大宇山的荒坡上，方圆 500 亩，不仅建了国光中学的新校舍，而且还建了四所小学、幼儿园和配套的医院、影剧院、体育场，总建筑面积七万余平方米。为梅山学村的建设，他共捐资 400 余万元。梅山学村不仅培养了很多人才，而且随着人们素质的提高，以学村为起点形成的梅山镇也成为一个文明富裕的侨乡。

一个熟悉李光前的人曾这么说过：“对于社会公益事业，李光前先生往往一掷千金而毫无吝惜。但在个人生活方面，李光前甚为克己。”在 60 岁以前，他曾经无偿献血 18 次，家人劝他说：“你把钱给人就行了，为什么连命都要豁出去?”他却说：“人家今天要死了，若没有血就会马上死。而我们可以慢慢吃补的，紧急时血输给人能救人。我们是要做个榜样给人看，不然谁肯献血?”为别人、为社会他想得很多，肯“出血”。对自己的生活，他严苛得几乎有悖常情。1958 年去日本观光，他竟以公共交通工具代步，和马来西亚留日学生一起吃学生食堂，令日本人惊讶不已。1965 年他因癌症到上海治疗，做全面体检时，竟然发现他有营养不良症！奉献和克己，这是李光前魅力之所在。他留给后世的不光是一个跨国企业集团，而且还有不朽的精神。人们永远纪念他。

巫乐华. 南洋华侨史话. 北京：商务印书馆，1997.

**链接**

### 不肯冒姓领用毛毯

1903 年秋天，李光前只有 10 岁，就跟随父亲从福建出洋，去新加坡谋求生计。开船不久，气温变得特别低。当时船上多是福建人，而且还大多来自穷乡僻壤。因此，穿的都比较少，冻得直打哆嗦。

陈嘉庚当时也在船上，他是著名的爱国华侨，当他看到大家被冻成那样，就吩咐仓库保管员：“你通知全船的人，凡是姓陈的，每人发一条毛毯。”船上旅客不管张三李四都报名说自己姓陈。因为实在是太冷了，大家都想拿一条毛毯御寒。

之后，陈嘉庚到各船舱巡视，看到大家都领到毛毯，就放心了。可是当陈嘉庚走到船舱的一个角落时，看到一个小孩子在那里直打哆嗦，觉得很奇怪，就问："为什么没去领毛毯?"这个小孩子说："我不姓陈，不能冒领。"这个小孩子就是李光前，他这种诚实的举动，给陈嘉庚留下了特别深刻的印象。

## 专题欣赏二：永远的李尚大

**【导读】**安溪县旅外乡亲李尚大先生是集美中学校友，一生都在追随校主陈嘉庚，连陈嘉庚的侄儿陈共存都说，李尚大是陈嘉庚的"信徒"。李尚大先生及其夫人吴灿英、儿子李川羽、李龙羽捐资兴建小学、中学和大学校舍，乐为家乡育英才，省政府多次授予他捐资办学和捐资兴办公益事业金质奖章，4 次为其家族立碑表彰。

我大概是 1937 年四五月间或是更早一点在集美中学入学的。7 月间就全面抗战了，厦门胡里山炮台跟日本军舰对打起来，轰隆隆震天响，每轰一声，人就跳一次，很吓人。学校就搬到山区安溪县的文庙里来了。

尚大是高中生，到底有多少学问我不清楚，我只佩服他念遍了厦门（女子中学以外）所有的中学（当时厦门有多少中学我不知道），最后才来到集美。

他很有长处，一是胖得可爱，二是和气，三是力气大，四是沉着讲理，五是有钱，六是慧眼识英雄，把我当他的朋友。

尚大是安溪湖头村人。那时的集美学校有个特点，到放暑假，南洋群岛的学生都坐船回家等开学之前再赶回来。本土的学生回本土。少数一二十个各有各的道理的学生留在学校。尚大这时候带着二三十个年纪大的高中同学回湖头去了。住在他家，吃在他家，不晓得这些大同学在他家里吃些什么，玩些什么，只听说他妈从不另给他开偏食。

我们小一辈的人也想去，他眯着小眼睛说："300 多里，抱你去还是背你去?"

所以我们从未实现过去一次湖头的幻想。

也有三五个南洋学生没有回去的，他们见闻广，夹在我们里头想说些外国的下流习俗见闻的时候，尚大就会走到他的跟前左手捏着他的脖颈，右手抠着他的屁股眼推出屋去。

"贱!"尚大说。

这点功夫我练了好多年都没有学会。

大约是 9 月间，县城里某个地方唱戏，学校里新来的一位教员去看戏，挨了警察局局长带领的人一顿臭打，说是我们这位教员调戏了坐在旁边的他的夫人 。这绝不可能!

为什么不可能呢? 连我们这帮小孩子都明白，集美学校的声誉那么神圣，聘请老师从来非常严格，道德、学识都经过慎重考察，难以想象会让那种人混进教师队伍里来。

当晚李尚大带领一帮大同学把警察局砸得稀烂，局长、股长们一个个被收拾得像僵蚕模样……

3 天之后全校师生在广场开了一个旷古未有、别开生面的"欢送开除同学大会"（我忘了除尚大之外还有哪几位同学）。

这事发生在1938年的秋天，和尚大兄再一次见面是在1949年夏天的香港。

1949年国民党特务头子毛森在厦门搞大屠杀。尚大父亲的老部下帮助他秘密地只身逃到香港。后又几经艰难来到印度尼西亚。

李尚大1949年只身来到印度尼西亚干了什么呢?

印度尼西亚有许多他爸爸的朋友、老部下，受恩惠者要帮助他，他真诚地多谢这些阿伯、阿叔说："让我先在印度尼西亚码头上混两三年吧！眼前我什么都不懂，怎么做事情?"

于是他在一个陈姓名人码头上找到一个扛生橡胶块的工作。每块生胶重108千克，从某个地方的码头仓库里扛出来，过码头，上跳板，进船舱，入舱底，堆叠整齐；随船开出到另一个地方，再把生胶扛上肩膀，上船面，过跳板，到码头，进仓库，一块块码齐。苏门答腊、巨港、雅加达……真的足足玩命地干了3年。从苦力提升工头到仓库管理，让老板发现了："你是个大学生！你玩得还真像那么回事！"

"不是玩，是上学。"

"码头有什么好学?"

"它是本大辞典，大百科全书的第一页！我从码头学起……"

"你别走，我提升你，把好的位置给你……"

"我3年流汗吃苦不是为你，是为我自己。从今天起我要忙自己的事情了。"他微笑点头而别。

一开始在各岛跑些橡胶、咖啡、椰干散碎生意，越做越大，开办了木材厂、夹板厂、瓷砖厂、轧钢厂、酒店、房地产、石油……从1949年到他2008年逝世，60年过去了。

20世纪90年代（1994年），尚大兄邀我全家到印尼雅加达参加一个有点意思的聚会。有位科学家在美国伯克利大学计划盖一幢化学大楼，需要1 000万美元，想到印尼慷慨好义的李尚大，便去求他帮忙，他果然一口答应。条件是大楼要用陈嘉庚的名字，也得到同意。于是尚大找了几位印尼富豪好友一起成就了这个善举。

尚大在祖国建厦大医学院，开办集美大学、厦门中山医学院心血管研究中心、蔡继琨音乐学院……

尚大安排先到印尼的儿子龙羽，在一两百公里直径的加里曼丹森林里搞开发，与蛇蝎猛兽蚊蚋朝夕相处。1966年去，1971年年底才让回来；然后去日本进早稻田大学商科、东京农大木材加工专业学习。川羽先在香港大楼建筑工地当泥水工人，然后才进树仁学院，后在林场、夹板厂从小工头干起。尚大对儿子们的安排，是先让他们受尽人世煎熬。

尚大兄一生到老无病痛，饭量很大，爱好运动，于2008年11月2日安睡中逝世于新加坡家中，足足活了89岁。

尚大兄！精彩！

黄永玉. 比我老的老头. 北京：作家出版社，2007.

## 链接1

1994年11月，国家主席江泽民确定出席在印度尼西亚举行的亚太经合组织第三次领导人非正式会议。中国驻印度尼西亚大使馆拟把江泽民主席的下榻之处安排在香格里拉酒店。当使馆工作人员向香格里拉酒店订房时，已有日本使馆先行一步，向酒店订了最好的房间。作为香格里拉酒店股东之一的李尚大知悉后，当即表示，作为炎黄子孙，责无旁贷地应该让祖国的亲人住上最好的房间。李尚大为中国大使馆预订了最好的房间，并表示酒店由此造成的损失一概由自己负责。会议期间，江泽民主席在百忙中抽出时间，亲切接见了李尚大及其夫人吴灿英、儿子李川羽和李龙羽。江泽民主席动情地对李尚大说："你在印尼做了许多好事，我代表国家感谢你；你在中国做了许多好事，我个人感谢你。"这是江泽民主席对李尚大多年来为居住国和祖国无私奉献的最高评价和赞赏，也是李尚大获得的一种特殊荣誉。

**链接 2**

### 集大、厦大、黎大留下尚大先生光辉业绩

尊师重教的李尚大先生，从振兴中华民族的高度出发，捐赠多所大学，支持故乡培养高素质人才。他捐赠黎明大学巨资，在新校区兴建了以中小学老师、大学校长、著名侨领和老领导的名字命名的7座大楼，分别命名为"吴龙江大楼""陈后潮大楼""张圣才大楼""汪德耀大楼""黄丹季大楼""项南大楼"及"慈山大楼"，为黎明大学的发展作出了贡献，被推任黎明大学第二任董事长。

乐育英才的李尚大先生，作为集美学校的老校友，他崇拜陈嘉庚校主，对集美学校有着特殊的感情。集美中学为申办全国示范高中，需建一座多功能体育馆，他自己捐赠并请李光前以李氏基金捐赠巨资，共同建造集美中学福山楼。他还和胞弟李陆大共同捐资兴建集美校友会馆。

李尚大先生热爱集美母校，为了筹办集美大学，他四处呼吁，并向各级政府和国家领导写信，反映海内外校友和华侨对创办集美大学的呼声，建议将集美原有的高校合并，创办集美大学。1993年，为了向福建省委领导汇报海外校友乡贤盼望创办集美大学的迫切心情，他在厦门宾馆守候到午夜，终等到领导开会回来见面。

集美大学创办后，李尚大先生一直非常关心大学的发展。他除了为集美大学工商管理学院捐赠开办费以外，还为集美大学国际学术交流中心捐资，兴建以集美学校董事长陈村牧名字命名的"村牧楼"，捐资兴建集美大学行政大楼"尚大楼"和生物工程学院大楼"灿英楼"。他还多方动员海内外人士关心支持集美大学的建设。

对创办集美大学作出重要贡献的李尚大先生，先后荣任集美大学校董会第一、二届副

主席和集美大学诚毅学院董事会监事长。他连续4年参加集美大学校董会，每次都对学校的创办和发展建言献策，有一次还以《我对集美大学的希望和祝福》为题发表重要书面发言。

李尚大先生还积极倡议厦门市和厦门大学联合创办厦门大学医学院，并写信向中央有关部门提出建议，又率先捐资设立首期医学院建设发展基金，发动其他侨胞踊跃认捐。他的行动感动了厦门市、福建省和中央有关部门。1996年10月获原国家教委批准，厦门大学医学院正式成立，他荣任医学院董事会名誉董事长。医学院创办后，他还出资从澳大利亚聘请著名的心内科专家、澳籍华裔、美国医学博士林延龄为医学院首任院长。

此外，李尚大还在1992年为民办北京燕京华侨大学捐资兴建校舍，并发动海外侨胞为该校捐建新校舍；1993年，著名音乐指挥家蔡继琨教授在福州创办福建音乐学院，他捐资帮助创办。他还为北京外贸大学捐资创设奖学金，支持该校办学。

陈克振. 一生追随陈嘉庚. 福建侨报，2014-11-07.

## 专题欣赏三：循履嘉庚业迹的陈六使

**【导读】** 陈六使先生是嘉庚精神忠实的践行者，他以振兴中华为己任，虽历艰难而不悔，谋求华人在海外的生存发展，竭力维护华人在海外的正当权益；他以保护母语教育为诉求，虽经百折而不挠，切实拓展华人子女升学出路，尽心传承中华文化……

陈六使先生1897年生于福建省同安县集美社（今厦门集美区集美镇）的贫苦家庭。在兄弟七人中居第六。5周岁时的一个晚上，瘟疫夺走了双亲生命，年幼时生活倍加辛苦，依靠诸位兄长劳动维持，后三兄文确先行出洋谋生，并供给先生和七弟求学费用。

1916年，19岁的陈六使和17岁的七弟到达新加坡。他初时在宗兄陈嘉庚的橡胶厂当搬运工，半年后升为领班。因认真负责，严格执行规章制度，被调到谦益橡胶厂办公室，协助经营橡胶贸易，成为陈嘉庚公司橡胶工厂骨干。在该公司橡胶实业腾飞期间，与三兄文确从实践中掌握了橡胶业的生产、经营、贸易等技术本领。

1925年，陈六使与三兄离开陈嘉庚公司投资益和橡胶公司，三年后已具相当规模，成为集橡胶种植生产、加工制作和贸易出口为一体的企业。至1938年改组为益和橡胶私人有限公司，陈家股权已占82.5%，陈六使先生是三名董事之一，是新马橡胶界的佼佼者，业务急速发展，日产橡胶数千担，分行遍设马来西亚、泰国、越南、印度尼西亚，并在纽约和伦敦设有代理机构，处理出口贸易，敢于突破当地洋行的控制，直接运销欧美。他拥有大量橡胶园，同时筹集资金投资发展金融、保险业等。1940年益和注册增资至200万叻币。陈六使先生任总经理，全权负责处理橡胶贸易，三兄文确则分工负责橡胶园、厂和金融、保险业。陈六使先生第二次世界大战后参与发起组织华联银行，任华侨银行董事，1966年继任亚洲人寿保险有限公司董事主席。

第二次世界大战后，益和复业，两代人奋发拼搏，至1947年新马军政府统制专营取消后，才出现转机。1950年朝鲜战争爆发，战略物资橡胶价格猛涨。陈六使先生抓住机遇发售期货近万吨胶片，但因工潮处理欠妥，7月间橡胶厂被人纵火焚毁，除保险理赔外，实际损失300余万元。但他不愿停业，在三兄文确等的鼎力协助下，扭转了局面，全部还清期货，业务继续发展，再获巨利。益和成为当地最大的橡胶贸易公司兼橡胶工厂之一，与李光前的南益并驾齐驱。陈六使与李光前共同活跃于世界胶坛，成为新马橡胶界执牛耳之人物。

陈六使先生于1938年被选为由华人橡胶商、厂商组成的新加坡橡胶公会主席，维护华侨合法权益，组织华侨华人研究橡胶产、销，发展经济，同时，敢于向殖民主义者在橡胶产销上歧视、压制华商的政策抗争。

陈六使先生在发展实业的同时，积极服务华侨华人社会并担任社团要职，包括：

新加坡中华总商会：1939年改造时他被选为委员，1941年3月当选为副会长。第二次世界大战后，立即着手恢复活动。1950年3月被选为会长。

新加坡怡和轩俱乐部：1923年陈嘉庚继任俱乐部总理。陈六使先生第二次世界大战前参加为会员，参与支持抗日救亡活动。1946年恢复活动任常委（主席陈嘉庚）。1948年接任董事会主席（陈嘉庚任常委），连任至1962年9月，1969年至1971年改任董事。

新加坡福建会馆：1950年3月，陈嘉庚在回国前主持了执监委换届工作，陈六使先生被选为第十届主席，连任至1972年第二十届，因高龄主动让贤，在职22年中，继承陈嘉庚先生的事业。

陈六使先生在服务华侨华人中，力争合法、平等权利。

从1948年开始，鉴于新加坡立法议会中，大部分华人无当地公民权，不能参加政治活动，切身利益受损，陈六使便率领和团结广大华人社团及领袖，开展争取华人合法权利的斗争。1957年7月，议会终于通过公民权法案，规定居住本地满八年的居民可以申请公民权。

1950年，陈六使被选为中华总商会会长，他认为新加坡立法议会语言只用英语是不民主的，为解除议会语言限制，华人要求将华语亦列为议会语言。在议会代表、众多的华侨社团、商号代表达10余万居民的签名运动的努力下，立法议会终于在1956年2月9日通过，采用英、华、巫、印四种语言为议院通用辩论语言，华语成为新加坡官方语言之一。

20世纪五六十年代，新马橡胶市场完全被英国橡胶商所组织的新加坡橡胶西商公会所支配，1952年又制定橡胶交易的契约与章程，袒护英国胶商的特权，而新马本地胶商只能向该组织申请为附属会员，任其宰割、盘剥、压榨，对不合理的交易规章，根本无发言权。为了给当地胶商争取平等权利，陈六使先生领导的橡胶公会联合知名胶商抗争、交涉，反对不合理章程。1957年亲率新加坡胶商5人代表团出席伦敦英马橡胶问题会议，提出合理化建议。代表团回新加坡后，橡胶公会和西橡胶公会多次谈判，终于达成协议，联合中西大胶行统一组织“马来亚橡胶总公会”，被选为主席，增强新马胶界国际地位，促进华胶商界的团结，维护华商胶业的正当权益。

陈六使先生在拼搏实业的同时，关心支持国内外教育事业，培育人才。

陈六使先生是嘉庚倾资兴学的支持者和襄助者。陈嘉庚创办集美学校和厦门大学的过程中，每当陈嘉庚先生为筹措两校经费遇到困难时，首先想到的就是陈文确、陈六使。对陈嘉庚先生的兴学善举，陈文确、陈六使兄弟始终如一，竭尽全力支持。有一次，为了替陈嘉庚先生排忧解难，他甚至“损失其家资几达半数之多”。对此，陈嘉庚先生十分感激，在《南侨回忆录》中写道：“六使君之慷慨宏量，余万分钦佩，铭感无任!”

陈六使先生在侨居地重视华侨教育，贡献卓越：自1934年至1966年的三十余年间，出钱出力支持新加坡南洋华侨中学，历任董事会董事、副董事长达22年。1950年任中华总商会会长后，捐资刚成立的马来亚大学。担任福建会馆主席后，团结热心教育的华侨，亲任闽侨创办的道南、爱同、崇福、光华小学和南侨女中各校董事长，筹募基金扩建、增建校舍，扩大办学规模。上述五校在新中国成立后，率先升起五星红旗，表达对新中国的敬爱。

陈六使先生最为突出的贡献是倡办南洋大学。殖民主义者在中国政权更迭之际，加紧迫害、摧残侨居地华人教育，致使华校师资荒日益严重。为解决华人教育的迫切需要和侨界企盼母语教育不致灭迹、子孙不忘祖宗等重要原因，先生遂于1953年1月在福建会馆执监委联席会议上倡办华文大学，个人宣布认捐500万元，获得华人社会的热烈响应与支持。他亲自带头与当局多次据理力争。在中华总商会董事及214个团体代表举行创办大学筹委会上，先生被推为主席，负责筹募经费和创办事宜，福建会馆捐赠500余亩土地作为校址。

经过两三年的筹措，几经周折，于1956年3月正式开学，开创了海外华侨华人创办华人高等学府的先河。从1953年至1964年，陈六使先生一直担任南洋大学执行委员会主席。先生逝世后，南洋大学理事会决定在校园内为他建立铜像，以兹纪念。其家人在铜像揭幕典礼时，即席捐款50万元，设立“陈六使奖学基金”奖励南大学生。

陈六使先生于1972年9月11日凌晨与世长辞，享年76岁。先生生育九男三女，皆事业有成。

1988年11月25日，福建省人民政府为表彰其家族长期热心祖国教育，造福桑梓的光辉业绩，在集美归来堂为其亲属授予荣匾，上书“陈六使先生，乐育英才”。牌匾悬挂在集美社陈氏大社祠内，世代传颂。

**链接**

南洋大学，是新加坡从1955年至1980年存在的一所以华文为教学媒介用语的大学，也是世界范围内唯一的一所海外华文大学。该大学由集美籍爱国侨领陈六使于1953年1月率先倡议创办，并首捐500万元，得到东南亚各地华人的响应，上自富商巨贾，下至贩夫走卒，无不踊跃捐赠，出钱出力，最终筹得2 000多万元巨款，新加坡福建会馆还捐赠了一块500余亩的地作为校址。在华人华侨群策群力下，南洋大学终于在1956年3月正式开学。在南洋大学20多年的历史中，共培养了12 000多名毕业生。尽管南洋大学办学历程不长，但它标志着海外华人伟大的办学业绩，为海外华人历史谱写了辉煌的一页。南洋大学毕业生因当时特殊的原因就业前景不佳，不少人通过升造、自己创业获得成功，表现了南大儿女“自强不息、力求上游”的精神。

## 专题欣赏四：黄丹季营救陈嘉庚

**【导读】**太平洋战争爆发后，爱国侨领陈嘉庚先生在新加坡沦陷前夕，与友人乘小船前往印度尼西亚。爱国华侨黄丹季冒险将陈嘉庚从梭罗接到玛琅，避开日寇的搜捕，直至抗战胜利，才让陈嘉庚先生安全回到新加坡。

著名华侨社会活动家、旅印度尼西亚安溪华侨黄丹季，早年就读于陈嘉庚创办的厦门大学。抗日战争期间，著名爱国侨领陈嘉庚避难印度尼西亚，黄丹季凭着自己的报国之心和对校主的敬仰之情，冒死将他接到玛琅加以保护。在3年多的时间里，黄丹季亲身感受了校主崇高的人格魅力，聆听了他的谆谆教诲，两人由此成为莫逆之交。正是黄丹季舍生忘死同日寇及其走狗进行斗争和周旋，才使陈嘉庚在险象环生的环境中得以避开日寇的多次搜捕而安然无恙。黄丹季与陈嘉庚在玛琅的这段鲜为人知的经历和后来两人交往中的许多感人故事，以及其高尚情怀，使之成为一个传奇式人物而赢得海内外各界人士的赞赏和敬仰。

黄丹季，1900年生于福建省安溪县参内乡镇东村，中学毕业后曾在家乡小学任教。1924年就读于厦门大学。1927年加入北伐军，曾任国民党安溪县党部筹备委员，后在泉州监察署负责农会工作。大革命失败后被国民党反动当局通缉，他被迫于1928年流亡海外。1930年辗转印度尼西亚玛琅，涉足工商、教育和银行各界，曾任华校校长及银行经理。他为人正直仗义，深受华侨爱戴，曾荣任印度尼西亚中华总会理事、玛琅和泗水中华总会领导人及生活促进社主席。

抗战初期，陈嘉庚在新加坡发起成立“南洋华侨筹赈祖国难民总会”并出任主席，领导南洋华侨的抗日救亡活动。为此，日寇对其恨之入骨。1942年日军占领新加坡时悬赏100万元捉拿陈嘉庚。新加坡沦陷前夕，陈嘉庚前往印度尼西亚避难，于1942年5月抵达梭罗。时在玛琅的黄丹季获悉后，就考虑将他接往玛琅。因未找到合适的住所，遂到梭罗谒见陈老，与其他校友一起同陈嘉庚商议，先让校主安顿下来，由丹季及其他校友负责保护。当时梭罗气候炎热，陈嘉庚多次牙痛，在征得校主同意后，黄丹季毅然将他接到玛琅。

为确保陈嘉庚的安全，黄丹季有意将陈嘉庚化名填上早年的户口和税单，把校主变成玛琅的“老居民”。尽管如此，黄丹季仍放心不下，唯恐哪里出了纰漏而发生意外。那时，玛琅各地不时出现各种传言，警探和汉奸也故意造谣蛊惑人心，说：“陈嘉庚被捕了!”等等。这些传言使厦大和集美学校的校友们忧心忡忡，心急如焚。黄丹季知道自己所承担的风险：万一校主出了问题，不仅枉费了自己的一片苦心，还将辜负校友们的嘱托，自己也愧对校主。他暗暗下了决心，就是死也要保证校主的安全。

玛琅的情形确如丹季担心的那样，1942 年 12 月 20 日，有人告知丹季，日本宪兵队听说陈嘉庚已来玛琅，正在四处搜查。为安全起见，黄丹季与陈老商议后将他转移到自己的一家工厂住了 10 天，直到后来未见有其他动静才回到原住处。

1943 年春的一天凌晨，黄丹季突然被屋外的汽车声惊醒，他起身往窗外一看：糟了！日本宪兵已把房子团团围住。难道他们知道了校主的下落？就在他考虑应对的时候，宪兵撞开大门，气势汹汹地冲进屋来，对着黄丹季大叫：“荷兰人！荷兰人!”丹季似乎明白了什么，镇定自若地说：“我不是荷兰人!”这时一名宪兵对领队说：“我们走错了，这是二号屋，不是四号屋。”宪兵领队才带队离去。原来，那天日本宪兵是冲着隔壁的荷兰军医来的。尽管这只是一场虚惊，然而在这突如其来的搜查面前，黄丹季也着实出了一身冷汗。

在玛琅避难期间，为了安全，陈嘉庚一直待在屋子里，平时很少出门。5 月的一天，陈嘉庚看完书，觉得房间里很闷，想到外面散步，黄丹季便随他一起出去。没想到一出门就遇上了麻烦。在他们路过的一座大厦前，日寇新设了一个岗哨，挂着一面“膏药旗”，让过路者行鞠躬礼。陈嘉庚是一个有高尚民族气节的人，他绝不会去做这种有辱民族尊严的事，即便这样可能暴露真实身份而危及安全，他也是如此。他昂首挺胸，从日军的岗哨走过去。黄丹季见状，手心里捏了把汗，警觉地注视着宪兵的动静。果然，日寇宪兵见这个瘦弱的老人竟敢冒犯自己的“虎威”，便荷枪追了上来。黄丹季急忙迎上前去，与日寇撞个正着。那日寇气不打一处来，便撇下陈嘉庚，拳打脚踢地把怒气发泄到黄丹季身上。黄丹季平时最不能接受别人的欺侮，但这次他却默默地承受着。事后，他不但不生气，还暗暗地为陈嘉庚平安无事而庆幸。

同年 10 月的一天，陈嘉庚正在外屋看书，突然，一个日本军官闯进门来，用印度尼西亚话大声喝问：“你是谁?”见陈嘉庚没有回话，便拍案大叫。陈嘉庚纹丝不动，装作没听见似地看书。听到外屋的声响，黄丹季心头一紧，急忙从内屋跑出来，一边比划一边说："他是我叔叔，耳聋听不见。"日本军官听了才悻悻而去。

1944年2月，日军在陈嘉庚住处隔壁办了个疗养所，给陈老的起居造成诸多不便。为安全起见，黄丹季和陈嘉庚再次转移到郊外的巽勿佐村。因那里比较偏僻，四周宁静，空气清新，很适宜陈老著书写作。由于玛琅气候适宜，又得到黄丹季等人的细心照料，陈嘉庚在玛琅食宿舒适，用他秘书的话说，"胜过新加坡之生活"。尽管期间也出现过几次波折，但总算有惊无险。

在玛琅避难期间，陈嘉庚仍始终关注时局的变化，通过各种途径了解国内、东南亚及各地的情况，并利用这段时间撰写《南侨回忆录》。1945年5月，日军征召万名劳工来巴都开挖战壕，军队日夜操练。黄丹季担心战事将起，想将陈嘉庚转移到海口地区。当他提出自己的想法时，陈嘉庚胸有成竹地说："不必搬了！你看东南亚海域这么辽阔，岛屿多，要一岛一岛打下去，打几年才能结束？联军不会采取攻打岛际的战略。美国在珍珠港吃了大亏，必定会大造飞机军舰，用飞机日夜轰炸日本本土，使日本交通断绝，工业停滞，粮食恐慌，不投降死路一条。东南亚只待接收而已！"后来战事的发展果然如此，足见陈嘉庚慧眼独具，料事如神。

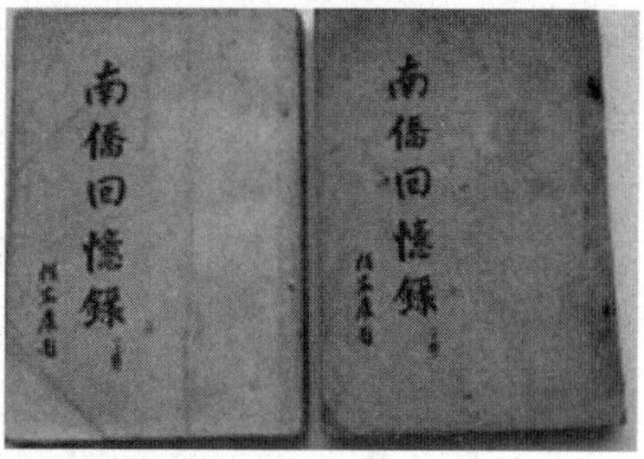

1940年，陈嘉庚任南侨总会主席期间，率"华侨回国慰劳考察团"到重庆、陕北及福建等地考察，亲眼目睹了国民党统治区与陕北延安两种截然不同的景象。他对国民党政府消极抗战、官员营私舞弊、不顾民众死活、以致世风日下等腐败现象深为痛切，并在许多不同场合对时政予以猛烈抨击。对共产党爱国爱民、积极抗战的立场和决心及解放区军民团结一致、同仇敌忾的精神面貌给予了高度评价。他在《南侨回忆录》的序言中这样写道："余外居南洋，对国内政治，虽屡有风闻而未知其事实究竟如何。时中共势力尚微，且受片面宣传，更难辩其白。及至回国慰劳，与各领袖长官、社会名人、报界记者接触，并至延安考察经过，耳闻目睹各事实，见其勤劳诚朴，忠勇奉公，务以利民福国为前提，并实行民主化，在收复区诸乡村，推广实施，与民众辛苦协作，同仇敌忾，奠胜利维新之基础。余观感之余，衷心无限兴奋，梦寐神驰，为我大中华民族庆祝也。"

在撰写回忆录时，陈嘉庚每与黄丹季谈及上述见闻，无不感慨万千，喜怒之情溢于言表。在那一段苦难的岁月里，黄丹季与陈嘉庚形影相随，耳濡目染，类似的各种见解与观点，使他深受启发，获益匪浅。在言及战争的情势乃至中国时局的发展时，陈嘉庚亦以其独到的眼光作出了精辟的分析，他断言："世界大战结束后，中国必发生内战。""国民党政府已腐败透顶，没有能力领导国家。""共产党爱国爱民，一心一意为民族的解放而努力，艰苦卓绝，不靠他们靠谁？"他坚信："旧的东西必定灭亡，新的东西必定成长，这是发展的自然规律，国民党必败，共产党必胜。"所有这一切无不对黄丹季的思想产生深刻的影响。后来形势的发展果然像陈嘉庚先生说的那样，使黄丹季更加钦佩陈嘉庚的远见卓识。他为这位华侨领袖的睿智与才学所折服！

陈克振，王朝晖．黄丹季与陈嘉庚的交往情谊．人民政协报，2005-09-22．

链接

## 陈嘉庚在避难中化名脱险

1942年初日军南侵，新加坡政府采取不抵抗政策。校主陈嘉庚交代公务后，未及通知家属，于2月3日与陈贵贱、刘玉水、陈永义乘小船离开新加坡，拟暂时往印度尼西亚避难。刚到印度尼西亚，日军也在那里登陆，并大肆搜捕侨领。当日军知悉陈嘉庚到印度尼西亚避难后，即重金悬赏通缉，致陈嘉庚时刻身处危险境况，数度迁徙匿居，化名“李文雪”，乔装打扮，与日军周旋，在包括厦大、集美校友在内的爱国华侨及其眷属，冒着身家性命和不顾财产损失，秘密掩护和精心照顾下，才化险为夷。同时，他心系马来西亚亲人，又化名“陈科军”，函托校友前往联系。这两个化名，《南侨回忆录》均无记载。现略介绍，以飨读者。

**匿居展玉陈泽海胶园内**

陈嘉庚前往印度尼西亚，因3月1日听说日军已到印度尼西亚，各地侨领多疏散，即由校友郭美亟侨领陪同前往芝巴蓉，与南侨总会副主席庄西言相晤，然后由庄西言带往芝安术（展玉），匿居于陈渗海的橡胶园内。不久，日军占领吧城（雅加达），大肆搜捕华侨时，庄西言被捕并遭受严刑拷打，追问陈嘉庚与刘玉水来吧城事，庄西言始终未予暴露，坚守秘密，令日军一无所获。

**为恐累及陈君移匿梭罗**

陈嘉庚获悉庄西言被捕遭刑追查后，为恐累及陈泽海，意欲迁移。经刘玉水与厦大、集美校友会主席林清芬和校友林翠锦、廖天赐、林胜津、陈明津、黄丹季等分别联系奔波，由郭应麟、廖天赐于5月15日往展玉胶园见陈嘉庚，并与刘玉水陪陈嘉庚迁往泗水。中途因故只好乘火车赴万隆转日惹，17日抵梭罗。是时日军又在东爪哇大捕华侨，廖天赐通知黄丹季、陈明津来见陈嘉庚，又闻梭罗华侨总会成立协助华侨办理登记机构。鉴于泗水形势紧张，陈嘉庚与黄丹季、郭应麟相议，决定暂留梭罗。遂由诸校友集资向华侨郭何东租一座平屋，购买家具，把陈嘉庚接到梭罗居住。

**化名李文雪秘组“家庭”**

陈嘉庚迁到梭罗，为对付日军通缉，化名李文雪，剃掉头发、胡须，乔装打扮。由郭应麟将“李文雪”名字登记入泗水的都礼公司邻组处户口簿内，成为战前入爪哇并居住泗水五年的华侨。初时“一家”四口人都是男性，怕引起日军怀疑，即请郭应麟往泗水搬夫人林翠锦及两幼女、一女工来共同居住，组成一个有男有女、有老有少的八口人“家庭”。数日后，当日军前来登记时，便以“李文雪”的名字登记，办妥手续。这样，战前来的“李文雪”与战时来的陈嘉庚就绝对无任何关系了。

**迁移至玛琅再组七人“家庭”**

陈嘉庚在梭罗因气候炎热牙痛发作两次，决定迁移至玛琅。由熟悉环境的黄丹季负责觅寻，在巴兰街四号租一套合适居宅。1942年8月4日，刘玉水、黄丹季陪同陈嘉庚搭火车到玛琅，两天后郭应麟一家亦到，组成一个七人“家庭”。为了安全起见，再由郭应麟、黄丹季将“李文雪”的税单、户口填报为五年前的日期，使他成为当地“老居民”，使陈嘉庚安心住下来。每月生活费由郭应麟负责，而房租、水电费则由黄丹季负责，并互相约定，非万不得已，绝对不向他人求助，以免走漏消息。1943年8月，陈嘉庚开始动手撰写

《南侨回忆录》。

陈嘉庚先生撰写《南侨回忆录》的书桌

**移峇株另组叔侄"家庭"**

陈嘉庚在玛琅期间，多次发生风波，但有惊无险。1943年5月6日下午，日军似有嫌疑，两次暗查郭应麟牙刷厂。陈嘉庚怕外传居此，是夜复避往该工厂内，第二天早上与黄丹季搭车往峇株，在刘玉水处住数日，知无危险乃返。数日后，斜对面五号屋被日军宪兵副队长占住藏娇，每日早晚常有军车来往，且有华投为其服务，令陈嘉庚感觉不安，决定迁往峇株。最后，由李荣坤到笨珍路租到一套住宅，刘玉水建议李荣坤与陈嘉庚同住，李荣坤的眷属原住峇株又同姓李，与化名"李文雪"的陈嘉庚可以互认为叔侄关系，便于掩护。这样，陈嘉庚与黄丹季住前厅的两个房间，李荣坤老母亲与妻子及两幼子四人住后面房间，组成一个六口人的"家庭"。后来，李荣坤常不在家，黄丹季即将玛琅生意托人照料，自己到峇株与陈嘉庚常住，随侍左右。

**遇险情"家"再迁晦时园**

陈嘉庚在笨珍路居住到1944年2月，因隔邻是日军官疗养所，既不便又危险。于是，陈嘉庚与李荣坤这个"家"，又迁至离峇株3公里许的"晦时园"。4月，《南侨回忆录》脱稿，全书约40万字。在此居住至1945年6月，又因人多复杂，气氛紧张，与李荣坤的"家"又迁往班丹村。8月12日，日本无条件投降。陈嘉庚经过一番的准备后，于10月6日由吧城乘飞机回到新加坡，直接抵达怡和轩俱乐部开始工作了。

**化名陈科军函托访亲友**

1942年12月，陈嘉庚亲书一便函，曰："能显、同福二君如见：兹有余友林永德先生拟赴马来亚调查橡胶经营事，第恐人地生疏，余特介绍往见二君，如到需为照料，倘有劳神指导各事，望极力照拂为荷，并问近安！陈科军卅一年十二月。"

事情是这样的：

陈嘉庚在印度尼西亚玛琅避难时，印度尼西亚校友林永德曾乘帆船押货往新加坡发兑，并从太平回来。他到新马时曾调查陈嘉庚家属状况，并搜集日军主办的马来亚数埠华文报纸，返爪哇后呈陈嘉庚阅览。所以，当林君欲离开玛琅之时，陈嘉庚即函托林君，"陈科军"是他离开新加坡时与亲友密约联系之化名。陈能显、陈同福都是陈嘉庚信任的实业骨干，是时分别担任陈嘉庚公司在马来亚的太平埠和怡保埠设立的橡胶分公司经理。

后来，林永德曾被日军扣留，即避居中爪哇山埠，未再远行，故将函件保留至陈嘉庚逝世后交出。

综上所述，反映了包括厦大、集美校友在内的爱国华侨，对陈嘉庚一片忠心耿耿与热切感恩的情怀，也体现了陈嘉庚高尚品格与爱国精神在南洋侨界的巨大影响。

佚名. 陈嘉庚在避难中化名脱险. 福建日报，2014-11-21.

## 专题欣赏五：习近平总书记给集美校友总会的回信前前后后

**【导读】** 作为给习近平总书记写信的主笔人，集美校友总会永远名誉理事长任镜波谈及此事时，激动的心情溢于言表。他说此次给习总书记写信的初衷，是希望借陈嘉庚先生诞辰140周年这一契机，通过党中央号召，大力弘扬“嘉庚精神”。任镜波说，习总书记关于实现“中国梦”的重要论述凝聚起亿万中国人民的强大力量，而“嘉庚精神”就是“中国精神”的具体体现。陈嘉庚先生一生爱国爱乡、倾资助学，创办的集美学校已逾百年，几十万集美校友遍布全球，相信凭借此次习总书记的重要批示，能凝聚起更多海外集美校友乃至华人华侨的力量，共同为实现中华民族复兴而不懈努力。

2013年国庆长假刚过，任镜波和往常一样，按时上班。

他一路前行，来到办公室，坐了下来。他打开黑皮包，拿出他那宝贝iPad，还有一份当天的《厦门日报》，对着坐在他对面一位岁数比他稍小的老人说：“看到了吧？习总书记给中央民族大学附属中学学生回信，祝贺他们学校百年校庆！”

他说的是2013年10月7日，习近平总书记给中央民族大学附属中学全校学生回信，祝贺他们学校建校100周年。

他很“潮”，iPad已成为他身体的一个部分，年轻人能玩的“把戏”他都会玩，而且很娴熟。玩微信，看各种电子报刊，是他每日必不可少的功课。80岁出头的人了，阅读量还大得惊人，国内外大事，公开的、内部的，他知道得很多，不仅快，而且准。

“我们也是百年校庆。中央民族大学的特点是‘民族’，我们集美学校的特点是‘侨’。更重要的是我们学校是陈嘉庚先生创办的。陈嘉庚是毛泽东主席誉为‘华侨旗帜　民族光辉’的伟大华侨领袖。”他认真严肃地说，措辞严谨，就像他写文章一样，“我国两位时代伟人毛泽东和邓小平都在中国现代历史发展的关键时刻，通过给陈嘉庚题词，为团结广大华侨，建立新中国和祖国的四个现代化建设发挥了重要的引领作用。”

他和那位老人讲起了两位伟人为陈嘉庚题词的背景和伟大的历史意义，有问有答，有讲述有插话，没有一点说教的味道，体现了任镜波的叙事风格。

“1945年，抗战胜利以后，陈嘉庚结束了在印度尼西亚爪哇三年零八个月的匿居生活，于10月6日安全回到新加坡。新加坡各界华侨隆重集会，庆祝陈嘉庚安全归来。”

“那是10月21日，正是老先生生日。500社团集会。”另一位老头插话。

“11月18日，重庆各界在重庆大学举行‘陈嘉庚安全庆祝大会’。毛泽东主席给大会送来手书的条幅，上面写着‘华侨旗帜　民族光辉’八个大字。庆祝活动和毛泽东的题词对团结广大华侨争取和平、反对内战起了重要作用。1984年，在陈嘉庚诞辰110周年之际，邓小平题词‘华侨旗帜　民族光辉　陈嘉庚’。这对‘文化大革命’后的华侨工作方面的拨乱反正，发动广大华人华侨投身于祖国四个现代化建设起了重要作用。”

“从那时到现在，算起来也有30年了。”

“是的，这30年，我国的国情、侨情都发生了很大的变化，特别是侨情，无论是华侨、华人的数量、分布、构成、理念、追求都发生了很大的变化，但陈嘉庚作为‘华侨旗帜　民族光辉’的定位没有变，‘嘉庚精神’的引领作用没有变，不仅没有变，而且应该得到加强。”任镜波说。

“你的意思是我们也——”坐在对面的那位老人做了个手势说。

“是，给习总书记写信。”任镜波说，“现在的形势很需要党和国家的最高领导登高一呼，号召广大华人华侨，继续弘扬‘嘉庚精神’，共同为中华民族的伟大复兴奋斗。而集美学校百年校庆是个很好的时间节点。”

“对，这将起到和毛泽东、邓小平题词一样的作用。可是今天都几号了，离校庆还不到两个星期，来得及吗?”

“看来是晚了。”任镜波算了算说。

之后，他没再提此事。

2014年10月21日是陈嘉庚先生诞辰140周年。8月5日，上级领导到集美征集对纪念活动的意见和建议。任镜波应召出席。他在会上提出给习近平总书记写信的建议。他的话一出口，与会者的脸上出现了各种表情，管事的领导停住手中的笔，惊愕地看着他，仿佛儿时听到《天方夜谭》的故事一般。任镜波对自己的提议作了一番阐述和说明之后，强调说：“由党和国家的最高领导人发出号召，以陈嘉庚为旗帜，去感召、团结广大海外华人和新、老华侨，这是一件十分有意义的事情。”他提出三个具体操作方案：其一是由厦门市委、市政府致函习近平总书记，以地方党组织向中央请求的方式提出；其二是以纪念陈嘉庚先生诞辰140周年筹委会的名义致信中央有关部门，提出有关请求；其三是由集美校友总会以民间组织的名义直接给总书记写信，表达百姓的诉求。三个方案各有利弊。第一、第二方案实际上是一样的，真正负责的是中共厦门市委。第三个方案，比较“草根”，操作方便。

任镜波一本正经地把自己心中所想和盘托出，无比畅快。他是认真的，为此他从2013年10月一直想到现在，整整想了10个月，300多天。他相信领导一定会把他的话放在心上，把他的建议当成一件事来办。

他等待着领导的答复。

一周过去了，两周过去了，没有动静；一个月过去了，两个月又要过去了，仍然没有回音。时间不等人，再等就要误事了！任镜波终于按捺不住了，开始考虑按照第三个方案行事，以集美校友总会和《集美校友》编辑部的名义给习总书记写信。

然而，他又兀自寻思道：“集美校友总会，一个小小的民间基层组织，给党的总书记、国家元首写信，行吗？习总书记日理万机，哪儿有空看一封普通老百姓的来信?”想着想着，他有些泄气，但又觉得自己的想法不对，立即给自己打气，增强自己的信心。

他对自己说：陈嘉庚先生的影响力重大而深远，弘扬嘉庚精神，凝聚侨心，发挥侨力，这不是一个人或一个团体的事情，而是关乎国家、民族的大事。自己既然想到了，又觉得有意义，应该做，就不应该瞻前顾后，犹豫再三，裹步不前。这是自己的责任。学习嘉庚精神最根本的就是要学习先生的“国民天职”意识，只要对国家、对民族有利的事，就要像校主那样，义无反顾地去做，身家性命在所不惜。

任镜波又想起自己和总书记的几次见面。第一次是在2000年，福建电视台和集美校友总会合作拍摄一部关于陈嘉庚先生的纪录片，任镜波和摄制组先后采访了时任省长的习近平。以后，习近平兼任集大校董会主席，在三年多的时间里，他三次出席校董会并作重要指示，任镜波三次都在场。让任镜波印象最深的是，在2001年的校董会上，习近平和省市领导颁发“王瑞庭海上专业助学金”，助学金的捐资人王景祺因事未能出席，任镜波是他的信托人，代表王景祺颁发。任镜波站在一旁，有些拘束。习近平见状，便招手让任镜波站到他的身旁。任镜波感到特别亲切。

任镜波想：习总书记十分重视弘扬嘉庚精神，只要信能够送到他手上，他一定会有所表示的。这促使他下定决心，开始斟酌这封信该怎么写。任镜波在iPad上写着信，觉得这信太神圣了，字字千斤重。他写了又改，改了又写，心思太重，寸步难行。他有些烦躁。情绪烦乱之中，他突然脑子一转，想道：自己是老百姓，习总书记和老百姓心连心，习总书记最了解老百姓。自己心里怎么想的就怎么写，其他就不要想，也不要写。于是，他顺着自己的思路，驾轻就熟，写出了初稿。经过几次修改，信终于写成了。

信的第一段写党的十八大以来，党风、民风明显好转，作为老百姓，他感受到习总书记治国理政的伟大功绩；第二段写习总书记在福建工作期间，他本人亲自聆听他对弘扬嘉庚精神的多次指示；第三段写毛泽东、邓小平在我党、我国历史发展的重要时刻，以为陈嘉庚先生题词的方式，对我国的侨务工作发挥了巨大的引领作用；第四段以集美校友总会和《集美校友》编辑部的名义，代表海内外的集美校友，请求习总书记在陈嘉庚先生诞辰140周年之际，以党和国家最高领导人的身份，对海内外的华人、华侨发出号召，弘扬嘉庚精神，凝心聚力，为实现中华民族伟大复兴的中国梦而共同奋斗。

任镜波知道国家领导人日理万机，工作非常忙，每天收到的信件不可胜数，要尽量减少首长的麻烦。他长期做机关工作，知道怎么方便首长阅读。写完信后，他又写了一封短信，实际是长信的摘要。一长一短，封在同一信封里。

短信用毛笔写就，共183字。信是这样写的：

尊敬的习近平总书记：

您好！

今年10月21日，是“华侨旗帜　民族光辉”陈嘉庚先生诞辰140周年。为了更好地在海内外嘉庚学子和华侨、华人中，宣传嘉庚精神，弘扬中华优秀文化传统，共筑中国梦，我们恳请总书记为陈嘉庚先生诞辰140周年作一题示。

我们是最基层的社会组织，直接请国家最高领导人题示，深感冒昧，恳请宽恕！

恭祝

身体健康

厦门市集美校友总会<br>《集美校友》杂志社<br>2014年9月1日

信写好后，他又反复阅读、斟酌。四天后，也就是9月5日，他又仔细地检查了一遍。当他确信万无一失时，才把信封好，交给总会副秘书长钟国平，请他到邮局用特快专递寄出。

钟国平拿着信到邮局去了。任镜波身体往后一靠，双手搭在捡来的那张旧皮转椅的扶手上，长吁一口气。过了一会，他问坐在他对面的那位老人："我是不是又犯傻了？"

"你怎么这么说呢？"

"我有时会做一些别人认为没谱的事。翠霞在时，她会说我犯傻。"任镜波说。

"这是一件好事，大好事，怎么会犯傻呢？"

"你说习总书记会看到我们的信吗？会有反应吗？"任镜波问。

此时，街道对面传来一阵中秋博饼的骰子的叮当声和呼叫声。

"实话相告，我不乐观，几率比博到'状元插金花'还低。寄到是肯定的，呈送给习总书记也是可能的，但之后就难说了。"

"你的意思是——"任镜波此时是既自信又不自信，很希望从别人的言辞中得到鼓励和信心。

"我说，信肯定会送到。送到后，如果工作人员给你打个电话，表示感谢，那也是常理之中的事。再乐观点，中央办公厅给你一纸盖有公章的回信，其他的，玄！"

信寄出去后，任镜波感到自己完成了一件一直挂在心头的大事，不免有一种如释重负的感觉。慢慢地，这种轻松变成一种期待。随着时间的推移，这种期待变得越来越急切，而他耳边听到的不同声音也越来越多，他的期待也变得越来越渺茫，几近失望。

就在这个时候，一位经常到总会走动的老大姐来到任镜波的办公桌前，坐在他对面的椅子上，有点神秘地对任镜波说："任老师，我告诉你一件事。真事。你不要说我迷信。前天，我听说您给总书记写信，也想知道会是怎样的一个结果。我回家，拿起骰子，心里暗自说道：习总书记会回复，就让我得'状元'。结果，你猜，我一博，就是个'状元'，还是'状元插金花'。肯定有希望！"

"但愿你的手气会变成大家的运气，变成总会的福气。"一向不相信运气的任镜波此时也抱着"宁信其有，不信其无"的态度了。

"总会的运气旺着呢，肯定有希望！"老大姐语气很肯定。

当任镜波感到没有希望又抱有一线希望的时候，他接到一个电话。那时，他正陪同官宏光老校友从集美新城返回住处。在车上，他的手机响了，显示一个陌生的号码。见到陌生来电，任镜波一般不接。说来也巧，那天他却毫不犹豫地接了。一个很清脆、温和的女声，说她是“中共中央办公厅”。任镜波以为是自己听错了，但后边的话让他深信不疑。那声音说：“您给总书记的信收到了，谢谢。”任镜波正要答话，电话断了。想回拨，号码已经消失。他看手机上的时间：那是2014年10月8日下午3点10分，离他将信寄出仅一个月零三天。

收到了！任镜波感到非常兴奋。他是老党员，有很强的组织观念，第一时间便给主管部门市委统战部办公室打电话，如实地报告。

10月13日上午10点17分，中办又给任镜波来电话，说“你们信中提出的问题很重要，领导很重视。”还问任镜波信中所引的习总书记讲话可有原稿，要求任镜波提供。任镜波按照电话的要求把相关资料传送给他们。后来中办又来电话，要求任镜波提供有关习总书记关于陈嘉庚和嘉庚精神的其他论述，还了解集美校友总会的相关信息。任镜波都一一照办，并向主管部门作了汇报。听说，有关部门还向厦门市的相关组织了解集美校友总会和任镜波本人的情况。

2014年10月20日上午10点18分，省、市有关同志给任镜波打电话，说“习总书记来信了，祝贺你!”

任镜波觉得耳朵轰的一声响。他喜出望外，嘴里叨念着：“习总书记真是和百姓心连心!”

“我连博三个‘状元’，其中还有一个‘状元插金花’！这就像喜鹊报喜，是喜气临门的先兆!”老大姐说。

10月21日上午，福建省政协、厦门市政协在厦门联合举办纪念陈嘉庚先生诞辰140周年座谈会。任镜波被邀请参加。会上，省政协主席张昌平宣读习总书记回信和尤权书记的批示，任镜波这才知道习近平总书记给厦门市集美校友总会的回信的内容。会后，任镜波拿到习总书记给厦门市集美校友总会回信的复印件，任镜波激动得双手发抖。

信的全文如下：

值此陈嘉庚先生诞辰140周年之际，我谨对陈嘉庚先生表示深切的怀念，向陈嘉庚先生的亲属致以诚挚的问候。

陈嘉庚先生是“华侨旗帜、民族光辉”。我曾长期在福建工作，对陈嘉庚先生为祖国特别是家乡福建作出的贡献有切身感受。他爱国兴学，投身救亡斗争，推动华侨团结，争取民族解放，是侨界的一代领袖和楷模。他艰苦创业、自强不息的精神，以国家为重、以民族为重的品格，关心祖国建设、倾心教育事业的诚心，永远值得学习。

实现中华民族伟大复兴，是海内外中华儿女的共同心愿，也是陈嘉庚先生等前辈先人的毕生追求。希望广大华侨华人弘扬嘉庚精神，深怀爱国之情，坚守报国之志，同祖国人民一道不懈奋斗，共圆民族复兴之梦。

习近平

2014年10月17日

陈嘉庚的七公子陈元济出席当天的座谈会。他紧紧地握着任镜波的手，激动地说：“谢谢您，任先生!”

习近平总书记的回信早在两天前，也就是10月19日，就传到福建省委。省委常委立即组织学习，省委书记尤权当即作出在全省认真学习贯彻习总书记给厦门市集美校友总会回信的重要批示。

10月21日下午，前来参加福建省、厦门市政协联合举办的纪念陈嘉庚先生诞辰140

周年座谈会的中国侨联副主席康晓萍和中国侨联副主席、福建省侨联主席王亚君专程到集美看望任镜波，对任镜波说："你为我们侨联做了一件大好事。我们感谢你。"

他们还邀请任镜波到福州参加福建省侨联举行的侨界学习习近平总书记给集美校友总会回信的座谈会，请任镜波在座谈会上作专题发言。任镜波对他们的鼓励和关怀万分感激。

10月21日晚上，福建电视台的福建新闻，以全覆盖的镜头、特大的标题，全文首播了习总书记给厦门市集美校友总会的回信和尤权书记的批示。第二天，《福建日报》在头版头条，以通栏标题全文发表了习总书记给集美校友总会的回信和尤书记的批示，还大篇幅报道了福建省、厦门市政协联合在厦门举办的纪念陈嘉庚先生诞辰140周年座谈会。

当晚，不少人给任镜波打电话、发短信、发微信，向他表示热烈的祝贺。其中有退休的老领导，也有在职的领导。厦门市委统战部副部长何秀珍在电话中对任镜波说："你为厦门做了一件大好事！"

第二天，打给他的电话、发给他的短信和微信比第一天还多。

那几天，在厦门的中央、省级媒体争相采访任镜波，多个单位邀请他去做报告。他为人一贯低调，不喜欢太出彩。对媒体采访他尽量谢绝，请他作报告能推就推，上了网的照片他让删去。

10月22日下午，他参加在集美校友总会召开的学习贯彻习总书记给集美校友总会回信精神座谈会。会上，他宣读习总书记给厦门市集美校友总会的回信和省委书记尤权对学习贯彻习总书记给厦门市集美校友总会回信精神的批示，回顾了习总书记在福建工作期间在弘扬嘉庚精神方面的动人故事。他说，在陈嘉庚先生诞辰140周年的时候，习总书记再次发出弘扬嘉庚精神的号召，必将进一步凝聚侨心侨力，激励海内外中华儿女，同心同德，共圆民族复兴之梦。与会人员表示，习总书记的回信是集美校友总会的殊荣，也是全体集美校友的荣耀。大家表示不辜负总书记的殷切希望，要进一步发挥总会联系海内外校友、乡亲的桥梁纽带作用。

在总会帮忙的人员、集美学校师生、广大集美校友通过微信把喜讯传到四面八方，同学、校友、亲朋好友都把这当成一件特别值得高兴的事。

10月27日，福建省委办公厅、省政府办公厅下发《关于认真学习贯彻习近平总书记给厦门市集美校友总会重要回信精神的通知》。该通知指出，习近平总书记的重要回信，内涵丰富、意义深远，情真意切、催人奋进，不仅是对集美校友的亲切关怀，也是对福建人民和广大海外侨胞的莫大鼓舞，必将进一步激发干部群众和华侨华人的爱国热情和民族精神，集聚起实现中华民族伟大复兴的强大正能量。

北京、上海、广州、南京、福州和香港、澳门等地的集美校友闻讯，个个激动万分，衷心感谢习总书记对集美校友的关怀，感谢习总书记对集美学校校主陈嘉庚先生的崇高评价。大家感到作为集美校友无限光荣，表示要进一步弘扬嘉庚精神，为实现中国梦尽心尽力。许多人和任镜波保持着微信联系，他们的热情和支持给了任镜波信心和力量。

集美区委对学习习总书记给集美校友总会的回信十分重视。10 月 23 日，集美区委召开常委会，专题学习习总书记给集美校友总会的回信精神。会议认为，嘉庚精神是集美人民最宝贵的精神财富。百年嘉庚，千年文化。在集美，嘉庚精神、华侨文化、闽南文化、学村文化，一起凝练成集美的城市特征。区委书记李辉跃表示，弘扬嘉庚精神，就是要进一步深入挖掘嘉庚精神的时代价值，深入挖掘嘉庚精神“忠公、诚毅、勤俭、创新”的精神实质，不断扩大和提升嘉庚精神的影响力，汇聚起海内外实现“中国梦”的磅礴力量。会议强调，集美区各级各部门要以学习贯彻习总书记给集美校友总会的回信为动力，凝聚侨心侨力，建设中国最美侨乡；深入挖掘嘉庚精神当代价值，全面推动人文集美发展战略的实施。

11 月 26 日，集美学校委员会召开全体委员专题会议，深入学习贯彻习总书记给厦门市集美校友总会回信精神。厦门市委统战部常务副部长何秀珍在会上再次重复她在电话里给任镜波说的话：“任镜波老师为厦门做了一件大好事。”听到主管部门领导在此正式场合说的这句话，任镜波受到很大的鼓舞。

任镜波在会上宣读了习近平总书记给集美校友总会的回信，报告了给习总书记写信的初衷和经过，谈自己的激动心情和学习心得，以及对回信意义的认识。

除应邀参加福建省侨联的座谈会外，任镜波还参加了集美区五个单位、集美校委会、南京集美校友联谊会、香港集美校友会、集美航海香港校友会、集美中学香港校友会、集美侨校香港校友会、集美学校泰国校友会等组织的有关活动，传达习近平总书记给厦门市集美校友总会的回信。

习总书记的回信引起遍布全球几代中华儿女的共鸣。回信发表后，香港、泰国、加拿大等地的校友纷纷发表谈话，热烈响应习总书记在回信中发出的号召。《集美校友》刊登了集美学校各校主要领导学习回信的体会文章，开辟专栏连续报道各地校友的学习活动和学习心得。

为了让更多的人了解习近平总书记给厦门市集美校友总会回信的内容，《集美校友》编辑部把刊登习总书记回信的《福建日报》复制印刷，分发给各地校友和厦门的广大读者。复制件在厦门散发最广。

2014 年 12 月 13 日，集美学校泰国校友会举行纪念陈嘉庚先生诞辰 140 周年暨集美学校泰国校友会成立 30 周年庆典。任镜波一到住地，就有多位校友和集美学校各校的领导前来造访。他们无一例外地谈到习近平总书记给集美校友总会的回信。任镜波带来了刊有回信的《集美校友》和几百份刊登回信的《福建日报》复印件。操办这次庆典的泰国校友会秘书长陈坤山最关心的一件事就是把《集美校友》和习总书记回信的复印件拿到庆典会场散发。

庆典在曼谷中华总商会礼堂举行，800 多人出席。因为《集美校友》和刊登习总书记回信的报纸复印件不足人手一份，手头没有材料的校友、嘉宾伸长脖子，眯缝着眼睛看着大屏幕上的回信全文。

庆典会上，任镜波宣读了习近平总书记给集美校友总会的回信，表示要响应习总书记的号召，进一步弘扬嘉庚精神，做好联络海内外校友的工作。

应邀出席庆典的中国驻泰国大使馆参赞兼总领事朱卫东说：习近平总书记的回信将激励海外华侨华人，继承和弘扬嘉庚精神，为实现中华民族伟大复兴的中国梦做出更大的贡献。

出席庆典的一位老校友无限感慨地说："习主席的回信说明，祖国没有忘记校主陈嘉庚。嘉庚精神将代代相传!"

一位资深侨务工作者说："习总书记的回信，是我党侨务工作史上一座新的里程碑，对今后的侨务工作将起重要的引领指导作用。"

2014 年 12 月 13 日夜，东道主组织泰国校友和各地校友乘游艇夜游湄南河。交谈中，校友们众口一词："习总书记给集美校友总会的回信是集美校友总会的光荣，也是全体集美校友的光荣；习总书记的信是写给总会的，也是写给全体集美校友的，更是写给全球中华儿女的。"

2015 年"五一"以后，任镜波就考虑，在习近平总书记给集美校友总会回信一周年的时候，出一个《集美校友》增刊，请中央和福建省、厦门市有关部门的领导撰写学习回信的文章，把学习回信的活动引向深入。

就在增刊开始征集文章的时候，2015 年 7 月 3 日《厦门日报》刊登一篇题为《凝心聚力建设"海丝"战略支点城市》的报道。报道写道："王蒙徽指出……建设'海丝'战略支点城市，要深入学习习近平总书记给集美校友总会的回信，大力弘扬'嘉庚精神'……"

10 月，在习近平总书记给集美校友总会回信一周年之际，《集美校友》增刊出版，国务院侨办主任裘援平，中国侨联主席林军、副主席王亚君等领导应邀为增刊撰写专稿，论述习总书记给集美校友总会回信的内涵和重要指导意义。

10 月 21 日，集美校友总会和北京校友会联合在北京举行"弘扬嘉庚精神，共圆中华民族复兴之梦"座谈会。会前，中国侨联主席林军接见了任镜波，高度评价集美校友总会给习近平总书记写信的意义，并对任镜波本人鼓励有加。

座谈会上，任镜波传达了中国侨联主席林军在接见他时的谈话，并作了发言，报告一年来海内外集美校友学习习总书记回信的情况以及他个人的体会。

2015 年年底，中共中央宣传部主办的《党建》杂志向任镜波约稿，请他写一篇稿子，记述接到习近平总书记给厦门市集美校友总会回信后的心情和想法。任镜波写的稿子刊登在《党建》2016 年第一期，是该刊采集编辑的《总书记，您给我们的回信收到了》专题中的一篇文章，随文还刊登了任镜波的头像和他写给习近平总书记信的照片。

有记者问任镜波："你为什么要给习近平总书记写信?"

任镜波打开面前一本 2015 年《集美校友》增刊，指着里面刊登的他写的两篇文章，淡淡一笑，什么也没说。这两篇文章，一篇为《维护和发展嘉庚事业》，一篇为《学习陈嘉庚，尽国民一分子天职》。

记者会意地点点头。

陈经华. 嘉庚弟子·国民天职. 福州：福建人民出版社，2011.

链接

### 我市启动“嘉庚精神宣传月”系列活动　弘扬嘉庚精神

厦门网讯（记者　马庆伟）异邦求生存成为大实业家后，回乡筑造了现代教育王国，陈嘉庚先生的事迹早已为厦门市民所熟知。时逢嘉庚先生诞辰140周年，我市昨日举办了“嘉庚精神宣传月”启动仪式暨嘉庚精神讲坛。市委常委、统战部部长黄菱，市委常委、宣传部部长叶重耕出席启动仪式，来自社会各界的900多名干部群众，在人民会堂感受了陈嘉庚的精神魅力。

“嘉庚精神宣传月”启动仪式暨嘉庚精神讲坛在人民会堂举行

黄菱在启动仪式上表示，从今年起，每年10月将确定为我市“嘉庚精神宣传月”。弘扬嘉庚精神将有助于巩固和发展最广泛的爱国统一战线，感召更多海外华侨、华人爱祖国、爱中华，更好地促进广大统一战线成员与中国共产党同心同德、同心同向、同心同行。

叶重耕强调，陈嘉庚先生执着于中华民族优秀文化道德理念，集思想、政治、经济实业、文化教育、社会活动诸方面之大成，形成了一系列既符合中国传统道德行为准则又独具闽南特色文化的崇高精神和高贵品质。学习、宣传、弘扬嘉庚精神正是美丽厦门最接地气、最直接、最生动的切入点。

启动仪式上，《伟人伟业》《集美学校百年校庆画册》首次发行，《南侨回忆录》也再版发行。随后，厦门大学朱水涌教授主讲了嘉庚精神，在场人士一同观看了影片《华侨旗帜　民族光辉——陈嘉庚》。除此之外，在宣传月中，还将举办“我心目中的陈嘉庚”征文活动，在《厦门日报》发表纪念文章等。

“嘉庚精神宣传月”启动仪式暨嘉庚精神讲坛由厦门市委宣传部、统战部、市直机关党工委、教育工委、集美学校委员会共同主办。据了解，今后我市每年都将举办该活动，更加广泛、深入、持久地宣传嘉庚精神。

厦门网，2014-10-15.

# 附　录

## 附录一　陈嘉庚年表

1874 年（清同治十三年）10 月 21 日，出生于福建省同安县集美社，父陈杞柏在新加坡经营米店生意。母孙氏。是年，清政府被迫与日本签订《北京专约》。

1882 年（清光绪八年）9 岁。在南轩私塾开蒙，塾师陈寅。

1890 年（清光绪十六年）17 岁。第一次出洋，到新加坡。

1891 年（清光绪十七年）18 岁。协助父经营顺安米号，管理货银账目。

1893 年（清光绪十九年）20 岁，奉母之命归国成婚，娶板桥乡秀才张建壬之女为妻。翌年 7 月，中日甲午战争爆发，北洋水师惨败，日军占领旅顺、大连。

1895 年（清光绪二十一年）22 岁。第二次出洋到新加坡，仍替父经营顺安米号。是年，清政府与日本签订《马关条约》。

1897 年（清光绪二十三年）24 岁。由父亲主持，在新加坡娶吴惜娘为庶妻。

1898 年（清光绪二十四年）25 岁。回国奔母丧，因风水先生言正穴方位不合，乃停柩以待。

1899 年（清光绪二十五年）26 岁。携妻张宝果一同至新加坡，仍经营顺安米号生意。

1900 年（清光绪二十六年）27 岁。归国葬母，在厦门鹭江道一带购地建筑店屋。是年，孙中山第一次到南洋开展革命活动。八国联军侵入北京。

1903 年（清光绪二十九年）30 岁。第四次出洋。顺安米号等亏损甚巨，不得不宣告停业。召集债权人，立志替父还清欠款。

1904 年（清光绪三十年）31 岁，创立了新利川菠萝罐头厂，并接办日新公司，三个月即获利接近 4 万元，增设米店一间，名曰谦益。又购买荒地 500 英亩种植菠萝，名福山园。

1906 年（清光绪三十二年）33 岁。在福山园套种橡胶树，开始经营橡胶种植业。办恒美米厂，制成熟米专销印度。孙中山在 4 月间抵新加坡，在晚晴园成立同盟会新加坡分会。陈嘉庚经人介绍与孙中山见面。

1910 年（清宣统二年）37 岁。再垦辟橡胶园两处。与胞弟敬贤在晚晴园宣誓加入同盟会，剪去辫发，脱离清朝，开始参加政治活动，当选新加坡中华总商会协理、新加坡道南学堂总理，动员闽侨捐款 5 万余元建筑校舍。

1911 年（清宣统三年）38 岁。辛亥革命胜利，致电老友黄乃裳询问福建情况，筹款 20 多万元远寄福建，支持福建光复，被推举为福建保安捐款委员会会长。孙中山回国路经新加坡，陈嘉庚筹款 5 万元支持孙中山事业。

1912 年（民国元年）39 岁。回国筹办集美学校。聘请外国技师在集美试制海蚝罐头，未成功。

1913 年（民国二年）40 岁。在家乡创办的集美学校正式开学，并购地扩建校舍和操场。第五次出洋。

1914 年（民国三年）41 岁，第一次世界大战爆发，罐头厂和熟米厂被迫停产。

1915 年（民国四年）42 岁，先后租轮船四艘，经营航运业务，获利可观。

1916 年（民国五年）43 岁。进一步扩展航运及橡胶业，购 3 000 吨轮船一艘，并将部分罐头厂改建为制胶厂。

1917 年（民国六年）44 岁。购 3 750 吨轮船一艘，将熟米厂亦改建为制胶厂。派胞弟敬贤创办集美中学和集美师范学校，努力扩建校舍。筹款 20 余万元救济天津水灾。

1918 年（民国七年）45 岁。两轮被德国潜艇击沉，将所得保险赔款在柔佛购进橡胶园1 000 英亩，又开垦荒山 2 000 英亩种植橡胶树。发起筹办新加坡南洋华侨中学。集美学校师范部和中学部正式开学。

1919 年（民国八年）46 岁。东南亚华侨创办的第一所华文中学——新加坡南洋华侨中学正式开学。回国筹办厦门大学，认捐开办费 100 万元，经常费 300 万元。组织同安教育会，对 30 所余各乡小学给予常年补助。

1920 年（民国九年）47 岁。创办集美水产航海学校。集美学校增设女子师范和商科。

1921 年（民国十年）48 岁。厦门大学假集美学村开学，始聘汪精卫为校长，因其不能到任，改聘邓萃英为校长，又因邓不能专心校务，遂聘请林文庆为校长。择厦门依山傍海之演武场兴建厦大校舍。

1922 年（民国十一年）49 岁。第六次出洋。积极扩展橡胶制造业。在马来西亚增设橡胶厂九所。

1923 年（民国十二年）50 岁。创办新加坡《南洋商报》。橡胶厂开始生产各种橡胶、靴鞋、医药和日常生活用品，在各地开设分店推销产品。

1925 年（民国十四年）52 岁。事业达到顶峰。各项营业获利近 800 万元。实有资产共约 1 200 万元。

1926 年（民国十五年）53 岁。捐款 15 万元倡建厦门大学医院，并捐建厦门、福州、上海三座图书馆。扩建南洋华侨中学校舍。创办集美农林学校。

1928 年（民国十七年）55 岁。5 月 3 日，日军制造济南惨案，陈嘉庚组织“山东惨祸筹赈会”，募款救济受难同胞。因宣传抵制日货，其熟胶品制造厂被奸商烧毁，产品亦遭日商削价倾销，资产损失过半。

1929 年（民国十八年）56 岁。致电国民政府外交部长王正廷，对济南惨案未解决即与日本人和谈表示不满。为陈嘉庚公司制定章程。

1931 年（民国二十年）58 岁。“九一八”事变爆发，陈嘉庚以福建会馆主席的名义，通电新加坡中华总商会，要求召开会议研究如何对付日本。在经济危机影响下，陈嘉庚公司经营情况不佳，因无力偿还债务，被迫将所余资产估值 200 余万元改组为陈嘉庚股份有限公司，由董事会管理。厦、集两校经费被迫缩减为每月 5 000 元。

1932 年（民国二十一年）59 岁。“一二・八”事变爆发，十九路军在上海痛击日军。陈嘉庚在《南洋商报》发表文章，批判对抗日悲观的论调，认为中国无亡国之理。据统计，陈嘉庚从 1918 年至 1932 年，已为集美学校耗资 4 815 万元（新加坡币）。

1934 年（民国二十三年）61 岁。因不愿停办厦大及集美两校，不愿接受外国银行控制，将陈嘉庚股份有限公司及所属工厂全部关闭。

1935 年（民国二十四年）62 岁。函召厦门大学校长林文庆来南洋筹款，拟兴办厦大医科及农科。是年福建水灾，以福建会馆名义组织赈济，募 8 万余元汇往灾区。

1936 年（民国二十五年）63 岁。中央国术馆馆长张之江率国术团至新加坡，陈嘉庚为其筹款，提倡国术。胞弟陈敬贤病逝于杭州。致函福建省政府及教育部，将厦大改为国立大学。蒋介石 50 岁生日，国民党人发起献机祝寿活动，新马华侨成立“购机寿蒋会”，陈嘉庚任主席，筹捐法币 130 万元，约可购飞机 13 架。“西安事变”发生。通电拥蒋，反对张、杨扣押蒋介石。

1937 年（民国二十六年）64 岁。“卢沟桥事变”发生，全面抗战爆发。发起组织新加坡筹赈会，被推选担任主席，募捐新加坡币 1 000 多万元，支援祖国抗战。

1938 年（民国二十七年）65 岁。被选为南洋华侨筹赈祖国难民总会主席。致电汪精卫，反对其与日本和谈的主张，向国民参政会提出“敌人未退出我国土以前，公务员谈和平便是汉奸国贼”的议案，议案获得通过，被总结为“敌未出国土前，言和即汉奸”。邹韬奋评价，这是古今中外最伟大的一个提案。

1939 年（民国二十八年）66 岁。欧洲绥靖主义盛行，《慕尼黑协定》签订后德国迅速占领捷克斯洛伐克。陈嘉庚发表《世界和平之实现赖中国坚强抗战》，预料日本将加入德意联盟。是年英向德宣战。

1940 年（民国二十九年）67 岁。组织南洋华侨回国慰劳考察团，率团于 3 月初由仰光飞抵重庆考察。会见蒋介石、冯玉祥、林森等，与重庆各界人士慰问交流。慰劳团分三路赴各地慰问。陈嘉庚带数人赴西北。5 月访问延安，会见毛泽东、朱德等。考察西南运输，沿途不断抨击种种腐败现象。回福建考察，反对陈仪祸闽暴政。年底返新加坡。向南洋华侨报告慰劳考察团回国经过，对延安赞赏有加。

1941 年（民国三十年）68 岁。为皖南事变致电国民参政会及国民政府、军政长官、全国同胞，吁国共息争，一致抗战。南侨总会第一次代表大会召开，连任第二届主席。创办南洋华侨师范学院。12 月，太平洋战争爆发，领导组织新加坡华侨抗敌动员总会。

1942 年（民国三十一年）69 岁。新加坡沦陷前匆忙避居印尼爪哇，在集美、厦大诸校友协助下不断迁途藏匿，后化名李文雪避居于玛琅。

1944 年（民国三十三年）71 岁。每日读书写作。自言读《纲鉴易知录》七八遍。历时两年写成《南侨回忆录》，全书近 40 万字。

1945 年（民国三十四年）72 岁。完成《住屋与卫生》《我国行的问题》等著述。8

月，日本战败投降。经吧城返回新加坡。动员民众调查华侨在战争中损失情况。重庆各界召开“陈嘉庚安全庆祝大会”，毛泽东书赠“华侨旗帜　民族光辉”。

1946 年（民国三十五年）73 岁。发表《南侨总会第二号通告》，对国民政府与苏联签订之《中苏友好同盟条约》，痛失蒙古、苏联在东北享有特权及海军进驻大连港等悲愤不已。致电美国总统杜鲁门和美国参众两院，反对美国援助国民党政府挑起内战，反对美军扎根中国。创办新加坡《南侨日报》。

1947 年（民国三十六年）74 岁。为《大战与南侨》（马来西亚卷）出版撰写序言。反对二战后帝国主义试图恢复战前殖民统治。召开新加坡华侨大会，抨击荷兰殖民军屠杀巨港华侨暴行，号召对荷兰实行经济制裁。发表《南侨总会第十五号通告》，公布国民党独裁政权罪状。

1948 年（民国三十七年）75 岁。在怡和轩俱乐部公开悬挂毛泽东像。为《南侨日报》撰写《新岁献词》，主张把革命进行到底。发表《南侨总会第十六号通告》，否认“国大”所选“总统”，宣布不承认蒋政府之各项卖国条件。重印《住屋与卫生》35 万册，广为赠送。

1949 年 76 岁。应毛主席电邀，从香港返回内地，行前将《南侨日报》董事长一职托付王源兴。抵达北平后在香山之双清别墅与毛泽东会见。应邀参加人民政治协商会议筹备会及第一届全体会议，被选为全国政协常务委员、中央人民政府委员和华侨事务委员会委员。到东北、华东、中南等新解放区视察访问。参加新中国开国大典后沿途参观访问。年底返回家乡，视察集美学校及厦大。

1950 年 77 岁。3 月，经香港返新加坡。在香港及新、马各地发表演讲，介绍新中国。将其回国见闻辑成《新中国观感集》在新加坡出版。处理在新加坡各项事务，于 5 月间乘飞机经香港至北京，从此回国定居。参加全国政协一届两次会议。促早日与各国建立外交关系，保护华侨利益。返回家乡集美，主持厦大、集美两校校舍的修建。向中央人民政府建议修建福建铁路。

1951 年 78 岁。筹划厦大、集美学校的修建。赴京参加全国政协一届三次会议，发言反对美国武装进犯朝鲜。陈嘉庚自捐 200 万元港币，连同亲友从新加坡捐款共 2 000 多万港币，其中 800 万元用于厦门大学。

1952 年 79 岁。从有关报告看到美蒋特务有谋害陈嘉庚的企图，毛泽东批示请周恩来总理采取措施，加强对陈嘉庚先生的保卫。主持厦大、集美学校新校舍建筑工程。为集美解放纪念碑题字向毛泽东发起邀请。毛泽东亲自复信，并为集美解放纪念碑题词。

1953 年 80 岁。赴京参加全国政协一届四次会议。建议填筑厦门——集美海堤。

1954 年 81 岁。当选第一届全国人民代表大会代表和常务委员会委员。发言拥护宪法，当选为第二届全国政协副主席。对《光明日报》记者发表谈话，强调台湾问题是中国内政，台湾和福建的关系有如唇齿相依，全中国人民都关心台湾解放，闽南人尤其关心，因为台湾当中很多是他们的血亲。出席全国政协二届一次会议，当选为全国政协副主席。

1955 年 82 岁。前往东北、华北、西北、西南等地视察。重访延安。第二次前往黄帝陵拜谒，见黄帝陵年久失修，上书毛泽东，历数黄帝陵破败之况，请求拨款整修。毛泽东将陈嘉庚信批转周恩来总理。黄帝陵得以整修和保护。

1956 年 83 岁。出席全国政协二届二次会议，发言拥护和平解放台湾。当选为中华全国归国华侨联合会主席。呼吁国家重视水产航海学校的建设。出席全国人大一届三次会议，倡议鹰厦铁路修建至龙岩支线以利开发资源。发起创办华侨博物馆，并自捐10万元。

1957年84岁。由集美赴京参加最高国务扩大会议，建议采用廉价绉胶生产橡胶制品以节省外汇。在全国人大一届四次会议上发言："凡不平当鸣，不鸣则失毛主席美意。"提出十六条意见，批判官僚主义。

1958年85岁。发现眼眶生一肿瘤，确诊为鳞状上皮癌，先后转往上海、北京治疗。6月病情恶化，卧床不起。立遗嘱，将遗产悉数捐献。经治疗病情好转，返回集美。请苏联专家设计集美太古海潮发电站。

1959年86岁。由集美赴京参加第二届全国人民代表大会。在会上发言，"西藏是中国领土不可分割的一部分"，不容他国干涉。

1960年87岁。致信叶飞，希望重视发展航海教育，得到叶飞积极回复。病情出现反复，周恩来到医院探视。口述《厦门供水问题》，提出要有长远眼光，建议在九龙江兴建水库。

1961年88岁。8月12日零时15分在北京逝世。病重期间周恩来总理多次到医院探视。成立陈嘉庚先生治丧委员会，周恩来为主任，亲自参加陈嘉庚遗体入殓仪式。8月15日在中山堂举行首都各界公祭陈嘉庚大会。公祭结束后，由周恩来总理、朱德委员长、陈毅、黄炎培、沈钧儒等执绋起灵。遵照陈嘉庚先生遗愿，遗体回集美安葬。灵柩由专列运送，沿途经停天津、济南、南京、上海等城市时，当地各界人士亦前往吊唁。8月20日下午，陈嘉庚灵柩运抵集美鳌园安葬，万人夹道迎灵，向陈嘉庚作最后告别。

夏蒙. 第一公民：陈嘉庚传. 北京：中国友谊出版公司，2013.

# 附录二　陈嘉庚语录

1. 牺牲一己之权利，从事国民之义务。

——1920年5月3日致叶渊函

2. 惟有真骨性方能爱国，惟有真事业方能救国。

——1929年《陈嘉庚公司分行章程》眉头警语

3. 侵略者得以灭人国家，占人土地，终不能灭人之固有文化。

——1933年3月在新加坡福建会馆的讲演

4. 人生于世，除为个人生活企图，更当为国家社会奋斗。

——1933年3月《集美学校二十周年纪念刊》

5. 敌未出国土前，言和即汉奸。

——1938年10月第二次国民参政会议提案

6. 爱国始于爱乡，强国必先强民。

——1945年5月在新加坡同安会馆的讲演

7. 如果终日只知赚钱，不知救国，纵然发了财，但是做奴隶、做亡国奴，发了财有什么用？

——1946年9月在新加坡福建会馆的讲演

8. 服务社会是吾人应尽之天职。

——《陈嘉庚遗教二十则》

9. 对于国家，当尽国民之责任，凡分所应尽者，务必有以报国家。

——1919 年 9 月在集美学校秋季始业会的演讲

10. 中国今日贫困极矣，吾既为中国人，则种种举动应以节俭为本。

——1919 年 9 月在集美学校秋季始业会的演讲

11. 盖以个人少费一文，即为吾家多储一文，亦即为吾国多储一文，积少成多，以之兴学。

——1919 年 9 月在集美学校秋季始业会的演讲

12. 我毕生以诚信勤俭办教育公益，为社会服务。

——《陈嘉庚遗教二十则》

13. 盖义务不能待富而后行。

——1922 年 6 月致叶渊函

14. 凡作社会公益，应由近及远，不必骛远好高。

——《陈嘉庚遗教二十则》

15. 夫公益义务，固不待富而后行，如必待富而后行，则一生终无可为之日。

——1919 年 6 月在新加坡南洋华侨中学的演讲

16. 公益义务，能输吾财，令子贤孙，何须吾富。

——1919 年 6 月在新加坡南洋华侨中学的演讲

17. 我既立志为社会服务，当然不能再为儿孙计，若兼为儿孙计，则不能尽量为社会服务，此理至明，毋须多赘，俗语说针无两头利。

——陈嘉庚公子陈厥祥《集美志》

18. 父之爱子实出天性，人谁不爱其子，唯别有道德之爱，非多遗金钱方谓之爱，且贤而多财则损其志，愚而多财则益其过，是乃害之，非爱之也。

——陈嘉庚公子陈厥祥《集美志》

19. 教育为立国之本，兴学乃国民天职。

——1940 年 11 月对集美厦大校友的演讲

20. 民无教育，安能立国?

——1920 年 5 月 3 月致叶渊函

21. 国家之富强，全在于国民；国民之发展，全在于教育。

——1920 年 11 月在新加坡筹办厦门大学的演讲

22. 改进国家机会，舍教育莫为功。

——《集美小学记》

23. 吾国今处列强肘腋之下，成败存亡，千钧一发，自非急起力追，难逃天演之淘汰。鄙人所以奔走海外，茹苦含辛数十年，身家生命之利害得失，均不足动吾念虑，独于兴学一事，不惜牺牲金钱，竭殚心力而为之，唯日孜孜无敢逸豫者，正为此耳。

——陈嘉庚公子陈厥祥《集美志》

24. 教育不振，则实业不兴，国民之生计日绌。言念及此，良可悲已。

——陈嘉庚公子陈厥祥《集美志》

25. 办学是要有勇气，也就是我们校训所说的“诚毅”，无论什么艰难困苦，都要不屈不挠。

——1940 年 10 月在安溪集美中学师生欢迎会上的演讲

26. 教育之必需经济，经济之必赖实业。实业也，教育也，固大有互相消长之连带关系也明矣。

——1923 年 9 月新加坡《南洋商报》开幕宣言

27. 教育与实业似有连带之关系，无实业则教育费从何来，无教育实业人才从何出。

——1923 年 2 月致叶渊函

28. 今后我国欲振兴航业，巩固海权，一洗久积之国耻，沿海诸省，应负奋起直追之责。然欲兴航业，必须培育多数之航业人才。

——陈嘉庚公子陈厥祥《集美志》

29. 余办学校，积有巨金寄存银行。一切经费，皆待经营。

——1922 年 2 月在集美学校开学式上的演讲

30. 有人劝余停止校费，以维持营业，余不忍放弃义务，毅力维持，盖两校如关门，自己误青年之罪少，影响社会之罪大。一经停课关门，则恢复难望。

——1945 年《南侨回忆录》

31. 我培养你们，并不想要你们替我做什么，我更不愿你们是国家的害虫、寄生虫。

——1940 年 10 月在安溪集美中学师生欢迎会上的演讲

32. 我希望于你们的，只是要你们依照着“诚毅”的校训，努力地读书，好好地做人，好好地替国家民族做事。

——1940 年 10 月在安溪集美中学师生欢迎会上的演讲

33. 不但希望他们读书识字而已，特别注重的，是要他们培养良好品格，认识做人道理，勤学俭朴，将来得以安居乐业，成为国家善良的人民。

——1954 年 7 月本社学生助学金补充办法通知

34. 教育非仅读书识字，而尤以养成道德性裨益社会。

——1923 年 7 月《新国民日报》

35. 世治日昌，端赖学术，非多专精人士，无以追轶足而挽狂澜。

——1920 年 10 月致厦门大学

36. 盖学问与时俱进，研究无穷，进步亦无限。

——1923 年 9 月新加坡《南洋商报》开幕宣言

37. 何谓根本？科学是也，今日之世界，一科学全盛之世界也。

——1923 年 9 月新加坡《南洋商报》开幕宣言

38. 科学之发源，乃在专门大学，有专门大学之设立，则实业、教育、政治三者人才，乃能辈出。

——1923 年 9 月新加坡《南洋商报》开幕宣言

39. 不但教其识字而已，其他如知识、思想、能力、品格、实验、体育、园艺、音乐以及其他课外活动，均需注意与正课相辅并行。

——《陈嘉庚言论集》

40. 体育运动为教育一重要之科学，虽主旨在训练健康，然对于道德精神，关系更为密切。

——1933 年 8 月在新加坡欢迎厦门男女篮球队的致辞

41. 吾人为中华民国国民，应有健全之身体与精神，方可为社会服务，荷国家于肩。

——1921 年 10 月在集美学校运动会上的演说

42. 国术和国文一样重要，国有文武，文是国文，武是国术。

——1939 年 1 月《南洋商报》

43. 国民体格之健全，要在平时有素养得来，非短时间之训练所能造成。

——1950 年 6 月《新中国观感集》

44. 对于轻金钱，重义务，诚信果毅，嫉恶好善、爱乡爱国诸点，尤所服膺向往，而自愧未能达其万一，深愿与国人共勉之也。

——1945 年《南侨回忆录》

45. 法律济道德之穷，规章作办事之镜。

——1929 年《陈嘉庚公司分行章程》眉头警语

46. 人类有服从法规之精神，即有创造事业之能力。

——1929 年《陈嘉庚公司分行章程》眉头警语

47. 天下兴亡，匹夫有责；身家可以牺牲，是非不可不明。

——1948 年 6 月为缅甸《新仰光日报》题词

48. 做人最要紧的是有是非。

——1953 年 11 月对集美学校侨生的演讲

49. 分别是非，不但对国家如此，就是个人也是一样。

——1953 年 11 月对集美学校侨生的演讲

50. 辨别是非，是做人的基本条件。

——1953 年 11 月对集美学校侨生的演讲

51. 能辨是非，做事有恒。

——《陈嘉庚遗教二十则》

52. 无是非之心非人也，无责任之心亦非人也。

——1929 年《陈嘉庚公司分行章程》眉头警语

53. 与同业竞争，要用优美之精神与诚恳之态度。

——1929 年《陈嘉庚公司分行章程》眉头警语

54. 谦恭和气，客必争趋，恶词历色，人视畏途。

——1929 年《陈嘉庚公司分行章程》眉头警语

55. 待人要敬，自奉要约。

——1929 年《陈嘉庚公司分行章程》眉头警语

56. 待人勿欺诈，欺诈必败；对客勿怠慢，怠慢必招尤。

——1929 年《陈嘉庚公司分行章程》眉头警语

57. 以术愚人，利在一时；及被揭破，害归自己。

——1929 年《陈嘉庚公司分行章程》眉头警语

58. 怨宜解，不宜结。

——《陈嘉庚遗教二十则》

59. 饮水思源，不可忘本。

——《陈嘉庚遗教二十则》

60. 不可见利忘义。

——《陈嘉庚遗教二十则》

61. 官僚主义弊端，为懈怠傲慢，任职而有此弊，虽清白不贪污，亦难免误国病民。

——1957年7月在全国人大一届四次会议上的发言

62. 世界上任何事业，若有组织，能合作，当然有益无损，若无组织，不能合作，则散沙之弊，实所难免。

——1945年《南侨回忆录》

63. 世界无难事，唯在毅力与责任耳。

——1918年6月筹办南洋华侨中学的演讲

64. 凡做事须合情合理，如不合情理，应勿为之。

——《陈嘉庚遗教二十则》

65. 革命可分公私二种，工业的革命、文化的革命、政治的革命，这些是公的；心理的革命、人格的革命，这些是私的，……私的革命，这些不能让别人去做，应该自己来做。

——1936年1月《南洋商报》

66. 日日思无过，不如日日能改过。

——1929年《陈嘉庚公司分行章程》眉头警语

67. 古语云：人谁无过，过而能改，善莫大焉。

——1950年6月《新中国观感集》

68. 智者必就长而弃短，取利而舍害。

——1926年6月致叶渊函

69. 嬉游足以败身，勤劳方能进德。

——1929年《陈嘉庚公司分行章程》眉头警语

70. 知识生于勤劳，昏庸出于懒惰。

——1929年《陈嘉庚公司分行章程》眉头警语

71. 懒惰是立身之贼，勤奋是建业之基。

——1929年《陈嘉庚公司分行章程》眉头警语

72. 有坚强之精神，而后有伟大之事业。

——1929年《陈嘉庚公司分行章程》眉头警语

73. 无事要找事做，不要等事做。有事要赶紧做，不要慢慢做。

——1929年《陈嘉庚公司分行章程》眉头警语

74. 无事找事做，其人必可爱，有事推人做，其人必自害。

——1929年《陈嘉庚公司分行章程》眉头警语

75. 事事让人出头，终身无出头地；样样让人去做，终身无自做时。

——1929年《陈嘉庚公司分行章程》眉头警语

76. 欲成大事，先做小事。

——1929 年《陈嘉庚公司分行章程》眉头警语

77. 做事敷衍是不负责任之表现。

——1929 年《陈嘉庚公司分行章程》眉头警语

78. 业如不专，艺必不精。

——1929 年《陈嘉庚公司分行章程》眉头警语

79. 金玉非宝，节俭是宝。有钱须思无钱日，莫待无时思悔迟。

——1929 年《陈嘉庚公司分行章程》眉头警语

80. 财有限而用无穷，当量入以为出。当省而不省，必致当用而不用。

——1929 年《陈嘉庚公司分行章程》眉头警语

# 附录三　《陈嘉庚公司分行章程》眉头警句

1929 年，陈嘉庚在他拟订的《陈嘉庚公司分行章程》中，明确规定“与同业竞争，要用优美之精神与诚恳之态度”。为了取得商战竞争中的胜利，他总结了许多正当竞争的“生意经”在本公司推行，例如“待人勿欺诈，欺诈必败；对客勿怠慢，怠慢必招尤。”“以术愚人，利在一时；及被揭破，害归自己。”“货真价实，免费口舌；货假价贱，招人不悦。”要求公司人员文明经商，对服务质量与盈利的关系作了精彩概括：“谦恭和气，客必争趋”“待入门顾客，要如自己亲戚”以及“肯努力，多推销，未见利，利不少”“货物不合，听人换取，我无损失，人必欢喜”等。

战士以干戈卫国，商人以国货救国。

外国人之富强，多藉中国人之金钱。

人身之康健在精血，国家之富强在实业。

我退一寸，人进一尺，不兴国货，利权丧失。

能自爱方能爱人，能爱家方能爱国。

爱国队中无有道德败坏之人，不尊重自己之人格，何能爱自己的国家。

藉爱国猎高名，其名不永；藉爱国图私利，其利易崩。

惟有真骨性方能爱国，惟有真事业方能救国。

商战之店员，强于兵战之军士。

训练兵战在主将，训练商战在经理。店员不推销国货，犹如战士遇敌不奋勇。

人类有服从法规之精神，即有创造事业之能力。

待人勿欺诈，欺诈必败；对客勿怠慢，怠慢必招尤。

以术愚人，利在一时；及被揭破，害归自己。

日日思无过，不如日日能改过。

厦集二校之经费，取给于本公司；本公司之营业，托力于全部店员。直接为本公司之店员，间接为厦集二校之董事。

为学校董事有筹措经费之责，为本公司店员有发展营业之责。

为本公司多谋一分利益，即为国家多培一个人才。

不为教育奋斗非国民，不为本公司奋斗非店员。

本公司是一社会之缩影，服务于本公司，即服务于社会。
热心为社会服务，未有不热心为本公司服务。
尊重本公司之职守，即为图谋社会之公益。
受人委托，即当替人尽力；受本公司委托，即当替本公司尽职。
视人委托之事，一若自己之事；办本公司之事，亦若办自己之事。
不能尽职于公司，又何能尽职于自己。
公司遥远，耳目难及；不负委托，惟在尽职。
命令出于公司，努力在求自己。
在公司能为好店员，在社会便为好公民。
公司之规章，同于国家之法律。
法律济道德之穷，规章作办事之镜。
好国民守法律，好店员守规章。
法规为公共而设，非为一人而设。
嬉游足以败身，勤劳方能进德。
人而无恒，终身无成。
好多便不精，好情便不纯。
欲念愈多，痛苦愈大。
在职怨职，无职思职，蹉跎到老，必无一得。
见兔猎兔，见鹿弃兔，鹿既难得，兔亦走路。业如不专，艺必不精。
智识生于勤奋，昏愚出于懒惰。
懒惰是立身之贼，勤奋是建业之基。
有坚强之精神，而后有伟大之事业。临事畏缩，丈夫之辱。
欲成大事，先做小事。
不以小事而生忽心，不以大事而生畏念。
甘由苦中得来，逸由劳中得来。
动作迟慢，事事输人，商战场中必为败兵。
欲闲未真闲，心里大艰难，再觅正事做，精神自然安。
金玉非宝，节俭是宝。
有钱须思无钱日，莫待无时思悔迟。
待人要敬，自奉要约。
财有限而用无穷，当量入以为出。
当省而不省，必致当用而不用。
交友多，好出游，不误家，必误身。
无是非之心非人也，无责任之心亦非人也。
做事敷衍是不负责任之表现。
无事要找事做，不要等事做。有事要赶紧做，不要慢慢做。
无事找事做，其人必可爱；有事推人做，其人必自害。
事事让人出头，终身无出头地；样样让人去做，终身无自做时。
规章新订，人人宜阅；不阅规章，规章虚设。

顾客遗物，还之惟谨；非义勿取，人格可敬。
隐语讥人，有伤口德；于人无损，于我何益。
与同业竞争，要用优美之精神与诚恳之态度。
货品损坏，买后退还。
如系原有，换之勿缓。
肯努力，多推销，未见利，利不少。
谦恭和气，客必争趋；恶词厉色，人视畏途。
货物不合，听人换取。我无损失，人必欢喜。
视公司货物，要如自己货物。
待入门顾客，要如自己亲戚。
货真价实，免费口舌；货假价贱，招人不悦。
招待乡人要诚实，招待妇女要温和。
货物即黄金，废弃货物于暗隅，犹若浪掷黄金子道路。
检查货物，不任损失，公司之利益，亦即个人之利益。
不查货底，存货莫明。
暗里牺牲，其害非轻。
新货卸卖，旧货弃置，如此营业，安所求利。
多卖一份旧货，胜卖二份新货。
旧货为奉，新货为利；本不取回，利何由至。
店费开支，逐日统计，方知盈亏，方知利弊。
得从何处得，失从何处失，要明其底蕴，全仗统计力。
天文家靠望远镜以窥天时，商业家靠算盘以计赢利。
非公而出，荒废店务，习惯养成，自绝前路。
一人不在店，一货减销路，利权暗中失，不可计其数。
为官守印，为贩守秤，为店员守柜面。

## 附录四　陈嘉庚遗教二十则

一、我居星数十年，未尝犯过英政府一次。
二、儿孙自有儿孙福，不为儿孙作马牛。
三、宁人负我，毋我负人。
四、怨宜解，不宜结。
五、居安思危，安分自守。
六、饮水思源，不可忘本。
七、家庭之间，夫妇和好，治家之道，仁慈孝义，克勤克俭。
八、服务社会是吾人应尽之天职。
九、不取不义之财。
十、仁义莫交财。
十一、能辨是非，做事有恒。

十二、服务社会，老而弥坚。
十三、吾人应安分守法，以培后盛。
十四、己所不欲，勿施于人。
十五、不可见利忘义。
十六、世间冥冥中确有因果，不可不信。
十七、凡做社会公益，应由近及远，不必骛远好高。
十八、凡做事须合情合理，如不合情理，应勿为之。
十九、我毕生以诚信勤俭办教育公益，为社会服务。
二十、明辨是非善恶，众人须知之，应如何笃行之。

陈厥祥．集美志．117－118.

## 附录五　南侨回忆录（节选）

陈嘉庚

### 弁　言

余天资素钝，九岁入私塾，十七岁夏塾师谢世，辍学出洋。时已有简单之日报，余仅一知半解。在洋就商之后，对学问事不知求益，抱憾不少。而生平志趣，自二十岁时，对乡党祠堂、私塾及社会义务诸事，颇具热心，出乎生性之自然，绝非被动勉强者。念无甚成绩可纪，故生平未尝记载。此回忆录盖原为纪念华侨参加抗敌而作。我国此次国难，为有史以来所未有，南洋千万华侨，对祖国之贡献如何，不但今时国内外多未详知，而此后必更销声灭迹矣。抗战胜利后，我国史书即有记载，亦不过略提海外华侨曾捐助慈善救济费若干已耳。至于我南侨如何辛苦募捐，同仇敌忾，抵制敌货，严惩奸商，牺牲苦干，数年如一日，以及祖国战时所需金钱与华侨有如何密切关系，当然无由得知；而后人或难免以为当国家存亡关头，千万华侨不思回国报效，尚在海外逍遥也。余忝任南侨总会主席，所居新加坡为南洋最重要商埠，且曾回国慰劳，对国内政府及战区官长多有接触，对南洋各属侨胞筹款会，更有往来，所以知之甚稔。自新加坡失陷，避匿爪哇，闲暇无事，乃思写此《回忆录》，不但使海内外同胞知南侨对抗战之努力，以及对祖国战时经济之关系，亦可免后人对今日侨胞之误解也。为记述南侨对抗战之工作，故并余以前些少服务社会之事及南侨概况约略记之。书末复附《个人企业追记》一篇。全书计三十万言，最大部分为记录南侨襄助祖国抗战工作，次则为余服务社会之经过，再次为个人以前之营业状况。所以补记个人之事，则因先有营业而后能服务社会，继而后得领导南侨襄助抗战工作也。要之余书虽属记载性质，而材料亦甚繁多，然其中固有一贯之根本意见，非杂凑而成书。兹请撮其要点，申述于此，以作导论。

祖国前受制于清，政治腐败，国弱民贫。迨光复后军阀专横，官僚贪污，农村破产，百业落后。日本乘危打劫侵占东四省，继将进而并吞华北各省。幸英国派员助改币制，统一财政。然所有国内白银，多被政府没收，输往外国，而代以纸币，复于数年间发出巨额公债票。唯因外强中干，债票在市面价值仅五六成而已。政府财政之困穷，社会民众之贫苦，毋庸多赘。

我国各业既落后，洋货复自由入口，清时每年已入超数万万元，民国光复至“七七事变”二十余年中，入超近百万万元。我国既不能出产金银，其所以免致破产者，端赖海外华侨逐年外汇输入现款二三万万元，故能抵塞漏卮。外国人以货品出口换金钱，而我国则以华侨人身代之也。

战争之国最需要者人力与金钱。外国逢有战争需要金钱，多是发行公债，向国民息借。我国政府亦不能例外，然政府素乏信用，民众又患贫穷。抗战后发行首次救国公债五万万元，虽如何极力推销，总不能达到半数。如闽省由中央政府分派八百万元，经省政府悉力强逼，甚至捕人封屋，竭泽而渔，经年以后，结果仅销四百万元。其他各省可以想见。然政府每年发出公债两次，每次五万万元，至民国二十九年，全面抗战已三年半，共发出公债券三十余万万元，除首次外未尝再向民间募债，而完全由政府银行负责。银行何以有此能力？此则利用华侨汇款作纸币基金耳。

民国二十九年春据何应钦部长在国民参政会报告，客年全年战费共开出一十八万万元，而同年海外华侨汇归国币十一万万元，义捐交政府约十分之一，余为私人寄家用者，从中南洋约占十分之七有奇，余为美洲等他处。按华侨外汇之款，概是现金，照世界银行发行纸币公例，有基金一元便可发出纸币四元，其信用便可称稳固。政府如以十一万万元现金，存中外银行作纸币基金，便可发出纸币四十四万万元。除十万万元交还侨眷家费，尚可存三十四万万元，除抵补是年战费十八万万元以外。尚有十六万万元也。

我国自全面抗战以后三四年中，俄国借助我军火值三万万美金；英国自初开战时，借我现款五百万金镑，以维持国币基金，美国以货物交换，借我值四千五百万元美金之物品。除此而外，未有其他现金资借也。

我国战费及政费，所需金钱，既与华侨有密切关系，华侨应如何竭诚努力，以尽职责，大可以救祖国之危亡，次可以减将士之死伤。然若考究其实，则遗憾甚多。南洋侨胞虽号称有一千一百万人，其中暹侨五百万人被当地政府压抑不得公开援助祖国，而各属侨生约一百多万人则多乏祖国思想。此外，尚有五百万人之众，其中殷富侨领不少，如肯努力提倡，义捐及增寄家信，至少可加一倍。然或以领导不力，或袖手旁观，致成绩有限。故祖国虽遭此空前危险关头，而南洋华侨既众且富，义捐及私家汇寄，犹未及在洋资产十分之一也。

自敌南侵后两三个月，南洋各属地都归失陷，华侨汇款概行告绝，其他美洲等侨汇，亦因香港失守，机关欠灵，阻碍不少。自民国三十年以后，我政府既无侨汇现款，可作国币基金，而银行纸币，仍旧增发，以抵政府续发之公债券。加以政治不良，污吏奸商舞弊囤积，由是货物昂贵，战费大增，而政府又不得不增发纸币，以资周转。纸币愈多，价值愈贱，物价亦愈膨胀，此皆由乏相当基金存中外银行之故，由此更可证明侨汇与祖国之关系。

自民国二十九年夏，法英战败，敌乘机侵入安南，美国已逆料世界大战不能避免。而东亚方面，中国为战线要冲，将来中美必须联络，在人力上中国负有相当责任，而金钱与军械，则赖美英供给。故美总统屡派代表，或藉名中国顾问，与我政府磋商。其最重要条件，即是财政公开，政治民主化，避免国内分裂，方能一致对外。经历有年，结果无效。迨至日本南侵，美英当然更积极要求，而我政府反视为奇货可居，以为大敌日本，已有美英可代我负责，而眼中钉之中共，便可乘机制裁，即转一部分军力封锁其边界，由是美英诚爱莫能助矣。

余久居南洋，对国内政治，虽屡有风闻而未知其事实究竟如何。时中共势力尚微，且受片面宣传，更难辨其黑白。及至回国慰劳，与各领袖长官、社会名人、报界记者接触，并至延安视察经过，耳闻目睹各事实，见其勤劳诚朴，忠勇奉公，务以利民福国为前提，并实行民主化，在收复区诸乡村，推广实施，与民众辛苦协作，同仇敌忾，奠胜利维新之基础。余观感之余，衷心无限兴奋，梦寐神驰，为我大中华民族庆祝也。

此次世界空前未有大战后，各国政体必多改革，民治化势力蔓延，决不容野心独裁盘据误国。我国惨遭战祸时期最久，而战后之幸福亦必最大，所获利益亦必最多。兹举其大者而言，对外如取消不平等条约，收回百年来所丧失之国土与各租界，及没收敌人在国内所有业产，至于以前所负不平等外债，亦可脱卸；对内则改革政体，实行民主政治，兴办交通，振兴工业，改善农村，提高文化，注重卫生，以上诸事均为我事事落后之中国所独有也。

我国经大战之后，民治政府百端维新，而卫生端在首要之列。卫生事项虽多，而最困难最重要之根本，则为住屋问题。我国自来人民生死未有登记，设有登记，其数必甚多。余住新加坡五十余年，自初到时当地政府对卫生已有相当设施，而市民每年死亡率，每千人平均二十四五人。迨至近今二十多年前，市政更大改革，将全市总计划，凡新建屋宅，须照政府计划办理，旧者则逐渐改建，其要点为留街路，留空地，开门窗，留天井等事，目的在使目光空气可以畅达。十余年间改革完竣，而市民死亡率，遂减去十分之一有奇，每年每千人平均仅死十五人而已。余前者回国慰劳，经历十余省，所见城市之住屋街路，大都不合卫生，认为此事极关重要，于民族前途大有影响。各地城乡曾为战区者，其住屋之破坏固无论，即未沦陷之地亦多有遭炸毁者。乘此战后复建之际，各地方政府应就全区通盘计划，颁布合于卫生之建筑规则，使人民遵循，新者全照规定，旧者逐渐改变。从此一劳永逸，他日无须重拆，则卫生之基本已立矣。此事有时间性，逾时即不及，故余特印行《住屋与卫生》一小册，以宣传之，并组织回国卫生观察团以提倡之也。该小册亦附于本书内。

此次胜利国诸大领袖，均有伟大善愿，欲措世界各国于长期和平之前途。然欲达此目的，必须鉴察既往，揣度未来，以公平道义为根据，消除不平及无理之旧状态，方能熄灭战争之导火线，而达到弭兵之期望。就东亚言，安南为我国属土，已有二千一百余年历史，不幸为法国占夺，此乃我国之奇耻大辱。苏美英诸领袖果真有长期弭兵之诚意，必须将安南之法国政权取消，乃能拔除战争之祸根也。本书末附《中国与安南》一文亦即发挥此意。

此次世界大战后，苏美英诸领袖，既欲以道义造福人群，当然对于不平等苛政、不仁义权利，必须铲除或改善。华侨亦在联军之列，战时共同遭受惨苦，战后各属居留地政府对于华侨，不宜仍照以前苛待，而应改善待遇。例如以前各属地之限制华侨人口，征收人身税，禁止土地权，限制教育，及其他不平等条件，以及鸦片公卖等陋政，必须消除或改善。本书中亦常提及此等事。

要之，本书虽属事实之记载，然其性质颇有关于社会风化，立身人格；对于轻金钱，重义务，诚信果毅，嫉恶好善，爱乡爱国诸点，尤所服膺向往，而自愧未能达其万一，深愿与国人共勉之也。

本书节数五百余，头绪繁多，且系按时间先后记录，非按事件之性质，故粗观目次，不能明其内容，兹按其性质略分为以下诸项：

一、福建光复时本坡汇款接济及孙总理回国事；

二、集美厦大两校经过及南洋华侨教育事；

三、福建救乡会及济南惨案及其他社会事件；

四、七七抗战后南洋各属筹款会及南侨总会工作经过；

五、机工及慰劳团回国及余亲历十余省见闻之状况；

六、陈仪祸闽及余抗议事；

七、余与蒋委员长、毛主席及各战区司令官长等人恳谈之语；

八、日寇南侵华侨抗敌动员及沦陷事；

九、《战后补记》附《住屋与卫生》《中国与安南》诸文；

十、《个人企业追记》。

中华民国三十五年一月二十五日于新加坡怡和轩

**〇三三　厦大献与政府**　自有限公司收盘后，余即函请厦大校长林文庆来洋募捐，数月后结果，新加坡募国币十万元，马来亚十五万元，然催收经年，马来亚仅十余万元，余作罢论，共实收国币二十余万元。而厦大经费已缩至每月二万元，集美六千元，除国府补助及其他收入，逐月尚不敷二万元。集通债款又须陆续清还，幸灰余红利（前生胶厂租人订抽红利）上半年颇好，故聊可支持得过。民国廿五年买树胶园四百英亩，成本十六万余元，拟作厦大基金，每月入息约二千元，该款系向李光前陈六使各捐五万元，陈廷谦一万元，李俊承五千元，不敷由余凑足之。民国廿六年春，余念厦集二校虽可维持现状，然无进展希望，而诸项添置亦付缺如，未免误及青年。若政府肯接受厦大，余得专力维持集美，岂不两俱有益，此乃出于万不得已之下策，乃修书闽省主席及南京教育部长告以自愿无条件将厦门大学改为国立。过后未有消息，适孔祥熙院长将往欧洲贺英皇加冕，轮泊新加坡，余下船送行，彼对余云厦大事，行政院已通过。再后接教育部长来函，并委派萨本栋君为校长订暑假时接收，余即函知林校长预备交卸，交卸后而七七战事已发生矣。厦大自民国十年开办，迄余公司收盘，适十二年足，及至交卸共十六年有奇，余支出款项，适与当时认捐四百万元数目相符，其凑巧如是。每念竭力兴学，期尽国民天职，不图经济竭蹶，为善不终，贻累政府，抱歉无似。回忆古语云，“善始者不必善终”，亦聊以自解耳。

**〇四六　决定拥护中央**　民国十七年南京政府成立，国内纷纷尚未统一，而外国则咸已承认为正式政府，南洋华侨亦未能一致。余则手订规则，交南洋商报经理，命悬挂办公处，其语为“拥护南京政府为首要目的”。其时余与蒋委员长尚未相识，亦未有信息相通，特念外国已经承认，国民应当服从。否则，如西南政府要人既多相识，又有消息来往，岂不与个人较有关系，第以此为私人之事，不得因私废公。汪精卫在德国，遥与南北诸不服从者煽动反对南京政府，余与林君义顺联名发电劝止无效。此为余主张应服从中央政府，而不顾个人交情之事实也。

**〇四七　新加坡华侨中学新校舍之建筑**　新加坡南洋华侨中学校，当民国八年开办时捐款六十余万元。余经手购市内洋楼两座为校舍，费五万余元，又购市外五英里武吉智马律大路边，前马来王别墅八十英亩为新校址，景地均佳，价八万元。余回梓后新加坡屋地业大涨价，董事会议决买市内四万方尺地，拟建店屋为校业，每方尺四十三元，计卜七万余元，捐款未收者二十多万元，因商业欠佳均不肯交。所存现金十余万元，两年余经常费提用净尽，至余南来计已二年，校费已无着矣。余乃该法维持，并向认捐未交者，磋商酌衷折交。最巨者为富侨黄君十万元，渠言“实非怠交，当时系有条件，所捐系为建新校舍礼堂之资，不能移作经常费，如有实行建筑立即交出。”余念乘此机会若新校舍落成，可将旧校舍变卖以助校费，则一举两得。于是兴工起盖，除黄君交出十万元，复收旧捐六万元，前置市内四万方尺地仅售二万余元，复向华商银行借出六万余元，合计支出建筑费二十四余万元。礼堂可坐千人，课室膳厅宿舍等仅容三百余人，余如图书馆科学室等尚付缺如，而学生额已满，若有金钱尤须扩充诸校舍。希望热心教育者慷慨输将，俾可继续进展，此为民国十五年以前之事也。余辞卸后更换数届校董，其中乃有某董事主席异想天开，提议临马路边建筑两校门，费由渠负担，董事会赞成之。校门造成后有人来告予，门柱标题某某姓名，如此则全校包容在内，将置以前捐款人于何地。余乃往视新建左右两门，相距约一千尺，为该校出入路口，堂皇美观，门楣上横书中英文“新加坡南洋华侨中学校”，右门柱为白石刻中文，直书“某某姓名捐资建筑”。左门柱亦用白石刻英文，字义与右柱中文同。不筑围墙，只此两门所费不过千余二千元，然以门上有字，观者必误认全校为渠捐建，而以前捐数十万元之数百侨胞全归埋没矣。然此事尚小，该校地址广大，将来可容学生数千名，现所占面积不及十分之一二，空地虽多，日后谁肯复捐资扩充，此则为大问题。余不得已乃告知该校诸董事，请将石柱之字取消，无效。后乃假总商会召开捐款人大会，到者百余人，举林君义顺为主席，全体通过石柱须拆卸，决议后负责无人，余乃派人办理。窃念教育关系后生极为重要，董其事者必以公忠热诚为主方能收效，否则，不免贻误青年，安得利用学校以为广告，无论中外此风诚不可长也。

**〇四八　许案与叶渊**　福建同美汽车公司，川走由同安城至集美，资本二十余万元，由新加坡同侨投资，于民国十年开办，通车后略有利益，同溪汽车公司，由安溪至同安城，资本三十余万元，由南洋安侨投资，因董事多意见，无利可获。倡办时集美校长叶渊亦参加。民国十八年许卓然到同城见陈延香（同美董事）言拟代某民军筹饷三四万元，要向同美同溪两车路公司息借，招陈君来集美与叶君商借款事。叶君答同溪车路公司重要策事住厦门。三人约定越早八点钟在集美下船往厦。许陈两人复回同城。越早两人均未到，叶君乃先行留一名片托车站人交许陈二君，云伊在厦门太史巷街丰益钱庄等候。约近午间许陈始到，渡海至高崎村转坐汽车，来厦至美人宫换坐人力车，到太史巷街口下车步行，陈君在前已入丰益内，许君随后。甫将入门，枪声连响，许君倒于门内，乃移往鼓浪屿医院，有顷而亡。陈叶二君均往探视，而凶手逃走无踪。丧家乃指陈叶二君为主谋，即控于法庭，所以致此者系同溪车路意见人，含恨叶君主动也。陈德麟集美人，在师范科未毕业即来新加坡，在余分店管财，侵逃七百余元回梓赋闲。屡向叶君求职业，叶君知其在洋无状拒绝，由是对叶君无好感，乡校人多知之。许君被刺移往医院时陈德麟适在厦，亦到医院探视然后回乡。在电船中多人议论许事，陈德麟眩巧好言，谓该事伊知情，究实所谓知情，乃受伤后入医院等项而已。即有人往告许家，于是同安县派役拘捕，审间无据。其时许家主持人硬欲加罪叶君，然乏实证可据，不得不利用陈德麟为凶手，造作一篇供词，谓与叶君同谋，伊任凶手等云云。严刑酷打极其惨苦，使不得不依词认罪，陈德麟既诬服后，移往漳州张贞处囚禁。张君时以师长镇守漳州，在闽南已炙手可热，与许卓然、奉望山为党友，故许案主持人张秦二人为主脑也。

**〇四九　许案与结局**　叶渊陈延香均被禁厦门监狱，厦门司法官权属中央，张秦鞭长莫及，乃谋将叶君移漳州，借词审问，屡向厦官交涉引渡，实欲置之死地。余乃电南京国府胡汉明古应芬二君，请急电厦法官阻止移漳，故张秦目的莫达。后胡君复令将案移至杭州裁判，于是叶君乃往杭州，余杭州分店为担保二万元得免狱禁，而陈延香陈德麟亦均移杭。讼案判决复翻，纠缠两年余，结果三人均无罪释放。然对方复极力运动，利用军人势力，将再上控。迨闽人民政府发动后，又指叶君曾参加，于是叶君乃辞谢集美校务，而往广西任省府秘书。当叶君被诬时，余即电张君勿冤枉陷害，并云“昔邓禹将兵百万，未尝妄杀一人，子孙兴盛”，至与秦君电，则以集美学校关系闽南及南洋教育，请勿诬害。彼等均置不理，更悉力钻营，且靠人势焰武必欲诬杀为快。余在洋适遭世界不景气，不能回梓设法妥人办理校务，致数年间集美学校如无舵之舟，乏人主持成绩退化。所可痛者同为闽南人，既明知叶与许风马牛不相及，必欲硬干到底，既不计冤诬必归无效，又不顾社会教育之损失，欲逞其昧良之心，致死友真凶逍遥法外也。

**〇五〇　广西与华侨**　广西省自北伐成功后，李宗仁、白崇禧、黄旭初三先生极力整理军政，对交通教育实业尤形注意。缘地方素贫，巧妇难作无米炊，乃派代表来南洋鼓励侨胞投资开发。广西侨民不多，富商又少，故代表不得不向闽粤人劝勉。数年间计派来多次，每次均曾访余。然余不能以敷衍报其诚恳，乃直言此事之无效。其理由有二，其一富侨决不肯单独运资亲往经营，其二如设有限公司，招股提倡者恐乏信用。就此公私两事而言，虽在闽省创办，闽侨亦未必响应，况非故乡更觉困难。有潮商某君等曾往广西应承，欲大规模招股投资，在新加坡成立机关，登报鼓励，结果经年，招不上国币二十万元，该公司由是搁浅不前。又有客籍侨胞在霹雳埠颇有资望，亦应承要招集百万巨款，在马来亚各报发表，经过吉隆新加坡到处热烈欢迎，且在新加坡总领事馆宣誓就职。于是遂带秘书等同赴广西，不久回洋，也是空雷无雨。叶采真先生任省府秘书，最后当局以彼为闽南人，且与余深交，备费数千元，派其南来招闽侨投资，先到安南十余日然后来新加坡。嘱余负责提倡，余仍如前言直告不讳。叶君不信，云经过安南已略有头绪，诸侨商咸言若余肯出倡办，就安南一地要招数十万元易如反掌，言之凿凿可据。余问某某富侨曾言此乎，云无之。余云其他不负责人安可轻信。叶君仍是不信，将往马来亚各埠及荷印宣布使命，计奔波数月将回国，复经新加坡云，某处表同情要筹得若干，某处亦应承拟组公司投资。余答君归去便知是泡影。时君仍不以余言为然。最后余告叶君云，“人之相知贵相知心，余与君交接十余年，君是否认余好妄言乎？”叶君答“极相信所言必实。”余云“既如是何能信诸侨能投资乎。”叶君回广西后，如何复命，余虽不知，但广西政府从此灰心不复盼望南侨投资矣。余详载此段事，未免非薄华侨轻诺寡信，抑或虚妄欺骗，虽非尽然，然亦颇多如此。我国内外同胞，若不觉悟过去虚伪错误，猛省改善，讳病疾医，华侨决不能投资救国。至详细理由可阅余在重庆马寅初经济学社年会上演讲《华侨投资问题》便知。

**〇五一　改良华侨丧仪**　民国光复以前，马来业华侨每年或每两年有一次迎神赛会，装作戏剧马队阁棚弄狮弄龙蜈蚣大锣鼓旗帜等等，而尤以新加坡为最。光复后此事稍杀，大不如前之愚迷。乃不知谁人作俑，将上言游戏娱乐之诸项参加于运柩葬仪之中，由是互相效尤，闽粤虽装饰不同，皆不免违背主哀之义。余每于途中遇见，为之羞愧痛心，无地自容。盖此地各国人民皆有，观瞻所系，为人鄙笑指斥，甚为国人之耻。又如死后不葬留柩多日，宴客赌博，热闹终夜，种种陋习为全球所未有。民国十七年余主席福建会馆，乃传集开会，议决改革丧事铺张，及宴饮赌博，并规定死后不得留棺过七天。此乃侨民私约规章，非当地政府法律。福建会馆无权干涉私人，唯有责成各区负责人，每逢丧事亲往劝诫，并登报劝告侨众，颁发规则贴于丧宅。从此以后颇生效力，全马来西亚皆随而改良矣。

**〇五二　“九一八”与南洋之抵制日货**　“九一八”事变，日本侵占东四省，余在新加坡召开侨民大会，通过发电欧洲日内瓦国际联盟会，及美国总统请履行各种条约，维持和平，否则导火线自此发生，将造成世界将来纷乱。余明知开会发电虽无丝毫效力，然祖国遭此侵暴，海外侨民不宜塞耳无闻，自应喊醒侨民鼓动志气，激励爱国，冀可收效于将来。至联络抵制事项，出于不得已下策，任何激烈牺牲，亦往往不能持久，盖由居人篱下，当地当局不但不表同情，尚屡以法律裁制，或袒护对方也。日本有一家炭公司，在新加坡托华侨某君代理，销路颇好，“九一八”事变发生后，我侨抵制日货甚形剧烈，该代理不得不取消定办之炭。日本炭公司代表南来，详述发动侵占东四省，完全为少壮军人主动，若诸老成政治家绝不赞成，恐将来引起世界大战。又谓山东归还中国，少壮派已生不满，后来复加以华盛顿会议，议决海军五五三限制，则更愤怒不堪，故主张缓和之政治家屡被暗杀。彼等急欲侵略中国，以破坏国际条约，第因前年日本东京大水灾，损失惨重，故暂中止，现已恢复原状，所以此辈，不顾将来危险遂发动此祸矣。

**〇五三　闽南水灾捐**　民国二十四年，福建漳泉等处多水灾，而尤以泉州及近处为甚，于是泉绅等来电，求新加坡闽侨汇资救济。余乃以福建会馆名义，募捐国币八万余元，然将付托何机关或何人主持施赈颇觉为难。盖吾闽远不及广东，如粤属逢有灾难，因素有组织慈善机关，可立即备资救济，然后向中外募捐，信用成绩素著，负责劝募者可安心进行。若吾闽省则不然，福州厦门均无此种机关，前有一两次因灾捐款，而施赈方而多生弊端，为捐资者所不满，故闽省逢有灾难，南侨不能救济。此次付托之人不得不慎重，后不得已乃托驻泉李师长主持，并副以数位绅商共同办理。蒙李师长按灾情轻重酌衷支配，泉州居多。而泉州绅商意见不一，有主张将款计口施尽者，有主张灾情已过，将款办工业作工赈者，纷议莫决。结果不知用途如何。依理该款既为水灾劝募，应立即施尽于灾民，以符南侨捐资之义，不宜迟滞或转作他用一也。

**〇五四　闽省禁止师范学校**　闽南私立男女师范学校多所，自陈仪主闽政后，命令禁止不许开课，只留集美一校。其理由为程度参差，拟归省立办理。师校为教育基本，程度参差或不妥，省府收归统办俾可一律改善，实教育之幸。然省府不但要充分容纳生额，尚须各区分设，俾有志贫生不致向隅，方可裁止诸私立学校。否则，程度虽参差，岂不较善于无耶。然禁止后经过多年，而省立师范仍止福州一校，学生数百名，已属杯水车薪。而闽南师范学校仅有私立集美一校，民国二十五年冬亦下令禁止。余函电请求保留无效，乃电南京教育部长详言理由，后来电准每年招生一班。此乃敷衍了事，余实无限愤慨。若言成绩集美决不让于省立，若言普遍收纳闽南有才志贫寒子弟，则远胜于省校，况集美校又有关于南洋华侨学校之师资，重要如是，而乃加以摧残，是诚何心也。

**○五五　闽建设厅才难**　“七七事变”发生之前，闽建设厅长陈君极欲尽其职务，欲兴办多项事业，农矿海利尤加注意，可惜素乏经验，难免反遭损失。余到永安时有人报告，前陈厅长任内曾在某处开矿，损失百万余元，现已罢歇，余颇信为事实。缘前该厅长曾向集美学校建议，由省府务资派遣是届水产学校全班毕业生，往日本留学。又欲租集美第二渔船，订期六个月，每月租金六千元，在闽南捞鱼。两事余均不许，并详告其原因。一为日本无意容纳水产留学生，即肯亦有名无实，徒费无益。前有日本高级官来台湾视学，并到厦大集美参观，受集美校长招待，即要求容纳水产留学生与日生同课，后回复许可五名，只此而已，再后要求续派，概行拒绝。至集美第二渔船每月租全六千元，比现在往上海捞鱼，可长二千多元，六个月可长利一万余元，而省府逐月或须亏蚀七八千元。该船前在闽海经验两月，知之已埝。余不贪得一万余元，而使省府亏损四五万元也。闽政府自来委任建设厅长政绩无闻，敷衍了事者有之，营私舞弊之政治作营业者亦有之，除是之外，则有上言计划错误者，岂非建设才难乎。

**一四九　黄炎培君谈话**　黄君炎培江苏人，相识已久，上文经有述过，此次自参政会相见后，各因有事未便再会，迨余将离渝之前数日，约期相会。渠前在申创办中华职业教育社。移到重庆仍旧续办，学生百余名，黄君除参政员外，兼任政府他务常往别处。是日所谈系国共磨擦事。因本届参政会开会，亦注意消除恶感，于是举出参政员十一人，负责调解。从中国民党二人，共产党二人，社会党、青年党各一人，无党派者五人，共十一人，黄君为五人中之一。其调解条件，约如白崇禧将军之计划。现虽积极进行，能否达到目的尚未可知。余将前日听白将军所言，及共产党叶剑英君之意见告知黄君。并言：“余对该事极为关怀。若不幸破裂内战，则华侨公私汇款必将冷淡。先生既参加调解。幸示我意见。”黄君答：“调解条件，为（一）新四军尽移江北，（二）江北等处划定界线，（三）共产党发行三千万元纸币中央负责以国币找换，此后不得再发，（四）逐月须增加若干军费，及军械子弹等，（五）共产党不得复扩张军兵。计此五项经提出讨论，结果如何未敢逆料也。”

**一八六　起程往延安**　西安街道颇阔，有五六十尺，两边兼有步行小路，人力车甚整洁，闻系因各车主竞争。有人言妓女甚多，全市妇女七万余人，不务正业者至一万左右人，未悉是否事实。余往七贤庄，访第十八集团军办事处，询往延安汽车事。外处长蒋君言，他本拟来余寓告知，因鉴于前日往访慰劳团，致慰团被移寓所，恐再误故中止。余答无妨，我可自由打算，并托电告延安朱君，前日慰团失约，余甚抱歉对不住朱君盛意，系出于重庆派遣同来者作弊，与省主席等无干，希谅解为荷。盖余自闻该事发生，颇不安心，念慰劳团到祖国，未作何项实益，反增加两党恶感，故托蒋君代为辩白也。蒋君约定卅日早，备大小汽车各一辆，小车为余等坐，大车载护兵及汽油。是早临行时，寿科长坐一辆较新大汽车来，云主席派他用此车送余到延安。余乃辞蒋处长小汽车免往，而蒋君云他亦要加备一架车，路中较妥，故三辆车同行。午间到三原县，近郊有许多人在城外迎接，余甚不安，告寿科长切电止他县，勿复如此麻烦。寿君云此乃主席命令，渠无权阻止。在三原县午饭，设备颇丰，其壁上贴有印刷物多张，有一条云“禁用香烟请客”，余与县长甚表同情。回国两月行许多处，今日始见实行节约。此县为于院长故乡，文化颇发达，有中小校百余校。筵间有一位山西阎将军处长某君，余即问要往山西慰劳阎锡山将军，能否达到。答车路通至宜川县，再陆行二天，如要往可预告备马轿来宜川相候。余言决往，希代转达。午饭后，立再西行，近晚到宜君县，在城外亦有许多人迎接，寓招待所。因蒋处长大小车未到，往城外散步，觉颇寒冷，与西安不同。蒋君等车至晚始到，余车行较快，相差几两小时。于是约他明早大小车先行，到洛川县午饭可也。

**一八七　中部县祭黄陵**　余自到西安后，拟到中部县谒祭黄陵，故托宜君县长电知中部县长，预备祭陵仪式，并雇照相馆拍影。五月卅一日早由宜君起程，上午八点钟到中部县界，远见山坡上树林茂盛，异于其他诸山。车夫云该处便是黄帝陵。县长等已在城外山下等候。由是绕坡上进，中间经过大祠堂前，再行两三里到黄陵。该陵原称桥陵亦系土堆，略作圆形，面积不过二千方尺，高约二十尺，陵前建一亭约二丈方，高一丈余，标“轩辕桥陵”，无石刻物等项。县内学生及县长等百余人来参加。香案上排列物数品，余焚香行最敬礼，拍照毕，余立亭阶演说，略云“代表南洋千万华侨，回国慰劳考察，鼓励抗战民气，收取国内军民社会好印象，回洋作宣传材料，冀得增加金钱外汇之助力。”中部县系光复后为黄陵而设，故县界颇小，城市亦寂寞。余辞谢学生等先回去，同县长往游陵之前后，审其山脉形势，称曰“桥陵”，实有原因。盖陵后有高山，山下有一道山脉隆起，广数百尺，长千多尺，两边地均低平，此山脉直透到陵后，再升超为山岗，高二三百尺，古树森列茂盛。据县长云，前经核计有六万一千余株（古树虽多，枯则补栽）。余按所谓桥陵者必为陵后高山与陵墓中间有一道山脉形如桥梁故有此称也。由桥陵观之岂三代以上黄帝时代，便有笃信风水者，不然如桥陵后方有高山起伏形势之，其左右前面复有水流环抱，近代迷信风水者所言之吉地，诚无出其右也。距陵前数百公尺，稍右畔有一小山，面积约数亩，高数十尺，有阶可上，不知是人造或天成。相传汉武帝在此求神仙云。游毕下山至大祠堂前停车，该祠堂，即黄帝祠，庭边有数株大树，有一树圆三十余尺，据云自远古时代迄今，又一树旁立一碑刻字云，“汉武帝挂甲树”，传汉武帝征匈奴回曾卸甲于该树。祠内外尚多可记，惜余已忘之。又相传黄帝已仙去，所葬系衣冠，然史不详载，是否事实，无可考。至陵前小山，传系汉武帝求神仙所造或属事实，因汉武帝信任方士欲求作仙，数十年而不悟，确系事实也。

# 附录六　校主避难玛琅二三事

黄丹季（1983 年秋）

《集美校友》函嘱写些校主避难玛琅时回忆。我不善为文，惭愧奚如。现就记忆所及，拉杂写来。

## 广大华侨，齐心护陈老

一九四二年十月中旬，我从玛琅乘火车到泗水，欲打听有关战事消息，火车驶抵庞引附近，因机件发生故障，车厢里闷热，乘客纷纷下车纳凉，席地而坐闲谈。在我旁边有个缠脚老妇带了个年约十岁孙女，听口音似是莆田人。对面几个十七八岁中学生模样青年，战时学校停办，他们改学就商，做些小买卖。因火车停修太久，大家虽萍水相逢，漫谈天地，以打发时间。其中一位青年说："日军进占爪哇前夕，《吧城新报》有则消息：荷兰总督致电苏岛当局，欢迎陈嘉庚先生前来吧城。陈老先生是由星洲坐小电船到宁岳，不久日军进驻爪哇就无老人家消息。究竟陈老先生现在何处？是否平安？"老妇人回顾四下，见无人注意，轻声说："关于爱国老人行踪最好别提，以免惹事，影响老人家安全。"老妇人和青年与校主素未谋面，非亲非故，几句简单对话，足以表达华侨对校主爱戴之深，关怀之切。

## 俭朴作风

有一次，我不在家，信群兄来见校主。校主知道信群妻子湘莲也是集美校友，拿出五双破袜，请湘莲修补，并说五拼三就可以，信群不敢推辞。带回家后，夫妇总觉得不忍心让校主穿破袜子，于是送去几双新的，但校主坚辞不受，湘莲只好遵指示"五拼三"补好送去。校主克己为人的俭朴作风，令人钦佩，永难忘耳。

## 心中有张图，厦大与集美

一天，校主对我说："一九二四年为嘉庚公司设分店事曾来玛琅，但因业务关系，来去匆匆，无暇细看山城真面目。现在白天不好露面，今夜好月光，想出去看看。"是晚薄雾，我乃雇了一辆三轮车陪同环游玛琅市。老人家一面观赏优美的夜景，一面无限深情地说："玛琅真是个美丽的山城，依地势建市，独具一格，各建筑物及桥梁等建得有艺术风味。"又说，"此地气候凉爽，粮食、蔬菜、鱼虾均丰足，住家最相宜。"见到荷花池旁一座弓形建筑物——市政府办公大厦，又感慨地说："建得颇讲究，很美观，所费不赀。听说印尼人一天只两仙半过日子，荷兰人却如此排场，相形之下，天差地别！"在芝拉葛路，久立于天主教堂兼学校前面说："厦大、集美几十座建筑物，其外表美观都不及此。"避难中犹沉思百年树人大计，心坎里永远酝酿一张如何发展厦大、集美校园宏图。校主回新加坡后，来函要我找个制图师，将该楼式样画一纸寄去，作为重建厦大与集美参考。惜该时荷兰军警卫行动，局势混乱，几次找主持该楼修女不获，不久战事逼近玛琅，印尼人民实行焦土抗战，该楼被毁，校主交予任务未能完成，至今尚耿耿于怀。

## 巴都种菜，差点惹祸

为打发无聊岁月，租了一小段田地学种菜，校主时常站立田边看我工作。有一天，笑着对我说："蔬菜和杂草齐茂。丹季，你对种菜太外行，应把杂草除掉，把泥翻松，草干了，放火烧，把害虫烧死，烧过的草灰掩埋在泥土中，农作物就容易长大。"我依指示去做，果无虫害，蔬菜长得又大又肥又嫩，自己吃不完。邻居有一印尼人，穷得衣不蔽体，实堪可怜。我们把多余的菜送给他，叫他挑去卖，赚点钱。有一天，他带两个日军及一辆货车来，我们以为发生了事故。原来他们是要买菜，一场虚惊！为避免麻烦，并提高警惕，乃将菜地结束。

## 学习陶侃，居闲习劳

一九四四年二月，我们搬来离巴都镇市场三公里的顺勿日邹村。屋子占地颇大，风景甚佳。建筑物是中国式的西洋房子，内部有回廊，有偏室，有草地花圃，又有小径、小亭、喷水池等。校主说："卜居此地，虽王侯亦不过如是。我生平未尝过别墅生活，当此国难方殷，又兼亡命之时，如此享受，未免太过分乎。"自题其居曰"晦时园"。自移居此地后，生活较安定，较悠闲，可说"地迴人稀到，风清暑罢侵"。校主此时埋首《住屋与卫生》一书著作，并阅读欧美通讯及随笔之类书刊。工作完毕，常在篱笆边采些野生花，剪插安置在窗前小桌上。一日，校主说："我们生活太过闲暇，阅读外应找些工作做，劳动筋肉，学陶侃闲居运瓦，我们亦当帮佣人忙，扫地拭桌椅，洗内衣。"校主说了就做，从不间断。我时常偷懒，让佣人去做，及今思之，真是汗颜！

## 校主威望，汉奸亦畏

许吉成兄在泗水业金店，家却住在巴都，来往人众，较有战事消息。一天中午，我去造访，忽然来了一辆军车，下车者是东爪哇汉奸吴某，另一位是主持《吧城共荣报》的陈某，是许兄惠安同乡。这两大汉奸，在当时最有权有势。我急闪入边房，听他们谈话。陈某说："听说陈嘉庚先生避难爪哇，究竟在哪里?"许兄未及回答，吴某抢先严肃地说："老兄啊！我们谈我们的事好了，爱国老人太伟大了，我们不谈他吧!"当时日寇通令各地缉拿校主及同伴极紧，棉兰就有某侨领的儿子带人出来搜捕，而两大权贵如吴某者，竟然从旁掩护，该是感于校主威望为华侨所共仰，也是吴某聪明处，不敢自绝于广大华侨，才不敢妄自狂为。

## 爱国老人，很有眼光

一九四五年五月间，日军征召几万名劳工来巴都开战壕。劳工只穿麻袋短裤而无上衣，巴都天气冷，没有上衣受不了。日军每天只发给劳工一小包番麦饭或几块地瓜充饥，劳工营养不足，都患水肿病，肚子胀得很大，日军又不给医药，任其自生自灭。校主看到这种情形，愤忿地说："善哉人民！日本人太残忍！太无人道!"每因此吃不下饭，彻夜不能安眠。有一夜，我对校主说："日军在此地大开战壕，看起来是要以此地为死守据点，万一战事发生，交通绝断，我们进不能，退不得，成为池中鱼。我意欲搬到近海口前线如泗水、三宝垅或吧城。"校主笑笑说："不必搬，你看东南亚海域那样辽阔，岛屿多，日本人又有武士道精神，忠于所谓'天皇'，要一岛一岛打下去，打几年才能成功？联军一定不来打爪哇。美国在珍珠港吃了大亏，这几年必定大力制造飞机战舰，尤其是航空母舰及潜艇，届时以关岛和中途岛为前进基地，交通封锁，日夜轰炸日本本土，日本工业不能生产，交通断绝，粮食恐慌，不投降，死路一条！东南亚一带只待接收耳。"校主知识之丰富，眼光独具，由此可见矣。

## 返新前夕，赠言互勉

日寇投降，校主遂移回玛琅以前住处。不久接新报社长洪渊源兄派人持函来通知：吧城有军用飞机往新加坡，如陈老先生要回去，可以安排云云。于是校主决定前往吧城。临别晚上，几十个校友开了个欢送会，校主激动地说："日本投降了，明早我就要动身回新加坡了。有很多事还没有完成，今后当尽我有生之年，为社会，为国家，继续效力！而你们要为华侨教育努力，并帮助印尼争取独立，这是有深远意义的工作。这回我能够安全，多亏你们不顾危险，极力维护，感谢！感谢！玛琅是个好地方，日后有机会我要再来看你们。"这篇语重心长、言简意赅的讲话，不仅洋溢着校主的爱国激情，也明确指示了华侨爱国方向。

## 友人暗护送，日寇不得逞

蔡钟长兄包租一节夜班水车。校主及一行的送行人，从泗水上火车。夜风紧，乃把车厢门关上。车过惹班车站，应麟兄开车门外出，随即进来报告：有一印尼人站在车门边，虽曾对他说明这节车厢是我们专用，请另找座位，但那人点点头仍站着不走。我们几个人只好出去看看究竟，对方似乎知道我们有所怀疑，就坦率地表白身份，是奉上峰之命，沿途护卫华人领袖安全，以防散兵游勇骚扰。过午夜，车过斗横，那人就不见了。车抵井里汶，突然又发现车厢口站着两名日军宪兵，直向车厢内窥视，我们顿时紧张，趋前说明这节车厢是包厢，是我们专用的。或许是见我们人多势众，二人就皮笑肉不笑地道："我们知道车厢内有你们头人。"他们盯着车厢口的行李箱上"陈嘉庚"三个大字，好一阵才离去。作家郁达夫就因联军尚未登陆，太早露面而惨遭日寇杀害。忆及此事，我仍然心有余悸。

我有幸和校主起居三载有半，忝列子侄辈以待，耳提面命，受教非鲜。今脑际萦回校主音容，不胜黯然神伤。碌碌庸才如我，绝不敢稍负遗训，愿以有生之年，尾随华侨先进，贡献绵薄之力，以报答校主错爱之情！

# 附录七　陈嘉庚纪念邮票设计经过

1984 年 10 月 21 日，是"华侨旗帜　民族光辉"陈嘉庚先生 110 周年诞辰。全国各地邮电局同时发行了一套纪念邮票。这套纪念邮票的设计经过非同一般，但却鲜为人知。在设计这套邮票之前，邮电部所属的邮票公司几位领导经过认真研究，把设计任务交给了邮票设计室设计师黄里。黄里是我国当代一流画家董希文的得意门生，1941 年生于上海，在邮票公司担任邮票设计师以后，曾经设计了不少纪念邮票和特种邮票。名师出高徒，黄里承担了陈嘉庚先生纪念邮票设计任务以后，以非常认真负责的精神，用血汗和才智铸成了两幅设计图。印成邮票以后，获得美术界、集邮爱好者和陈嘉庚先生故乡厦门市广大群众的称赞。

为了设计好陈嘉庚先生的纪念邮票，设计人员到陈嘉庚先生诞生、安息和他的主要事业所在地集美学村收集参考资料是绝对必要的。黄里从首都出发，奔向南国闽海之滨，在福州办了些应办的事情之后，1983 年 12 月 29 日从福州驱车往厦门。当时大雨滂沱，能见度只有几米。省邮电局拨给他专用的吉普车快到福清宏路的时候，车滑至路边，撞上一棵树。车门被撞开了，黄里被抛出车外五六米。他胸部严重挫伤，右后第六根肋骨断了，插进右肺，他住进了医院，九个昼夜不能躺床，只能坐着睡觉。

伤势虽然不轻，但是更使黄里感到痛苦的是，未能按计划到达集美学村。在对已故爱国华侨领袖崇敬之心的驱使下，黄里把出院时医生开给他的“继续休息一个月”的建议书“藏”了起来，没有交给领导，一出院就急忙赶赴厦门。

经有关人士介绍，黄里成为我的客人。他听说我从 13 岁就开始集邮，又喜欢画画，很高兴地说：“我找对人了，请您多多帮忙。”

我陪黄里参观了陈嘉庚先生的故居，又从几个角度观看了集美学校校舍建筑群，目的是帮助他构图。在集美中学道南楼前，黄里向我征求关于陈嘉庚先生纪念邮票设计构想的意见。由于我不知道这套邮票共有几枚，因此我建议：一枚印陈嘉庚建筑中风格最具有代表性的道南楼风景，以象征陈嘉庚先生一生为之呕心沥血的集美学校；一枚印陈嘉庚先生的头像；一枚印陈老先生诞生的那座古老大院的图像。黄里聚精会神地倾听，然后说：“您的构想是高度集中概括，超脱了用鳌园或南薰楼（15 层，当时为厦门最高的建筑）图像的俗套。然而这套纪念邮票只有 2 枚，我想，老先生头像以他诞生的那座大院的图像作为背景，这样就把您的建议全部概括了，您说好吗？”我很赞同，心里想：毕竟是著名的邮票设计师啊！

（作者陈振群，集美区政协文史资料委员会提供）

# 附录八　陈嘉庚纪念基地

陈嘉庚纪念基地位于厦门市集美区，由鳌园、陈嘉庚故居、陈嘉庚生平事迹陈列馆、归来堂和归来园、陈嘉庚纪念馆、陈嘉庚廉洁奉公事迹展等组成。陈嘉庚纪念基地几十年来已建设成为国家 4A 级旅游区、福建省文明风景旅游区示范点。此地文化底蕴深厚，建筑景观独具魅力，是集美学村各级学校师生、干部、群众和中外游客慕名前往参观、瞻仰的丰碑，接受教育的课堂，观光游览必至的胜地。

## 陈嘉庚故居与归来园

陈嘉庚故居坐落于集美镇后尾角，今嘉庚路 149 号，是陈嘉庚先生居住过的地方。

这是一座古老而简朴的二层小楼，建于 1918 年，1938 年被日本帝国主义的飞机炸毁，1955 年修复，1980 年重修。二楼正中是会客厅，西侧是陈嘉庚晚年的工作室、卧室、餐室和卫生间，陈设简单，朴实无华。室内陈列的油漆斑驳的桌椅、陈旧的木床、退色的打着补丁的蚊帐、破旧的分不清颜色的毛背心、包头铁皮已经裂开的手杖、补了又补的雨伞等，都是陈嘉庚生前一直使用的。故居西侧一座三层楼房是建于 1983 年的陈嘉庚生平事迹陈列馆，面积 800 平方米，分“经商南洋，情深乡国”“倾资兴学，百折不挠”“赤诚爱国，鞠躬尽瘁”三个部分，以大量实物、图片、文献资料生动地表现陈嘉庚一生的光辉业绩，其中有毛泽东的题词：“华侨旗帜　民族光辉”。

故居前面是根据陈嘉庚遗愿，于 1962 年建成的归来园。园中矗立着通高 2.9 米的陈嘉庚全身铜像，像后的归来堂是一座具有闽南民居风格的单层建筑，白石砌墙，绿瓦盖顶。十几间厢房环绕着大厅，大厅里有一座折式黑色屏风，上用蚌壳镶写着 1961 年 8 月 15 日首都各界公祭陈嘉庚大会的悼词。厅堂中央安放着陈嘉庚的全身坐式青石雕像，两侧圆柱上挂着郭沫若 1962 年游集美时书写的对联：“鳌园博物大观百闻不如一见，鹭江集美中学万人共仰千秋。”

陈嘉庚故居

归来园

# 嘉庚公园和鳌园

## 嘉庚公园

陈嘉庚先生在晚年几乎把全部精力都投入到了家乡集美的建设当中，但他不幸于1961年病逝，有许多计划中的事情还没来得及做。他曾说过鳌园完工后，前面的海边空地要建一个公园。夙愿未了，不能不说是一件憾事。为完成陈嘉庚先生遗愿，将鳌园的北侧开辟为公园，该园于1992年动工，1994年10月竣工，占地面积3万平方米，总建筑面积为5 500平方米。进入园中，满眼是高低错落的亭台楼阁，是中西合璧风格的体现。其中最具代表性的当数鳌亭和命世亭，均于20世纪五六十年代与鳌园同时建成，是鳌园建筑景观的延伸。

园中树立的大型石雕“桃李芳菲”和“尊师重教荣誉碑”，均从不同的视角高度赞颂了“教育为本，科教兴国”的永恒主题。“尊师重教荣誉碑”的主体建筑蜡烛石雕，其高9.9米，表达永久吉祥之意，又象征一把永远燃烧的火炬，是陈嘉庚先生兴办教育、培养人才和点燃自己、照亮别人这种无私奉献精神的缩影。

## 鳌园

“鳌”泛指大龟、大鳖，在闽南是吉祥长寿的象征。鳌园原为一座小岛，三面临海，西接陆地，因形如大鳖，所以称之“鳌园”。大门有幅楹联“鳌载定教山尽峙，园居宁与世相忘”。上下联首字结合正是“鳌园”。鳌园是陈嘉庚先生于1950年回国定居后为建设故乡集美完成的首项宏伟工程，至1961年完工，历时10年，占地近9 000平方米，由游廊、集美解放纪念碑、陈嘉庚陵墓等组成。园中共有666幅精雕细刻、栩栩如生的青石雕，是闽南石文化的代表作。

1962年，著名诗人郭沫若参观鳌园时，触景生情手书一联：“鳌园博物大观百闻不如一见，鹭江集美中学万人共仰春秋。”该联高度评价了鳌园博物大观丰富的文化内涵和珍贵的艺术价值。

1. 游廊

游廊长50米，刻有石雕，是整个鳌园石雕群中最为精彩的部分，可谓上乘之作，在“文化大革命”期间，集美人民和陈嘉庚先生的亲族奋起保护，用泥巴将其封闭，直到“文革”结束后，才使这些石雕重见天日。

游廊两边厅墙上的石刻是陈嘉庚先生当年亲自拟定的管理规则和参观规则。两边的石壁下面是陈嘉庚先生生平事迹摄影图片展，上面是精美的青石浮雕，刻有中国古今历史故事 58 幅画面。左边“至诚道前知”下面的石刻分三部分，中间部分是“诸葛亮马前课”24 幅画面。前面是中国革命历史画面 7 幅。后面是 7 出传统戏曲的画面。“诸葛亮马前课”是左边雕廊的核心，也是陈嘉庚思想观念的生动体现，充分体现了他对中国共产党及其伟大领袖毛泽东的尊崇和信赖，充分表现了关注祖国命运的赤子情怀。游廊右边“功成唯三杰”下面有 20 幅浮雕，全部是历史故事。

“水月有主，古月为君，十传绝统，相敬如宾”，讲述的是清朝满汉两族的友好关系和历代皇帝的传承始末。“水月有主”可以组合成一个字刚好是“清”，表示清朝。“古、月”即胡，表示清朝满族，“为君”表示满族和汉族两族人民之间和睦相处。“十传绝统”指的是清朝经历的十位皇帝，即顺治、康熙、雍正、乾隆、嘉庆、道光、咸丰、同治、光绪、宣统。到了宣统刚好是十代，成了末代皇帝，此谓“绝统”。“相敬如宾”指的是末代皇帝退位时没有遭到杀害，而是保留了皇室的礼遇。“豸后牛前，千人一口，五二倒置，朋来无咎”，阐述了辛亥革命和“七七事变”的爆发因果。“豸后牛前”指猪年（1911 年）之后和牛年（1913 年）之前，两者之间刚好是鼠年（1912 年），1 月 1 日中华民国成立，孙中山任中华民国临时大总统。“千人一口”按顺序书写，正好是“和”指 1912 年军阀伍廷芳到南京与孙中山南北议和。“五二倒置”意为五加二等于七，二加五也等于七，即 1937 年 7 月 7 日的“卢沟桥事变”。“朋来无咎”指结交更多的朋友，即联合中、英、美、苏等国家组成的反法西斯联盟，不管之前那些国家对中国犯过什么过错，都联合起来对付法西斯。“四门罔辟，突如其来，晨鸡一声，其道大衰”，揭示了日本进攻南京和偷袭珍珠港的侵略行为以及终告失败的历史必然。“四门罔辟”指 1937 年日本法西斯四面进攻南京，造成我国 30 万同胞被日本杀戮，这就是震惊中外的“南京大屠杀”事件。“突如其来”从字面上理解是在没有充分做好准备的情况下遭受到突然袭击，这里指的是 1941 年 12 月 8 日的“珍珠港事件”，日本承认这是一次不宣而战的战争。“晨鸡一声”让我们联想到毛泽东的“晨鸡一声天下白”的诗句，在这里指的是 1945 年 8 月 15 日，中国人民经过 14 年抗日战争，终于取得了抗日战争的胜利。这一年正好是鸡年，寓意晨鸡高唱，中国人民欢呼自己的胜利。“其道大衰”：指 1945 年随着日本宣告无条件投降后，其所谓称霸世界的“武士道精神”也宣告灭亡。“拯患救难，是唯圣人，阳复而治，晦极生明”，表达了陈嘉庚先生对毛泽东的高度评价和对新中国的礼赞。“拯患救难，是唯圣人”，指的是救苦救难的圣人毛泽东，这是陈嘉庚先生对毛泽东的高度评价，表达他对其的敬仰之情。“阳复而治，晦极生明”，指的是经过多次战争的洗礼，我们人民终于从黑暗的苦斗中走向光明，中华大地出现了曙光，祖国从此获得了新生。“贤不遗野，天下一家，无名无德，光耀中华”，歌颂了中国共产党为国为民谋利益的崇高情怀。“贤不遗野”指政协活动，中华人民共和国成立前后，中国共产党曾多次召开了政治协商会议，邀请了社会贤达、名人及各民主党派来参政议政，多党合作，共商国家大事，陈嘉庚先生认为这一做法体现了中国共产党的博大胸怀。“天下一家”指的是世界和平大会曾在马来西亚首都吉隆坡召开，说明世界上正义的人民都是朝着和平的方向前进，希望实现天下一家。“无名无德，光耀中华”，指 1955 年 9 月 27 日在北京中南海毛泽东代表国家为十大元帅授衔，表明这些开国元勋不为名利，把一生都献给了中华民族。“无德”中的“无”字在陈嘉庚看来，是人的一种最高境界，即无私，“无”也是艺术的最高境界，即无法。“占得此课，易数乃终，千古后今，其道无穷”：表达了陈嘉庚对祖国和人民的赤子之心。“占得此课，易数乃终”，意即诸葛亮用八卦的方法进行多次的占卜预测，用八卦、三十二卦算到六十四卦终于结束，表明新中国已经成立，希望战争不再发生，世界和平。“千古后今，其道无穷”，意即陈嘉庚先生回国定居后，目睹了祖国各族人民亲如一家、共建家园的感人景象。他认为这景象是前所未有的，只有在中国共产党的领导下的新中国才可能出现，而且所展现的光明前途必定是无穷无尽的。这四句充分体现了陈嘉庚先生对中国的美好祝愿。

游廊右侧刻的是中国古代民间故事，门廊左右橱窗近 200 幅图展示了陈嘉庚先生的伟大生平和创办教育和公益事业的概况。

鳌园的围墙与游廊出口处相衔接。初建时，石雕全部都是水泥浮雕，历经多年风雨剥蚀，已损坏严重。1991 年春节前夕，集美大学和厦门大学艺术系的教师绘制草图，请惠安石雕艺人精心雕刻，将原来的 292 块水泥雕刻全部更换，取而代之是 292 块精美的青石雕像，计有影雕 20 块、沉雕 42 块、浮雕 230 块。

2. 集美解放纪念碑

集美解放纪念碑矗立于鳌园的中心，也是鳌园的主体建筑，碑高 28 米，象征中国共产党自 1921 年成立至 1949 年新中国诞生的 28 年奋斗史，是陈嘉庚先生为我们后人建造的一座爱国主义的丰碑。有一首歌唱道：“精美的石头会唱歌”，陈嘉庚先生正是把自己事业的兴衰与祖国的荣辱深深地记载入每块石头之中。纪念碑台基的第一部分是 13 级台阶，阶面较为宽阔，象征从 1913 年至 1926 年陈嘉庚先生的实业和办学步入了顶峰；第二部分共 10 级台阶，阶面较窄，象征 1927 年至 1936 年 10 年间陈嘉庚因受帝国主义财团的倾轧和世界性经济危机的影响，企业收盘，办学规模缩小。第三部分共 8 级台阶，象征八年全面抗日；最上面共 3 级台阶，象征三年解放战争。

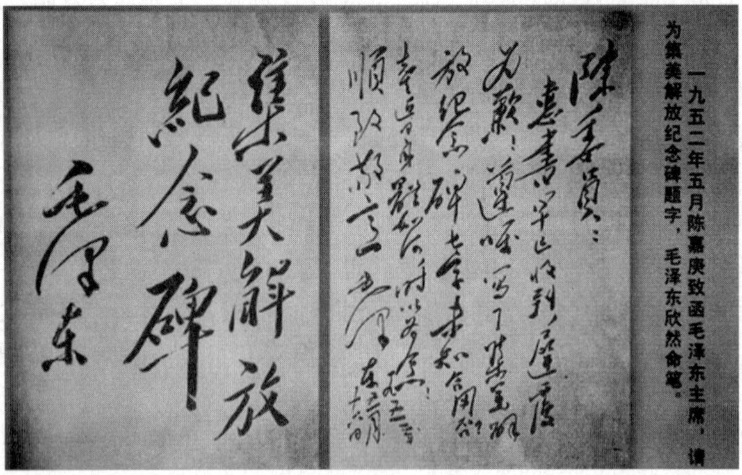

一九五二年五月陈嘉庚致函毛泽东主席，请为集美解放纪念碑题字，毛泽东欣然命笔。

碑的正面是毛泽东手书的“集美解放纪念碑”七个大字，雄浑刚劲，鎏金溢彩。毛主席为一个镇题写纪念碑，这是仅有的一次。碑的背面是陈嘉庚先生撰写并手书的碑文，人们常说，书如其人，果真如此。陈嘉庚先生做人正直、爱憎分明，因此，他的字体端庄大方、刚劲厚重。

李济深题词上面的三块浮雕记录了开国大典的盛况。右边一块为“一九四九年十月一日人民政府成立　毛主席在北京天安门上升旗”，右边一块为“一九四九年九月十九日人民政协筹委会全体常务委员在北京勤政殿前合影”。

1949 年 10 月 1 日，陈嘉庚先生应毛泽东主席的热情邀请，登上雄伟的天安门城楼，荣幸地参加了新中国的开国大典。陈嘉庚先生看到自己的祖国和人民从此站立起来，一股强烈的民族自豪感油然而生。也就是在这一天，陈嘉庚先生第一次感受到了作为一个中国人的骄傲和自豪！陈嘉庚先生 17 岁奉父命到新加坡经商，他在海外寻求救国救民道理的同时，倍感中华民族蒙受着列强的欺凌，蒙受着“东亚病夫”的耻辱。为此，陈嘉庚先生决意以实业创办教育，用教育拯救自己的祖国。

3. 陈嘉庚陵墓

陈嘉庚先生于 1961 年 8 月 12 日 0：15 在北京病逝，终年 88 岁。当伟人的生命画上句号，人们叹之为巨星陨落。周恩来总理为陈嘉庚先生主持追悼会，廖承志致悼词。遵照陈嘉庚先生的遗愿，中央特派专列火车将其遗体运回故乡集美安葬。1961 年 8 月 20 日下午 3 时，陈嘉庚先生的灵柩从北京抵运集美火车站，下午 6 时，国家在鳌园为陈嘉庚先生举行了隆重的国葬，陈嘉庚先生的遗体上覆盖着国旗。从此陈嘉庚先生就一直安歇在这里，同集美师生、父老乡亲时刻相伴、朝夕相随。在 20 世纪 20 年代，厦门大学一名教授发现一种水母新品种，命名为“陈嘉庚水母”，国际小行星中心 1990 年命名中国科学院紫金山天文台发现的一颗小行星为“陈嘉庚星”，这标志着陈嘉庚先生的精神与天地共存，与宇宙共在。

陈嘉庚先生的陵墓坐北朝南，墓盖由 13 块水磨石镶成，光可鉴人，墓碑为白色水磨石花岗石，弧形屏壁上用 15 块青石浮雕介绍先生的重要经历。

陈嘉庚陵墓修成龟形的原因：一是龟象征长寿与健康、吉祥；二是陈嘉庚办实业正像龟走路，脚踏实地。

龟形陵墓无头无尾的原因：陈嘉庚办实业一向不图名利，不虚张声势。无脚的原因：四只脚扎根于祖国大地。

## 陈嘉庚纪念馆

陈嘉庚纪念馆及配套的嘉庚文化广场，位于嘉庚公园北门以东外填海处，总占地面积 104 484 平方米，建筑面积 11 000.5 平方米，总投入超过 1.5 亿元人民币，建筑主体秉承独具特色的闽南建筑风格，与集美鳌园、嘉庚公园和谐统一，交相辉映，构成一个较为完整的旅游纪念胜地。

陈嘉庚纪念馆主体建筑有三层，一层包括行政办公区、文物库房区、图书资料室、报告厅及1 000平方米的临时展厅；二、三层由一个360平方米的序厅和四个780平方米的陈列厅组成。陈嘉庚纪念馆的基本陈列有两个：第一至第三展厅为《华侨旗帜　民族光辉——陈嘉庚生平陈列》，以350多帧图片、310多件文物、实物为基础，力求真实、形象、生动地展现陈嘉庚伟大光辉的一生。该陈列包括陈嘉庚生平大事记、南洋巨商　矢志报国、倾资兴学　情系乡国、纾难救国　民族之光和尾声五个部分。第四展厅为《在陈嘉庚身边——嘉庚现象　诚毅同行》。

文物藏品是陈嘉庚纪念馆一切工作的基础。据介绍，纪念馆成立了专门的文物征集小组，在华侨博物院专家的指导下，经过2年左右的时间，先后到过上海、南京、昆明、北京、重庆、新加坡、马来西亚等地方，征集到文物500多件。

在所有馆藏品中，最珍贵的是陈嘉庚的《南侨回忆录》手稿，堪称“镇馆之宝”。较重要的还有陈嘉庚遗嘱、陈嘉庚证件证书、陈嘉庚公私信函、陈嘉庚工作和生活用品、集美学校“诚毅”牌匾、集美学校各机构印章等。

新征集藏品中，如陈嘉庚在第一届全国人大一次会议的大会发言录音，集美小学校、集美医院牌匾，生产“嘉庚瓦”的制瓦机，生产橡胶制品的绞胶机，陈嘉庚赠送亲属和身边工作人员的手表等物品以及一批南侨机工文物等藏品，均十分难得。

记者在第三展厅的微型“全国政协礼堂”看到，这里还有一座嘉庚先生真人大小的蜡像。蜡像展示的是陈嘉庚先生在第一届全国人大一次会议上发言时的形象，并会播出嘉庚先生当时发言的录音。让人称奇的是，这座蜡像非常逼真，细致到蜡像手上的“血管”都能看出来，馆里的工作人员告诉记者，蜡像身上所穿的整套灰色西装，也是仿照嘉庚先生生前的服装样式特别制作出来的。

步入陈嘉庚纪念馆，首先看到的就是陈嘉庚先生的雕像。嘉庚先生手拄拐杖微笑站立，身后是蔚蓝的天空和浪花翻飞的大海。雕像由一块完整的汉白玉雕塑而成，小至嘉庚先生手中拿的礼帽、拐杖，都是整体雕刻出来的。而雕像背后的“蓝天大海”背景图，则是目前世界上单幅最大的手工羊毛织毯，正在由制作单位清华大学申请吉尼斯世界纪录。雕像顶部的屋顶，则是一幅完整的“星图”，当灯点亮时最闪亮的那颗星就是“陈嘉庚星”。

# 开放思考与拓展训练

**一、讨论题**

1. 陈嘉庚先生是一个什么样的人？

2. 陈嘉庚先生一生做了什么？

3. 为什么在众多侨领中只有陈嘉庚被誉为“华侨旗帜　民族光辉”？

4. 陈嘉庚体现了什么样的华侨旗帜？民族光辉有哪些内容？

5. 毛泽东题词、邓小平题写“华侨旗帜　民族光辉”、习近平总书记为厦门集美校友总会回信各自的时代背景是什么？有哪些共同特点？

6. 陈嘉庚的社会地位、个人声誉达到顶点之时，恰恰是他商业完全失败，甚至连办学也难以为继之后，说明了什么？

7. 陈嘉庚与孙中山、蒋介石、毛泽东关系如何？从中可以看出他有什么样的人格？

8. 如何理解郭沫若说的“陈嘉庚为什么那么伟大呢？因为他做的事不是为他自己，是为老百姓”？

9. 如何理解黄炎培说的“发了财的人，而肯全拿出来的，只有陈先生”？

10. 陈毅元帅说：“陈嘉庚先生是一个有骨气的中国人”，从哪些事实可以说明？

11. 陈嘉庚先生为什么能得到我国领导人和著名人士以及社会各界的高度赞誉？

12. 简述嘉庚先生生平。

13. 陈嘉庚先生一生担任过哪些重要职务？

14. 嘉庚精神与社会主义核心价值观“富强、民主、文明、和谐、自由、平等、公正、法制、爱国、敬业、诚信、友善”有哪些联系？请分别阐述。

15. 陈嘉庚先生创办实业的成功经验有哪些？你从中得到什么启发？

16. 陈嘉庚先生创办实业受到挫折的原因是什么？

17. 陈嘉庚先生的“天职”意识有哪些内涵？

18. 陈嘉庚先生创办女子学校有哪些重大意义？

19. 陈嘉庚先生为什么要倾资办学？倾资办学的动机是什么？

20. 陈嘉庚先生创办的学校主要有哪些？分布在哪里？

21. 试比较陈嘉庚先生办学思想与孔子教育思想。
22. 陈嘉庚先生办学的成就与经验是什么？
23. 陈嘉庚先生办学经历了哪些主要时期？
24. 你如何理解“诚毅”校训？“诚”指什么？“毅”指什么？
25. “集美学村”得名的由来？含义是什么？
26. 私立集美学校校歌歌词表达了什么样的教育思想？
27. 请说说陈嘉庚先生的教育思想和教育观念。
28. 厦门大学第一幢校舍的奠基是在 1921 年 5 月 9 日，表明了陈嘉庚先生什么样的情怀？
29. 说说陈嘉庚建筑风格。
30. 嘉庚先生为什么要创办职业教育？
31. 嘉庚先生对学生有哪些要求与期望？
32. 嘉庚先生为什么要创办华侨学校？
33. 陈嘉庚先生为华侨和华侨事业做了哪些贡献？
34. 陈嘉庚先生如何关心侨生？
35. 为什么说陈嘉庚先生既是教育事业家，也是教育家？
36. 说说嘉庚先生创办集美学校的艰辛历程。
37. 陈嘉庚所处的时代，中国教育落后到何种程度呢？
38. 1939 年 1 月，集美职校下辖的水产航海、商业、农林三校 14 个班 614 名师生来到大田，这一期间有哪些故事让你难忘？
39. 陈嘉庚说：“盖有教无类，乃教育之目的。”表明了他什么样的教育观？
40. 陈嘉庚先生有无留下一部论述教育的专著？
41. 陈嘉庚对一校之长有什么要求？
42. 陈嘉庚先生创办师范教育的动机与由来是什么？
43. 陈嘉庚办的集美学校有哪些自己的特色？
44. 南侨总会在抗日时期为祖国做了哪些贡献？
45. 陈嘉庚先生的“最伟大的提案”是什么？你如何理解？
46. 南侨机工为祖国抗战做出了哪些历史功绩？
47. 1940 年初，陈嘉庚以南侨总会主席的身份，发起组织了南洋华侨回国慰劳考察团。他在重庆和延安分别看到了什么？
48. 陈嘉庚先生为什么要去延安？
49. 陈嘉庚先生为什么说“中国的希望在延安”？
50. 蒋介石和毛泽东如何招待陈嘉庚？
51. 陈嘉庚到延安前和到延安后心理有哪些变化？
52. 陈嘉庚在《南侨回忆录》中写道：“如云陕北地瘠民贫，政府局部甚小，故不宜如首都，应有尽有者，亦属有理。然余所不解者，重庆诸人之奢费，金钱从何而来？是否民脂民膏？余以不官不党居第三者地位，故不能已于言耳。”你是如何理解的？
53. “近百年前，非科班出身的陈嘉庚，以超前的城市建设理念和务实态度，倡建鹰厦铁路、高集海堤和集杏海堤。这些具有前瞻性的见解，今天依旧闪烁着深邃的智慧光芒。”请你讲讲“陈嘉庚与海堤”的故事。

54. 1946年9月7日，陈嘉庚毅然以南侨总会主席名义，代表南洋千百万华侨致电美国总统杜鲁门、美国参众两院及马歇尔和司徒雷登等人，采取说理斗争方式，敦促美国政府撤走驻华美军，停止对蒋介石的一切援助。请你说说当年的时代背景。

55. 陈嘉庚为什么要创办《南侨日报》?

56. 陈嘉庚先生是如何参加新中国建设的?

57. 陈嘉庚先生当时对香港问题独特见解是什么?

58. 陈嘉庚先生对新时期华侨作用有什么建议?

59. 陈嘉庚在遗嘱中指出：“人总要死，死不要紧，最要紧的是国家前途。中国有两派，旧的一派是国民党，这一派很坏；新的是共产党，她领导全国人民，建设社会主义。人都有一死，早死晚死不要紧，最要紧的是国家。国民党过去做尽坏事，他们逃到台湾去了，那些人一生自私自利，假公济私，现在还在捣乱，我们应尽早解放台湾，台湾必须归中国。”体现了陈嘉庚先生什么样的情怀?

60. 请你讲讲嘉庚先生替父还债的故事。

61. 陈嘉庚先生的父母亲对他的性格、品格有哪些影响?

62. 请你说说陈嘉庚先生勤俭廉洁的故事，并把故事编辑成话剧展演。

63. 嘉庚先生为什么不帮儿子出资募捐?

64. 假如你去参观陈嘉庚先生故居，你会怎样留言?

65. 如何理解陈嘉庚遗教：“应该用的钱，千万百万也不要吝惜，不应该用的钱一分也不要浪费”?

66. 请写一篇《陈嘉庚遗教二十则》学习心得体会。

67. 陈嘉庚对李光前的第一印象是什么?

68. 请查找资料说说李尚大为什么是“陈嘉庚忠实信徒”。

69. 对嘉庚先生的兴学善举，陈文确、陈六使兄弟始终如一，竭尽全力支持。每次捐款，六使先生都出大钱。有一次，为了替嘉庚先生排忧解难，他甚至“损失其家资几达半数之多”。对此，嘉庚先生十分感激，在《南侨回忆录》中写道：“六使君之慷慨宏量，余万分钦佩，铭感无任!”这段话说明了哪些事实与情感?

70. 陈嘉庚先生避难期间，包括厦大集美校友在内的爱国华侨及其眷属，冒着身家性命和不顾财产损失，秘密掩护和精心照顾，嘉庚先生才化险为夷。对此你有什么感触?

71. 阅读《习近平总书记给集美校友总会的回信前前后后》一文，你对“天职”一词有何新的理解?

72. 厦门市把每年十月定为嘉庚精神宣传月，你准备参加哪些宣传活动? 在培养职业素养方面，你将如何结合传承嘉庚精神，促进个人全面发展?

73. 陈嘉庚的教育思想与教育成果为我们留下了什么样的精神财富?

74. 请你帮助拟写“陈嘉庚纪念胜地”的导游解说词。

## 二、嘉庚精神知识点

1. 今年是陈嘉庚先生诞辰________周年（1874年10月21日出生)。

2. 陈嘉庚先生祖籍地是福建省同安县。

3. 陈嘉庚1890年秋前往越南跟随父亲经商。

4. 1903 年夏，陈嘉庚父亲陈杞柏的企业亏空 20 多万元。

5. 陈嘉庚的原名是陈甲庚。

6. 1949 年应毛泽东主席的邀请回国参加政协筹备会。曾任中国人民政治协商会议全国委员会副主席、全国人民代表大会常务委员会委员、中华全国归国华侨联合会主席等职。曾被毛泽东称誉为“华侨旗帜　民族光辉”。

7. 成长于郑成功抗清复明故垒的陈嘉庚一生为辛亥革命、民族教育、抗日战争、解放战争、新中国的建设作出了卓越的贡献。晚年的陈嘉庚，请人在鳌园刻录“台湾省全图”，念念不忘国家统一。

8. 陈嘉庚先生是华侨史上第一个“发了财而肯全部拿出来”的热心教育事业的楷模，他为教育事业而倾资、倾心、倾力，他曾指出“教育为立国之本，兴学乃国民天职”。

9. 陈嘉庚于 1913 年创办了集美小学，于 1918 创办了集美中学，陈嘉庚于 1921 年创办的厦门大学，是国内由华侨创立的第一所大学。厦门大学是全国最早招收女生的大学之一。

10. 陈敬贤与陈嘉庚一起被誉为集美学校、厦门大学两校的“二校主”。

11. 1937 年集美学校曾经搬迁到安溪大田。

12. 陈嘉庚为厦大制定的校歌名字是《南方之强》。

13. 集美学校被称赞世界上最优良、最富活力的学校。

14. 陈嘉庚兴学的理想是为社会培养更多的和更高层次的人才。

15. 1904 年陈嘉庚开始独立经营工商业。

16. 陈嘉庚建筑风格是“穿西装，戴斗笠”中西合璧。

17. 1949 年陈嘉庚与政协委员讨论，审定国旗、国徽、国歌方案。

18. 陈嘉庚致富后首先想到的是兴学报国。

19. 1910 年，陈嘉庚加入中国革命同盟会，被推举为新加坡中华总商会协理及道南学堂总理，向闽侨募捐 5 万多元建筑校舍。

20. 爱国主义是陈嘉庚先生一生恪守的信念，也是他一生行为的准则，更是嘉庚精神的核心。

21. 集美大学是在陈嘉庚先生兴办的一系列专门学校的基础上发展组建而成的，学校以“诚毅”校训。

22. 从 1894 年在故乡集美创办“惕斋学塾”算起，陈嘉庚先生一生中兴学历史长达 67 年之久，创办和资助的学校多达 118 所，给文化教育事业的钱，按照当时黄金价格估算，超过一亿美元，在中国教育史上乃“千古一人”。

23. 陈嘉庚倾资兴学重点，一是集美学校，二是厦门大学，三是新加坡华侨学校。

24. 1946 年《南侨回忆录·弁言》中，提到公——永无止境的奉献、忠——永不动摇的爱国、毅——永不言败的坚强、诚——永不毁诺的铮铮傲骨。

25. 陈嘉庚先生是旅居新加坡的爱国侨领。

26. 1990 年 3 月，国际小行星中心把一颗编号为 2963 的小行星命名为“陈嘉庚星”。

27. 1959 年 5 月 14 日，由中国侨联首任主席陈嘉庚倡议并捐资兴建的厦门华侨博物院建成开馆，这是中国华侨博物馆事业的缘起与开端。

28. 1942 年到 1945 年间，陈嘉庚先生曾在印度尼西亚玛琅度过长达三年半的避难生涯，在此期间，他写下了一生中最重要的著作《南侨回忆录》。

29.“金钱如肥料，散播才有用”是陈嘉庚对金钱的见解。

30. 1937年“七七事变”后，全面抗战爆发，陈嘉庚先生在新加坡召开南洋各地华侨代表大会，组织“南洋华侨筹赈祖国难民总会”，先生被选为总会主席，第一次把南洋各地一千余万华侨组织起来，开展了轰轰烈烈的抗日救亡运动。

31. 集美学校师生在第一次国共合作的大革命时期，在中共广东区委领导下，1925年6月秘密组织共青团支部，1926年3月秘密建立中共支部，造就一批批革命分子输送往闽西南各县开展革命活动，成为闽西闽南革命的发源地。从大革命直至解放战争，革命活动从不间断，被誉为福建的“民主堡垒，革命摇篮”，为八闽大地的解放做出了贡献。

32. 陈嘉庚先生个人生活是非常节俭朴素的。他说：“虽为社会守财，无为之费一文宜惜，正当之消千金慷慨。”他一生用钱的座右铭是：“该花的钱，千万百万都不吝惜；不该花的，一分钱也不能浪费。”

33. 陈嘉庚一生经历了长期复杂的历史阶段，集政治、经济、文化教育、社会活动诸方面的大成，形成了一系列的高贵品质和崇高精神，统称为“嘉庚精神”。“嘉庚精神”的基本含义是爱国爱乡、无私奉献、诚信果毅、勤俭清廉、改革创新。

34. 陈嘉庚主持福建会馆凡三十年，其中主要的成绩之一便是1936年的改良丧仪运动。福建会馆主张丧仪从简，反对铺张，浪费民财。其次，为卫生起见，死者不得留棺过七日。由于福建会馆多年的宣传，全马来西亚华族皆先后接受此改良。

35. 1911年，辛亥革命胜利，福建光复，陈嘉庚被推为福建保安捐款委员会会长，筹款20多万元支援福建财政。福建保安捐运动是陈嘉庚第一次领导的有群众性的政治运动，奠定了他在二三十年代领导“南侨爱国无党派”的群众性运动。

36. 陈嘉庚“南侨爱国无党派”的政治领导高潮，始自1937年“七七事变”。

37. 1938年10月10日，陈嘉庚当选为南侨筹赈总会主席，联络与团结东南亚华族，为国难而献捐。陈嘉庚为大义，“安忍黄魂沉赤血，誓扶白日照青天”，担当了总会的领袖地位。

38. 1946年，美国政府极力帮助蒋介石挑起内战，陈嘉庚以南侨筹赈总会主席名义，发电报致美国总统杜鲁门与参众两议院议长，呼吁美国撤回驻华海陆空军及一切武器，不再援助蒋政府。此谓之“电报风波”。

39. 自1950年开始，陈嘉庚多次呼吁中央政府建设铁路，最终获得毛泽东主席与周恩来总理的准许，该铁路于1954年开工，1956年完成，此即为贯穿闽省南北的鹰厦铁路。

40. 陈嘉庚于1961年8月12日在北京病逝，终年88岁，国家给予国葬的哀荣，灵柩运回集美，安葬于鳌园中。

41. 集美鳌园里“集美解放纪念碑”是由毛泽东题词的。

42. 1940年3月陈嘉庚先生率领南洋华侨回国慰劳考察团回国考察各战区和重庆、延安等地，他不畏强暴，坚持真理，明辨是非，将救国救民的希望寄托在中国共产党身上，反对蒋介石独裁，坚持团结抗战。

43. 陈嘉庚先生临终前那“台湾必须归祖国”和“学校要继续办下去”的两句话，最突出地说明了爱国主义和倾资办学是嘉庚精神两块不朽基石。

44. 陈嘉庚的一生最令人钦敬的是他为人处事无不出于“诚信公忠”四字。陈嘉庚的

《遗教二十则》，系陈嘉庚关于家族、社会的处世经验与为人之道。

45.1941 年 12 月，应英国驻新加坡总督的请求，陈嘉庚出任新加坡华侨抗敌动员总会主席，领导华侨开展抗战工作。

46.1920 年 5 月，陈嘉庚在集美学校第二次运动会上提到，体育竞赛的目的是使“优者益勉，负者振奋”。

47. 陈嘉庚认为“勤”是许多商业巨子成功的三大条件之一。

48.1982 年 2 月，新加坡福建会馆决定为陈嘉庚、李光前和陈六使三人建立铜像。

49.2011 年 4 月 19 日，陈嘉庚纪念馆作为全国第一批“全国廉政教育基地”揭牌。

50.1960 年，陈嘉庚在病重期间，心中仍惦记厦门人民吃水供水的问题，由他口述，叶祖彬笔录整理，写成《厦门供水问题》一文。

51. 1950 年，陈嘉庚通过《福建日报》发表谈话，明确表示台湾是中国的领土。

52. 在集美学校百年的历史中，陈嘉庚钦点的三位校长是叶渊、陈牧村、叶振汉，为实现陈嘉庚为国育才的理想做出了杰出贡献。

53. 1949 年，陈嘉庚在东北考察后，认为沈阳、哈尔滨、长春、齐齐哈尔这四个城市将来必定会成为大城市。

54. 嘉庚精神之爱国爱乡体现在赤诚为国、抗日救亡、爱侨护侨。

55. 嘉庚精神之无私奉献体现在倾资兴学、教育为本、热心公益。

56. 嘉庚精神之诚信果毅体现在实事求是、百折不挠、言信行果。

57. 嘉庚精神之勤俭廉洁体现在以勤律己、亲力亲为、厉行节约、反对浪费。

58. 嘉庚精神之改革创新体现在改造社团、整肃风纪、创新管理、倡导新风。

59. 陈嘉庚是出现在新中国邮票上的第一位华侨。1984 年 10 月 21 日，我国发行了《陈嘉庚诞生一百一十周年》纪念邮票一套，共 2 枚。

60. 陈嘉庚爱国兴学育才，保证有源源不断的教育经费。1919 年，他就将新加坡的全部不动产，包括 7 000 英亩橡胶园、房产、货栈等，捐作集美学校永久基金。

61. 抗战爆发，陈嘉庚广泛动员海外华侨支援祖国，被公认为 20 世纪最伟大的华侨领袖。新加坡华侨称颂其“前半生兴学，后半生纾难；是一代正气，亦一代完人”。

62. 陈嘉庚冲破重重阻拦访问了延安之后，他对蒋介石便彻底失望，不再抱任何幻想了。与此相反，他对中国共产党、对毛泽东则更增好感。

63.1938 年，陈嘉庚应国内之请代为招募 3 200 余位华侨机工（即汽车司机及修理工）回国服务，在新开辟的滇缅公路上抢运中国抗战所急需的战略物资。

64.2009 年 9 月 10 日，在中央宣传部、中央组织部、中央统战部等 11 个部门联合组织的模范人物评选活动中，陈嘉庚被评为“100 位为新中国成立作出突出贡献的英雄模范人物”。

65.1945 年 11 月 18 日，重庆十团体举行“陈嘉庚安全庆祝大会”，毛泽东主席送的“华侨旗帜　民族光辉”的祝词成了对陈嘉庚的历史性评价。

66. 1923 年，陈嘉庚当选新加坡怡和轩俱乐部总理，在新加坡创办《南洋商报》。

67. 陈嘉庚在胡愈之、张楚琨、李铁民的协助下，创办《南侨日报》，毛泽东主席为该报题词：“为侨民利益服务”。这家报纸对于团结广大华侨群众、支援祖国解放斗争作出了贡献。

68.《南洋商报》最早是陈嘉庚创办用来宣传商业活动的一份报纸。

69.1947年，陈嘉庚召开新加坡华侨大会，反对荷兰殖民军屠杀印尼巨港华侨暴行，议决准备对荷兰实行经济制裁。为了给集美各校开拓经费来源，陈嘉庚在香港创办集友银行，实行以行养校，是史无前例的创举。

70.陈嘉庚注重调查研究、留心观察，坚持知无不言、言而不尽原则。

71.陈嘉庚主张教育要德、智、体并重。

72.陈嘉庚在1951年把龙舟引入集美学村，为集美龙舟文化的发展打下了基础。

73.抗战时期曾被称为“南方之强”的学校是厦门大学（厦大校歌——《南方之强》），厦门大学校长林文庆所订立的厦门大学校训是“止于至善”。

74.1910年，陈嘉庚加入中国同盟会，代表他参加政治活动的开始。

75.南薰楼曾是福建第一高楼，是集美学村标志性建筑之一。

76.陈嘉庚于1937年7月无条件将厦门大学献给政府，此后厦门大学由私立大学改为国立大学。

77.1923年10月，孙中山先生特批承认集美为中国永久和平学村。

78.1914年，第一次世界大战爆发了。陈嘉庚在新加坡的菠萝罐头厂和碾米厂也陷入了危机，陈嘉庚为了减少损失，建橡胶厂和卖白铁皮，成了百万富翁。

79.2010年陈嘉庚基金会又设立了陈嘉庚青年科学奖。

80.第一届陈嘉庚奖是1988年举办的。

81.美国加州大学伯克利分校的“陈嘉庚楼”是于1993年4月28日落成的。

82.1985年1月，集美陈嘉庚研究会正式成立，研究会设有秘书、学术、资料三个组。这是新中国成立以后国内的第一个陈嘉庚思想学术研究机构。研究会以“学习、研究、宣传和发扬陈嘉庚爱国爱乡、倾资兴学的精神，为祖国四化建设事业服务”为宗旨。

83.1989年10月25日，集友陈嘉庚教育基金会第一届理事会在厦门成立。

84.陈嘉庚在创办集美学校时，常引用西谚“种桃须在桃荒的时候”以自勉并勉励叶渊，曾以“千军易得，一将难求”来高度赞扬他的贡献，赞赏他是位“洞悉教育底细”的好校长。

85.叶振汉在1953年秋被调任集美中学的校长、书记。在集美中学工作期间，他认真执行陈嘉庚的教学方针，办学成绩突出，深受陈嘉庚的赞扬。他曾任集美学校侨联会名誉主席、集美学校校友总会理事长等职，是著名的归侨教育家。

86.李尚大对家乡故国无比热爱，对教育事业执着追求，对慈善公益热心资助，被称赞为“嘉庚精神　尚大情怀”；他还捐巨资给多所大学，捐资总额已经超过了1.5亿元人民币，其中在集美大学的捐款就已超过2 200万元。

87.第一次世界大战爆发，海上运输频繁中断，陈嘉庚不失时机地发展航运业。

88.1904年，陈嘉庚先生创办了新利川菠萝罐头厂。

89.陈嘉庚先生因代父还债在社会上赢得极高的信誉。

90.陈嘉庚结束在新加坡的业务，回国定居的时间是1950年。

91.集美轻工业学校（现为集美工业学校）前身——集美学校商科是陈嘉庚先生于1920年创办的。

92.陈嘉庚在新加坡兴办侨校主张对贫苦生优待。

93. 陈嘉庚坚持抗日到底，针对汪精卫等人的妥协方案，在国民参政会第二次大会上提出“敌未出国土前，言和即汉奸”的著名提案。电文提案经5次删改，原意被歪曲，锋芒被砍掉，尽管如此，仍产生日益广泛的影响，振奋了全国人民和广大海外侨胞的人心，对于当时重庆的主战派亦起着很大的鼓舞作用。

94. 陈嘉庚主张对旧式教育制度的弊端加以改良。他在百年前就能在集美兴办学前教育、初等教育、中等教育、职业教育。

95. 陈嘉庚在1934年4月写了题为《畏惧失败才可耻》的自传，共写三部分：追忆往事、实业及教育、华侨与祖国。

96. 1942年，新加坡沦陷，陈嘉庚避居爪哇三年，写成《南侨回忆录》和《住屋与卫生》

97. 陈嘉庚在1904年至1931年的总支出共1 321万元中，有98%用于办学、公益、慈善事业。

98. 陈嘉庚的父亲陈杞柏主要经营米店。

99. 陈嘉庚在南洋获利最多的产业是橡胶业。

100. 陈嘉庚奖设立于1988年，是以我国近代史上蜚声全球的华侨领袖陈嘉庚先生命名的科技奖励，2003年改称孙嘉庚科学奖，现共设6个奖项：数理科学奖、化学科学奖、生命科学奖、地球科学奖、信息技术科学奖和技术科学奖，每两年评选一次，每个奖项获奖人数最多不超过三人。

101. 陈嘉庚纪念基地由陈嘉庚纪念馆、鳌园、嘉庚公园、陈嘉庚故居、归来园与归来堂、陈嘉庚廉洁奉公事迹展组成，总面积超过15万平方米，是全国中小学爱国主义教育基地、全国爱国主义教育示范基地、中国侨联首批爱国主义教育基地、国家4A级旅游区。

102. 当陈嘉庚面临着个人经营的实业与为国育才的教育这两项事业的存亡抉择关键时刻，他毫不犹豫地选择牺牲自家的实业，保存教育人才的学校，表示“企业可以收盘，学校绝不能停办”，遂千方百计筹措维持两校的费用，甚至将已过户给长次子的新加坡经禧律42号三幢大厦卖给华侨银行，汇回厦大作为校费。故有“出卖大厦，维持厦大”美名。为了维持厦门大学继续开办，他卖掉了一家人居住的两幢大厦。

103. 从2014年起，每年10月将确定为厦门市“嘉庚精神宣传月”，旨在进一步深入宣传和弘扬“嘉庚精神”，积极培育和践行社会主义核心价值观，全面推动美丽厦门建设。

104. 2014年10月，中共中央总书记、国家主席、中央军委主席习近平给厦门市集美校友总会回信，希望广大华侨华人弘扬“嘉庚精神”，深怀爱国之情，坚守报国之志，同祖国人民一道不懈奋斗，共圆民族复兴之梦。

105. 2014年6月7日中共中央总书记、国家主席习近平在北京人民大会堂会见第七届世界华侨华人社团联谊大会代表，并发表重要讲话。他强调，团结统一的中华民族是海内外中华儿女共同的根，博大精深的中华文化是海内外中华儿女共同的魂，实现中华民族伟大复兴是海内外中华儿女共同的梦。

106. 福建省委书记尤权强调，我们要认真学习、深刻领会、自觉贯彻习近平总书记的回信精神，继承和弘扬以爱国、诚毅、奉献、勤俭为核心的“嘉庚精神”，感召和团结全省人民以及广大海外侨胞，把智慧和力量凝聚到建设中国特色社会主义的伟大事业中来，投入到推进福建科学发展跨越发展的进程中去，为实现中国梦而不懈奋斗。

三、单选题

1. 日前，中共中央总书记、国家主席、中央军委主席习近平给（　　）回信，希望广大华侨华人弘扬“嘉庚精神”，深怀爱国之情，坚守报国之志，同祖国人民一道不懈奋斗，共圆民族复兴之梦。

A. 厦门市集美校友总会　　B. 厦门市厦大校友总会

C. 厦门市诚毅校友总会　　D. 厦门市嘉庚校友总会

2. 2014年6月7日中共中央总书记、国家主席习近平在北京人民大会堂会见第七届世界华侨华人社团联谊大会代表，并发表重要讲话。他强调，团结统一的中华民族是海内外中华儿女共同的根，博大精深的中华文化是海内外中华儿女共同的魂，实现（　　）是海内外中华儿女共同的梦。

A. 祖国和平统一　　B. 中华民族伟大复兴

C. 人民安居乐业　　D. 祖国繁荣富强

3. 福建省委书记尤权强调，我们要认真学习、深刻领会、自觉贯彻习近平总书记的回信精神，继承和弘扬以（　　）为核心的“嘉庚精神”，感召和团结全省人民以及广大海外侨胞，把智慧和力量凝聚到建设中国特色社会主义的伟大事业中来，投入到推进福建科学发展跨越发展的进程中去，为实现中国梦而不懈奋斗。

A. 爱家、爱国、奉献、勤俭

B. 爱国、诚毅、奉献、勤俭

C. 爱国、诚毅、敢拼、会赢

D. 爱国、诚信、守法、勤俭

4. 今年是陈嘉庚先生诞辰多少周年（　　）。

A. 130　　B. 140　　C. 141　　D. 145

5. 陈嘉庚先生祖籍地是（　　）。

A. 福建同安县　　B. 福建古田县

C. 福建漳州　　D. 福建马尾

6. 谁评价陈嘉庚先生为“华侨旗帜　民族光辉”?（　　）

A. 周恩来　　B. 邓小平　　C. 毛泽东　　D. 习近平

7. 陈嘉庚先生是华侨史上第一个“发了财而肯全部拿出来”的热心教育事业的楷模，他为教育事业而倾资、倾心、倾力，他曾指出（　　）。

A. “教育为立国之根，兴学乃国民天分”

B. “教育为兴国之本，兴学乃国民天性”

C. “教育为立国之本，兴学乃国民本职”

D. “教育为立国之本，兴学乃国民天职”

8. 他于（　　）创办的厦门大学，是国内由华侨创立的第一所大学。

A. 1920年　　B. 1922年　　C. 1921年　　D. 1924年

9. （　　）是陈嘉庚先生一生恪守的信念，也是他一生行为的准则，更是嘉庚精神的核心。

A. 爱国爱家　　B. 爱国主义　　C. 倾资兴学　　D. 为国为民

10. 集美大学是在陈嘉庚先生兴办的一系列专门学校的基础上发展组建而成的，学校以（　　）为校训。

A.“诚毅”　　B.“诚信”　　C.“爱国”　　D.“守信”

11. 从 1894 年在故乡集美创办“惕斋学塾”算起，陈嘉庚先生一生中兴学历史长达 67 年之久，创办和资助的学校多达（　　），一生献给文化教育事业的钱，按照当时黄金价格估算，超过一亿美元，在中国教育史上乃“千古一人”。

A. 118 所　　B. 120 所　　C. 122 所　　D. 116 所

12. 陈嘉庚倾资兴学重点，一是集美学校，二是厦门大学，三是（　　）。

A. 马来西亚华侨学校　　B. 新加坡华侨学校

C. 阳光学院　　D. 新加坡学院

13. 陈嘉庚 1946 年出版的《南侨回忆录・弁言》中，提到公——永无止境的奉献、忠——永不动摇的爱国、毅——永不言败的坚强、（　　）。

A. 诚——永不毁诺的诚信　　B. 诚——永不毁诺的正值

C. 诚——永不毁诺的铮铮傲骨　　D. 诚——永不毁诺的峥嵘岁月

14. 陈嘉庚先生是旅居（　　）的爱国侨领。

A. 马来西亚　　B. 印尼　　C. 新加坡　　D. 越南

15. 1940 年 6 月 1 日晚，（　　）设宴款待陈嘉庚。

A. 毛泽东　　B. 周恩来　　C. 陈毅　　D. 邓小平

16. 1959 年 5 月 14 日，由中国侨联首任主席（　　）倡议并捐资兴建的厦门华侨博物院建成开馆，这是中国华侨博物馆事业的缘起与开端。

A. 庄希泉　　B. 张国基　　C. 庄炎林　　D. 陈嘉庚

17. 1942 年到 1945 年间，陈嘉庚先生曾在印度尼西亚玛琅度过长达三年半的避难生涯，在此期间，他写下了一生中最重要的著作（　　）。

A.《南侨回忆录》　　B.《北侨回忆录》

C.《东侨回忆录》　　D.《南侨回忆集》

18.（　　）是陈嘉庚对金钱的见解。

A.“金钱如粪土，再多亦是无用”　　B.“金钱如氧气，扩散才有用”

C.“金钱如肥料，散播才有用”　　D.“金钱如肥料，是其他事业的养分”

19. 1937 年，“七七事变”后，陈嘉庚先生在新加坡召开南洋各地华侨代表大会，组织（　　），先生被选为总会主席，第一次把南洋各地一千余万华侨组织起来，开展了轰轰烈烈的抗日救亡运动。

A.“南洋华侨筹赈祖国难民总会”

B.“南洋各属华侨筹赈祖国总会”

C.“南洋各属华侨筹赈祖国难民总会”

D.“南洋各属华侨筹赈难民总会”

20. 集美学校师生在第一次国共合作的大革命时期，在中共广东区委领导下，1925 年 6 月秘密组织共青团支部，1926 年 3 月秘密建立中共支部，造就一批批革命分子输送往闽西南各县开展革命活动，成为闽西闽南革命的发源地。从大革命直至解放战争，革命活动从不间断，被誉为福建的（　　），为八闽大地的解放做出了贡献。

A. “民主堡垒，革命之窗”　　B. “民主堡垒，革命摇篮”

C. “民主碉堡，革命摇篮”　　D. “民族堡垒，革命摇篮”

21. 陈嘉庚先生个人生活是非常节俭朴素的。他说：“虽为社会守财，无为之费一文宜惜，正当之消千金慷慨。”他一生用钱的座右铭是：(　　)。

A. “该花的钱，千万百万都不吝惜；不该花的，一分钱也不能浪费”

B. “钱该花的，千万百万都不吝惜；一分钱也不能浪费”

C. “该花的钱，一分钱也不能浪费；不该花的，千万百万都不吝惜”

D. “钱该花的，千万百万都不吝惜；钱不该花的，一分也不能浪费”

22. 陈嘉庚一生经历了长期复杂的历史阶段，集政治、经济、文化教育、社会活动诸方面的大成，形成了一系列的高贵品质和崇高精神，统称为(　　)。

A. “诚毅精神”　B. “华侨精神”　C. “嘉庚精神”　D. “福建精神”

23. 陈嘉庚主持福建会馆凡三十年，其中主要的成绩之一便是1936年的(　　)。福建会馆主张丧仪从简，反对铺张，浪费民财。其次，为卫生起见，死者不得留棺过七日。由于福建会馆多年的宣传，全马来西亚华族皆先后接受此改良。

A. 改良丧葬运动　　B. 改良丧仪运动

C. 变革丧仪运动　　D. 完善丧仪运动

24. (　　)是陈嘉庚第一次领导的有群众性的政治运动，奠定了他在二三十年代领导“南侨爱国无党派”的群众性运动。

A. 福建保安捐运动　　B. 福建保安运动

C. 福建保安捐款运动　　D. 福建安捐运动

25. 陈嘉庚“南侨爱国无党派”的政治领导高潮，始自1937年(　　)。

A. 淞沪会战　B. 平型关大捷　C. “七七事变”　D. 上海沦陷

26. 1938年10月10日，陈嘉庚当选为(　　)主席，联络与团结东南亚华族，为国难而献捐。陈嘉庚为大义，“安忍黄魂沉赤血，誓扶白日照青天”，担当了总会的领袖地位。

A. 南侨筹赈会　　B. 南侨筹款赈灾总会

C. 南侨总会　　D. 南侨筹赈总会

27. 1946年，美国政府极力帮助蒋介石挑起内战，陈嘉庚以南侨筹赈总会主席名义，发电报致美国总统杜鲁门与参众两议院议长，呼吁美国撤回驻华海陆空军及一切武器，不再援助蒋政府。此谓之(　　)。

A. “电话风波”　B. “中美风波”　C. “电报风波”　D. “报纸风波”

28. 自1950年开始，陈嘉庚多次呼吁中央政府建设铁路，最终获得毛泽东主席与周恩来总理的准许。该铁路于1954年开工，1956年完成，此即为贯穿闽省南北的(　　)。

A. 鹰厦铁路　B. 福厦铁路　C. 温福铁路　D. 龙厦铁路

29. 陈嘉庚于1961年8月12日在北京病逝，终年88岁，国家给予国葬的哀荣，灵柩运回集美，安葬于(　　)中。

A. 鳌园　　B. 厦门陈氏宗祠

C. 嘉庚公园　　D. 陈嘉庚故居

30. 1940年3月陈嘉庚先生率领(　　)回国考察各战区和重庆、延安等地，他不畏强暴，坚持真理，明辨是非，将救国救民的希望寄托在中国共产党身上，反对蒋介石独裁，坚持团结抗战。

A. 星马工商贸易考察团　　B. 南洋师生联合会

C. 南洋实业家　　D. “南洋华侨回国慰劳考察团”

31. 陈嘉庚先生临终前那“台湾必须归祖国”和（　　）的两句话，最突出地说明了爱国主义和倾资办学是嘉庚精神两块不朽基石。

A. 惟此方兴之教育与未死之人心耳　B. “学校要继续办下去”

C. 教育为立国之本　　D. 国民之发展，全在于教育

32. 陈嘉庚的一生最令人钦敬的是他为人处事无不出于（　　）四字。

A. “诚信公忠”　B. “言信行果”　C. “勤俭节约”　D. “刚毅正直”

33. 陈嘉庚是新中国邮票上的第一位华侨。1984 年 10 月 21 日，我国发行了（　　）纪念邮票一套，共 2 枚。

A.《爱国华侨陈嘉庚先生》　　B.《世界文化名人》

C.《陈嘉庚诞生一百一十周年》　　D. 辛亥革命著名领导人物

34. 陈嘉庚爱国兴学育才，保证有源源不断的教育经费。1919 年，他就将新加坡的全部不动产，包括 7 000 英亩橡胶园、房产、货栈等，捐作（　　）永久基金。

A. 集美学校　B. 厦门大学　C. 华侨大学　D. 福建师范大学

35. 抗战爆发，陈嘉庚广泛动员海外华侨支援祖国，被公认为 20 世纪最伟大的华侨领袖。新加坡华侨称颂其（　　）。

A. 对人好，谋国忠，一言一动皆大公

B. 华侨旗帜，民族光辉

C. 民族楷模，国家脊梁

D. “前半生兴学，后半生纾难；是一代正气，亦一代完人”

36. 陈嘉庚冲破重重阻拦访问了（　　）之后，他对蒋介石便彻底失望，不再抱任何幻想了。与此相反，对中国共产党、对毛泽东则更增好感。

A. 遵义　B. 延安　C. 井冈山　D. 长沙

37. 1939 年，陈嘉庚应国内之请代为招募 3 200 余位华侨机工（即汽车司机及修理工）回国服务，在新开辟的（　　）上抢运中国抗战所急需的战略物资。

A. 乐西公路　B. 中缅印公路　C. 滇缅公路　D. 川滇公路

38. 2009 年 9 月 10 日，在中央宣传部、中央组织部、中央统战部等 11 个部门联合组织的模范人物评选活动中，陈嘉庚被评为（　　）。

A. “100 位为新中国成立作出突出贡献的英雄模范人物”

B. “100 位新中国成立以来感动中国人物”

C. “50 位新中国成立以来感动中国人物”

D. “50 位为新中国成立作出突出贡献的英雄模范人物”

39. 1945 年 11 月 18 日，重庆十团体举行（　　），毛泽东主席送的“华侨旗帜　民族光辉”的祝词，成了对陈嘉庚的历史性评价。

A. 嘉庚精神学习大会　　B. “陈嘉庚安全庆祝大会”

C. 欢迎陈嘉庚先生回国庆典　　D. 陈嘉庚英雄模范庆功会

40. 陈嘉庚在胡愈之、张楚琨、李铁民的协助下，创办《南侨日报》，毛泽东主席为该报题词：（　　）。这家报纸对于团结广大华侨群众、支援祖国解放斗争作出了贡献。

A. 团结海内外侨胞　　B. 继续为人民服务
C. 弘扬嘉庚精神　　D. “为侨民利益服务”

41. 陈嘉庚奖设立于1988年，是以我国近代史上蜚声全球的华侨领袖陈嘉庚先生命名的科技奖励，2003年改称陈嘉庚科学奖，共设6个奖项：数理科学奖、化学科学奖、生命科学奖、地球科学奖、信息技术科学奖和技术科学奖，每（　　）评选一次，每个奖项获奖人数最多不超过三人。

A. 两年　　B. 三年　　C. 五年　　D. 八年

42. 陈嘉庚纪念基地由陈嘉庚纪念馆、（　　）、陈嘉庚先生故居、归来园与归来堂、陈嘉庚廉洁奉公事迹展组成，总面积超过15万平方米，是全国中小学爱国主义教育基地、全国爱国主义教育示范基地、中国侨联首批爱国主义教育基地、国家4A级旅游区。

A. 鳌园、嘉庚公园　　B. 鳌园
C. 嘉庚公园　　D. 集美学村

43. 当陈嘉庚面临着个人经营的实业与为国育才的教育这两项事业的存亡抉择关键时刻，他毫不犹豫地选择牺牲自家的实业，保存教育人才的学校，表示“企业可以收盘，学校绝不能停办”，遂千方百计筹措维持两校的费用，甚至将已过户给长次子的新加坡经禧律42号三幢大厦卖给华侨银行，汇回厦大为校费。故有（　　）美名。

A. “出卖大厦，维持厦大”　　B. 厦大校长
C. 爱国华侨　　D. 厦大校主

**参考答案：**

| | | | | | | | | | | |
|---|---|---|---|---|---|---|---|---|---|---|
| 1. A | 2. B | 3. B | 4. 略 | 5. A | 6. C | 7. D | 8. C | 9. B | 10. A | 11. A |
| 12. B | 13. C | 14. C | 15. A | 16. D | 17. A | 18. C | 19. C | 20. B | 21. A | 22. C |
| 23. B | 24. A | 25. C | 26. D | 27. C | 28. A | 29. A | 30. D | 31. B | 32. A | 33. C |
| 34. A | 35. D | 36. B | 37. C | 38. A | 39. B | 40. D | 41. A | 42. A | 43. A | |

# 参考文献


1. 陈嘉庚. 南侨回忆录. 中国华侨出版社，2014.

2. 陈嘉庚. 陈嘉庚言论集. 新加坡怡和轩俱乐部、新加坡陈嘉庚基金、中国厦门集美陈嘉庚研究会，2004.

3. 杨进发. 华侨传奇人物陈嘉庚. 陈嘉庚纪念馆，2013.

4. 陈厥祥. 集美志. 香港侨光印务有限公司，1963.

5. 夏蒙. 第一公民陈嘉庚传. 中国友谊出版社，2013.

6. 任镜波. 百年树人. 厦门：厦门大学出版社，2013.

7. 陈经华. 百年往事. 厦门：厦门大学出版社，2013.

8. 陈呈. 烽火弦歌. 北京：人民日报出版社，2016.

9. 林斯丰. 陈嘉庚精神读本. 厦门：厦门大学出版社，2007.

10. 庄敏琦. 嘉庚精神. 北京：北京航空航天大学，2011.

11.《集美校友》(1980—2017).

12. 部分资料来源网站：中国侨网；福建侨网；福建日报网；厦门日报网；陈嘉庚纪念馆网；厦门大学、集美大学、集美学村各校门户网.

# 后　记

陈嘉庚是我国近现代史上伟大的爱国主义者，杰出的华侨领袖，著名的实业家、教育家和社会活动家。陈嘉庚先生的一生开拓实业、倾资兴学、抗日救亡、赤诚爱国、参政议政，经历过很多潮起潮落。他关怀乡梓、热爱祖国、服务社会、造福国民，其丰功伟绩和高尚的人格为我们留下了一座不朽的丰碑，被毛泽东赞誉为“华侨旗帜　民族光辉”。

陈嘉庚一生经历了长期复杂的历史阶段，集政治、经济、文化教育、社会活动诸方面的大成，形成了一系列的高贵品质和崇高精神，统称为“嘉庚精神”。

嘉庚精神的基本涵义是丰富多元的，既含有他所服膺向往的轻金钱重义务、诚信果毅、疾恶好善、爱国爱乡诸点，也包括他所倡导和身体力行的艰苦创业、倾资兴学、刚直无私、勤勉俭约等。

厦门大学、集美学村各校师生都尊称其为“校主”。陈嘉庚的高尚品格和道德情操值得世人学习、敬仰、传承，他的爱国主义精神永远激励着后人。高举陈嘉庚爱国主义旗帜，大力弘扬嘉庚精神，我们责无旁贷、任重道远。经过长期探索和实践，在开设嘉庚精神讲座、开展嘉庚精神进课堂活动的基础上，我们组织编写并正式出版《陈嘉庚精神（职教版）》。在编写过程中，我们广泛征求专家、一线教师和学生的意见，吸取有关嘉庚精神读本、教材的经验，力求做到形式新颖、体例新颖、内容新颖、版式新颖，以“天职”为线索，以嘉庚精神内涵为主线，凸显“史、实、事、是”，以专题欣赏形式，编撰本书，力求适合职业学校学生的知、情、信、行特点，努力做到图文并茂、语言通俗、案例贴近学生学习和生活的实际情况，把嘉庚精神根植于一代代学子的心灵。

本教材由集美工业学校校长、党委书记陶顺生任主审。集美工业学校副校长李昌彧、集美工业学校高级讲师肖育发任主编，负责全书大纲编写及体例的制定，联系出版事宜和负责最后统稿工作。副主编汤明利、陈育辉协助完成书稿统筹、出版联络。庄河静、李宏扬、白平南老师协助联络并承担了文字校对工作。李昌彧老师编写第三篇，肖育发老师编写第一、二篇和附录、开放思考与拓展训练，陈育辉编写第四篇，汤明利编写第五篇，李宏扬编写第六篇，庄河静编写第七篇，白平南编写第八篇，陈世鹏负责图片编辑。

本书编撰过程中，参阅、援引、选用了有关教材、著作、报刊资料，主要参考书目已列于文后，亦有有所借鉴但未列于此的，在此一并表示诚挚的谢意。

图书在版编目(CIP)数据

陈嘉庚精神：职教版/李昌彧，肖育发主编．—北京：中国人民大学出版社，2017.9
ISBN 978-7-300-24975-9

Ⅰ.①陈… Ⅱ.①李… ②肖… Ⅲ.①陈嘉庚（1874—1961）-生平事迹 Ⅳ.①K828.8

中国版本图书馆 CIP 数据核字（2017）第 219918 号

陈嘉庚精神（职教版）
主　审　陶顺生
主　编　李昌彧　肖育发
副主编　汤明利　陈育辉
Chenjiageng Jingshen

| | | | |
|---|---|---|---|
| 出版发行 | 中国人民大学出版社 | | |
| 社　址 | 北京中关村大街 31 号 | 邮政编码 | 100080 |
| 电　话 | 010－62511242（总编室） | | 010－62511770（质管部） |
| | 010－82501766（邮购部） | | 010－62514148（门市部） |
| | 010－62515195（发行公司） | | 010－62515275（盗版举报） |
| 网　址 | http://www.crup.com.cn | | |
| 经　销 | 新华书店 | | |
| 印　刷 | 北京密兴印刷有限公司 | | |
| 规　格 | 185 mm×260 mm　16 开本 | 版　次 | 2017 年 9 月第 1 版 |
| 印　张 | 17.25 | 印　次 | 2023 年 8 月第 9 次印刷 |
| 字　数 | 412 000 | 定　价 | 39.00 元 |